Kopf ab zum Gebet!

Kurt Tucholsky

Kopf ab zum Gebet!

Gedichte und Satiren

area

Kopf ab zum Gebet!
Gedichte und Satiren von Kurt Tucholsky
Herausgegeben von Ulrike Schulte-Richtering

Einbandgestaltung: rheinConcept, Wesseling
Satz und Layout: GEM mbH, Ratingen
Druck und Bindung: Oldenbourg Taschenbuch GmbH,
Hürderstraße 4, 85551 Kirchheim

Printed in Czech Republic 2005
ISBN 3-89996-242-7

Inhalt

In allen sieben Lebenslagen

Meine Sorgen möcht ich haben

Denn wer mehr liebt, der muß mehr leiden

Daß man nicht alle haben kann –!

O du mein Heimatland

Lassassein!

Deutschland, Deutschland über alles!

Kopf ab zum Gebet!

Mit 5 PS

In allen sieben Lebenslagen

Diskretion

Daß Josefine eine schiefe Nase hat;
daß Karlchen eine schwache Blase hat;
daß Doktor O., was sicher stimmt,
aus einem dunkeln Fonds sich Gelder nimmt;
daß Zempels Briefchen nur zum Spaß ein Spaß ist,
und daß er selbst ein falsches Aas ist
    in allen sieben Lebenslagen –:
    das kann man einem Menschen doch nicht sagen!
        Na, ich weiß nicht –

Daß Willy mit der Schwester Rudolfs muddelt;
daß Walter mehr als nötig sich beschmuddelt;
daß Eugen eine überschätzte Charge;
daß das Theater ... dieser Reim wird large ...
daß Kloschs Talent, mit allem, was er macht,
nicht weiter reicht als bis Berlin W 8;
    daß die Frau Doktor eine Blähung hat im Magen –:
    das kann man einem Menschen doch nicht sagen!
        Na, ich weiß nicht –

Man muß nicht. Doch man kann.
                Die Basis unsres Lebens
ist: Schweigen und Verschweigen – manchmal ganz
  vergebens.
Denn manchmal läuft die Wahrheit ihre Bahn –
dann werden alle wild. Dann geht es: Zahn um Zahn!
Und sind sie zu dir selber offen,
dann nimmst du übel und stehst tief betroffen.

Die Wahrheit ist ein Ding: hart und beschwerlich,
sowie in höchstem Maße feuergefährlich.
Brenn mit ihr nieder, was da morsch ist –
und wenns dein eigner Bruder Schorsch ist!
Beliebt wird man so nicht! Nach einem Menschenalter
läßt man vom Doktor O. und Klosch und Walter
und läßt gewähren, wie das Leben will …
Und brennt sich selber aus. Und wird ganz still.
Na, ich weiß nicht –.

(1929)

In aller Eile

> – »Hallo! Hier Eisner und Ehrmann, wer dort –? Jawohl ... Man kann Sie nicht verstehen; Sie müssen etwas lauter sprechen ... Dann werden wir Ihnen also die Faktur morgen zugehen lassen! Schluß!« Telefongespräch 1895

– »Also ich telefoniere hier von der Post –
vor der Zelle stehn schon Leute –
ich fahre nach Lichterfelde-Ost
und erledige die Sache noch heute.
Was ich sagen wollte ... Warum warn Sie gestern nicht da?
auf der Modenschau?
Ich war mit der Putti ... wissen Sie ... na ...
Hände hat die Frau –!
Fabelhaft.

Wiesner –? Erzählen Sie mir doch nichts –
das nehm ich auf mein Eid –!
Bitte! Nach Ansicht des Gerichts
hab ich dazu immer noch Zeit!
Was ich sagen wollte ... Wir gehn Sonnabend aus –
Mit ihrem Freund? Na, so blau!
Die nehm ich glatt mit mir nach Haus –
Augen hat die Frau –!
Fabelhaft.

Die Wechsel sind ... na, wie finden Sie das?
Die klopfen ans Fenster, weil ich
hier spreche – ich erzähl Ihnen persönlich noch was,
ich bin nämlich furchtbar eilig.
Was ich sagen wollte ... ich bin derartig scharf ...
Natürlich! Weiß ich genau,
was ein Schentelmän sich erlauben darf ...
Einen Rücken hat die Frau –!
Fabelhaft.

Wir legen die Schecks ... hallo? ... unterbrochen ...
Ich habe doch noch gar nicht gesprochen ...!
Na, denn nicht.
            Nur keine falsche Hast!
Ich spreche hier, solange 's mir paßt!
            Lümmel.
                        Ja –! Nein –!
Na, da gehn Sie doch rein!
Eine Luft wie in einem Schwitzkastenbad ...
Was der schon zu telefonieren hat –
            Lümmel.«

(1929)

Augen in der Groß-Stadt

Wenn du zur Arbeit gehst
am frühen Morgen,
wenn du am Bahnhof stehst
mit deinen Sorgen:
da zeigt die Stadt
dir asphaltglatt
im Menschentrichter
Millionen Gesichter:
Zwei fremde Augen, ein kurzer Blick,
die Braue, Pupillen, die Lider –
Was war das? vielleicht dein Lebensglück ...
vorbei, verweht, nie wieder.

Du gehst dein Leben lang
auf tausend Straßen;
du siehst auf deinem Gang,
die dich vergaßen.
Ein Auge winkt,
die Seele klingt;
du hasts gefunden,
nur für Sekunden ...
Zwei fremde Augen, ein kurzer Blick,
die Braue, Pupillen, die Lider;
Was war das? kein Mensch dreht die Zeit zurück ...
Vorbei, verweht, nie wieder.

Du mußt auf deinem Gang
durch Städte wandern;
siehst einen Pulsschlag lang
den fremden Andern.

Es kann ein Feind sein,
es kann ein Freund sein.
es kann im Kampfe dein
Genosse sein.

Es sieht hinüber
und zieht vorüber …

Zwei fremde Augen, ein kurzer Blick,
die Braue, Pupillen, die Lider.
Was war das?
Von der großen Menschheit ein Stück!
Vorbei, verweht, nie wieder.

(1930)

Silvester

So viel Tage zerronnen,
so viel Monate fliehn;
stets etwas Neues begonnen,
dorrt es unter der Sonnen …
    Hexenkessel Berlin!

Ich, der Kalendermacher,
blick nachdenklich zurück.
Mal ein Hieb auf den Schacher,
mal auf den Richter ein Lacher –
    Aber wo blieb das Glück?

Schau, sie sind kaum zu belehren.
Denken nur merkantil.
Halten den Dollar in Ehren,
können ihn nicht entbehren –:
    Liebliches Börsenspiel.

Mädchen – euch halten die Schieber!
Denn sie sind obenauf.
Geist –? Es ist euch viel lieber
Lack und Erfolg und Biber –
    Das ist der Welten Lauf.

Nur mit dem Armband bekleidet
wandelt Melpomene.
Börsenfaun, er entscheidet,
woran die Loge sich weidet –:
    kugeliges Dekolleté.

Wie verbring ich Silvester?
Gib mir dein blondes Haar.
Fasse die Arme mir fester,
gib dich, du liebliche Schwester –
    woll aus deinen Händen
    Nacht und Entzücken mir spenden
    und ein besseres, anderes Jahr!

(1919)

Silvester

Was fange ich Silvester an?
Geh ich in Frack und meinen kessen
blausanen Strümpfen zu dem Essen,
das Herr Generaldirektor gibt?
Wo man heut nur beim Tanzen schiebt?
    Die Hausfrau dehnt sich wild im Sessel –
    der Hausherr tut das sonst bei Dressel –,
    das junge Volk verdrückt sich bald.
    Der Sekt ist warm. Der Kaffee kalt –
        Prost Neujahr!
        Ach, ich armer Mann!
        Was fange ich Silvester an?

Wälz ich mich im Familienschoße?
Erst gibt es Hecht mit süßer Sauce,
dann gibts Gelee. Dann gibt es Krach.
Der greise Männe selbst wird schwach.
    Aufsteigen üble Knatschgerüche.
    Der Hans knutscht Minna in der Küche.
    Um zwölf steht Rührung auf der Uhr.
    Die Bowle –! (»Leichter Mosel« nur –).
        Prost Neujahr!
        Ach, ich armer Mann!
        Was fange ich Silvester an?

Mach ich ins Amüsiervergnügen?
Drück ich mich in den Stadtbahnzügen?
Schrei ich in einer schwulen Bar:
»Huch, Schneeballblüte! Prost Neujahr –!«
  Geh ich zur Firma Sklarz Geschwister –
  (Nein, nein – ich bin ja kein Minister!)
  Bleigießen? Ists ein Fladen klein:
  Dies wird wohl Deutschlands Zukunft sein ...
        Prost Neujahr!
      Helft mir armem Mann!
    Was fang ich bloß Silvester an –?

(Einladungen dankend verbeten.)

(1920)

Berliner Fasching

Nun spuckt sich der Berliner in die Hände
und macht sich an das Werk der Fröhlichkeit.
Er schuftet sich von Anfang bis zu Ende
durch diese Faschingszeit.

Da hört man plötzlich von den höchsten Stufen
der eleganten Weltgesellschaft längs
der Spree und den Kanälen lockend rufen:
»Rin in die Eskarpins!«

Und diese Laune, diese Grazie, weißte,
die hat natürlich alle angesteckt;
die Hand, die tagshindurch Satin verschleißte,
winkt ganz leschehr nach Sekt.

Die Dame faschingt so auf ihre Weise:
gibt man ihr einmal schon im Jahr Lizenz,
dann knutscht sie sich in streng geschlossnem Kreise,
fern jeder Konkurrenz.

Und auch der Mittelstand fühlts im Gemüte:
er macht den Bockbierfaßhahn nicht mehr zu,
umspannt das Haupt mit einer bunten Tüte
und rufet froh: »Juhu!«

Ja, selbst der Weise schätzt nicht nur die hehre
Philosophie: auch er bedarf des Weins!
Leicht angefüllt geht er bei seine Claire,
Berlin radaut, er lächelt …
Jeder seins.

(1914)

Saisonbeginn

Nun schnüren sich die Musen in ihr Mieder.
Auf neu gebügelt wird der Kintop-Beau.
Sogar den alten Holzbock kitzelts wieder –
Rideau!
Rideau!

Es tauchen auf die ältsten braven Possen.
Vor jeder Bude gibts ein Mordsgeschrei.
Der Kritiker bei Ullstein, Scherl und Mossen
spitzt Ohr und Blei.

L. Fulda und der Knabe Hasenschiller,
sie schreiben monatlich ein neues Stück;
schon sitzen beide je in einer Villa –
ein Glück! ein Glück!

Beim Kino rast die Hausse in den Kassen.
Ich hoff, wenns wieder mal im Lande kracht,
daß die Regie bei den Verschwörermassen
Herr Lubitsch macht.

Schon steht der Inspizient an den Kulissen.
Die Orska bibbert: »Gredchen lahst mich sain!«
Die Rolle nimmt sich doch als fetten Bissen
das Pfräulein Pfein.

Thalia tingelt froh in jeder Scheune.
Ihr lieben Leute des Theaterbaus!
Gemach, gemach! Und denkt stets dran: Nach neune
ist alles aus ...!

(1919)

Die fünfte Jahreszeit

Die schönste Zeit im Jahr, im Leben, im Jahr? Lassen Sie mich nachfühlen.

Frühling? Dieser lange, etwas bleichsüchtige Lümmel, mit einem Papierblütenkranz auf dem Kopf, da stakt er über die begrünten Hügel, einen gelben Stecken hat er in der Hand, präraffaelitisch und wie aus der Fürsorge entlaufen; alles ist hellblau und laut, die Spatzen fiepen und sielen sich in blauen Lachen, die Knospen knospen mit einem kleinen Knall, grüne Blättchen stecken fürwitzig ihre Köpfchen ... ä, pfui Deibel ...! die Erde sieht aus wie unrasiert, der Regen regnet jeglichen Tag und tut sich noch was darauf zugute: ich bin so nötig für das Wachstum, regnet er. Der Frühling –?

Sommer? Wie eine trächtige Kuh liegt das Land, die Felder haben zu tun, die Engerlinge auch, die Stare auch; die Vogelscheuchen scheuchen, daß die ältesten Vögel nicht aus dem Lachen herauskommen, die Ochsen schwitzen, die Dampfpflüge machen Muh, eine ungeheure Tätigkeit hat rings sich aufgetan; nachts, wenn die Nebel steigen, wirtschaftet es noch im Bauch der Erde, das ganze Land dampft vor Arbeit, es wächst, begattet sich, jungt, Säfte steigen auf und ab, die Stuten brüten. Kühe sitzen auf ihren Eiern, die Enten bringen lebendige Junge zur Welt: kleine piepsende Wolleballen, der Hahn – der Hahn, das Aas, ist so recht das Symbol des Sommers! er preist seinen Tritt an, das göttliche Elixier, er ist das Zeichen der Fruchtbarkeit, hast du das gesehn? und macht demgemäß einen mordsmäßigen Krach ... der Sommer –?

Herbst? Mürrisch zieht sich die Haut der Erde zusammen, dünne Schleier legt sich die Fröstelnde über, Regenschauer fegt über die Felder und peitscht die entfleischten Baumstümpfe, die ihre hölzernen Schwurfinger zum Offenbarungseid in die Luft strecken: Hier ist nichts mehr zu holen ... So sieht es auch aus ... Nichts zu holen ... und der Wind verklagt die Erde, und klagend heult er um die Ecken, in enge Nasengänge wühlt er sich ein, Huuh macht er in den Stirnhöhlen, denn der Wind bekommt Prozente von den Nasendoktoren ... hochauf spritzt brauner Straßenmodder ... die Sonne ist zur Kur in Abazzia ... der Herbst –?

Und Winter? Es wird eine Art Schnee geliefert, der sich, wenn er die Erde nur von weitem sieht, sofort in Schmutz auflöst; wenn es kalt ist, ist es nicht richtig kalt sondern naßkalt, also naß ... Tritt man auf Eis, macht das Eis Knack und bekommt rissige Sprünge, so eine Qualität ist das! Manchmal ist Glatteis, dann sitzt der liebe Gott, der gute, alte Mann, in den Wattewolken und freut sich, daß die Leute der Länge lang hinschlagen ... also, wenn sie denn werden kindisch ... kalt ist der Ostwind, kalt die Sonnenstrahlen, am kältesten die Zentralheizung – der Winter –?

»Kurz und knapp, Herr Hauser! Hier sind unsere vier Jahreszeiten. Bitte: Welche –?«

Keine. Die fünfte.

»Es gibt keine fünfte.«

Es gibt eine fünfte. – Hör zu:

Wenn der Sommer vorbei ist und die Ernte in die Scheuern gebracht ist, wenn sich die Natur niederlegt, wie ein ganz altes Pferd, das sich im Stall hinlegt, so müde ist es – wenn der späte Nachsommer im Verklingen ist und der frühe Herbst noch nicht angefangen hat –: dann ist die fünfte Jahreszeit.

Nun ruht es. Die Natur hält den Atem an; an andern Tagen atmet sie unmerklich aus leise wogender Brust. Nun ist alles vorüber: geboren ist, gereift ist, gewachsen ist, gelaicht ist, geerntet ist – nun ist es vorüber. Nun sind da noch die Blätter und die Gräser und die Sträucher, aber im Augenblick dient das zu gar nichts; wenn überhaupt in der Natur ein Zweck verborgen ist: im Augenblick steht das Räderwerk still. Es ruht.

Mücken spielen im schwarz-goldenen Licht, im Licht sind wirklich schwarze Töne, tiefes Altgold liegt unter den Buchen, Pflaumenblau auf den Höhen … kein Blatt bewegt sich, es ist ganz still. Blank sind die Farben, der See liegt wie gemalt, es ist ganz still. Boot, das flußab gleitet, Aufgespartes wird dahingegeben – es ruht.

So vier, so acht Tage –

Und dann geht etwas vor.

Eines Morgens riechst du den Herbst. Es ist noch nicht kalt; es ist nicht windig; es hat sich eigentlich gar nichts geändert – und doch alles. Es geht wie ein Knack durch die Luft – es ist etwas geschehen; so lange hat sich der Kubus noch gehalten, er hat geschwankt …, na … na …, und nun ist er auf die andere Seite gefallen. Noch ist alles wie gestern: die Blätter, die Bäume, die Sträucher … aber nun ist alles anders. Das Licht ist hell, Spinnenfäden schwimmen durch die Luft, alles hat sich einen Ruck gegeben, dahin der Zauber, der Bann ist gebrochen – nun geht es in einen klaren Herbst. Wie viele hast du? Dies ist einer davon. Das Wunder hat vielleicht vier Tage gedauert oder fünf, und du hast gewünscht, es solle nie, nie aufhören. Es ist die Zeit, in der ältere Herren sehr sentimental werden – es ist nicht der Johannistrieb, es ist etwas andres. Es ist: optimistische Todesahnung, eine fröhliche Erkenntnis des Endes. Spätsommer, Frühherbst und das, was zwischen ihnen beiden liegt. Eine ganz kurze Spanne Zeit im Jahre.

Es ist die fünfte und schönste Jahreszeit.

(1929)

Nicht! Noch nicht!

Ein leichter Suff umnebelt die Gedanken.
Verdammt! Der Frühling kommt zu früh.
Der Parapluie
steht tief im Schrank – die Zeitbegriffe schwanken.

Was wehen jetzt die warmen Frühlingslüfte?
Ein lauer Wind umsäuselt still
mich im April –
die Nase schnuppert ungewohnte Düfte.

Du lieber Gott, da ist doch nichts dahinter!
Und wie ein dicker Bär sich murrend schleckt,
zu früh geweckt,
so zieh ich mich zurück und träume Winter.

Ich bin zu schwach. Ich will am Ofen hocken –
die Animalität ist noch nicht wach.
Ich bin zu schwach.
Laternenschimmer will ich, trübe Dämmerung und
dichte Flocken.

(1914)

Eine kleine Geburt

Ich lebte mit Frau Sobernheimer;
sie war so lieb, sie war so nett.
Wir wuschen uns im selben Eimer,
wir schliefen in demselben Bett.
  So trieben wir es manches Jahr ...
  Bis sie den Knaben mir gebar.

Doch dieser Knabe war kein Knabe.
Wir hatten in der dunklen Nacht
als Zeitvertreib und Liebesgabe
uns dieses Wesen ausgedacht.
  Frau S. war jeden Kindes bar.
  Der Knabe, der hieß Waldemar.

Und war so klug! – Nach fünfzehn Tagen,
gelebt im Kinderparadies,
da konnte er schon Scheibe sagen,
bis man ihm solches leicht verwies.
  Er setzte sich aufs Tintenfaß
  und machte meinen Schreibtisch naß.

Er wuchs heran, der Eltern Freude,
ein braves, aufgewecktes Kind.
Wir merkten an ihm alle beude,
wie süß der Liebe Früchte sind.
  Da fragte Mutti ganz real:
  »Was wird der Junge denn nun mal –?«

Hebamme? General? Direktor?
Bootlegger? Hirt? Ein Schiffsbarbier?
Verlorner Mädchenheim-Inspektor?
Biographist? Gerichtsvollziehr?
  Ein Freudenmännchen? Jubilar –?
  Uneinig war das Elternpaar.

Ein Krach stieg auf, bis zu den Sternen!
Frau S., die krisch. Die Türe knallt.
Sie wollt ihn lassen Bildung lernen,
ich aber war für Staatsanwalt.
  Ein Kompromiß nahm sie nicht an:
  im Kino, als Bedürfnismann.

Der Lümmel grölte in der Küche
und fand den Krach ganz wunderbar.
So ging die Liebe in die Brüche –
und alles wegen Waldemar?
  Da sprach ich fest: »Mein trautes Glück!
  Wir geben dieses Jör zurück!«

Gemacht.
      Nun ist Frau Sobernheimer
wie ehedem so lieb und nett.
Wir waschen uns im selben Eimer,
wir schlafen in demselben Bett.
  Und denken nur noch hier und dar
  mal an den seligen Waldemar.

(1931)

Auf ein Kind

Du lebst noch nicht.
Ich seh dich so lebendig:
ein kleiner gelber Schopf, die Augen blau;
ich seh dich an und such beständig
die Züge einer lieben Frau.

Du kreischst und jauchzst schon laut in deinen Kissen;
du bist so frisch und klar und erdenhaft.
Du brauchst es nicht wie ich zu wissen,
was Zwiespalt ist, der Leiden schafft.

Der ist dahin. Schrei du aus voller Lunge
und schüttle deine runde, kleine Faust!
Sei froh! Sieh auf die Mutter, Junge –
sie ist so hell, auch wenn ein Sturmwind braust.

Hör ihre Stimme nur: gleich wehts gelinder.
Setz du sie fort. Was bin denn ich allein?
Wir Menschen sind doch stets die alten Kinder:
ich war es nicht – mein Sohn, der soll es sein.

Du sollst es sein!
Und kommst du einst zum Leben:
Du sollst es sein! Ich hab es nicht gekonnt.
Gib du, was deiner Mutter Arme geben:
Leucht uns voran!
Du bist so blond.

(1920)

Was soll er denn einmal werden?

Nämlich Ihr Sohn. Ja, wie ist er denn? Von leichter Trägheit? mehr schlau als klug? mehr Sitzfleisch als Charakter? etwas Intrigant?

Kaufmann … nein, Sie haben recht: dazu gehört, trotz der Bürokratisierung der deutschen Industrie, Initiative, wenn er nicht ewig ein Pultknecht bleiben will, Entschlußkraft, Fixigkeit: sonst wird es nichts. Kaufmann – das ist wohl nichts für ihn.

Zum Ingenieurberuf hat er keine Neigung? Arzt? nein? Künstlerische Anlagen – nicht? Seien Sie froh. Aber was sagen Sie da? Es gibt nur eine Sache auf der Welt, die er scheut? Erzählen Sie bitte.

Ihr Junge ist der Mensch, der seit seiner frühesten Kindheit ›nichts dafür kann‹? Der ständig, immer und unter allen Umständen, ablehnt, die Folgerungen aus seinem Verhalten zu ziehen? der die Vase nicht zerbrochen hat, die ihm hingefallen ist? der die Tinte nicht umgegossen hat, die er umgegossen hat? der immer, immer Ausreden sucht, findet, erfindet … kurz, der eine gewaltige Scheu vor der Verantwortung hat? Ja, dann gibt es nur eines.

Lassen Sie ihn Beamten werden. Da trägt er die Verantwortung, aber da hat er keine.

Nehmen wir einmal an, der junge werde Lokomotivführer, und da geschieht es ihm, daß er aus Übermüdung nach zehn Stunden Dienst, aus Unachtsamkeit, aus einem jener unerklärlichen Zufälle heraus ein Signal überfährt und seinen Zug auf einen andern setzt. Achtundzwanzig Tote, neunundreißig Schwerverletzte. Wie meinen Sie? Er kann sich auf den Nebel berufen, sich auszureden versuchen …?

Ah, Sie kennen Ihr eigenes Land nicht! Es wird ihm alles nichts helfen. § 3 16 StGB – Gefängnis von einem Monat bis zu drei Jahren, und wenn er auf einen tüchtigen Staatsanwalt trifft, so wird der schon noch etwas andres für ihn herausfinden … haben Sie keine Sorge. Ja, es ist eben ein verantwortungsvoller Posten, und den Letzten beißen die Hunde.

Als Arzt ist die Sache schon einfacher – eine Verurteilung bei Kunstfehlern ist nur auf Grund von Gutachten möglich, und ehe da einer den andern hineinreitet … aber immerhin: möglich ists schon.

Als Kaufmann … bedenken Sie bitte, was geschieht, wenn er in einem großen Betriebe ernsthaft patzt. Ist er ein kleiner Angestellter, fliegt er sofort hinaus – ist er ein großer, so kann er sich zwar drehen und wenden, aber die Börse hat ein wirklich Gutes: sie ist im besten Sinne wundervoll verklatscht, und wer dort einmal als unzuverlässig ausgeschrien wird, der hats sehr schwer. Das Gesetz? Ach, das interessiert die Börsianer nicht so sehr. Sie machen sich ihr Gesetz allein, und es ist besser als das geschriebene, das kann ich Ihnen versichern. Es gibt da so eine Art stillen Boykotts, ganz leise, fast unmerklich – auf einmal ist es mit dem Verfemten vorbei. Die Frage dieser Verantwortung regelt sich ganz von selbst.

Überall also, liebe Frau, wird Ihr Junge, wenns hart auf hart geht, für das einstehen müssen, was er angerichtet hat. Das ist schon so im Leben.

Nur an einer Stelle nicht. Nur in einer Klasse Menschen nicht. Nur in einer einzigen Position nicht. Als Beamter.

Wie das gemacht wird? Und obs auch keiner merkt? In welchem Erdteil leben Sie? Auf dem Mond?

Zunächst kommt es zur Erlangung einer Beamtenstellung in zweiter Linie auf die Kenntnisse an. In erster darauf, daß jener dem Beamtenkörper, in den er eintritt, auch paßt, daß er sich mühelos in den Organismus einfügt, der nicht etwa, wie Sie, liebe Frau, zu glauben scheinen, der Zusammensetzung der Bevölkerung entspricht. Dieser Körper hat vielmehr seine eigenen Gesetze, seine von ihm und für ihn erfundenen Tugenden und Fehler, er nimmt nur an, was ihn lebenstüchtiger macht, und er stößt mit unfehlbarem Instinkt ab, was ihn schwächen könnte. Er führt ein Eigenleben. Er schwimmt oben wie Öl auf dem Wasser.

Ist es ihm nun gelungen, hier einzudringen, hat er die durchschnittlichen Kenntnisse, und ist er dem Organismus genehm, dann sitzt er so ziemlich wie in Abrahams Schoß. Verstößt er nur nicht gegen die ungeschriebenen Regeln eines stillen Codex, poltert er nur nicht gegen die ehernen Pfeiler dieses unsichtbaren Doms –: dann wird ihm nichts geschehen.

Erleben Sie es oft, daß dieser Beamtenorganismus seine Angehörigen an die Strafbehörden ausliefert? Das geschieht fast nie. Also, so denken Sie, liebe Frau, wird da wohl auch nichts vorkommen. Es kommt aber genau so viel vor wie in allen andern Berufen – nur kräht kein Richter danach, weil eine Krähe ... nehmen Sie nur einen Stuhl, liebe Frau, und hören Sie gut zu.

Wenn zum Beispiel jemand, sehend oder blind, die Valuta seines Landes zugrunde richten läßt, so daß Millionen von Menschen ihr sauer erspartes Vermögen bis auf den letzten Pfennig verlieren; wenn einer die Arbeiter niederschießen läßt, wo sie nur stehen, und wenn er sich brutaldumpf in der Sonne der Gunst uniformierter Verbrecher spiegelt; wenn einer ableugnet, daß es in seinem Bereich jemals Verstöße gegen das Gesetz gegeben hat, wenn seinetwegen die Leute in den Gefängnissen und Zuchthäusern zu Hunderten sitzen; wenn sich einer bei Vergebung von staatlichen Krediten von einem gerissenen litauischen Pferdejuden übers Ohr hauen läßt, weil seine in der Beamtenlaufbahn ersessenen Kenntnisse es ihm nicht gestatten, wie ein moderner Kaufmann zu disponieren; wenn einer aus Karrieresucht, aus falsch verstandener Schneidigkeit, aus Autoritätssadismus ein Todesurteil fahrlässig durchdrückt, dessen zugrunde liegende Indizien zusammengeschludert sind ... was meinen Sie, liebe Frau, geschieht mit solchen, wenn ihre Untaten bekannt und erkannt sind?

Dann machen sie Erholungsreisen, liebe Frau. Dann fahren sie um die Welt, liebe Frau. Von jenem Schreibersmann Michaelis an, der einer bereits geistesschwach gewordenen Umwelt als Reichskanzler präsentiert wurde, bis zum letzten Kriegsminister –: es ist immer dasselbe. Vorher, wenn sie am Werk sind, reißen sie das Maul auf und weisen auf die schwere Verantwortung hin, die sie tragen. Ja, worin besteht denn die –? Etwa, wie bei jedem Kaufmann und Chauffeur, in der Möglichkeit, bei fahrlässig herbeigeführtem Mißerfolg strafrechtlich zu büßen, was staatsrechtlich begangen wurde? Daran kann sich kein Deutscher gewöhnen. Das Äußerste, was sich diese verkorksten Revolutionäre abringen, sind, erschrecken Sie nicht, liebe Frau, ›Untersuchungskommissionen‹; die kommissionieren und untersuchen und fragen und lassen sich von den Zeugen anschnauzen und kuschen und lassen Protokolle drucken und sitzen dann wieder auf geduldigen Gesäßen ... Bestraft wird keiner. Mit seinem Vermögen zahlt keiner. Eingesperrt wird keiner. Ein Versuch, ein einziger, und der deutsche Beamte täte überhaupt nichts mehr. Was? Er soll wirklich und wahrhaftig die Verantwortung tragen, wenn er etwas falsch gemacht hat? Er soll büßen, wenn er etwas ausgefressen hat? Während er doch nur, liebe Frau, ausführte, was ihm seine vorgesetzte Behörde befahl, oder während der Fehler doch nur bei der untergeordneten Behörde lag, oder während es sich nur um einen Kompetenzkonflikt handelte? Liebe Frau –!

Wenn Ihr Junge in der Schule nicht versetzt wird, dann darf er mit Ihnen nicht ins Theater gehen. Wenn ein Minister seine Aufgabe bis zum blamablen Zusammenbruch verfehlt hat, Fehler auf Fehler gehäuft, gelogen, aber schlecht gelogen, so schlecht gelogen, daß nicht einmal das Gegenteil von dem wahr war, was er sagte, geschoben, aber dumm geschoben, getäuscht, aber unvollkommen getäuscht –: dann geschieht was? Dann fährt er, unwiderruflich, liebe Frau, ins Ausland. Zur Erholung, liebe Frau.

Und so sieht sein Tag aus –:

Er erwacht in einem schönen sprungfedrigen Bett, in einem weiten, gut gelüfteten Raum, im Hotel etwa ... Er dehnt und streckt sich noch einmal, denn ins Amt braucht er heute nicht zu gehen, sacht erhebt er sich, wäscht sich mit wollüstiger Langsamkeit, so gründlich, wie es in der jeweiligen Familie üblich ist; er bindet sich den Stehkragen um, merkwürdig, welche Vorliebe deutsche Minister für Stehkragen am falschen Ort haben! – und dann wandelt er hinaus ins Freie. Etwa in die südamerikanische Landschaft oder in die asiatische; dort wird er festlich empfangen und hofiert, und Diener machen Verbeugungen, und er besichtigt irgend etwas: ein Nationaldenkmal oder eine Kinderwagenfabrik oder eine Universität für taubstumme Opernsänger ... Seine Landsleute umstehen ihn. Und dann wird es plötzlich still um ihn, und er hält eine Rede, und während auf seinem Herzen der Brief der Deutschen Republik knistert, die ihm mitteilt, daß die fällige Quote seiner Pension, wie verabredet, an die Disconto-Gesellschaft überwiesen worden ist, hält er seine Rede und beschimpft sehr vorsichtig, sehr fein, mit jener verschlagenen Dummdreistigkeit, die das hervorragende Kennzeichen seines Standes ist, eben diese Republik. Er weiß: sie wehrt sich nicht. Er war ja die Republik; er kennt sie.

Und dann, liebe Frau, fährt er im Auto umher oder in einer Dampfbarkasse und sieht mit seinen runden Brillenaugen die schöne Welt an, die ihm eine Staffage ist, er sieht sie an wie ein besichtigender General, mit jenem Blick, der vorgibt, alles zu sehen, und der doch blind ist bis in den letzten Nerv hinein – und dann setzt er sich mit Muttern, denn Mutter hat er mitgenommen, aufs Schiff und fährt zurück in die liebe Heimat. Und da wird er dann Aufsichtsrat, wegen seiner guten Beziehungen zu den Behörden, und weil er beamtisch sprechen kann; und intrigiert ein bißchen in den politischen Parteien, und wenn er besonders wild ist, dann aspiriert er auf den Präsidentenposten ... liebe Frau, die Welt ist so reich.

Man nennt das: Studienfahrt.

Und währenddessen hocken seine Opfer in den Zellen; und währenddessen schuften die von ihm geschädigten alten Leute wieder in irgendeinem Papiergeschäft oder trappeln als Versicherungsagenten auf den Straßen; und währenddessen prozessieren Tausende seinetwegen, und laufen Zehntausende auf ein Amt, und klagen Hunderttausende, denen er durch seine Politik das Lebensglück abgeschnürt hat … immer mit der Verantwortung. Die der Blitz aber verschont hat, stehen mit pfiffigen Mienen herum, nennen ihre charakterlose Schwäche Demokratie, und wenn jener Geschichten macht, so sagen sie: »Die Geschichte wird richten.« Das tut nicht weh.

Eher, liebe Frau, bricht sich einer, der auf einen Stuhl steigt, ein Bein, als daß einem deutschen Minister etwas passiert, und wenn er noch so viel Böses angerichtet hat. Es ist das gefahrloseste und das verantwortungsloseste Metier von der Welt.

Liebe Frau, lassen Sie Ihren Sohn Beamten werden.

(1928)

Das Lächeln der Mona Lisa

Ich kann den Blick nicht von dir wenden.
Denn über deinem Mann vom Dienst
hängst du mit sanft verschränkten Händen
und grienst.

Du bist berühmt wie jener Turm von Pisa,
dein Lächeln gilt für Ironie.
Ja … warum lacht die Mona Lisa?
Lacht sie über uns, wegen uns, trotz uns, mit uns,
gegen uns –
oder wie –?

Du lehrst uns still, was zu geschehen hat.
Weil uns dein Bildnis, Lieschen, zeigt:
Wer viel von dieser Welt gesehn hat –
der lächelt, legt die Hände auf den Bauch
und schweigt.

(1928)

Hinter der Venus von Milo

Hinter der Venus von Milo, im pariser Louvre, steht ein kleines Bänkchen, auf das habe ich mich neulich gesetzt. Von der Venus sah ich nur den dunklen, unbeleuchteten Rücken. Die Besucher standen in voller Tageshelle.

Es rückten an die Völker der Erde, in schlenderndem Museumsschritt, schon ein wenig müde vom vielen Spazierengehen, und von weitem sah man die Stumpfheit ihrer Gesichter. Wenn sie sich aber der Venus näherten, dann wechselte der Ausdruck.

Die meisten waren etwas befangen und traten mit einem Gesicht näher, das Männer machen, wenn sie einen Frack anhaben und einen etwas zu hohen Kragen. Sie gaben sich innerlich alle einen Bildungsruck und ›nahmen Haltung an‹. Also das ist sie ... Selbst die Frauen machten häufig eine halbe Verbeugung – aber nur, wenn sie allein waren –, manche lächelten wie ertappt. Es gab auch Offensivgeister, die traten rasch und resch in den kleinen hohen Raum: »Na sahrn Se ma – sind Sie denn nu wirklich so schön, wie es immer heißt? Das wollen wir gleich ma sehn –!«

Sie traten vor und traten zurück, sie suchten einen ›point de vue‹ und hielten die Hand vor Augen, um das ungehörige Licht abzublenden; sie buchstabierten die kleine Drucktafel, auf der drauf stand, daß dies die Venus von Milo sei, ich sah in weitaufgerissene Nasenlöcher und auf funkelnde Brillengläser. Manche kamen schnell angetrabt, mit etwas in den Augen, das sagte: »Na, da bist du ja!« Und: »Du hängst übrigens bei uns in der guten Stube!« Und: »Wirklich sehr schön!« Für viele hätten blaue und rote Gläser da sein sollen, mit denen man sich das Schauspiel hätte bunter gestalten können.

Männer mit schweren Schritten, steifer Haltung und zu kleinen Hüten rückten an, die mußte ich schon mal gesehen haben; französisch waren nur die Wächter, und das Schrecklichste der Schrecken umringte die stille Statue: die reisende Mittelstands-Amerikanerin. Laut, frech, aufdringlich, taktlos, ein unangenehmer Papagei. Ein englisches Mädchenpensionat saß auf den Bänken, wie die Vögel auf der Stange – sie schnatterten ziemlich laut und zeigten sich Bonbons und Ansichtskarten. Ein grausiges Gestell aus Chicago verhandelte mit einem Aufseher, der gutmütig Auskunft gab in einer Haltung, die verriet: »Ich bin schon achtzehn Jahre in dieser Anstalt, ich wundere mich über gar nichts mehr!« – Und ein Liebespaar auf einer Bank in der Ecke blieb eine halbe Stunde – hier und nur hier fühlte es sich ungestört vom pariser Klatsch …

Und es kam die junge Generation, Sportfiguren und glatte Gesichter. Die sahen ganz anders zur Venus auf. »Ewig«, steht in den Kunstbüchern, »ist der Schönheitswert dieses Körpers …« Ewig? Wirklich: ewig –? Diese jungen Leute, denen das Saxophon schon einiges erzählt hatte, dachten darüber vielleicht anders. Viele schnupften kurz auf, sahen hinauf, wieder hinunter, umstanden den Sockel und gingen wieder fort. Ihre Venus sieht vielleicht anders aus.

So saß ich noch lange, lange Zeit. Und muß sagen:

Ich persönlich möchte ja nicht die Venus sein. Hinterließen Augen Flecken: sie müßte aussehen wie eine Pardelhaut. Und wieviel Gleichgültige sehen sie an! Wieviel Konvention ist dabei, Mußbesuch, Pflichtspaziergang im

Louvre – (»Und nun noch der Eiffelturm und die Oper – und dann ham was geschafft –!«) Ein Museum ist eine Sache.

Aber vielleicht darf man sich überhaupt nicht hinter die Objekte setzen. Denn was man da so im Laufe der Zeit zu sehen bekommt, läßt einen bald abstumpfen, weil es sich tausendfach wiederholt, weil die Phantasie der Menschen gering ist und ihre Spielarten noch kleiner – und weil Clowns, Richter, Ärzte und manche Damen Bescheid wissen, wie es wiederkommt, alles miteinander.

(1926)

Deutsch für Amerikaner

Ein Sprachführer

Ankunft

Eingang verboten.

Ausgang verboten.

Durchgang verboten.

Herr Gepäckträger, tun Sie diese Koffer auf die leichte Schulter nehmen?

Ich werde mir einen Sonnabend daraus machen, mein Herr.

Ist jene Automobildroschke ledig?

Warten Sie, wir haben noch einen Golfhauer sowie zwei Hüteschächtel.

Dies hier ist Ihr Getränkegeld, ist es nicht?

Bezüglich dessen scheint es mir ein wenig wenig. (Sprich: »krieje noch fummssich Fennje!«)

Autotreiber! Geh an! Ich ziehe das Christliche Hospiz vor!

Rauchen verboten.

Parken verboten.

Durchfahrt verboten.

Begrüßungen

Guten Tag, wie fühlen Sie?

Heute ist ein wahrlich feiner Tag, ist es nicht?

Sie sehen aus wie Ihre eigne Großmutter, gnädige Frau!

Darf ich Ihnen meinen lieben Mann vorstellen; nein, dieser hier!

Ich bin sehr froh, Sie zu sehen; wie geht es Ihrem Herrn Stiefzwilling?

Werfen Sie das häßliche Kind weg, gnädige Frau; ich mache Ihnen ein neues, ein viel schöneres.

Guten Morgen! (sprich: Mahlzeit!)

Guten Tag! (sprich: Mahlzeit!)

Guten Abend! (sprich: Mahlzeit!)

Danke, es geht uns gut – wir leben von der Differenz.

Im Restaurant

Bringen Sie mir eine Portion Zahnstocher sowie das Adressenbuch.

Das ist nicht mein Revier.

Meine Frau wünscht einen Wiener Schnitzer; ich habe Zitronenschleim gewählt.

Das ist nicht mein Revier.

Bringen Sie mir einen kokainfreien Kaffee.

Wir haben in Amerika die Verhinderung; bringen Sie mir daher eine Flasche eisgekühlten Burgunders, auch drei Gläser Whisky mit Gin sowie kein Selterwasser.

Das ist nicht mein Revier.

Auf dem Postamt

Dieser Schalter ist geschlossen.

Sie müssen sich auf den Hintern anstellen.

Ich erwarte schon seit Jahren eine größere Geldsendung.

Wo ist die Schaltung für freie Marken und die Briefschaukel?

Wollen Sie so kindlich sein, hinten meine Marke anzulecken?

In dieser Telefonzelle riecht man nicht gut.

Hallo! Ich wünsche eine Nummer zu haben, aber der Telefonfräulein gewährt sie mir nicht.

Meine Näm ist Patterson; ich bin keine Deutsch; hier ist mein Paßhafen.

Im Theater

Geben Sie mir einen guten Platz.

Wir haben keine guten Plätze; wir haben nur Orchesterfauteuils.

Wird Ernst Deutsch diesen Abend spielen?

Wie Sie sehen, haben wir Festspiele; infolgedaher wird er nicht vorhanden sein.

Dies ist ein guter Platz; man hört nicht viel.

Von wem ist dieses Stück?

Dieses Stück ist von Brecht.

Von wem ist also dieses Stück?

Zeigen Sie mir die blaue Bluse der Romantik.

Des Nachts

Sie sind ein Süßherz, mein Liebling, tun Sie so?

Das ist mir zu teuer.

Ei, mein Fräulein, könnten Sie sich dazu verstehen, mich durch den Abend zu streifen?

In Paris gibt es solche Häuser; sie sind sehr praktisch.

Hätten Sie wohl die Gewogenheit, auch die Strümpfe abzulegen?

In Amerika tun wir so etwas nicht.

Dies ist wahrlich teuer; Sie sind ein Vamp.

Danke, meine Dame, ich habe schon eine Beziehung; sie (er) hat meine gänzliche Liebe.

Konversation

Er ist ein Stockchinese.

Du bist ein Wahlsachse.

Mangels einer Wäschemangel können jene Kragen nicht gewaschen werden.

Meinen Frau Gräfin nicht auch, daß dies ein rechtes Scheißwetter sein dürfte?

Die berliner Festspiele sind gute Festspiele; aber bei uns in Amerika haben wir die größte Tomatenexportehschn von der Welt.

Leihen Sie mir bitte Ihren linken Gummischuh!

Ich habe einen guten Charakter zuzüglich eines Bandwurmes.

Jener Funkturm ist niedlich.

Bitte zeigen Sie mir den berliner Verkehr.

So habe ich es nicht gemeint!

Dieser Löwe macht einen so zusammengeschmetterten Eindruck.

Ich spreche schon geflossen deutsch; nur manchesmal breche ich noch etwas Rad.

Nach Börlin besuchen wir noch Europa, Persien und Heidelberg, aber am 4. September, acht Uhr erste Minute werden wir New York anfahren. Good-bye –!

(1920)

Die Unterwelt der Gefühle

Was wir sagen – was wir denken

Anmerkung:
Die *Uhu*-Seite zerfällt durch einen Querstrich in eine obere und in eine untere Hälfte.

Auf der oberen ist die Situation so dargestellt, wie sie sich wirklich abspielt; auf der unteren, etwa lila getönt, in einer schummrigen Traumatmosphäre so, wie die handelnden Personen sich gebärdeten, wenn sie sich ganz frei gehen ließen …

1. Bild

Oben:
Chef, hinter einem Schreibtisch – ernst, aber keineswegs unsympathisch. Vor ihm mit einem Aktenstück ein Prokurist, nicht übermäßig devot.

DER CHEF: »… Na, und was haben Sie nun gemacht?«

DER PROKURIST: »Ich habe den Leuten erklären lassen: Entweder ihr nehmt das Lager so, wie es da ist – oder ihr kriegt gar nichts.«

DER CHEF: »Halte ich nicht für richtig.«

DER PROKURIST: »Herr Direktor – die Leute können zahlen, sie wollen bloß nicht!«

DER CHEF: »Kein Mensch will heute zahlen, und kein Mensch kann heute zahlen. Die Maßnahme war falsch, Ihr Brief war falsch!«

DER PROKURIST: »Nach meinem Gefühl … also … man kann das selbstverständlich auch anders machen …«

DER CHEF: »Natürlich kann man das anders machen.«

DER PROKURIST: »Also schön – machen wirs anders ...«

DER CHEF: »Wir schreiben – also das ist ja Wahnsinn, was Sie da haben schreiben lassen! Schreiben Sie einfach: das Lager kann zu den früheren Bedingungen übernommen werden. In einem Monat.«

DER PROKURIST: »Ja ... das kann man vielleicht auch ... Aber wir werden was erleben – ich meine ...«

DER CHEF: »Wir werden gar nichts erleben, und basta!«

(Prokurist ab)

Unten:

Dieselben Personen, Chef und Prokurist, verachtungsvoll und wutverzerrt einander gegenüber, wild fuchtelnd.

DER CHEF: »Daß ich diesen Trottel in meinem Betrieb halten muß...«

DER PROKURIST: »Sie Ochse verstehen doch überhaupt nichts vom Geschäft. Wenn Sie mich nicht hätten –«

DER CHEF: »Alles bloß, weil mein Schwager diesen Menschen hier reingeschoben hat. Und von dem läßt sich meine Frau den Hof machen! Ich lad ihn nicht mehr ein!«

DER PROKURIST: »Keinen Schimmer hat dieser Esel. Nicht eine Kaffeebohne wird hier verkauft – wenn ich nicht wäre.«

DER CHEF: »Und blöd! Verärgert einem die Kundschaft mit seiner Arroganz – Briefe schreibt er wie ein Kongoneger. Wenn er bloß erst raus wäre!«

DER PROKURIST: »Kommt um halb elf morgens ins Büro und weiß alles besser! Keine Ahnung hat er! Wie der schon aussieht! Wie die Frau diesen Mann hat heiraten können, das ist mir direkt ein Rätsel! Du Hammel, – ich schick den Brief so raus ... ich werde die Sache schon besorgen! Kamuff.«

DER CHEF: »Wenn er bloß erst raus wäre ...!«

DER PROKURIST: »Den Mann sollten sie nicht ohne Wärter rumlaufen lassen.«

(ab)

2. Bild

Oben:

Bridgepartie von vier Damen. Spielpause. Alle in angeregter und netter Unterhaltung. Eine sehr schöne Frau; eine sehr häßliche; zwei Durchschnittstypen.

SÜDEN: »Jetzt, wo es vorbei ist, kann mans ja sagen: Sie hätten vielleicht besser nicht gleich reizen sollen!«

WESTEN: »Bridge ist nicht leicht ...«

NORDEN: »Das war schon ganz richtig. Ganz richtig war das. Übrigens – Doktor Hennemeyer ist in Berlin!«

OSTEN: »Kenne ich gar nicht. Ich hab ihn nur einmal flüchtig gesehen ...«

DIE DREI ANDERN: »Soooo –?«

OSTEN: (sehr beiläufig) »Ja.«

SÜDEN: »Das Kleid, das Sie da anhaben, ist wieder ganz reizend. Lassen Sie noch immer bei der Düllberg arbeiten?«

NORDEN: »Nein. Das ist ein pariser Modell.«

WESTEN: »Kinder, es ist halb sieben – ich habe noch eine Verabredung – spielen wir weiter!«

Unten:

Dieselben vier Damen – sehr feindselig gegeneinander.

SÜDEN: »Du spielst, meine Liebe – so, wie du alles machst, was du machst ... hervorragend dumm!«

WESTEN: »Ach, jetzt fängt sie wieder mit ihrem Geschwätz nach dem Spiel an! Dabei hat sie keinen Dunst von Bridge!«

NORDEN: »Wenn man so mies ist, soll man sich nicht hinsetzen und andern Leuten Bridge beibringen wollen! Dein Kerl, der Hennemeyer, ist in Berlin! Aber er kümmert sich nicht mehr um dich!«

OSTEN: »Das geht euch einen Schmarrn an. Er wird sich schon um mich kümmern! Übrigens pfeife ich auf den feinen Herrn!«

DIE DREI ANDERN: » Ach, guck mal an! Sie pfeift! Er wird dir was blasen! Eifersüchtig bist du – auf die Margot! Sie ist jünger. Und eleganter. Und hübscher.«

OSTEN: »Futterneid, meine Damen!«

SÜDEN: »Wo haben Sie denn diesen Ausverkaufsbowel her? Aussehen tun Sie damit –!«

NORDEN: »Und wenn ihr platzt: das ist ein pariser Modell!«

WESTEN: »Das Kleid hat Paris nie gesehn! Und selbst, wenn es eines aus Paris wäre: es weint an dir herunter! Also ich habe die Nase hier voll – noch eine Runde, und dann nichts wie weg!«

3. Bild

Oben:

Junger Mann und junge Dame, er mit Brille – in einem Boot. Er rudert. Sie steuert.

SIE: »Ach –?«

ER: »Ja. Meine Einstellung ist die, daß ich die Natur der Kunst bei weitem vorziehe ... finde ich.«

SIE: »Na, ich weiß doch nicht!«

ER: »Na, zum Beispiel die Musik – hören Sie gern Symphonien?«

SIE: »Ja ... nein... doch, manchmal ...«

ER: »Also zum Beispiel die Unvollendete von Schumann ... also die ... sehen Sie –«

SIE: »Nein, nicht landen! Wir wollen zurückfahren ...«

ER: »Schon –?«

Unten:

Dieselben beiden Personen, der junge Mann beugt sich stürmisch über die Dame – sie wehrt ab.

SIE: » Huah – ist das langweilig!«

ER: »Jetzt sind wir schon das fünfte Mal auf dem Wasser, und es ist kein Weiterkommen. Wie lange soll das noch dauern? Agathe!«

SIE: »Erstens überhaupt nicht. Zweitens – wenn: mit so einem wie Ihnen?«

ER: »Wunderbar, diese Hände! Und der Hals! Du machst mich verrückt!«

SIE: »Mensch, hör bloß schon mit deinem Gequatsche über Musik auf! Außerdem kannst du nicht rudern!«

ER: »Wo ich doch so gern eine nette Freundin hätte! Agathe!«

SIE: »Na, landen auch noch! Damit er vielleicht wieder liebenswürdig wird! Das hat grade noch gefehlt – Marsch! Nach Haus!«

ER: »Schon? Agathe –!«

4. Bild

Oben:

Vortrag. Ein schöngeistiger Professor; Publikum, das scheinbar andächtig zuhört.

DER REDNER: »Ich ersehe aus Ihrer angespannten Aufmerksamkeit, daß Sie mir bis hierher völlig gefolgt sind. Ich komme nunmehr zu den Königsgräbern der achten ägyptischen Königsepoche ...«

DAS PUBLIKUM: »– –«

Unten:

Dasselbe Bild. Der Redner ebenso wie oben – das Publikum: schlafend, flirtend, die Damen schminken sich, einer gibt seiner Nachbarin einen Kuß ...

DER REDNER: »Ich habe selten einen solchen Auftrieb von Vollblutidioten gesehen! Wozu ihr eigentlich hergekommen seid – das weiß kein Mensch!«

DAS PUBLIKUM: »Ist das ein Trottel! – Dazu gibt man nun das teure Geld aus! – Langweilig bis dahinaus! – Eine reizende Person, da müßte man mal ... – Dieser Lippenstift ist ein Malheur – Krrchch – – Die Leute reden hier so laut, daß man immer wieder aufwacht – Ist der Mann noch nicht fertig! – Hübscher Bengel, was starrt er bloß immer diese kleine Person da an; ich bin doch auch noch da! – Wie komme ich bloß hier raus? Hätte ich doch einen Eckplatz genommen! Der Mann hat keine Ahnung! – Krrchch – Das ist doch ... da hinten sitzt doch Lissy und ihr Freund! Lissy! Lissy! – Schrecklich, daß bei solchen Vorträgen immer einer da ist, der redet – Schluß! Schluß! Schluß –!«

Man sollte mal …

Man sollte mal heimlich mitstenographieren, was die Leute so reden. Kein Naturalismus reicht da heran. Gewiß: in manchen Theaterstücken bemühen sich die Herren Dichter, dem richtigen Leben nachzuahmen – doch immer mit der nötigen epischen Verkürzung, wie das Fontane genannt hat, der sie bei Raabe vermißte, immer leicht stilisiert, für die Zwecke des Stücks oder des Buchs zurechtgemacht. Das ist nichts.

Nein, man sollte wortwörtlich mitstenographieren – einhundertundachtzig Silben in der Minute – was Menschen so schwabbeln. Ich denke, daß sich dabei folgendes ergäbe:

Die Alltagssprache ist ein Urwald – überwuchert vom Schlinggewächs der Füllsel und Füllwörter. Von dem ausklingenden »nicht wahr?« (sprich: »nicha?«) wollen wir gar nicht reden. Auch nicht davon, daß: »Bitte die Streichhölzer!« eine bare Unmöglichkeit ist, ein Chimborasso an Unhöflichkeit. Es heißt natürlich: »Ach bitte, sein Sie doch mal so gut, mir eben mal die Streichhölzer, wenn Sie so freundlich sein wollen? Danke sehr. Bitte sehr. Danke sehr!« – so heißt das.

Aber auch, wenn die Leute sich was erzählen – da gehts munter zu. Über Stock und Steine stolpert die Sprache, stößt sich die grammatikalischen Bindeglieder wund, o tempora! o modi!

Das oberste Gesetz ist: Der Gesprächspartner ist schwerhörig und etwas schwachsinnig – daher ist es gut, alles sechsmal zu sagen. »Darauf sagt er, er kann mir die Rechnung nicht geben! Er kann mir die Rechnung nicht geben! Sagt er ganz einfach. Na höre mal – wenn ich ihm sage, wenn ich ganz ruhig sage, Herr Wittkopp, gehm Sie mir mal bitte die Rechnung, dann kann er doch nicht einfach sagen, ich kann Ihnen die Rechnung nicht geben! Das hat er aber gesagt. Finnste das? Sagt ganz einfach ...« in infinitum.

Dahin gehört auch das zärtliche Nachstreicheln, das manche Leute Pointen angedeihen lassen. »Und da sieht er sie ganz traurig an und sagt: Wissen Sie was – ich bin ein alter Mann: geben Sie mir lieber ein Glas Bier und eine gute Zigarre!« Pause. »Geben Sie mir lieber ein Glas Bier und eine gute Zigarre. Hähä.« Das ist wie Selterwasser, wenn es durch die Nase wiederkommt ...

Zweites Gesetz: Die Alltagssprache hat ihre eigene Grammatik. Der Berliner zum Beispiel kennt ein erzählendes Futurum. »Ick komm die Straße langjejangn – da wird mir doch der Kuhkopp nachbrilln: Un vajiß nich, det Meechen den Ring zu jehm! Na, da wer ick natierlich meinen linken Jummischuh ausziehen un ihn an Kopp schmeißn ...«

Drittes Gesetz: Ein guter Alltagsdialog wickelt sich nie, niemals so ab wie auf dem Theater: mit Rede und Gegenrede. Das ist eine Erfindung der Literatur. Ein Dialog des Alltags kennt nur Sprechende – keinen Zuhörenden. Die beiden Reden laufen also aneinander vorbei, berühren sich manchmal mit den Ellenbogen, das ist wahr – aber im großen ganzen redet doch jeder seins. Dahin gehört der herrliche Übergang: »Nein.« Zum Beispiel:

»Ich weiß nicht (sehr wichtige Einleitungsredensart) – ich weiß nicht: wenn ich nicht nach Tisch meine Zigarre rauche, dann kann ich den ganzen Tag nicht arbeiten.«

(Logische Lässigkeit: es handelt sich um den Nachmittag.) Darauf der andere: »Nein.« (Völlig idiotisch. Er meint auch gar nicht: Nein. Er meint: mit mir ist das anders. Und überhaupt ...) »Nein. Also wenn ich nach Tisch rauche, dann ...« folgt eine genaue Lebensbeschreibung, die keinen Menschen interessiert.

Viertes Gesetz: Was gesagt werden muß, muß gesagt werden, auch wenn keiner zuhört, auch, wenn es um die entscheidende Sekunde zu spät kommt, auch wenns gar nicht mehr paßt. Was so in einer ›angeregt plaudernden Gruppe‹ alles durcheinandergeschrien wird – das hat noch keiner mitstenographiert. Sollte aber mal einer. Wie da in der Luft nur für die lieben Engelein faule Pointen zerknallen und gute auch, wie kein Kettenglied des allgemeinen Unterhaltungsgeschreis in das andere einhakt, sondern alle mit weitgeöffneten Zangen etwas suchen, was gar nicht da ist: lauter Hüte ohne Kopf, Schnürsenkel ohne Stiefel, Solo-Zwillinge ... das ist recht merkwürdig.

Ungeschriebne Sprache des Alltags! Schriebe sie doch einmal einer! Genau so, wie sie gesprochen wird: ohne Verkürzung, ohne Beschönigung, ohne Schminke und Puder, nicht zurechtgemacht! Man sollte mitstenographieren.

Und das so Erraffte dann am besten in ein Grammophon sprechen, es aufziehen und denen, die gesprochen haben, vorlaufen lassen. Sie wendeten sich mit Grausen und entliefen zu einem schönen Theaterstück, wissen Sie, so eines, Fritz, nimm die Beine da runter, wo man so schön natürlich spricht, reine wie im Leben, haben Sie eigentlich die Bergner, find ich gar nicht, na also, mir ist sie zu ...

Man sollte mitstenographieren.

(1927)

In der Hotelhalle

Ein Blick – und die Neese sitzt hinten.

Wir saßen in der Halle des großen Hotels, in einer jener Hallen, in denen es immer aussieht wie im Film – anders tuts der Film nicht. Es war fünf Minuten vor halb sechs; mein Partner war Nervenarzt, seine Sprechstunde war vorüber, und wir tranken einen dünnen Tee. Er war so teuer, daß man schon sagen durfte: wir nahmen den Tee.

»Sehen Sie«, sagte er, »es ist nichts als Übung. Da kommen und gehen sie – Männer, Frauen, Deutsche und Ausländer, Gäste, Besucher ... und niemand kennt sie. Ich kenne sie. Ein Blick – hübsch, wenn man sich ein bißchen mit Psychologie abgegeben hat. Ich blättere in den Leuten wie in aufgeschlagenen Büchern.«

»Was lesen Sie?« fragte ich ihn.

»Ganz interessante Kapitelchen.« Er blickte mit zugekniffenen Augen umher. »Kein Rätsel hier – ich kenne sie alle. Fragen Sie mich bitte.«

»Nun ... zum Beispiel: was ist der da?«

»Welcher?«

»Der alte Herr ... mit dem Backenbart ... nein, der nicht ... ja, der ...«

»Der?« Er besann sich keinen Augenblick.

»Das ist ... der Mann hat, wie Sie sehen, eine fulminante Ähnlichkeit mit dem alten Kaiser Franz Joseph. Man könnte geradezu sagen, daß er ein getreues Abbild des Kaisers sei – er sieht aus ... er sieht aus wie ein alter Geldbriefträger, den die Leute für gütig halten, weil er ihnen die Postanweisungen bringt. Seine Haltung – seine Allüren ...

ich halte den Mann für einen ehemaligen Hofbeamten aus Wien – einen sehr hohen sogar. Der Zusammenbruch der Habsburger ist ihm sehr nahe gegangen, sehr nahe sogar. Ja. Aber sehen Sie doch nur, wie er mit dem Kellner spricht: das ist ein Aristokrat. Unverkennbar. Ein Aristokrat. Sehen Sie – in dem Mann ist der Ballplatz; Wien; die ganze alte Kultur Österreichs; die Hohe Schule, die sie da geritten haben – tu, Felix, Austria ... Es ist sicher ein Exzellenzherr – irgendein ganz hohes Tier. So ist das.«

»Verblüffend. Wirklich – verblüffend. Woher kennen Sie das nur?«

Er lächelte zu geschmeichelt, um wirklich geschmeichelt zu sein; wie eitel muß dieser Mensch sein! – »Wie ich Ihnen sage: es ist Übung. Ich habe mir das in meinen Sprechstunden angeeignet – ich bin kein Sherlock Holmes, gewiß nicht. Ich bin ein Nervenarzt, wie andere auch – nur eben mit einem Blick. Mit dem Blick.« Er rauchte befriedigt.

»Und die Dame da hinten? Die da am Tisch sitzt und auf jemand zu warten scheint – sehen Sie, sie sieht immer nach der Tür ...«

»Die? Lieber Freund, Sie irren sich. Die Dame wartet nicht. Sie erwartet wenigstens hier keinen. Sie wartet ... ja, sie wartet schon. Auf das Wunderbare wartet sie. Lassen Sie ... einen Moment ...«

Er zog ein Monokel aus der Westentasche, klemmte es sich ein, das Monokel fühlte sich nicht wohl, und er rückte es zurecht.

»Das ist ... Also das ist eine der wenigen großen Kokotten, die es noch auf dieser armen Welt gibt. Sie wissen ja, daß die Kokotten aussterben wie das Wort. Die bürgerliche Konkurrenz ... Ja, was ich sagen wollte: eine Königin der käuflichen Lust. Minder pathetisch: eine Dame von großer, aber wirklich großer Halbwelt. Donner ... Donnerwetter ... haben Sie diese Handbewegung gesehen? Die frißt Männer. Sie frißt sie. Das ist eine ... Und in den Augen – sehen Sie nur genau ihre Augen an ... sehen Sie sie genau an ... in den Augen ist ein Trauerkomplex, ein ganzer Garten voller Trauerweiden. Diese Frau sehnt sich; nach so vielen Erfüllungen, die keine gewesen sind, sehnt sie sich. Daran gibt es keinen Zweifel. Fraglich, ob sie jemals das finden wird, was sie sucht. Es ist sehr schwierig, was sie haben will – sehr schwierig. Die Frau hat alles gehabt, in ihrem Leben – alles. Und nun will sie mehr. Das ist nicht leicht. Dieses verschleierte Moll! Kann sein, daß sich ein Mann ihretwegen umgebracht hat – es kann sein – das kann ich nun nicht genau sagen. Ich bin nicht allwissend; ich bin nur ein Arzt der Seele ... Ich möchte diese Frau geliebt haben. Verstehen Sie mich – nicht lieben! Geliebt haben. Es ist gefährlich, diese Frau zu lieben. Sehr gefährlich. Ja.«

»Doktor ... Sie sind ein Cagliostro ... Ihre Patienten haben nichts zu lachen.«

»Mir macht man nichts vor«, sagte er. »Mir nicht. Was wollen Sie noch wissen? Weil wir grade einmal dabei sind ...«

»Der da! Ja, der Dicke, der jetzt aufsteht – er geht – nein, er kommt wieder. Der mit dem etwas rötlichen Gesicht. Was mag das sein?«

»Na, was glauben Sie?«

»Tja ... hm ... heute sieht doch einer aus wie der andere ... vielleicht ...«

»Einer sieht aus wie der andere? Sie können eben nicht sehen – sehen können ist alles. Das ist doch ganz einfach.«

»Also?«

»Der Mann ist Weinhändler. Entweder der Chef selbst oder der Prokurist einer großen Weinfirma. Ein energischer, gebildeter Mann; ein willensstarker Mann – ein Mann, der selten lacht und trotz des Weines nicht viel von Humor hält. Ein ernster Mann. Ein Mann des Geschäftslebens. Unerbittlich. Haßt große Ansammlungen von Menschen. Ein Mann des Ernstes. Das ist er.«

»Und die da? Diese kleine, etwas gewöhnlich aussehende Madame?«

»Panter, wie können Sie so etwas sagen! Das ist – (Monokel) das ist eine brave, ordentliche Bürgersfrau aus der Provinz ... (Monokel wieder in den Stall) – eine brave Frau, Mutter von mindestens vier Kindern, aufgewachsen in den Ehrbegriffen der kleinbürgerlichen Familien – geht jeden Sonntag in die Kirche – kocht für ihren Mann, flickt ihren Bälgern die Hosen und Kleidchen – es ist alles in Ordnung. Die übet Treu und Redlichkeit und weichet keinen Finger breit ... die nicht.«

»Und der da, Doktor?«

»Sehen Sie – das ist der typische Geldmann unserer Zeit. Da haben Sie ihn ganz. Ich könnte Ihnen seine Lebensgeschichte erzählen – so klar liegt die Seele dieses Menschen vor mir. Ein Raffer. Ein harter Nehmer in Schlägen. Der läßt sich nicht unterkriegen. Gibt seine Zeit nicht mit Klimperkram ab; liest keine Bücher; kümmert sich den Teufel um etwas anderes als um sein Geschäft. Da haben sie den amerikanisierten Europäer. Mit den Weibern – Himmelkreuz! – Es ist sechs ... Seien Sie nicht böse – aber ich habe noch eine dringende Verabredung. Ich muß mir gleich einen Wagen nehmen. Zahlen! – Die Rechnung ...«

verbesserte er sich. Der Kellner kam, nahm und ging. Der Doktor stand auf.

»Was bin ich schuldig?« fragte ich aus Scherz.

»Unbezahlbar – unbezahlbar. Alles Gute! Also ... auf bald!» Weg war er.

Und da ergriff mich die Neugier, da ergriff sie mich. Noch saßen alle analysierten Opfer da – alle. Ich schlängelte mich an den Hotelportier heran, der von seinem Stand aus die Halle gut übersehen konnte. Und ich sprach mit ihm. Und ließ etwas in seine Hand gleiten. Und fragte. Und er antwortete. Und ich lauschte:

Der österreichische Höfling war ein Nähmaschinenhändler aus Gleiwitz. Die große Hure mit dem Trauerkomplex eine Mrs. Bimstein aus Chicago – nun war auch ihr Mann zu ihr an den Tisch getreten, unverkennbar Herr Bimstein. Der Prokurist der großen Weinfirma war der Clown Grock. Die pummelige Mama war die Besitzerin eines gastlichen Etablissements in Marseille; der freche Geldmann war ein Dichter der allerjüngsten Schule –

Und nur der Psychologe war ein Psychologe.

(1930)

Träumerei auf einem Havelsee

Ich bin Prokurist einer Wäschefabrik,
Sternberg, Guttmann & Sohn.
Mein Segelboot heißt ›Heil und Sieg‹,
zwei Stunden lieg ich hier schon
　und seh auf die Kiefern und in das Wasser hinein –
　　auf meinem Boot ganz allein.

Urlaub hatte ich im August,
ich war in Norderney,
mit Lilly ... ihre linke Brust
sieht aus wie ein kleines Ei.
　Wenn man sie da kneift, dann wird sie gemein –
　　auf meinem Boot ganz allein.

Graske ist ein gemeiner Hund,
ein falsches Aas – er tut bloß so ...
er weiß, der Alte ist nicht ganz gesund;
wenn mans merkt, bleibt er länger im Büro.
　Und dem Junior kriecht er jetzt auch hinten rein –
　　auf meinem Boot ganz allein.

Mutter wird alt. Wie alt ... warte mal:
vierundsechzig, nein: achtundsechzig, genau.
Grete soll ganz still sein; sie pöbelt mit ihrem Personal
wie eine Schlächtersfrau.
　Ich frage mich: muß eigentlich Verwandtschaft sein?
　　auf meinem Boot ganz allein.

Ich habe es schließlich zu was gebracht,
ich geh auf den Presseball;
auf Reisen fahr ich Zweiter; die Jacht
hier hieß früher ›Nachtigall‹.
Quatsch. Jetzt heißt sie richtig. Manchmal lade ich Willi
  und Ottmar ein –
nein, Ottmar nicht, der hat mich bei den jungen Aktien
nicht mitgenommen – schließlich werd ich dem Affen doch
nicht nachlaufen, das hab ich nicht nötig; stehen jetzt 192,
193 ... wo ist denn die Zeitung? –
  auf meinem Boot ganz allein.

Das ist meine liebste Erholungszeit,
  auf meinem Boot ganz allein.
Kein Mensch ist zu sehen weit und breit –
  kann man einsamer sein?
Eine Welle gluckst. Ich bin einsam. Zwar
  die Inventur beginnt morgen,
und wie die Sirenen mit schwimmendem Haar
  ziehn im See meine Sorgen:

die Lilly, Mama und die Wäschefabrik,
Reparatur von ›Heil und Sieg‹,
Graske und Ottmar, der Egoist;
wer im Silbenrätsel ›Fayence-Maler‹ ist –,
der Krach mit dem Chef von der Expedition;
die Weihnachtsgratifikation –
sonst aber schwimme ich hier im märkischen
Sonnenschein –
  auf meinem Boot ganz allein.

(1928)

Sonntagsmorgen, im Bett

Was – was ist?
Ach so. Heute ist Sonntag Da kann ich noch liegen.
Mit den Schultern kuscheln. Mich ans Kopfkissen
schmiegen –
Aus alter Gewohnheit wacht man sonntags immer
so früh auf wie wochentags – das kommt vielleicht von
dem Schimmer
da von den Jalousien – was ist denn das für ein Geratter
und Gebraus?
Na, jedenfalls heute muß ich nicht raus.

Ich kann heute ganz stille liegen und ruhn.
Und muß gar nichts. Und hier kann mir keiner was tun.
So ein Bett ist eigentlich eine schöne Sache –
da müßte noch so eine Sonnenplache
drüber sein, und dann fährt man damit überall hin.
Woher kommt das, daß ich heute so furchtbar müde bin –?

Gestern abend haben wir wesentlich zu viel Schweden-
punsch getrunken,
Paul war zum Schluß ganz in seinen Sessel versunken;
ich habe auch noch so einen komischen Geschmack im
Mund
und – –

Halb neun! Da muß ich richtig wieder eingeschlafen sein.
Sonntagsmorgen im Bett, das ist fein.
Das heißt: Was nun noch kommt, ist weniger schön …
Heute muß ich zu Onkel Otto und Tante Frieda gehn –

Margot ist auch da, die keusche Lilie …
Warum, lieber Gott, ist man sonntags stets in Familie?
Vor Tisch sind sie beleidigt, und nach Tisch sind sie satt –
wenn ich dran denke, wird mir jetzt schon ganz matt.

Abends ist Theater … morgen muß ich unbedingt mal
mit Kempner telefonieren:
Er muß mir die Diele billiger tapezieren –
achtzig ist zu viel – der Junge ist wohl nicht ganz gesund!
und – –

Halb zehn!
»Willi! Aufstehn! Aufstehn!«
Ja doch, ja!
Ich stehe ja schon auf, Mama –

Jetzt geht der Sonntag los! Nein: eigentlich ist er jetzt
vorbei.
Jetzt kommen die Zeitungen und Briefe und Telefon und
Geschrei.
Das ist nun weniger geruhsam und labend …

Aber so ist das im Leben:
Das Schönste vom Sonntag ist der Sonnabend Abend.

(1928)

Morgens um acht

Neulich habe ich einen Hund gesehen – der ging ins Geschäft. Es war eine Art gestopfter Sofarolle, mit langen Felltroddeln als Behang, und er wackelte die Leipziger Straße zu Berlin herunter, ganz ernsthaft ging er da und sah nicht links noch rechts und beroch nichts, und etwas anderes tat er schon gar nicht. Er ging ganz zweifellos ins Geschäft.

Und wie hatte er das auch nicht tun sollen? Alle um ihn taten es.

Da rauschte der Strom der Insgeschäftgeher durch die Stadt. Morgen für Morgen taten sie so. Sie trotteten dahin, sie gingen zum Heiligsten, wo der Deutsche hat, zur Arbeit. Der Hund hatte da eigentlich nichts zu suchen – aber wenn auch er zur Arbeit ging, so sei er willkommen.

Es saßen zwei ernste Männer in der Bahn und sahen, rauchend, satt, rasiert und durchaus zufrieden, durch die Glasscheiben. Man wünscht sich in solchen Augenblicken ein Wunder herbei, etwa, daß dem Polizeisoldaten an der Ecke Luftballons aus dem Helm steigen, nur damit jene einmal Maul und Nase aufsperrten! Da fuhr die Bahn an einem Tennisplatz vorüber. Die güldene Sonne spielte auf den hellgelben Flächen – es war strahlendes Wetter, viel zu schön für Berlin. Und einer der ernsten Männer murrte: »Haben auch nichts zu tun, sehen Sie mal! Morgens um acht Uhr Tennis spielen! Sollten auch lieber ins Geschäft gehen –!«

Ja, das sollten sie. Denn für die Arbeit ist der Mensch auf der Welt, für die ernste Arbeit, die wo den ganzen Mann ausfüllt. Ob sie einen Sinn hat, ob sie schadet oder nützt, ob sie Vergnügen macht (»Arbeet soll Vajniejen machen? Ihnen piekt er woll?«) –: das ist alles ganz gleich. Es muß eine Arbeit sein. Und man muß morgens hingehen können. Sonst hat das Leben keinen Zweck.

Und stockt einmal der ganze Betrieb, streiken die Eisenbahner oder ist gar Feiertag: dann sitzen sie herum und wissen nicht recht, was sie mit sich anfangen sollen. Drin ist nichts in ihnen, und draußen ist auch nichts: also was soll es? Es soll wohl gar nichts ...

Und dann laufen sie umher wie Schüler, denen versehentlich eine Stunde ausgefallen ist – nach Hause gehen kann man nicht, und zum Spaßen ist man nicht aufgelegt ... Sie dösen und warten. Auf den nächsten Arbeitstag. Daran, unter anderm, ist die deutsche Revolution gescheitert: sie hatten keine Zeit, Revolution zu machen, denn sie gingen ins Geschäft.

Wobei betont sein mag, daß man auch im Sport dösen kann, der augenblicklich wie das Kartenspiel betrieben wird: fein nach Regeln und hervorragend stumpfsinnig. Aber schließlich ist es immer noch besser, zu trainieren, als im schwarzen Talar Unfug zu treiben ...

Ja, sie gehen ins Geschäft. »Was für ein Geschäft treibt ihr?« – »Wir treiben keins, Herr. Es treibt uns.«

Der Hund sprang nicht. Man hüpft nicht auf den Straßen. Die Straße dient – wir wissen schon. Und das verlokkende, niedrig hängende patriotische Plakat ... der Hund ließ es außer acht.

Er ging ins Geschäft.

(1923)

Abends nach sechs

Selig, wer sich vor der Welt
Ohne Haß verschließt;
Einen Freund am Busen hält
Und mit dem genießt.

Was von Menschen nicht gewußt
Oder nicht bedacht,
Durch das Labyrinth der Brust
Wandelt in der Nacht.
Unbekannter Dichter

Abends nach sechs Uhr gehen im Berliner Tiergarten lauter Leute spazieren, untergefaßt und mit den Händen nochmals vorn eingeklammert – die haben alle recht. Das ist so:

Er holt sie vom Geschäft ab oder sie ihn. Das Paar vertritt sich noch ein bißchen die Beine, nach dem langen Sitzen im Büro tut die Abendluft gut. Die grauen Straßen entlang, durch das Brandenburger Tor zum Beispiel – und dann durch den Tiergarten. Was tut man unterwegs? Man erzählt sich, was es tagsüber gegeben hat. Und was hat es gegeben? Ärger.

Nun behauptet zwar die Sprache, man ›schlucke den Ärger herunter‹ – aber das ist nicht wahr. Man schluckt nichts herunter. Im Augenblick darf man ja nicht antworten – dem Chef nicht, der Kollegin nicht, dem Portier nicht; es ist nicht ratsam, der andere bekommt mehr Gehalt, hat also recht. Aber alles kommt wieder – und zwar abends nach sechs.

Das Liebespaar durchwandelt die grünen Laubgänge des Tiergartens, und er erzählt ihr, wie es im Geschäft zugegangen ist. Zunächst der Bericht. Man hat vielleicht schon bemerkt, wie Schlachtberichte solcher Zusammenstöße erstattet werden: der Berichtende ist ein Muster an Ruhe und Güte, und nur der böse Feind ist ein tobsüchtig gewordener Indianer. Das klingt ungefähr folgendermaßen: »Ich sage, Herr Winkler, sage ich – das wird mit dem Ablegen so nicht gehn!« (Dies in ruhigstem Ton von der Welt, mild, abgeklärt und weise.) »Er sagt, erlauben Sie mal! sagt er – ich lege ab, wies mir paßt!« (Dies schnell, abgerissen und wild cholerisch.) Nun wieder die Oberste Heeresleitung: »Ich sage ganz ruhig, ich sage, Herr Winkler, sage ich – wir können aber nicht so ablegen, weil uns sonst die C-Post mit der D-Post durcheinanderkommt! Fängt er doch an zu brüllen! Ich hätte ihm gar nichts zu befehlen, und er täte überhaupt nicht, was ihm andere Leute sagten – finnste das –?« Dabei haben natürlich beide spektakelt wie die Marktschreier. Aber manchmal wars der Chef und dem konnte man doch nicht antworten. Man hat also ›heruntergeschluckt‹ – und jetzt entlädt es sich. »Finnste das?«

Lottchen findet es skandalös. »Hach! Na, weißt du!« Das tut wohl, es ist Balsam fürs leidende Herz – endlich darf man es alles heraussagen! – »Am liebsten hätte ich ihm gesagt: Machen Sie sich Ihren Kram allein, wenns Ihnen nicht paßt! Aber ich werde mich doch mit so einem ungebildeten Menschen nicht hinstellen! Der Kerl versteht überhaupt nichts, sage ich dir! Hat keine Ahnung! So, wie ers jetzt macht, kommt ihm natürlich die C-Post in die D-Post – das ist mal bombensicher! Na, mir kanns ja egal sein. Ich weiß jedenfalls, was ich zu tun habe: ich laß ihn ruhig machen – er wird ja sehen, wie weit er damit kommt ...!« – Ein scheu bewundernder Blick streift den reisigen Helden. Er hat recht.

Aber auch sie hat zu berichten: »Was die Elli intrigiert, das kannst du dir überhaupt nicht vorstellen. Fräulein Friedland hat vorgestern eine neue Bluse angehabt, da hat sie am Telefon gesagt, wir habens abgehört –: Man weiß ja, wo manche Kolleginnen das Geld für neue Blusen herhaben! Wie findest du das? Dabei hat die Elli gar keinen Bräutigam mehr! Ihrer ist doch längst weg – nach Bromberg!« Krach, Kampf mit dem zweiten Stock auf der ganzen Linie – Schlachtgetümmel. »Ich hab ja nichts gesagt ... aber ich dachte so bei mir: Na – dacht ich, wo du deine seidenen Strümpfe her hast, das wissen wir ja auch! Weißt du, sie wird nämlich jeden zweiten Abend abgeholt, sie läßt immer das Auto eine Ecke weiter warten ... aber wir haben das gleich rausgekriegt! Eine ganz unverschämte Person ist das!« Da drückt er ihren Arm und sagt: »Na sowas!« Und nun hat sie recht.

So wandeln sie. So gehen sie dahin, die vielen, vielen Liebespaare im Tiergarten, erzählen sich gegenseitig, klagen sich ihr kleines Leid, und haben alle recht. Sie stellen das Gleichgewicht des Lebens wieder her. Es wäre einfach unhygienisch, so nach Hause zu gehen: mit dem gesamten aufgespeicherten Oppositionsärger der letzten neun Stunden. Es muß heraus. Falsche Abrechnungen, dumme Telefongespräche, verpaßte Antworten, verkniffene Grobheiten – es findet alles seinen Weg ins Freie. Es ist der Treppenwitz der Geschäftsgeschichte, der da seine Orgien feiert. Die blauen Schleier der Dämmerung senken sich auf Bäume und Sträucher, und auf den Wegen gehen die eingeklammerten Liebespaare und töten die Chefs, vernichten den Konkurrenten, treffen die Feindin mitten ins falsche Herz. Das Auditorium ist dankbar, aufmerksam und grenzenlos gutgläubig. Es applaudiert unaufhörlich. Es ruft: »Noch mal!« an den schönen Stellen. Es tötet, vernichtet und trifft mit. Es ist Bundesgenosse, Freund, Bruder und Publikum zu gleicher Zeit. Es ist schön, vor ihm aufzutreten.

Abends nach sechs werden Geschäfte umorganisiert, Angestellte befördert, Chefs abgesetzt und, vor allem, die Gehälter fixiert. Wer würde die Tarife anders regeln? Wer die Gehaltszulagen gerecht bemessen? Wer Urlaub mit Gratifikation erteilen? Die Liebespaare, abends nach sechs.

Am nächsten Morgen geht alles von frischem an. Schön ausgeglichen geht man an die Arbeit, die Erregung von gestern ist verzittert und dahin, Hut und Mantel hängen im Schrank, die Bücher werden zurechtgerückt – wohlan! der Krach kann beginnen. Pünktlich um drei Uhr ist er da – dieselbe Geschichte wie gestern: Herr Winkler will die Post nicht ablegen, Fräulein Friedland zieht eine krause Nase, die Urlaubsliste hat ein Loch, und die Gehaltszulage will nicht kommen. Ärger, dicker Kopf, spitze Unterhaltung am Telefon, dumpfes Schweigen im Büro. Es wetterleuchtet gelb. Der Donner grollt. Der erfrischende Regen aber setzt erst abends ein – mit ihr, mit ihm, untergefaßt im Tiergarten.

Da ist Friede auf Erden und den Paaren ein Wohlgefallen, der Angeklagte hat das letzte Wort – und da haben sie alle, alle recht.

(*1924*)

»Ich rufe vor eins noch mal an –!«

In Wilhelm Speyers ›*Charlott etwas verrückt*‹ findet sich ein Satz, der mir immer tiefen Eindruck gemacht hat. Die Stelle im Dialog heißt etwa so: »Hallo! Also treffen wir uns heute um eins?« – Der andre: »Ja. Das heißt ... ich rufe vor eins noch mal an –!« Alle Berliner rufen vor eins noch mal an.

Es gibt nämlich eine Geschäftigkeit, die aus der Reizbarkeit kommt, aus dem Unvermögen der unausgeruhten Nerven, nicht zu reagieren; sie müssen reagieren, darin besteht eben ihre Müdigkeit, nicht ruhen zu können. Es muß etwas geschehn. Und da greift dann die Hand zum Telefon.

Kleinen Kindern bringt man bei, vor einem Besuch bei der fremden Tante alles »vorher zu erledigen«. Erwachsene betreten die Wohnung des Bekannten mit dem Feldgeschrei: »Darf ich bei Ihnen mal telefonieren?« – »Bitte sehr«, sagt der freundliche Gastgeber. Und hört dann dies:

»Lützow zweiundsiebzig null fünnef ... Ich muß nämlich mal rasch dem Oskar Bescheid sagen, daß er ... Hallo? Nein! Null fünnef! ... Vielleicht ist er gar nicht zu Hause, da will ich mal ... Ja? Oskar? Bist du das? Rufen Sie mal bitte Herrn Pischanowski ans Telefon! Oskar! Hier ist Grete! Also paß mal auf! Ich rufe hier von Wandervogels an, also ... du kommst doch heute abend ins Theater? Wir treffen uns doch vor dem Eingang? Fünf Minuten vor acht – das heißt, es fängt, glaub ich, um halb acht an – sieh doch mal nachher in der Zeitung nach! (Haben Sie ne Zeitung? Na, danke ...) Ja, wie wir verabredet haben. Aber komm pünktlich! Wie gehts Mama? Gut? Danke, ja. Ich geh nachher noch in die Stadt! Na gut – Na, also denn ... Na, schön. Na, gut. Na, schön. Hatchö, Oskar! Komm pünktlich! Na, gut. Hatchö, Oskar! Oskar! ... Weg. Wir gehn nämlich heute abends ins Theater. Zu Wegener. Ja. Na, und wie gehts Ihnen ...?«

Dieses Telefongespräch war kein Telefongespräch. Es war eine Reflexbewegung.

Wäre es nicht geführt worden, so wäre Oskar wie statuiert auch ins Theater gekommen. (»Na, ich muß ihn doch noch mal erinnern! Vielleicht hätte ers sonst vergessen! Sie kennen Oskar nicht!«) Doch, ich kenne Oskar. Aber ich kenne auch Greten – und da meine ich:

Von dem, was in einer großen Stadt zusammentelefoniert wird, ist gut und gern die Hälfte überflüssig. Und die Herren Geschäftsleute sollen sich ja nicht vor ihren Frauen dicketun und lächelnd anmerken: »Kind, was du heute wieder alles telefonierst ...!« Sie machen es genauso.

In den Büros ist der Anlaß des Telefongespräches fast immer vernünftig, seine Länge unentschuldbar. Anfrage; Auskunft; Rückfrage; Rückauskunft ... Und dann gehts erst los. Dann kakeln sie hin und her, sie drehen das schon einmal Gesagte nochmals in der Telefonmuschel herum, daß es einem graust, halten die Nummern, die andre Leute verlangen, besetzt ... Es ist wunderschön. Alles, weil sie die Sprache nicht halten können, sie entzünden sich am Vorhandensein des andern, es muß was geschehn, es muß was geschehn. Schade, daß niemand aufschreibt, was zum Beispiel die ernsten Generaldirektoren und ihre Unteroberdirektoren so ins Telefon sagen – man bekäme einen heiteren Begriff von ihrer würdigen Tätigkeit.

Es scheint mir gradezu eine Krankheit zu sein, daß sich die Telefonaten zum Beispiel nie in einem einzigen Telefongespräch endgültig einigen können. Sie haben eine fast pathologische Scheu vor Entschlüssen, die sie daher niemals gleich fassen. Und das nicht etwa bei ernsthaften Anlässen, wie bei dem Abschluß einer Lebensversicherung, bei einer Verlobung … Sie überlegen. Sie überlegen nämlich, wann sie noch mal anrufen können, immer in der Angst, es könnte sich zwischen zehn und ein Uhr noch ein Erdbeben ereignen. »Das … das kann ich Ihnen jetzt noch nicht sagen. Warten Sie mal … Also … Passen Sie mal auf, wir wollen so verbleiben: Wenn ich bis morgen um halb elf nicht mehr anrufe, dann kommen Sie mit Ihrer Frau nach Hoppegarten. Nein, lieber so: Wenn wir nicht anrufen, kommen Sie nicht. Nein, doch so … Also ich rufe morgen noch mal an.« Und morgen geht das ganze Theater wieder von vorn los.

Lasset uns gerecht sein. Was die Schweden sind, so kommen die gleich mit einem Telefon zur Welt, und das erste »Bää!« des kleinen Gunnar klingt in ein schwedisches Telefon. Und wenn die Schweden erst einmal angefangen haben zu telefonieren, dann hören sie nie wieder auf. Dafür funktioniert ihr Telefon aber herrlich, und man findet es bei ihnen überall. Die Franzosen haben es wieder besser; wenn man da von der Rue Lafontaine nach der Place Denfert-Rocherau telefonieren will, dann gibt es zwei Mittel: Man kann sich ein Taxi nehmen und zu dem andern hinfahren. Das geht am schnellsten. Man kann aber auch von Paris nach Berlin reisen und von dort nach Paris telefonieren: dann ist wieder die Verständigung besser als in Paris, wo durch das Telefon kleine Bäche gluckern, halblaute Gespenster wispern und überhaupt ein Höllentanz am Werk ist, die Franzosen vor Mißbrauch ihres Telefons zu bewahren. Dies alles nur, soweit es sich nicht um automatische Verbindungen handelt – da gehts besser. So hat jedes Volk seines.

Wir hingegen haben zu tun, wenn es aber hochkommt, dann sind es Telefongespräche gewesen. (»Wissen Sie, ehe ich einen kurzen Brief schreibe, führe ich lieber vier lange Telefongespräche!«), und was wäre der Mensch ohne Telefon! Ein armes Luder. Was aber ist er mit dem Telefon? Ein armes Luder.

Denn es gibt ja vielleicht Leute, die ihre Geliebte, die auf den Knien vor ihnen winselt – bitte, das habe ich selbst im Kino gesehn! – kalt liegenlassen, und wenn sie aufschreit: »Ich schieße mich tot!« begütigend sprechen: »Mein Revolver liegt hinten in der Nachttischschublade!« – so kalte und herzlose Menschen gibt es. Aber einen Menschen, der ein Telefon klingeln läßt und nicht an den Apparat geht –: den gibt es nicht.

Magisch zieht es sie an das schwarze Ding, wenn die Glocke schreit; sie müssen, es ist stärker als sie. Die Pflicht ruft, und sie laufen, laufen durch die ganze Wohnung, durch die Korridore, durch die Zimmer, das Telefon! das Telefon! »Was war?« – »Ach nichts. Pimpernoll hat angefragt, wann er die Decken schicken soll. Er ruft nachher noch mal an.« Immer erwarten sie die Sensation, und immer ist es Pimpernoll.

Nur eine Sorte Telefongespräche gibt es, die habe ich querverbunden stets mit innigstem Behagen geschlürft, es sind akustische Austern. Das sind die Gespräche, die Liebespaare führen, und zwar Leute, die aus irgendeinem Grunde »am Telefon nicht so sprechen können« – weil sie vom Geschäft aus sprechen, oder von zu Hause, wo Mama jeden Augenblick hereinkommen kann. Das ist ganz herrlich.

Man riecht es am Ton, was da los ist. Der Ton ist butterweich, hellgelb, milde wie Mathilde und leicht verklemmt.

»Guten Tag! (Ohne Anrede.) – Guten Tag, wie gehts denn? (Ohne Sie und ohne Du.) Na, gut nach Hause gekommen ...? Ja ...? Gut geschlafen? Ja, danke ich auch. (Große lyrische Pause.) Müde? So? Wieso denn? Versteh ich gar nicht ... Man ist ja manchmal müde – So? Ja. Ja, heute ist schönes Wetter. Heute abend bleibe ich zu Hause – ich hab noch was zu schreiben. Wiedersehn? Ist Wiedersehen denn so schön? Ja, immer? Ich glaube, ich muß aufhören, hier wird der Apparat gebraucht. Ja, also dann wie sonst – auf Wiedersehen! Ich rufe morgen noch mal an ...« Solche Gespräche sollten mit behördlicher Harfenbegleitung geführt werden. Wenn du Glück hast, kannst du sie hören, und es schmilzt dein Herz.

Dann aber braust wieder die Arbeit der Großstadt durch die Drähte: die Glocken schrillen, die Hörer wackeln in der Luft, der schwarze Gummi wird weich, Lippen bewegen sich, mit der freibleibenden Hand werden Papiere durcheinandergeworfen, einer stampft mit dem Fuß auf, obgleich das gar nicht mittelefoniert wird ... Und vor eins rufen sie alle, alle noch einmal an.

(1930)

Was machen Menschen, wenn sie allein sind –?

Diese Frage hat Maxim Gorki einst gestellt, und er hat sie fast tragisch beantwortet. Vor allem: er hat sie für Russen beantwortet. Was aber tun brave Mitteleuropäer?

Zunächst ist festzustellen, daß in dem Augenblick, wo der Mann allein ist, etwas von ihm fällt, eine dünne Haut – eine zarte Maske ... Einer der größten deutschen Denker, Lichtenberg, hat einmal die Beobachtung aufgezeichnet, wie Menschen in Nebenstraßen ein anderes Gesicht aufsetzen als in Hauptstraßen. Daran ist viel Wahres. Was also tut der Mann, wenn er allein ist?

Ist er ohne feste Beschäftigung, so wird fast jeder Mann um etliche Jahre jünger: er beginnt, wenn auch nicht zu spielen, so doch seinem Spieltrieb leise nachzugehen. Es ist viel Jungenshaftes, was sich da meldet. Ich glaube, daß kinematographierte Menschen, die allein sind und sich unbeobachtet glauben, zu dem Komischsten gehören müssen, was es gibt.

Die Tür ist also zugefallen, du bist allein. Was nun?

Die Sache fängt gewöhnlich damit an, daß man bei ganz vernünftigen Handgriffen mit etwas völlig Sinnlosem beginnt. (Ein kaum wahrnehmbarer Schleier von Irrsinn liegt auf Leuten, die allein sind.) Du nimmst die Bürste, das ist wahr – aber dabei hebst du einen Kamm auf, und wenn du auch nur eine Minute Zeit hast, balancierst du den ein bißchen, und wenn du nicht balancierst, dann fängst du an, irgend etwas in Reih und Glied zu legen, und wenn du nicht in Reih und Glied legst (was sehr beruhigt), dann trommelst du mit dem Nagelreiniger auf einer Seifenschale ... Welcher Oberregierungsrat hätte noch nie im Bad mit dem Thermometer Schiffchen gespielt!

Auch ist es sehr schön, Männer, die allein sind, singen zu hören. Daß die Majorität so schön singt wie Suzanne Lenglen, mag noch hingehen. Aber was sie so singen! Zunächst: fünfzigmal dasselbe Lied, nein denselben Liedfetzen, dieselben paar Takte, immer sentimentaler, immer falscher – immer im Rhythmus dessen, was sie grade tun ... Auch verwandelt sich der Text leicht in einen völlig wahnsinnigen Indianergesang:

> Valencia!
> Laß mich wippen, wippen, wippen
> auf den Klippen, Klippen, Klippen
> mit der ganzen Kompanie –!

Das klingt nach der einundsechzigsten Wiederholung ganz menschlich. Auch kann man es pfeifen.

Dann gibt es etliche, die sprechen sehr leise mit ihren Sachen. Es erhebt sehr, wenn man die Arbeit mit frommen Sprüchen begleitet. »Wo ist denn der Schuh? Wo ist denn der Schuh?« (Jetzt kleiner Opernchor: Schuhschuh – Schuhschuh – Schuuhuuhuu –!) Dann: »Na, da bist du ja! Vielleicht läßt du dich noch drei Stunden suchen. Hund!« (Rrrumms, an die Wand.) Großes Orchester: »Trararaaha –!« Gesprochen: »Das Zahnwasser ist alle.« Gejodelt: »Allè-hallè –!« So an sonnigen Tagen.

Für alle Tage aber gilt eines, das bei allen Alleinseiern zu beachten ist, wenn die nicht gerade in acht Minuten sich anziehen müssen, um ins Geschäft zu stürzen: das sind die amüsanten kleinen Umwege, die ihre Betätigung vornimmt. Sie macht Kurven, schlägt Bogen, spielt unterwegs, verbraucht den Kräfteüberschuß, den jeder gesunde Mensch inne hat ... Und das ist bei der Arbeit nicht anders.

In Sinclair Lewis' herrlichem ›Babbitt‹ steht zu lesen, wie der Held dieses amerikanischen Romans arbeitet, wie er Zettelchen vollschmiert, und ich bin überzeugt, daß wir alle so zu ›malen‹ beginnen, wenn wir das tun, was wir mit Denken bezeichnen. (Es ist bekannt, daß die meisten Menschen keinem Redner zuhören können, ohne Männerchen zu zeichnen.) Es ist, als ob neben der eigentlichen Kraft des Arbeitsmotors noch ein Nebenstrom herliefe, der Schnitzel und Späne auf einer Säge produziert. Nutzen hat das keinen, aber ohne den Strom geht es auch nicht ... Arbeitet einer mit andern zusammen im großen Büro, so läßt er seinen Eigenheiten im allgemeinen nicht so ungehinderten Lauf, hat er aber ein ›Privatkontor‹, so schöpft er aus dem großen Reservebehältnis einer angeblichen Kraftverschwendung neue Kräfte. Dazu hat der Mensch seine Nägel, die Ohren, die Krawatte – die Beschäftigung mit diesen Dingen stärkt sehr. Und aus der unergründlichen Tiefe eines Spiels mit dem Manschettenknopf und einem Blaustift steigen schwerwiegende Entschlüsse auf ... Soweit die Männer, diese ewigen Jungen.

Kinder sind oft allein, auch wenn sie gar nicht allein sind. Sie spielen, in einer Hülle von Jugend und Unbekümmertheit, die nur selten zerreißt: wenn sie Hunger haben oder sonst etwas Wichtiges wollen.

Was Frauen tun, wenn sie allein sind, ahne ich nicht. Ein Weiser hat behauptet, eine Frau sei überhaupt nie allein –

sie stelle sich stets jemand vor, und sei es auch nur einen Spiegel. Ich denke, daß sich ein Mann da kein Urteil erlauben kann: denn ist er mit einer Frau allein, dann ist sie nicht mehr allein, er stört sehr, und so mag diese Frage eine Frau entscheiden.

(1926)

Der schiefe Hut

Einmal – das war in den Ferien und ist noch gar nicht lange her –, da wohnte ich in einer Pension bei Luzern und sah auf den grauen See. Es war ein trübes Wetter, und ich dachte: I, dachte ich, das Pferderennen da unten wird auch nicht sehr lustig ausfallen. Vielleicht war es gar kein Pferderennen – es kann auch ein Wettspringen gewesen sein. Ich weiß nicht viel von diesen Dingen; wenn man mich reiten gesehn hat, dann versteht man, was das ist: Pazifismus. Wo beim Pferd der Kopf ist, da ist vorn ... mehr weiß ich nicht, und so werde ich nie einen jener hochfeinen Gesellschaftsromane schreiben, bei denen der kleine Angestellte vergessen soll und vergißt, wohin er gehört. Klassenkampf? Hängt doch den Leuten einen geliehnen Frack auf die Hintertreppe, dann werden sie den Klassenkampf schon vergessen. Ja, also Luzern.

Da saß ich und sah, wie sich der kleine Saal allmählich mit den Gästen füllte, die hier ihr Abendbrot essen wollten. Da war Frau Otto aus Magdeburg, die sah aus wie die protestantische Moral. Die Moral hatte eine Tochter ... wenn man sich schon von der Mutter schwer vorstellen konnte, wie sie zu einer Tochter gekommen war, so konnte man sich von der Tochter gar nichts vorstellen, und man wollte das auch nicht. Dann war da der Direktor Zuegli, aus irgend einem schweizer Ort, der der Aussprache nach im Kehlkopf liegen mußte; dann eine fromme Dame aus Genf, die so fein war, daß sie kaum mit sich selbst verkehrte; dann ein alter österreichischer Adliger, der aussah wie Kaiser Franz Joseph und das Personal ebenso unfreundlich behandelte, wie jener es wahrscheinlich getan hat ... da kam Frau Steiner.

Frau Steiner war aus Frankfurt am Main, nicht mehr so furchtbar jung, ganz allein und schwarzhaarig; sie trug Abend für Abend ein andres Kleid und saß still an ihrem Tisch und las feingebildete Bücher. Ich will sie ganz kurz beschreiben: sie gehörte zum Publikum Stefan Zweigs. Alles gesagt? Alles gesagt.

Und da kam nun Frau Steiner, und ich erkannte sie gar nicht wieder.

Ihre vornehmen frankfurter Augen blitzten, eine leise Röte, die nicht von Coty stammte, lag auf ihren Wangen, und ihr Hut ... Der Hut saß um eine Spur, um eine winzige Nuance, um ein Milligramm zu schief. Er saß da oben, so: »Hoppla! Wir sind noch gar nicht so alt! Wenn wir auch eine erwachsene Tochter haben! Das Leben ist doch goldisch!« Was war da geschehen?

Frau Steiner war auf dem Pferderennen gewesen. Sie sagte das zu ihrer Nachbarin, der Frau Otto aus Magdeburg. Und sie erzählte, wie reizend es dort gewesen sei, und wie hübsch die Pferdchen gesprungen seien, und wie nett die Gesellschaft ... Aber das dachte sie nicht, während sie erzählte. Ihr Hut sagte, was sie dachte.

Der schiefe Hut sagte:

»Wir haben junge Männer gesehn! Sie haben so stramm zu Pferde gesessen, die Schenkel an den Sattel gepreßt, stramm und locker zugleich. Wir haben uns jung gefühlt – oh, so jung! Das ist doch erlaubt! Wir haben uns gedacht: jeden von diesen jungen Männern könnten wir glücklich machen! Wenn es drauf ankäme! Es ist aber nicht drauf angekommen. Wir haben uns wunderbar unterhalten: im Hellen mit den Leuten auf der Tribüne, und im Dunkeln mit den Reitern. Die schönen Pferde – haben wir gesagt.

Gedacht haben wir nichts, aber gefühlt haben wir. Es war wie Sekt.«

Das sprach der Hut. Die Frau hatte sich keineswegs lächerlich gemacht, es war eben nur die winzige Kleinigkeit, um die der Hut zu schief saß. Denn ein junger Mensch darf sich unbesorgt verliebt geben – ein alter Mensch aber muß sehr vorsichtig damit sein, für den Fall, daß es einer sieht. So sind auch unsre Mamas manchmal nach Hause gekommen, von einem Ball oder einem Tee, mit glänzenden Augen, und wir haben uns gewundert, wie verändert sie waren, und was sie wohl hätten.

Es war Licht, das in einen Tunnel gefallen war. Geblendet schloß die Getroffene die Augen und dachte einen Augenblick an ein Leben, das sie zu führen wohl legitimiert sei und das sie nie geführt hatte.

(1930)

Romanwürfel

Man löse den Bouillon-Extrakt in zwei Liter Wasser auf, und man hat ––––––––––––––

Der Page von Hochburgund. Mit heißem Kopf in dem kleinen Mädchenzimmer auswendig gelernt, ich bin der Page von Hochburgund und trage der Königin Schleppe – schönes Gedicht. Viel, viel schöner als das Gedicht aber war das Kostüm – ein Gedicht von einem Kostüm! Trude hat auch gesagt: Beinah unanständig, aber das hat sie bloß gesagt, weil sie neidisch war; sie durfte ja auch auf den Ball gehen, aber ihre Mama hat ihr bloß so ein murksiges Kostüm zusammengenäht, Marketenderin, nichts Halbes und nichts Ganzes. Ich bin der Page von Hochburgund. Beinah, beinah fiel alles ins Wasser ... Krach mit Papa, der in diesen Tagen besonders schlechter Laune war, aber man war doch schließlich kein Schulmädchen mehr ...! Besänftigt, liebes Papachen, um den Hals gefallen, abends Ball.

Erst fiel er einem gar nicht auf. Ein guter Tänzer, aber da waren so viele gute Tänzer ... Und dann eben doch. Weißt du noch: ich bin beinah mit dem Glas Zitronenlimonade hingefallen, und du hast mich aufgefangen, was hast du gesagt? Ja. »Wenn das deine Königin sieht!« Du hast du gleich gesagt, du warst immer so unverschämt. So begann es.

Der erste Kuß hinter der großen Palme, rechts im Saal. Nachher nichts mehr möglich, weil mit Papa und Mama nach Hause gefahren. Im Auto fast nichts gesprochen ... »Was hast du denn? Hast du dich denn nicht gut amüsiert? Wer war denn der große Blonde, mit dem du immer getanzt hast?« Diese Fragen ...!

Dann eben das. Es hat sich aber nicht lange gezogen, dann gleich geheiratet. Schwer, Papa begreiflich zu machen, oder eben nicht begreiflich zu machen, daß man heiraten *mußte*, weißt du noch? Ging aber alles gut. Das Kind kam zwei Monate zu früh, fiel gar nicht auf. Dann kam der Krieg.

Flieger natürlich. So ein strammer Junge. Und dann allein zu Hause sitzen, mit der Tochter, dann mit Brotkarten, dann die Angst, die Angst ...! Hundertmal im Tage zum Briefkasten gelaufen, ob nicht ... Nichts. Man war schon froh, wenn kein Telegramm da war. Dann Postsperre. Dann: er. Er und doch nicht er, aber immerhin: er. Welche hitzigen Urlaube! Zwei Kinder: noch eine Tochter und dann ein Sohn. Dann die Niederlage.

Ich bin der Page von Hochburgund. 1919, an einem bösen Winterabend, wo die letzten Kohlen spärliche Wärme gaben, das Eintrittsbillett zum Ball gemeinsam angesehen. Wo ist das jetzt –? Das ist verloren, wie so vieles andere auch. Ach, Erinnerungen ... Dann böse Jahre – er stellungslos, kein Geld, Augenblicksverdienste ... dann eine Stellung. Nach Kartoffeln anstehen, Inflation, Börsenkurs; kein Wetter mehr, kein Sonnenaufgang, keine Dämmerung, nur noch Dollarkurse und trage der Königin Schleppe.

Immer nur ein einziger Mann in meinem Leben. Eben doch nicht. Warum, warum! Weil ... also wenn ich es genau überlege ... ein Schwein. Zugegeben. Aber damals nicht. Er war klein, braun und beweglich, so beweglich. Ganz anders. Ganz anders – das wird es wohl gewesen sein. Ja, das war es wohl: er war eben anders. Ich bin der Page ... du lieber Gott, wenn du alles, aber auch jede nur mögliche

Bewegung von einem Mann auswendig kennst, dann kennst du ihn eben, wie? Ja. Man versteht es selber nicht, wie das möglich ist: erst geliebt, geliebt, mit allen Herzschlägen, und nun gleichgültig wie ein alter Stuhl. Die Kinder – ja, die Kinder, gewiß. Aber er? Gleichgültig wie ein alter Stuhl. »Du bist so komisch, komisch, heute, Maria ...« – » Naja, ich bin eben komisch.« Auf dem Leibe brannten noch die Küsse des andern. Die Kinder schwankten, eine Tochter hielt zum Vater, der Sohn und die andere Tochter zu ihr. Und dann kam die Geschichte mit der Erbschaft.

Seine Mutter war gestorben. Nun war ja zu erwarten, daß Alfred, sein Bruder, Schwierigkeiten machen würde, er war der verhätschelte Lieblingssohn der Alten gewesen, das hatte alle schon immer geärgert. Aber daß er so etwas aufstellen würde, das hätte doch keiner für möglich gehalten. Wegen jeden Tellers machte er einen Spektakel – es war einfach ekelhaft. Und ihr Mann war nicht energisch genug; er war nicht beweglich genug, er war zu stur, er hätte beweglicher sein müssen. So beweglich wie ... ja. Gegenerklärungen, scheinbar wegen der paar alten Löffel und der Schlafzimmervorhänge – aber in Wahrheit ging es um das Blut: solch ein Haß wie der zwischen Verwandten! Dann mitten im Prozeß, wo sie als Zeugin geladen war, der freche Anwurf vor allen Leuten: »Deine Frau betrügt dich!« Bumm.

Verweint, allein, fallen gelassen, in einem kleinen Pensionsstübchen. Ich bin der Page von Hochburgund. Die Kinder nicht mehr gesehen. Der Braune, leider keine Zeit, verreist, auf Reisen, immer auf Reisen, schreibt nichtssagende Briefe. Die Liebe wie erloschen. Trude wiedergesehen – glücklich verheiratet, gradezu protzig glücklich; ihre Kinder gezeigt, ihren Kleiderschrank – nachher zu Hause viel geweint. Weißt du noch? hat Trude gefragt. Man wollte nichts mehr wissen. Man wollte vergessen. Man hat vergessen.

Alfred hat den Mann wegen Meineid denunziert; Verfahren. Kein Funke von Mitgefühl. Kopfschüttelnd die alte Liebe überdacht: wie ist so etwas möglich, wie ist so etwas möglich! Es war doch einmal. Ja, es war einmal. Aber nun ist da nichts mehr.

Kümmerliche Arbeit im Büro. Es geht, es geht. Natürlich geht es, man hat ja Energie. Freundliche Beziehungen zu einem Arzt, aber er traut sich nicht so recht, und nun das Ganze noch einmal? Noch einmal: erste Liebestage, scheuer Kuß, heißer Kuß, Zusammengehen und Zusammenbleiben – noch einmal? Die Kraft langt nicht mehr. Einmal im Spaß gesagt: »Können Sie mir eigentlich Veronal geben – man weiß nie, wozu das gut ist …!« Er hat ganz erschrockene Augen gemacht. Gleichgültig gelesen, daß das Meineidsverfahren eingestellt ist. Möge es. Das ist vorbei. Krähenfüße um die Augen. Eine nicht mehr ganz junge, etwas dickliche Frau … »Warum heiratet die eigentlich nicht? Sie ist doch geschieden.« Vom Mann, ja. Von der Welt auch. Keiner weiß, wieviel Mut in dieser sauber fortgeführten Existenz steckt, viel Anständigkeit, wieviel stille Größe. Ich bin der Page von Hochburgund und trage der Königin – – – – – – – – – – – – – – – und man hat eine nahrhafte, anregende und bekömmliche Suppe.

Pause auf dem Töpfchen

Wenn einer und er kommt mit einem Freunde zusammen, den er lange nicht gesehen hat, und sie unterhalten sich so eifrig und recht beflissen, einander nun alles, aber auch alles mitzuteilen, was sich in der Zwischenzeit ereignet hat (es können auch weibliche Freundinnen sein), und wenn sie dann so mittendrin sind im Gerede, im Geruddel, im Geklatsch und im Gekakel, dann kann es wohl geschehn, daß der andre zum einen oder der eine zum andern sagt: »Wart mal – einen Moment!« und geht hinaus, wo die weißen Handtücher hängen und die Badelaken, und da hält er sich dann auf und überdenkt es sich. Der andre überdenkt es sich auch.

Und wenn dann der gegangen Seiende wieder ins Zimmer tritt, dann hat sich bei beiden so viel Neues angesammelt, das ihnen unterdessen eingefallen ist, sie müssen es sich nun ganz schnell mitteilen, so daß sie übereinander herfallen wie die Gack-Gack-Enten, und sie müssen ganz schnell sprechen, beide zugleich, und sich überbieten, wer schöner kann und wer lauter – und es ist ein großes Einvernehmen, das da anhält, na, mindestens bis zum nächsten Morgen.

Merk: Aufs Töpfchen gehn fördert die Freundschaft.

Merk: es gibt nur eines, das die Freundschaft noch mehr fördert:

Den Freund nie auf die Probe stellen, die Freundin nicht, niemand. Denn einer, der sein Leben lang einen Lederbeutel voller bunter Steine hütet, die er für Edelsteine hält, der ist reich. Auch, wenn es bunte Glasstückchen sind. Er darf nur den Beutel nicht aufmachen.

Gott erhalte uns die Freundschaft. Man möchte beinah glauben, man sei nicht allein. (1930)

Drei auf dem Bodensee

Er:

ist ein Geschäftsmann auf Urlaub. Über dem harten Kinn ist der Mund wie ein Säbelschnitt eingehauen – mit ihm Kirschen essen und Geschäfte machen muß kein Vergnügen sein. Die grauen Augen erstaunen nicht mehr – dahinter denkt er noch weiter, wenn auch das Schiff schon im Sinken wäre. Es sinkt aber nicht. Auf den großen Händen mit den Sommersprossen wachsen rötliche Härchen. Der Mensch ißt gut, er fühlt sich gesund, kräftig, im Vollgefühl einer Macht. Ich weiß nicht, welcher. Jetzt sitzt er auf der langen Bank an der Bordbrüstung, leicht angelehnt, manchmal sieht er auf seine kleine Familie, und seine freundlichen, erbarmungslosen Augen lachen alle aus, die da vorüberziehen: die aufgeregte dicke Madame, die einen Koffer, zwei Schirme und ihre Seelenruhe verloren hat; den Mann, der schon zum zweitenmal das Schiffsmenü herunterißt; eine Mama, mit einem Hühnerhof voller Kinder, die sie laut umgackern. Er hat nichts verloren, er will jetzt kein Menü, ihn umgackert nichts. Er ist auf Urlaub, atmet die freie Seeluft ein. Sieht kaum auf die Seeufer, die da vorüberziehen – jedesmal steht ein Zollmensch am Landungssteg und spielt: Staat. Interessiert hierorts nicht. Er ist auf Urlaub. Aber bis zu mir herüber vibrieren noch die in der Stadt angeschlagenen Nerven, wittern Gegner, Widersacher, wollen kämpfen … Er kann noch nicht lange von Hause fort sein. Es macht noch in ihm Tack-tack … Manchmal sieht er auf.

Sie.

Sie ist gut und gern ihre hmzig Jahre alt, aber nur, wenn sie so den Kopf dreht – so, wie jetzt –, dann fällt das glänzende Wellenlicht zu scharf auf den Puder. Aber wenn sie anders herum sitzt, das ist schon etwas anderes! Das ist eine Frau in den besten, aber schon in den allerbesten Jahren – neben ihr steht, in Leder gehüllt, das Bündel Golfschläger. Sie weiß, was sie will. Sie hat: abends ein gutes Hotel, in das sie mit kühlem Gruß eintritt, Schlafzimmer, Badezimmer, morgens den Tee – dann Golf – dann Frühstück – dann den riesigen Wagen, der langsam vor die Hoteltür gebrummt kommt – abends das Essen, etwas Tanz ... Seltsam, wie ihr Gesichtsausdruck vom Licht umgeformt wird, wie das hin und her spielt ... Freundin ist sie jetzt, Freundin des Mannes; dann: Dame, glatt, undurchdringlich; einmal ein kleiner Blitz aus den Augenwinkeln – ah? Und in allem eine so ruhige Selbstverständlichkeit, die sich über nichts wundert, weil alles vorgesehen ist. Sie hat das Leben so fest in der Hand wie das Lenkrad ihres Wagens. Sie trägt große Lederhandschuhe. Und nun auf einmal ist sie nicht mehr Freundin, nicht Dame, nicht jenes andere – jetzt ist sie Mutter. Sie spricht mit ihrem Jungen.

Es

ist etwa elf Jahre, sieht blond und englisch erzogen aus, sauber gebadet, gerade an der Grenze entlangkippelnd, wo das spielende Kind ganz leise schon in den Rayon für Männer hinüberblinzelt. Es hat eine breite Nase, ein klein wenig ungelenke Gelenke, vereselt sich schon oder noch und befühlt sachverständig die Golfschlägergriffe. Es kennt das Leben von Papa und Mama nur von der mühelosen Seite, hat es nicht miterwerben helfen, es wunderte sich nur, wenn es nicht so wäre. Das gibt ihm einen fast grausamen Zug um die Jungenslippen: es kann maßlos verachten, auch schon ein bißchen quälen, wer gerade da ist, ein Tier, einen Spielkameraden ... Dem flößt kein Geschäftsführer des Hotels mehr Angst ein. Der kann schon befehlen.

Und ein Band umschlingt alle drei – das Band des jahrelangen Zusammenlebens, Reisen, Essen, die Mauer des Geldes und der Geltung. Sie benehmen sich so ruhig, so unauffällig, so leise, wie man das nur tut, wenn man sehr, sehr viel ist. Es sind kleine Könige mit zahllosen kleinen Reichen, die man überall aufrichten kann, wo es einem beliebt: in Rorschach und in St. Moritz; in Scheveningen und in Biarritz. Kulissen, die man wählen kann. Drei Augenpaare sehen ruhig auf die kräuselnden Wellen des Kielwassers. Sie sitzen acht Schritt von mir entfernt, und sind zwei Welten weit. Glückliche Reise –!

Übrigens soll man Fahrtgenossen nicht so scharf ins Auge nehmen.

(1926)

Vom Urlaub zurück

Wenn einer vom Urlaub zurückkommt, dann ist er noch gar nicht da, wenn er da schon da ist. »Na, wie wars?« sagen die andern. »Sie sehn aber schön erholt aus! Gutes Wetter gehabt?« Darauf fängt er an zu erzählen. Wenn er aber Ohren hat, zu hören, so merkt er, daß die Frage eigentlich mehr gesellschaftlicher Natur war – so genau wollen es die andern gar nicht wissen. Und dann bricht er seine Erzählung mit all ihren Einzelheiten bald ab. Schon deshalb, weil man ja hier keinem klarmachen kann, warum die eine Bergtour beim besten Willen nie zu machen war, und daß das ganze Haus so furchtbar über Fräulein Glienicke und über die Ziegen lachen mußte ... davon wissen die hier nichts. Woher sollten sie das auch wissen!

Wenn einer vom Urlaub zurückgekehrt ist, gehört er in den ersten beiden Tagen noch nicht so recht zum Betrieb. Während seiner Abwesenheit haben sich vielerlei kleine Sachen ereignet, von denen er natürlich nicht unterrichtet ist, und so versteht er manche Anspielungen nicht, er weiß nicht, daß Bader nicht mehr bei der Abteilung IIIb ist, sondern sich mit Koch verkracht hat, er sitzt jetzt in der Wirtschaftsabteilung, und da werden sie ihn vielleicht auch bald herausschmeißen. Das weiß er alles nicht, noch nicht, nicht mehr – und etwas mitleidig wird er informiert. In dem Ton der Zuhausegebliebenen schwingt ein wenig jener Ton mit, den sonst ›alte erfahrene Beamte‹ einem Neuling gegenüber anzuwenden pflegen. In den ersten beiden Tagen geht der Betrieb über den Kopf des Ex-Urlaubers hinweg: die anderen wissen alles, er weiß nur die Hälfte. Die da werfen sich die Bälle zu – er fängt sie nicht.

In seinen Gesprächen flackert, also da kannst du nichts machen, immer noch der Urlauber auf. Einmal denkt er: »Heute vor acht Tagen ...«, aber da klingelt das Telefon, und die Erinnerung zerstiebt. Dann kommt wieder einer vorbei, stellt die üblichen Fragen, und er antwortet. »Danke – nur viel zu kurz! So – Sie gehen jetzt auch auf Urlaub?« Aber das interessiert wieder den ehemaligen Urlauber nicht mehr.

In diesen ersten Tagen geht die Arbeit eigentlich nicht leichter als vor dem Urlaub; sie geht eher etwas schwerer vonstatten. Die Lungen sind noch voll frischer Luft, der Körper hat noch den Rhythmus des Schwimmens und des Laufens in sich, die Haut fühlt sich in den Stadtkleidern noch nicht wohl, und der Hals nicht im Kragen. Das Auge sieht zum Hof hinaus; wenn man den Kopf dreht, kann man ein Stückchen blauen Himmel sehn. Übrigens ist er heute nicht blau, es regnet. Aber der Regen im Freien, das war doch ganz etwas anderes.

Sitzt er noch fest in seiner Stellung? Er sitzt noch fest. Doch braucht man nur mal auf Urlaub zu gehen, gleich machen sie Dummheiten (Melodie: »Ohne mich geht der ganze Betrieb zugrunde!«) Das war ja alles sehr schön und gut, da in Riesenhausen an der Dassel, die Bäume haben gerauscht, auf der Veranda haben wir Skat gespielt, aber unterdessen haben die hier ... »Müller! Wo sind die A-Belege?« Die Schweinerei hört von heute ab auf; WIR sind wieder da.

Das dauert gut und gern seine drei, vier Tage. Dann haben sich die anderen an den Zurückgekehrten gewöhnt; er gehört nun schon wieder dazu, er ist da, er erlebt es alles mit, nichts kittet so aneinander wie gemeinschaftliches

Arbeits-Erlebnis;. Das kommt gleich nach der Liebe und nach der Gottbehüte Verwandtschaft.

Nach sechs Tagen fragt ihn kein Mensch mehr nach dem Urlaub, nun kommen auch die letzten Sommerurlauber zurück, alle sind wieder da und fangen ganz langsam an, sich auf den nächsten Urlaub zu freuen.

(1931)

Wo kommen die Löcher im Käse her –?

> Das Werk zwingt schon durch die Gelehrsamkeit, die in ihm verkocht erscheint, Bewunderung ab, besonders einem Leser wie mir, dessen Bildung an Emmentaler Käse erinnert, indem sie wie dieser größtenteils aus Lücken besteht.
>
> Alfred Polgar

Wenn abends wirklich einmal Gesellschaft ist, bekommen die Kinder vorher zu essen. Kinder brauchen nicht alles zu hören, was Erwachsene sprechen, und es schickt sich auch nicht, und billiger ist es auch. Es gibt belegte Brote; Mama nascht ein bißchen mit, Papa ist noch nicht da.

»Mama, Sonja hat gesagt, sie kann schon rauchen – sie kann doch noch gar nicht rauchen!« – »Du sollst bei Tisch nicht reden.« – »Mama, guck mal die Löcher in dem Käse!« – Zwei Kinderstimmen, gleichzeitig: »Tobby ist aber dumm! Im Käse sind doch immer Löcher!« Eine weinerliche Jungenstimme: »*Na ja* – aber warum? Mama! *Wo kommen die Löcher im Käse her?* « – »Du sollst bei Tisch nicht reden!« – »Ich möcht aber doch wissen, wo die Löcher im Käse herkommen!« – Pause. Mama: »Die Löcher ... also ein Käse hat immer Löcher, da haben die Mädchen ganz recht! ... ein Käse hat eben immer Löcher.« – »Mama! Aber dieser Käse hat doch keine Löcher! Warum hat der keine Löcher? Warum hat der Löcher?« – »Jetzt schweig und iß. Ich hab dir schon hundertmal gesagt, du sollst bei Tisch nicht reden! Iß!« – »Bwww –! Ich möcht aber wissen, wo die Löcher im Käse ... aua, schubs doch nicht immer ...!« Geschrei. Eintritt Papa.

»Was ist denn hier los? Gun Ahmt!« – »Ach, der Junge ist wieder ungezogen!« –»Ich bin gah nich ungezogen! Ich will nur wissen, wo die Löcher im Käse herkommen. Der Käse da hat Löcher, und der hat keine –!« Papa: »Na, deswegen brauchst du doch nicht so zu brüllen! Mama wird dir das erklären!« – Mama: »Jetzt gib du dem Jungen noch recht! Bei Tisch hat er zu essen und nicht zu reden!« – Papa: »Wenn ein Kind was fragt, kann man ihm das schließlich erklären! Finde ich.« – Mama: »Toujours en présence des enfants! Wenn ich es für richtig finde, ihm das zu erklären, werde ich ihm das schon erklären. Nu iß!« – »Papa, wo doch aber die Löcher im Käse herkommen, möcht ich doch aber wissen!« – Papa: »Also, die Löcher im Käse, das ist bei der Fabrikation; Käse macht man aus Butter und aus Milch, da wird er gegoren, und da wird er feucht; in der Schweiz machen sie das sehr schön – wenn du groß bist, darfst du auch mal mit in die Schweiz, da sind so hohe Berge, da liegt ewiger Schnee darauf – das ist schön, was?« – »Ja. Aber Papa, wo kommen denn die Löcher im Käse her?« – »Ich habs dir doch eben erklärt: die kommen, wenn man ihn herstellt, wenn man ihn macht.« –»Ja, aber ... wie kommen denn die da rein, die Löcher?« – »Junge, jetzt löcher mich nicht mit deinen Löchern und geh zu Bett! Marsch! Es ist spät!« – »Nein! Papa! Noch nicht! Erklär mir doch erst, wie die Löcher im Käse ...« Bumm. Katzenkopf. Ungeheuerliches Gebrüll. Klingel.

Onkel Adolf. »Guten Abend! Guten Abend, Margot – 'n Ahmt – na, wie gehts? Was machen die Kinder? Tobby, was schreist du denn so?« – »Ich will wissen ...« – »Sei still ...!« – »Er will wissen ...« – »Also jetzt bring den Jungen ins Bett und laß mich mit den Dummheiten in Ruhe!

Komm, Adolf, wir gehen solange ins Herrenzimmer; hier wird gedeckt!« – Onkel Adolf: »Gute Nacht! Gute Nacht! Alter Schreihals! Nu hör doch bloß mal ...! Was hat er denn?« – »Margot wird mit ihm nicht fertig – er will wissen, wo die Löcher im Käse herkommen, und sie hats ihm nicht erklärt.« – »Hast dus ihm denn erklärt?« – »Natürlich hab ichs ihm erklärt.« – »Danke, ich rauch jetzt nicht – sage mal, weißt *du* denn, wo die Löcher herkommen?« – »Na, das ist aber eine komische Frage! Natürlich weiß ich, wo die Löcher im Käse herkommen! Die entstehen bei der Fabrikation durch die Feuchtigkeit ... das ist doch ganz einfach!« – »Na, mein Lieber ... da hast du dem Jungen aber ein schönes Zeugs erklärt! Das ist doch überhaupt keine Erklärung!« – »Na, nimm mirs nicht übel – du bist aber komisch! Kannst du mir denn erklären, wo die Löcher im Käse herkommen?« – »Gott sei Dank kann ich das.« – »Also bitte.«

»Also, die Löcher im Käse entstehen durch das sogenannte Kasein, was in dem Käse drin ist.« – »Das ist doch Quatsch.« – »Das ist kein Quatsch.« – »Das ist wohl Quatsch; denn mit dem Kasein hat das überhaupt nichts zu ... gun Ahmt, Martha, gun Ahmt, Oskar ... bitte, nehmt Platz. Wie gehts? ... überhaupt nichts zu tun!«

»Was streitet ihr euch denn da rum?« – Papa: »Nu bitt ich dich um alles in der Welt; Oskar! du hast doch studiert und bist Rechtsanwalt: haben die Löcher im Käse irgend etwas mit Kasein zu tun?« – Oskar: »Nein. Die Käse im Löcher ... ich wollte sagen: die Löcher im Käse rühren daher ... also die kommen daher, daß sich der Käse durch die Wärme bei der Gärung zu schnell ausdehnt!« Hohngelächter der plötzlich verbündeten reisigen Helden Papa und Onkel Adolf. »Haha! Hahaha! Na, das ist eine ulkige Erklärung! Der Käse dehnt sich aus! Hast du das gehört? Haha ...!«

Eintritt Onkel Siegismund, Tante Jenny, Dr. Guggenheimer und Direktor Flackeland. Großes »Guten Abend! Guten Abend! – ... gehts ...? unterhalten uns gerade ... sogar riesig komisch ... ausgerechnet Löcher im Käse ...! es wird gleich gegessen ... also bitte, dann erkläre du –!«

Onkel Siegismund: »Also – die Löcher im Käse kommen daher, daß sich der Käse bei der Gärung vor Kälte zusammenzieht!« Anschwellendes Rhabarber, Rumor, dann großer Ausbruch mit voll besetztem Orchester: »Haha! Vor Kälte! Hast du schon mal kalten Käse gegessen? Gut, daß Sie keinen Käse machen, Herr Apolant! Vor Kälte! Hähä!« Onkel Siegismund beleidigt ab in die Ecke.

Dr. Guggenheimer: »Bevor man diese Frage entscheiden kann, müssen Sie mir erst mal sagen, um welchen Käse es sich überhaupt handelt. Das kommt nämlich auf den Käse an!« Mama: »Um Emmentaler! Wir haben ihn gestern gekauft ... Martha, ich kauf jetzt immer bei Danzel, mit Mischewski bin ich nicht mehr so zufrieden, er hat uns neulich Rosinen nach oben geschickt, die waren ganz ...« Dr. Guggenheimer: »Also, wenn es Emmentaler war, dann ist die Sache ganz einfach. Emmentaler hat Löcher, weil er ein Hartkäse ist. Alle Hartkäse haben Löcher.«

Direktor Flackeland: »Meine Herren, da muß wohl wieder mal ein Mann des praktischen Lebens kommen ... die Herren sind ja größtenteils Akademiker ...« (Niemand widerspricht.) »Also, die Löcher im Käse sind Zerfallsprodukte beim Gärungsprozeß. Ja. Der ... der Käse zerfällt, eben ... weil der Käse ...« Alle Daumen sind nach unten gerichtet, das Volk steht auf, der Sturm bricht los. »Pö! Das weiß ich auch! Mit chemischen Formeln ist die Sache nicht gemacht!« Eine hohe Stimme: »Habt ihr denn kein Lexikon –?«

Sturm auf die Bibliothek. Heyse, Schiller, Goethe, Bölsche, Thomas Mann, ein altes Poesiealbum – wo ist denn … richtig!

GROBKALK BIS KERBTIERE

Kanzel, Kapital, Kapitalertragssteuer, Karbatsche, Kartätsche, Karwoche, *Käse* –! »Laß mich mal! Geh mal weg! Pardon! Also:

›Die blasige Beschaffenheit mancher Käsesorten rührt her von einer Kohlensäureentwicklung aus dem Zucker der eingeschlossenen Molke.‹« Alle, unisono: »Hast es. Was hab ich gesagt?« … »›eingeschlossenen Molke und ist …‹ wo geht denn das weiter? Margot, hast du hier eine Seite aus dem Lexikon rausgeschnitten? Na. das ist doch unerhört – wer war hier am Bücherschrank? Sind die Kinder …? Warum schließt du denn den Bücherschrank nicht ab?« – »Warum schließt du den Bücherschrank nicht ab ist gut – hundertmal hab ich dir gesagt, schließ du ihn ab –« – »Nu laßt doch mal: also wie war das? Ihre Erklärung war falsch. Meine Erklärung war richtig.« – »*Sie* haben gesagt, der Käse kühlt sich ab!« – »Sie haben gesagt, der Käse kühlt sich ab – ich hab gesagt, daß sich der Käse erhitzt!« –»Na also, dann haben Sie doch nichts von der kohlensauren Zuckermolke gesagt, wie da drinsteht!« – »Was du gesagt hast, war überhaupt Blödsinn!« – »Was verstehst du von Käse? Du kannst ja nicht mal Bolles Ziegenkäse von einem alten Holländer unterscheiden!« – »Ich hab vielleicht mehr alten Holländer in meinem Leben gegessen wie du!« – »Spuck nicht, wenn du mit mir sprichst!« Nun reden alle mit einemmal.

Man hört:

– »Betrag dich gefälligst anständig, wenn du bei mir zu Gast bist ...!« – »saurige Beschaffenheit der Muckerzolke ...« – »mir überhaupt keine Vorschriften zu machen!« ... »Bei Schweizer Käse – ja! Bei Emmentaler Käse – nein ...!« – »Du bist hier nicht bei dir zu Hause! hier sind anständige Leute ...« – »Wo denn –?« – »Das nimmst du zurück! Das nimmst du sofort zurück! Ich lasse nicht in meinem Hause meine Gäste beleidigen – ich lasse in meinem Hause meine Gäste nicht beleidigen! Du gehst mir sofort aus dem Haus!« – »Ich bin froh, wenn ich raus bin – deinen Fraß brauche ich nicht!« – »Du betrittst mir nicht mehr meine Schwelle!« – »Meine Herren, aber das ist doch ...!« – »Sie halten überhaupt den Mund – Sie gehören nicht zur Familie ...!« – »Na, das hab ich noch nicht gefrühstückt!« – »Ich als Kaufmann ...!« – »Nu hören Sie doch mal zu: Wir hatten im Kriege einen Käse –« – »Das war keine Versöhnung! Es ist mir ganz egal, und wenn du platzt: Ihr habt uns betrogen, und wenn ich mal sterbe, betrittst du nicht mein Haus!« – »Erbschleicher!« – »Hast du das –!« – »Und ich sag es ganz laut, damit es alle hören: Erbschleicher! So! Und nun geh hin und verklag mich!« – »Lümmel! Ein ganz fauler Lümmel, kein Wunder bei dem Vater!« – »Und deine? Wer ist denn deine? Wo hast du denn deine Frau her?« – »Raus! Lümmel!« – »Wo ist mein Hut? In so einem Hause muß man ja auf seine Sachen aufpassen!« – »Das wird noch ein juristisches Nachspiel haben! Lümmel –!« « »Sie mir auch –!«

In der Türöffnung erscheint Emma, aus Gumbinnen, und spricht: »Jnädje Frau, es ist anjerichtet –!«

4 Privatbeleidigungsklagen. 2 umgestoßene Testamente. 1 aufgelöster Soziusvertrag. 3 gekündigte Hypotheken. 3 Klagen um bewegliche Vermögensobjekte: ein gemeinsames Theaterabonnement, einen Schaukelstuhl, ein elektrisch heizbares Bidet. 1 Räumungsklage des Wirts.

Auf dem Schauplatz bleiben zurück ein trauriger Emmentaler und ein kleiner Junge, der die dicken Arme zum Himmel hebt und, den Kosmos anklagend, weithinhallend ruft:

»Mama! Wo kommen die Löcher im Käse her –?«

(1928)

Die Familie

> Die Griechen, die so gut wußten, was ein Freund ist, haben die Verwandten mit einem Ausdruck bezeichnet, welcher der Superlativ des Wortes ›Freund‹ ist. Dies bleibt mir unerklärlich.
>
> Friedrich Nietzsche

Als Gott am sechsten Schöpfungstage alles ansah, was er gemacht hatte, war zwar alles gut, aber dafür war auch die Familie noch nicht da. Der verfrühte Optimismus rächte sich, und die Sehnsucht des Menschengeschlechtes nach dem Paradiese ist hauptsächlich als der glühende Wunsch aufzufassen, einmal, nur ein einziges Mal friedlich ohne Familie dahinleben zu dürfen. Was ist die Familie?

Die Familie (familia domestica communis, die gemeine Hausfamilie) kommt in Mitteleuropa wild vor und verharrt gewöhnlich in diesem Zustande. Sie besteht aus einer Ansammlung vieler Menschen verschiedenen Geschlechts, die ihre Hauptaufgabe darin erblicken, ihre Nasen in deine Angelegenheiten zu stecken. Wenn die Familie größeren Umfang erreicht hat, nennt man sie ›Verwandtschaft‹ (siehe im Wörterbuch unter M). Die Familie erscheint meist zu scheußlichen Klumpen geballt und würde bei Aufständen dauernd Gefahr laufen, erschossen zu werden, weil sie grundsätzlich nicht auseinandergeht. Die Familie ist sich in der Regel heftig zum Ekel. Die Familienzugehörigkeit befördert einen Krankheitskeim, der weit verbreitet ist: alle Mitglieder der Innung nehmen dauernd übel. Jene Tante, die auf dem berühmten Sofa saß, ist eine Geschichtsfälschung: denn erstens sitzt eine Tante niemals allein, und zweitens nimmt sie immer übel – nicht nur auf dem Sofa: im Sitzen, im Stehen, im Liegen und auf der Untergrundbahn.

Die Familie weiß voneinander alles: wann Karlchen die Masern gehabt hat, wie Inge mit ihrem Schneider zufrieden ist, wann Erna den Elektrotechniker heiraten wird, und daß Jenny nach der letzten Auseinandersetzung nun endgültig mit ihrem Mann zusammenbleiben wird. Derartige Nachrichten pflanzen sich vormittags zwischen elf und eins durch das wehrlose Telefon fort. Die Familie weiß alles, mißbilligt es aber grundsätzlich. Andere wilde Indianerstämme leben entweder auf den Kriegsfüßen oder rauchen eine Friedenszigarre: die Familie kann gleichzeitig beides.

Die Familie ist sehr exklusiv. Was der jüngste Neffe in seinen freien Stunden treibt, ist ihr bekannt, aber wehe, wenn es dem jungen Mann einfiele, eine Fremde zu heiraten! Zwanzig Lorgnons richten sich auf das arme Opfer, vierzig Augen kneifen sich musternd zusammen, zwanzig Nasen schnuppern mißtrauisch: »Wer ist das? Ist sie der hohen Ehre teilhaftig?« Auf der anderen Seite ist das ebenso. In diesen Fällen sind gewöhnlich beide Parteien davon durchdrungen, tief unter ihr Niveau hinuntergestiegen zu sein.

Hat die Familie aber den Fremdling erst einmal in ihren Schoß aufgenommen, dann legt sich die große Hand der Sippe auch auf diesen Scheitel. Auch das neue Mitglied muß auf dem Altar der Verwandtschaft opfern, kein Feiertag, der nicht der Familie gehört! Alle fluchen, keiner tuts gern – aber Gnade Gott, wenn einet fehlte! Und seufzend beugt sich alles unter das bittere Joch ...

Dabei führt das ›gesellige Beisamensein‹ der Familie meistens zu einem Krach. In ihren Umgangsformen herrscht jener sauersüße Ton vor, der am besten mit einer Sommernachmittagsstimmung kurz nach einem Gewitter zu vergleichen ist. Was aber die Gemütlichkeit nicht hindert. Die seligen Herrnfelds stellten einmal in einem ihrer Stücke eine Szene dar, in der die entsetzlich zerklüftete Familie eine Hochzeitsfeierlichkeit abzog, und nachdem sich alle die Köpfe zerschlagen hatten, stand ein prominentes Mitglied der Familie auf und sagte im lieblichsten Ton der Welt: »Wir kommen jetzt zu dem Tafellied –!« Sie kommen immer zum Tafellied.

Schon in der großen Soziologie Georg Simmels ist zu lesen, daß keiner so wehtun könne, wie das engere Kastenmitglied, weil das genau um die empfindlichsten Stellen des Opfers wisse. Man kennt sich eben zu gut, um sich herzinniglich zu lieben, und nicht gut genug, um noch aneinander Gefallen zu finden.

Man ist sich sehr nah. Nie würde es ein fremder Mensch wagen, dir so nah auf den Leib zu rücken, wie die Kusine deiner Schwägerin, a conto der Verwandtschaft. Nannten die alten Griechen ihre Verwandten die ›Allerliebsten‹? Die ganze junge Welt von heute nennt sie anders. Und leidet unter der Familie. Und gründet später selbst eine und wird dann grade so.

Es gibt kein Familienmitglied, das ein anderes Familienmitglied jemals ernst nimmt. Hätte Goethe eine alte Tante gehabt, sie wäre sicherlich nach Weimar gekommen, um zu sehen, was der Junge macht, hätte ihrem Pompadour etwas Cachou entnommen und wäre schließlich durch und durch beleidigt wieder abgefahren. Goethe hat aber solche Tanten nicht gehabt, sondern seine Ruhe – und auf diese Weise ist der ›*Faust*‹ entstanden. Die Tante hätte ihn übertrieben gefunden.

Zu Geburtstagen empfiehlt es sich, der Familie etwas zu schenken. Viel Zweck hat das übrigens nicht, sie tauscht regelmäßig alles wieder um.

Irgendeine Möglichkeit, sich der Familie zu entziehen, gibt es nicht.

Mein alter Freund Theobald Tiger singt zwar:

> Fang nie was mit Verwandtschaft an –
> denn das geht schief,
> denn das geht schief!

aber diese Verse sind nur einer stupenden Lebensunkenntnis entsprungen. Man fängt ja gar nichts mit der Verwandtschaft an – die Verwandtschaft besorgt das ganz allein.

Und wenn die ganze Welt zugrunde geht, so steht zu befürchten, daß dir im Jenseits ein holder Engel entgegenkommt, leise seinen Palmenwedel schwingt und spricht: »Sagen Sie mal – sind wir nicht miteinander verwandt –?« Und eilends, erschreckt und im innersten Herzen gebrochen, enteilst du. Zur Hölle.

Das hilft dir aber gar nichts. Denn da sitzen alle, alle die andern.

(1923)

Ein Ehepaar erzählt einen Witz

»Herr Panter, wir haben gestern einen so reizenden Witz gehört, den *müssen* wir Ihnen ... also den *muß* ich Ihnen erzählen. Mein Mann kannte ihn schon ... aber er ist zu reizend. Also passen Sie auf.

Ein Mann, Walter, streu nicht den Tabak auf den Teppich, da! Streust ja den ganzen Tabak auf den Teppich, also ein Mann, nein, ein Wanderer verirrt sich im Gebirge. Also der geht im Gebirge und verirrt sich, in den Alpen. Was? In den Dolomiten, also nicht in den Alpen, ist ja ganz egal. Also er geht da durch die Nacht, und da sieht er ein Licht, und er geht grade auf das Licht zu ... laß mich doch erzählen! das gehört dazu! ... geht drauf zu, und da ist eine Hütte, da wohnen zwei Bauersleute drin. Ein Bauer und eine Bauersfrau. Der Bauer ist alt, und sie ist jung und hübsch, ja, sie ist jung. Die liegen schon im Bett. Nein, die liegen noch nicht im Bett ...«

»Meine Frau kann keine Witze erzählen. Laß mich mal. Du kannst nachher sagen, obs richtig war. Also nun werde ich Ihnen das mal erzählen.

Also, ein Mann wandert durch die Dolomiten und verirrt sich. Da kommt er – du machst einen ganz verwirrt, so ist der Witz gar nicht! Der Witz ist ganz anders. In den Dolomiten, so ist das! In den Dolomiten wohnt ein alter Bauer mit seiner jungen Frau. Und die haben gar nichts mehr zu essen; bis zum nächsten Markttag haben sie bloß noch eine Konservenbüchse mit Rindfleisch. Und die sparen sie sich auf. Und da kommt ... wieso? Das ist ganz richtig! Sei mal still ..., da kommt in der Nacht ein Wandersmann, also da klopft es an die Tür, da steht ein Mann, der hat sich verirrt, und der bittet um Nachtquartier. Nun haben die aber gar kein Quartier, das heißt, sie haben nur ein Bett, da schlafen sie zu zweit drin. Wie? Trude, das ist doch Unsinn ... Das kann sehr nett sein!«

»Na, ich könnte das nicht. Immer da einen, der – im Schlaf strampelt ..., also ich könnte das nicht!«

»Sollst du ja auch gar nicht. Unterbrich mich nicht immer.«

»Du sagst doch, das wär nett. Ich finde das nicht nett.«

»Also ...«

»Walter! Die Asche! Kannst du denn nicht den Aschbecher nehmen?«

»Also ... der Wanderer steht da nun in der Hütte, er trieft vor Regen, und er möchte doch da schlafen. Und da sagt ihm der Bauer, er kann ja in dem Bett schlafen, mit der Frau.«

»Nein, so war das nicht. Walter, du erzählst es ganz falsch! Dazwischen, zwischen ihm und der Frau – also der Wanderer in der Mitte!«

»Meinetwegen in der Mitte. Das ist doch ganz egal.«

»Das ist gar nicht egal ... der ganze Witz beruht ja darauf.«

»Der Witz beruht doch nicht darauf, wo der Mann schläft!«

»Natürlich beruht er darauf! Wie soll denn Herr Panter den Witz so verstehen ... laß mich mal – ich werd ihn mal erzählen! – Also der Mann schläft, verstehen Sie, zwischen dem alten Bauer und seiner Frau. Und draußen gewittert es. Laß mich doch mal!«

»Sie erzählt ihn ganz falsch. Es gewittert erst gar nicht, sondern die schlafen friedlich ein. Plötzlich wacht der Bauer auf und sagt zu seiner Frau – Trude, geh mal ans Telefon, es klingelt. – Nein, also das sagt er natürlich nicht ... Der Bauer sagt zu seiner Frau ... Wer ist da? Wer ist am Telefon? Sag ihm, er soll später noch mal anrufen – jetzt haben wir keine Zeit! Ja. Nein. Ja. Häng ab! Häng doch ab!«

»Hat er Ihnen den Witz schon zu Ende erzählt? Nein, noch nicht? Na, erzähl doch!«

»Da sagt der Bauer: Ich muß mal raus, nach den Ziegen sehn – mir ist so, als hätten die sich losgemacht, und dann haben wir morgen keine Milch! Ich will mal sehn, ob die Stalltür auch gut zugeschlossen ist.«

»Walter, entschuldige, wenn ich unterbreche, aber Paul sagt, nachher kann er nicht anrufen, er ruft erst abends an.«

»Gut, abends. Also der Bauer – nehmen Sie doch noch ein bißchen Kaffee! – Also der Bauer geht raus, und kaum ist er rausgegangen, da stupst die junge Frau ...«

»Ganz falsch. Total falsch. Doch nicht das erstemal! Er geht raus, aber sie stupst erst beim drittenmal – der Bauer geht nämlich dreimal raus – das fand ich so furchtbar komisch! Laß mich mal! Also der Bauer geht raus, nach der Ziege sehn, und die Ziege ist da; und er kommt wieder rein.«

»Falsch. Er bleibt ganz lange draußen. Inzwischen sagt die junge Frau zu dem Wanderer –«

»Gar nichts sagt sie. Der Bauer kommt rein ...«

»Erst kommt er nicht rein!«

»Also ... der Bauer kommt rein, und wie er eine Weile schläft, da fährt er plötzlich aus dem Schlaf hoch und sagt: Ich muß doch noch mal nach der Ziege sehen – und geht wieder raus.«

»Du hast ja ganz vergessen, zu erzählen, daß der Wanderer furchtbaren Hunger hat!«

»Ja. Der Wanderer hat vorher beim Abendbrot gesagt, er hat so furchtbaren Hunger, und da haben die gesagt, ein bißchen Käse wäre noch da ...«

»Und Milch!«

»Und Milch, und es wäre auch noch etwas Fleischkonserve da, aber die könnten sie ihm nicht geben, weil die eben bis zum nächsten Markttag reichen muß. Und dann sind sie zu Bett gegangen.«

»Und wie nun der Bauer draußen ist, da stupst sie den, also da stupst die Frau den Wanderer in die Seite und sagt: Na ...«

»Keine Spur! Aber keine Spur! Walter, das ist doch falsch! Sie sagt doch nicht: Na ...!«

»Natürlich sagt sie: Na ...! Was soll sie denn sagen?«

»Sie sagt: Jetzt wäre so eine Gelegenheit ...«

»Sie sagt im Gegenteil: Na ... und stupst den Wandersmann in die Seite ...«

»Du verdirbst aber wirklich jeden Witz, Walter!«

»Das ist großartig! Ich verderbe jeden Witz! *Du* verdirbst jeden Witz – ich verderbe doch nicht jeden Witz! Da sagt die Frau ...«

»Jetzt laß *mich* mal den Witz erzählen! Du verkorkst ja die Pointe ...!«

»Also jetzt mach mich nicht böse, Trude! Wenn ich einen Witz anfange, will ich ihn auch zu Ende erzählen ...«

»Du hast ihn ja gar nicht angefangen ... *ich* habe ihn angefangen!« – »Das ist ganz egal – jedenfalls will ich die Geschichte zu Ende erzählen; denn du kannst keine Geschichten erzählen, wenigstens nicht richtig!« – »Und ich erzähle eben meine Geschichten nach meiner Art und nicht nach deiner, und wenn es dir nicht paßt, dann mußt du eben nicht zuhören ...!« – »Ich will auch gar nicht zuhören ... ich will sie zu Ende erzählen – und zwar so, daß Herr Panter einen Genuß von der Geschichte hat!« – »Wenn du vielleicht glaubst, daß es ein Genuß ist, dir zuzuhören ...« – »Trude!« – »Nun sagen Sie, Herr Panter – ist das auszuhalten! Und so nervös ist er schon die ganze Woche ... ich habe ...« – »Du bist ...« – »Deine Unbeherrschtheit ...« – »Gleich wird sie sagen: Komplexe! Deine Mutter nennt das einfach schlechte Erziehung ...« – »Meine Kinderstube ...!« – »Wer hat denn die Sache beim Anwalt rückgängig gemacht? Wer denn? Ich vielleicht? Du! Du hast gebeten, daß die Scheidung nicht ...« – »Lüge!« – Bumm: Türgeknall rechts. Bumm: Türgeknall links.

Jetzt sitze ich da mit dem halben Witz.

Was hat der Mann zu der jungen Bauersfrau gesagt?

(1931)

Leere

Manchmal, wenn das Telefon nicht ruft, wenn keiner etwas von dir will, nicht einmal du selber, wenn die Trompeter des Lebens pausieren und ihre Instrumente umkehren, damit die Spucke herausrinnt ... dann horchst du in dich. Und was ... dann ist da eine Leere –

Dann ist da gar nichts. Die Geräusche schweigen; nun müßte doch das Eigentliche in dir tönen ... es tönt nicht. Horche, daß sich dir die Stirn zusammenzieht – vielleicht ist es gar nicht da, das Eigentliche? Vielleicht ist es gar nicht da. Überfüttert mit Geschäften, Besorgungen, mit dem Leben, wie? Und das Fazit? Leere – Der Herr sollten sich wieder mal verlieben! Der Herr sollten nicht so viel rauchen! Schlecht geschlafen, was? ... Die Witze rinnen an dir ab; das ist es alles gar nicht. Leer, leer wie ein alter Kessel – es schallt, wenn man dran bumbert ...

Das wäre ja wohl der Moment, in den Schoß von Mütterchen Kirche zu krabbeln. Nein, diesem Seelenarzt trauen wir nicht mehr recht – wir wissen zu viel von ihm: wie er das macht, wie das funktioniert ... ein Arzt muß ein Geheimnis haben. Das da ist wohl nichts für uns.

Aber die Indikation Gebet ist zutreffend. Was hast du? Lebensangst? Todesangst hast du. Auf einmal ist es aus, auf einmal wird es aus sein. »Ich werde mir doch sehr fehlen«, hat mal einer gesagt. Ja, Todesangst und dann das Gefühl: Wozu? Warum das alles? Für wen? Gewiß, im Augenblick, wenn du nichts zu fressen hast, dann wirst du schon herumlaufen und dir was zusammenklauben, aber so ein echter, rechter Lebensinhalt dürfte das wohl nicht sein. Du hast dir zu viel kaputt gedacht, mein Lieber. Du probierst den

Altarwein, du berechnest die Ellen Tuch, die an der Fahnenstange flattern, du liest die Bücher von hinten und von vorn ... Gott segne deinen Verstand.

Dann wirst du langsam älter; wenn das Gehirn nicht mehr so will, setzt eine laue Stimmung ein, die sich als Gefühl gibt. Du siehst den kleinen Tierchen nach, wie sie im Sande krauchen, Gottes Wunder! du blickst auf deine eignen Finger, jeder eine kleine Welt, ein Wunder an Gestaltung auch sie, es lebt – und du weißt gar nicht, was das ist ... Und dann noch einmal: Aufstand, große Aufrappelung, heraus da, vergessen!

Vergessen und zu Ingeborg kriechen wie ein Söhnlein zurück in der Mutter Leib; noch einmal: »Hallo, alter Junge! Na, auch da? – Heute abend? aber gewiß! Wohin? Zu den Mädchen – hurra!« Noch einmal: so ein dickes Buch und die halbe Bibliothek verschlungen, versaufen in Büchern ... noch einmal die ganze Litanei von vorn. Nur mit diesem unterkietigen Gefühl als Grundbaß: Vergebens, vergebens, vergebens.

»Jede Zeit«, lautet der flachste aller Gemeinplätze, »ist eine Übergangszeit.« Ja. Daß doch einer aufstände und an die Laterne brüllte: daß er nicht mehr mitmachen will – und daß es ein Plunder ist, ein herrlicher, und daß es anders werden soll – und daß nicht die Dinge regieren sollen, sondern der Mensch ... ach, du grundgütiger Himmel. Da – hier haben Sie einen philosophischen Sechser: Jedes Leben ist ein Übergang – von der Geburt an bis zum Tode. Machen Sie sich dann einen vergnügten Lebensabend ...

Wieviel tun wir, um diese Leere auszufüllen! Wer sie ausfüllt und noch ein Meterchen drüber hinausragt, der ist ein großer Mann. Wo einer seinen Kopf hat, hoch oben in den Wolken –: das besagt nicht viel. Aber wo er mit den Füßen steht, ob auf der flachen Erde oder tief unten … das zeigt ihn ganz. Und wer dann noch lachen kann, der kann lachen. »Sie werden doch nicht leugnen, daß die Entwicklung der modernen Industrien …« Die Trompeter blasen. Ja doch, ich komme schon.

(1930)

Stationen

Erst gehst du umher und suchst an der Frau
das, was man anfassen kann.
Wollknäul, Spielzeug und Kätzchen – Miau –
du bist noch kein richtiger Mann.
    Du willst eine lustig bewegte Ruh:
    sie soll anders sein, aber sonst wie du …
        Dein Herz sagt:
            Max und Moritz!

Das verwächst du. Dann langts nicht mit dem Verstand.
Die Karriere! Es ist Zeit …!

Eine kluge Frau nimmt dich an die Hand
in tyrannischer Mütterlichkeit.

Sie paßt auf dich auf. Sie wartet zu Haus.
Du weinst dich an ihren Brüsten aus …
        Dein Herz sagt:
            Mutter.

Das verwächst du. Nun bist du ein reifer Mann.
Dir wird etwas sanft im Gemüt.
Du möchtest, daß im Bett nebenan
eine fremde Jugend glüht.
    Dumm kann sie sein. Du willst: junges Tier,
    ein Reh, eine Wilde, ein Elixier.
        Dein Herz sagt:
            Erde.

Und dann bist du alt.
Und ist es soweit,
daß ihr an der Verdauung leidet –:
dann sitzt ihr auf einem Bänkchen zu zweit,
als Philemon und Baucis verkleidet.
Sie sagt nichts. Du sagst nichts, denn ihr wißt,
wie es im menschlichen Leben ist …
Dein Herz, das so viele Frauen besang,
dein Herz sagt: »Na, Alte …?«
Dein Herz sagt: Dank.

(1930)

Oller Mann

Ein alter Mann ist stets ein fremder Mann.
Er spricht von alten, längst vergangenen Zeiten,
von Toten und verschollenen Begebenheiten …
Wir denken »Was geht uns das an –?«

In unser Zeitdorf ist er zugereist.
Stammt aber aus ganz andern Jahresländern,
mit andern Leuten, andern Taggewändern,
von denen du nichts weißt.

Sein Geist nimmt das für eine ganze Welt,
was ihn umgab, als seine Säfte rannen;
wenn er an Liebe denkt, denkt er an die, die längst von dannen.
Für uns ist er kein Held.

Ein alter Held ist nur ein alter Mann.
Wie uns die Jahre trennen –!
Erfahrung war umsonst. Die Menschen starten für das Rennen,
und jeder fängt für sich von vorne an.

Für uns ist er ein Mann von irgendwo.
Ihm fehlt sein Zeitland, wo die Seinen waren,
er spricht nicht unsre Sprache, hat ein fremd Gebaren …
Und wenn wir einmal alt sind und bei Jahren –:
dann sind wir grade so.

(1928)

Befürchtung

Werde ich sterben können –? Manchmal fürchte ich, ich werde es nicht können.

Da denke ich so: wie wirst du dich dabei aufführen? Ah, nicht die Haltung – nicht das an der Mauer, der Ruf »Es lebe ...« nun irgend etwas, während man selber stirbt; nicht die Minute vor dem Gasangriff, die Hosen voller Mut und das heldenhaft verzerrte Angesicht dem Feinde zugewandt ... nicht so. Nein, einfach der sinnlose Vorgang im Bett. Müdigkeit, Schmerzen und nun eben das. Wirst du es können?

Zum Beispiel, ich habe jahrelang nicht richtig niesen können. Ich habe geniest wie ein kleiner Hund, der den Schluckauf hat. Und, verzeihen Sie, bis zu meinem achtundzwanzigsten Jahre konnte ich nicht aufstoßen – da lernte ich Karlchen kennen, einen alten Korpsstudenten, und der hat es mir beigebracht. Wer aber wird mir das mit dem Sterben beibringen?

Ja, ich habe es gesehn. Ich habe eine Hinrichtung gesehn, und ich habe Kranke sterben sehn – es schien, daß sie sich sehr damit plagten, es zu tun. Wie aber, wenn ich mich nun dabei so dumm anstelle, daß es nichts wird? Es wäre doch immerhin denkbar.

»Keine Sorge, guter Mann. Es wird sich auf Sie herabsenken, das Schwere – Sie haben eine falsche Vorstellung vom Tode. Es wird ...« Spricht da jemand aus Erfahrung? Dies ist die wahrste aller Demokratien, die Demokratie des Todes. Daher die ungeheure Überlegenheit der Priester, die so tun, als seien sie alle schon hundertmal gestorben, als hätten sie ihre Nachrichten von drüben – und nun spielen sie unter den Lebenden Botschafter des Todes.

Vielleicht wird es nicht so schwer sein. Ein Arzt wird mir helfen, zu sterben. Und wenn ich nicht gar zu große Schmerzen habe, werde ich verlegen und bescheiden lächeln: »Bitte, entschuldigen Sie … es ist das erste Mal …«

(1929)

Wenn ich jetzt sterben müßte,
würde ich sagen:
»Das war alles?« –
Und:
»Ich habe es nicht so richtig
verstanden.«
Und:
»Es war ein bißchen laut.«

(1935)

Letzte Fahrt

An meinem Todestag – ich werd ihn nicht erleben –
da soll es mittags Rote Grütze geben,
mit einer fetten, weißen Sahneschicht ...
Von wegen: Leibgericht.

Mein Kind, der Ludolf, bohrt sich kleine Dinger
aus seiner Nase – niemand haut ihm auf die Finger.
Er strahlt, als einziger, im Trauerhaus.
Und ich lieg da und denk: »Ach, polk dich aus!«

Dann tragen Männer mich vors Haus hinunter.
Nun faßt der Karlchen die Blondine unter,
die mir zuletzt noch dies und jenes lieh ...
Sie findet: Trauer kleidet sie.

Der Zug ruckt an. Und alle Damen,
die jemals, wenn was fehlte, zu mir kamen:
vollzählig sind sie heut noch einmal da ...
Und vorne rollt Papa.

Da fährt die erste, die ich damals ohne
die leiseste Erfahrung küßte – die Matrone
sitzt schlicht im Fond, mit kleinem Trauerhut.
Altmodisch war sie – aber sie war gut.

Und Lotte! Lottchen mit dem kleinen Jungen!
Briefträger jetzt! Wie ist mir der gelungen?
Ich sah ihn nie. Doch wo er immer schritt:
mein Postscheck ging durch sechzehn Jahre mit.

Auf rotem samtnen Kissen, im Spaliere,
da tragen feierlich zwei Reichswehroffiziere
die Orden durch die ganze Stadt
die mir mein Kaiser einst verliehen hat.

Und hinterm Sarg mit seinen Silberputten,
da schreiten zwoundzwonzig Nutten –
sie schluchzen innig und mit viel System.
Ich war zuletzt als Kunde sehr bequem.

Das Ganze halt! Jetzt wird es dionysisch!
Nun singt ein Chor: Ich lächle metaphysisch.
Wie wird die schwarzgestrichne Kiste groß!
Ich schweige tief.
Und bin mich endlich los.

(1922)

Es gibt keinen Neuschnee

Wenn du aufwärts gehst und dich hochaufatmend umsiehst, was du doch für ein Kerl bist, der solche Höhen erklimmen kann, du, ganz allein –: dann entdeckst du immer Spuren im Schnee. Es ist schon einer vor dir dagewesen.

Glaube an Gott. Verzweifle an ihm. Verwirf alle Philosophie. Laß dir vom Arzt einen Magenkrebs ansagen und wisse: es sind nur noch vier Jahre, und dann ist es aus. Glaub an eine Frau. Verzweifle an ihr. Führe ein Leben mit zwei Frauen. Stürze dich in die Welt. Zieh dich von ihr zurück …

Und alle diese Lebensgefühle hat schon einer vor dir gehabt; so hat schon einer geglaubt, gezweifelt, gelacht, geweint und sich nachdenklich in der Nase gebohrt, genau so. Es ist immer schon einer dagewesen.

Das ändert nichts, ich weiß. Du erlebst es ja zum ersten Mal. Für dich ist es Neuschnee, der da liegt. Es ist aber keiner, und diese Entdeckung ist zuerst sehr schmerzlich. In Polen lebte einmal ein armer Jude, der hatte kein Geld, zu studieren, aber die Mathematik brannte ihm im Gehirn. Er las, was er bekommen konnte, die paar spärlichen Bücher, und er studierte und dachte, dachte für sich weiter. Und erfand eines Tages etwas, er entdeckte es, ein ganz neues System, und er fühlte: ich habe etwas gefunden. Und als er seine kleine Stadt verließ und in die Welt hinauskam, da sah er neue Bücher, und das, was er für sich entdeckt hatte, das gab es bereits: es war die Differentialrechnung. Und da starb er. Die Leute sagen: an der Schwindsucht. Aber er ist nicht an der Schwindsucht gestorben.

Am merkwürdigsten ist das in der Einsamkeit. Daß die Leute im Getümmel ihre Standard-Erlebnisse haben, das willst du ja gern glauben. Aber wenn man so allein ist wie du, wenn man so meditiert, so den Tod einkalkuliert, sich so zurückzieht und so versucht, nach vorn zu sehen –: dann, sollte man meinen, wäre man auf Höhen, die noch keines Menschen Fuß je betreten hat. Und immer sind da Spuren, und immer ist einer dagewesen, und immer ist einer noch höher geklettert als du es je gekonnt hast, noch viel höher.

Das darf dich nicht entmutigen. Klettere, steige, steige. Aber es gibt keine Spitze. Und es gibt keinen Neuschnee.

(1931)

Meine Sorgen möcht ich haben

Meditation

Möchtest du, mein Goldkind, einen Knaben?
Hier im Buche steht, daß man bestimmt
sie so kriegen kann, wie man sie haben
will, wenn mans methodisch unternimmt.

Gott, ein Junge hat ja viel auf Erden.
Er wird mannbar und Regierungsrat.
Geht es schief, dann kann er Richter werden
oder gutgesinnter Demokrat.

Halt! Tus nicht! Du nimmst da eine Nährpflicht
auf dich ohne jeden Hoffnungsstrahl.
Bald hat Deutschland seine alte Wehrpflicht,
und dann wird er Menschenmaterial.

Oder möchtest du eine Knabine –?
Abdenitten? Immer so dewest?
Sucht ein Bankdirektor nach Titine,
erntest du doch, was du heute säest.

Halt! Tus nicht! Mit fünfundfünfzig Jahren
da verknallt sie sich in den Chauffeur.
Scheidung, Krach, Tragödie . . . wir ersparen
ihr und ihm wohl lieber das Malheur.

Ja, was nun? Ich bleibe gern im Ruhstand.
Kriege keine! Laß sie lieber da!
Laß es ruhig bei dem alten Zustand!
Und bleib kinderlos!
Wie dein Papa!

(1924)

Geheimnis

Jüngst betraf mich ein Japaner,
und in des Gespräches Wellen,
als wir von Matrosen sprachen,
ließ er ein klein Wörtlein fallen:
›Skibi‹.

»Was bedeutet das, Geehrter?«
fragt ich leicht und glatt und höflich.
»Nie noch hört ich diese Silben:
Skibi –?

Ists ein Laster? Ein Gesellschafts-
spiel? Kann man es konsumieren?
Tun Matrosen es? Mit wem wohl?
Skibi –?«

Der Japaner nickte höflich,
lächelte und schwieg. Und seitdem
hockt auf mir der Skibi-Wahnsinn.
Skibi! zwitschern alle Spatzen.
Skibi-skibi! gellt die Hupe.
Und die Stadtbahn-Wagenachsen
rattern: Skibi-skibi-skibi …!
Skibi! piept die Bodenmaus.
Und so sieht die Sonne aus:

kibiskibiskibiskibiskibiskibis

Traurig krauche ich durchs Leben.
Kann mir niemand Rettung geben?
  Auf, nach Japan laßt mich fahren,
  seekrank, heiß, mit Möwenscharen,
  wochenlang in Schiffsbewegung,
  II. Klasse (mit Verpflegung) –

Und ich seh nicht Palästina,
Indien nicht an und China –
Bombay nicht und nicht Kalkutta,
in Port Said die Kuppelmutter …
Ungegessen, ungeschlafen,
      fahr ich.

Auf dem Quai im Japan-Hafen
spring ich auf den ersten besten,
halt ihn an am Knopf der Westen –
  schreiend frag ich:
      »Was ist Skibi – ?«

Der Japaner, kalten Blutes,
spricht: »Das fragt man nicht. Man tut es.
Skibi-skibi-skibi-skibi –!«

In die Heimat fährt ein Greis.
Stumm. Zerbrochen. Haar schlohweiß.
Geht ins Kloster als Trappist,
weil er nicht weiß, was Skibi ist.

(1927)

Der Floh

Im Departement du Gard – ganz richtig, da, wo Nîmes liegt und der Pont du Gard: im südlichen Frankreich – da saß in einem Postbüro ein älteres Fräulein als Beamtin, die hatte eine böse Angewohnheit: sie machte ein bißchen die Briefe auf und las sie. Das wußte alle Welt. Aber wie das so in Frankreich geht: Concierge, Telefon und Post, das sind geheiligte Institutionen, und daran kann man schon rühren, aber daran darf man nicht rühren, und so tut es denn auch keiner.

Das Fräulein also las die Briefe und bereitete mit ihren Indiskretionen den Leuten manchen Kummer.

Im Departement wohnte auf einem schönen Schlosse ein kluger Graf. Grafen sind manchmal klug, in Frankreich. Und dieser Graf tat eines Tages folgendes:

Er bestellte sich einen Gerichtsvollzieher auf das Schloß und schrieb in seiner Gegenwart an einen Freund:

Lieber Freund!

Da ich weiß, daß das Postfräulein Emilie Dupont dauernd unsre Briefe öffnet und sie liest, weil sie vor lauter Neugier platzt, so sende ich Dir anliegend, um ihr einmal das Handwerk zu legen, einen lebendigen Floh.

Mit vielen schönen Grüßen Graf Koks

Und diesen Brief verschloß er in Gegenwart des Gerichtsvollziehers. Er legte aber keinen Floh hinein.

Als der Brief ankam, war einer drin.

(1932)

Gute Nacht!

Ich geh mit meinen Wanzen schlafen,
rotbraun und platt.
Quartiert bin ich bei einem Grafen,
der viele hat.

Des Nachts, wenn alle Sterne funkeln,
dann ziehen still
die fleißigen Scharen hin im Dunkeln,
wie Gott es will.

Sie kommen aus den schmalen Ritzen,
aus dem Parkett;
die feinern aber fastend sitzen
des Tags im Bett.

Sie pieken mich. Es schwillt zu riesigen
Fleischklümpchen an, was sie gepackt;
das macht die Beißekunst der Hiesigen –
die sind exakt.

Sie pieken mich. Es juckt. Zum Glücke
ist morgen alles wieder rein.
Und wenn ich eine sanft zerdrücke,
gedenk ich dein.

(1919)

Ein Ferngespräch

»Hier ist nochmals das Fernamt. Ich möchte Sie darauf aufmerksam machen, daß Sie möglichst langsam und möglichst dialektfrei sprechen müssen; der Telefonverkehr für solche Gespräche, wie Sie eins angemeldet haben, ist zwar freigegeben – aber nur unter der Bedingung, daß der dortige Überwachungsbeamte den Gesprächen folgen kann. Wir haben nun die Erfahrung gemacht, daß regelmäßig getrennt wird, wenn die Teilnehmer Dialekte oder fremde Sprachen sprechen. Wir weisen Sie in Ihrem Interesse daraufhin.«

»Ja doch. Allemal. Na jewiß doch.«

»Au Backe! Et klingelt. Det is det Ferngespräch! Emma, sperr ma die Jehrn in die Kiche, det sie nich so brillen!

Jaaa –? Emil, bist du da? Emil! Wat sacht der? Emil, Emil! Bist du da? 'n Tach, Emil! Hier is Pauel! Ja! Ick spreche nehmlich jewählt, damit daß die Beamten heern solln, det wir nischt Vabotnes sprechen! Heer ma, Emil! Wie jehts dir denn? Jut, ja? Saufst du noch so viel? Det mußte nich! Det jreift die Nieren an – die Nieren! die Nieren! – liecht det an die Vaständjung, oda haste dir de Ohrn nich jewaschen? Emil! Paß ma uff! Ick rufe wejen Minnan an! Paß ma uff:

Minna wollt doch nu heiratn, weißte, wa? Nu will sie ihrer aber nich heiraten – neien! Er will nich! Er sacht, det dritte Kind war nu auch nich von ihn – er sacht, ßweemal hätt er sich det mitanjesehn, aber det dritte Mal, sachta, akennt er det nich an! Er wär keene Kleen-Kinder-Bewahranstalt! Emil! Bist du noch da? Nu hat Erwin sein Schwager, ja, der Dusslige, der imma beit Billjardspiel so mohrelt –

ehmderselbige! Ja, der hat ihr doch nu die Wohnungseinrichtung besorcht, det Bett und die Kommode und den Schrank – allens aus Mahachoni – nu sitzt sie damit da. Emil! Bist du noch da? Wat sachste du? Klahren? Dir ham se woll mitn Klammerbeutel jepudert? Wat denn – klahren? Der laß ihr hochjehn, det weeßte doch janz jenau! Natierlich – det wirst du mir nicht lernen, wie man diß macht! Ochse! Een Ochse bist du – allemal! Nein. Neien! Mensch, wenn du so lang wärst wie de dumm bist, könntste aus der Dachrinne saufen! Ick bleibe bei mein Wort. Also paß ma uff:

Nu sitzt se da mit den Amöblemang. Nu hatten wir jestan bei Schippanowsky ieber die Sache jeredt – Lottchen wah ooch da und der dicke Mattberg, der immer den Stolzen markiert, und denn Hejemann. Also ick bringe det Jespräch so janz pee a pee uff sehr feine Art uff die Sache ... ick ha se erscht 'n bisken wat injejehm. na, nich Medessin ... Emil? Emil! Bist du noch da? Und nach ne halbe Stunde wahn se denn so weit. Ja. Hejemann wah jleich fett ... mit die andern konnt ick noch redn. Ick habe sie det anjebotn ... und bei die Jelegenheit hat sich noch 'n andret Jeschäft ajehm ... Emil? Emil – hättste Lust, deine olle Laube jejen einen Rennkahn umzutauschen – det heeßt – den nimmt dir der Mattberch wieda ab, det is bloß die Form wejen: Er nimmt die Laube, und denn jibt er dir den Kahn ... det heeßt: der Kahn jeheert 'n jahnich ... er jibbt 'n bloß so lange aß seinen aus, bis daß er die Forderung beijetriehm hat ... von Hejemann junior! Den kennste doch, wa? Emil? Emil! Wat hältst du von die Sache? Wacht ma! Emma rummelt hier so mit die Meebel! Emma! Wißte jleich stille sind! Na, laß mir man hier fechtig sein – denn kriste aba von Vatan eene jeklebt, dette dir um dir selber trieselst! Emil! Emil – wat hälst du von die Sache? Wat? Det willste nich machen? Woso nich? Warum willste det nich machen? Det is 'n dodsichres Jeschäft! Wat? Na, Mensch, du mußt da aba orntlich eenen jehohm haben – du saufst ooch, bis daß dir der Schnaps aus de Ohren looft. Warum wißte denn det nich machen? Mattberg tritt die Forderung ab, wattn, wattn ... Sicherheit? Wir sind hier nich bei de Reichsbank. do! Wat sachste? Det willste nich? Det willste nich? Na, denn werk dir mall wat sahrn:

Du bist eene janz dusslige Rotzneese, wo nich in de Zeit paßt! Ja, nu – wos mit die Dollaren aus ist, da paßt er! Na, vor dir machen se keene neue Inflation! Vor dir nich! Na, jeh doch! Na, mach doch! Du wirst den Zaun nich pinseln! Du nich! Aber det wick dir noch sahren – ick wer dir mal sahren, wat du mir kannst – du kannst mir –

Emil! Emil! Emil! Ja? Ick plauderte jrade mit den Herrn! Wat sacht er –? Na, is dett die Menschenmeeglichkeit!

Jetzt hat er jetrennt, weil ich ihm nich hochdeutsch jenuch jesprochen habe! Fernamt! Frollein, ick habe jesprochen wie unsa Pastor in de Kirche, und der trennt?

So wie ick hier spreche – ach wat, Dialekt! Dialekt! Ick spreche keen Dialekt – ich spreche Deutsch, vastehn Se mir? So wie ick spreche: mir vastehn ja die Nejer. N wie Nathan ... Wech.

So, Emma, nu kriste dein Fett von Vatan!«

(1927)

Konversation

Magda spricht. Arthurchen hört zu.

Madga (presto)

»Gott, Sie verstehen doch was vom Theater – endlich mal einer, der was vom Theater versteht. Ich werde Ihnen das also ganz genau erzählen.

Die Leute hatten zunächst die Straub engagiert, die sollte den Dragonerrittmeister spielen. Ich die Lena. Ich habe gesagt, neben einer Hosenrolle komm ich nicht raus. Ich komme doch nicht neben einer Hosenrolle raus –! Mit mir kann man das nicht machen. Wenn ich mir mal was in den Kopf gesetzt habe, alle meine Freunde sagen, ich bin so eigensinnig, und das ist auch wahr. So bin ich eben. Nicht wahr, Sie finden das auch –? Nicht wahr? Ja. Und da habe ich dem Direktor gesagt, ich sage, wenn ich

Arthurchen (denkt)

Das kann man wohl sagen, daß ich was vom Theater verstehe – das hat sie ganz hübsch gesagt. Natürlich versteh ich was vom Theater. Nu leg mal los.

Sie ist ja doch pikant, sie hat was. Nette Beine. Ob sie einen Büstenhalter trägt? Nein, sie trägt wohl keinen. Wenn sie schnell spricht und dabei lacht, dann hat sie so ein nettes Fältchen um die Augen. Sie sollte sich übrigens die Wimpern nicht färben, das steht ihr gar nicht. Aber eine nette Person. Eigentlich ... Wer hat die eigentlich –? Na ja, Franz – aber das füllt sie doch nicht aus! Dabei spricht sie immer von Papa und Mama, wie macht sie das mit dem Ausgehn? Lebt sie zu Hause?

die Lena nicht spielen darf, dann schmeiß ich ihm seinen Kram vor die Füße. Papa sagt auch ... Finden Sie richtig, nicht wahr –? Ja. Da hat der Direktor natürlich nachgegeben, soo klein war er, ich kenn doch die Schwester von dem Kammergerichtsrat Bonhoeffer, der der Onkel von seinem Geldgeber ist – wissen Sie übrigens, daß Klopfer die neue Rolle nicht spielen will? Er hat gesagt, so einen Drecktext spricht er nicht. Klopfer geht zum 1. Juni auf Tournee. Ich sollte erst mit, aber ich mach mir nichts aus Tourneen. Gott, ich hätts ja vielleicht getan – aber wenn jetzt die neue Trustdirektion kommt, dann werden wir ja sehn! Ich hab in diesen Sachen so was Kindliches. Ich bin überhaupt ein großes Kind. Finden Sie nicht auch –? Nicht wahr? Ja. Kennen Sie Gerda, die blonde Gerda? Wenn sie auch zu Hause lebt, das kann man arrangieren ...

Die Schwester von dem Kammergerichtsrat? ein übles Aas. Wer weiß, ob die Leute überhaupt so viel Geld haben ... Was hab ich denn heute für einen Schlips um? Sie guckt mir immer so nach dem Hals... Das ist doch eine neue Krawatte – hab ich da 'n Fleck ...? Nein, das war wohl nichts. Wenn sie die Augen zumacht, sieht sie nett aus. A un certain moment – stand neulich in dem Roman. So sieht sie dann aus. Nett. Sie kann doch sehr lustig sein. Es kann doch sehr lustig werden. »Ja, das finde ich auch. Gewiß, gnädiges Frollein.« Reizende Person. Wie spät mag das sein? Sie erzählt ja 'n bißchen viel. Aber jetzt kann ich nicht nach der Uhr sehn. Verdammt, die Uhr im Salon kann man von hier

Die, die'n Verhältnis mit der Frau Petschaft hat – na ja, sie hat auch'n Freund, aber bloß so nebenbei. Der Freund weiß das, natürlich. Mit mir hat sie ... ach, Sie sind'n gräßlicher Mensch – was Sie immer alles gleich denken! Die Gerda ist völlig talentlos. Und frech ist die Person –! Das Gretchen will sie spielen. Was sagten Sie –? Nein. Ja. Ich meine: die Frau darf das einfach nicht spielen. Geht auch gar nicht, weil die neue Kombination Fischer-Hirsch dagegen ist. Und wenn die Kombination nicht dagegen wäre – Himmel, es ist sechs Uhr! Nein, wie man sich mit Ihnen verplaudert! Sie reden so nett und anregend ... Grüß Gott, Doktorchen. Seins nicht bös – aber ich muß fort. Auf baldiges –« aus auch nicht sehn. Ich wer mal so ganz nongschalang aufstehn ... Sieht man die Uhr auch nicht. Die Gerda –? Die Gerda mit ihr zusammen – wär gar nicht übel. Was ist das fürn Parfüm, das sie hat? Was ich gesagt habe? Ich hab doch gar nichts gesagt. Mein Gott, spricht die Frau! Mein Gott – aber man müßte sehen, zu irgendeinem Schluß zu kommen, so oder so ... Schnupfst du eigentlich Kokain, mein Engel? Hoffentlich nicht. Sechs? Schockschwerenot, Hilde wartet nie so lange. Und nachher ist die Wohnung zu, und ich habe keinen Schlüssel. Na, dann diese hier. Bin ich heute abend frei? Ja. Sind Sie vielleicht heute abend ... »Auf Wiedersehn!« Wupp. Jetzt ist sie weg.

(1926)

Wie mans macht …

a) Trost für den Ehemann

Und wenn sie dich so recht gelangweilt hat,
dann wandern die Gedanken in die Stadt …
Du stellst dir vor, wie eine dir,
und wie du ihr, das denkst du dir …
  Aber so schön ist es ja gar nicht!

Mensch, in den Bars, da gähnt die Langeweile.
Die Margot, die bezog von Rudolf Keile.
Was flüstert nachher deine Bajadere?
Sie quatscht von einer Filmkarriere,
und von dem Lunapark und Feuerwerk,
und daß sie Reinhardt kennt und Pallenberg …
  Und eine Frau mit Seele? Merk dies wichtige:
  die klebt ja noch viel fester als die richtige.

Du träumst von Orgien und von Liebesfesten.
Ach, Mensch, und immer diese selben Gesten,
derselbe Zimt, dieselben Schweinerein –
was kann denn da schon auf die Dauer sein!
Und hinterher, dann trittst du an
mit einem positiven Wassermann,
  so schön ist das ja gar nicht.

Sei klug. Verfluch nicht deine Frau, nicht deine Klause.
Bleib wo du bist.
    Bleib ruhig zu Hause.

b) Trost für den Junggesellen

Du hast es satt. Wer will, der kann.
Du gehst jetzt häufiger zu Höhnemann.
Der hat mit Gott zwei Nichten. Zart wie Rehe.
Da gehst du ran. Du lauerst auf die Ehe.

Bild dir nichts ein. Du schüttelst mit dem Kopf?
Ach, alle Tage Huhn im Topf
und Gans im Bett – man kriegt es satt,
man kennt den kleinen Fleck am linken Schulterblatt …
So schön ist es ja gar nicht!

Sie zählt die Laken. Sagt, wann man großreinemachen soll.
Du weißt es alles, und du hast die Nase voll.
Erst warst du auf die Heirat wie versessen;
daß deine Frau auch Frau ist, hast du bald vergessen.
Sei klug. Verfluch nicht deine Freiheit, deine Klause.
Bleib wo du bist.
Bleib ruhig zu Hause.

c) Moral

Lebst du mit ihr gemeinsam – dann fühlst du dich recht einsam.
Bist du aber alleine – dann frieren dir die Beine.
Lebst du zu zweit? Lebst du allein?
Der Mittelweg wird wohl das richtige sein.

(1932)

Frauen sind eitel. Männer? Nie –!

Das war in Hamburg, wo jede vernünftige Reiseroute aufzuhören hat, weil es die schönste Stadt Deutschlands ist – und es war vor dem dreiteiligen Spiegel. Der Spiegel stand in einem Hotel, das Hotel stand vor der Alster, der Mann stand vor dem Spiegel. Die Morgen-Uhr zeigte genau fünf Minuten vor einhalb zehn.

Der Mann war nur mit seinem Selbstbewußtsein bekleidet, und es war jenes Stadium eines Ferientages, wo man sich mit geradezu wollüstiger Langsamkeit anzieht, trödelt, Sachen im Zimmer umherschleppt, tausend überflüssige Dinge aus dem Koffer holt, sie wieder hineinpackt, Taschentücher zählt und sich überhaupt benimmt wie ein mittlerer Irrer: es ist ein geschäftiges Nichtstun, und dazu sind ja die Ferien auch da. Der Mann stand vor dem Spiegel.

Männer sind nicht eitel. Frauen sind es. Alle Frauen sind eitel. Dieser Mann stand vor dem Spiegel, weil der dreiteilig war und weil der Mann zu Hause keinen solchen besaß. Nun sah er sich, Antinous mit dem Hängebauch, im dreiteiligen Spiegel und bemühte sich, sein Profil so kritisch anzusehen, wie seine egoistische Verliebtheit das zuließ ... eigentlich ... und nun richtete er sich ein wenig auf – eigentlich sah er doch sehr gut im Spiegel aus, wie –? Er strich sich mit gekreuzten Armen über die Haut, wie es die tun, die in ein Bad steigen wollen ... und bei dieser Betätigung sah sein linkes Auge ganz zufällig durch die dünne Gardine zum Fenster hinaus. Da stand etwas.

Es war eine enge Seitenstraße, und gegenüber, in gleicher Etagenhöhe, stand an einem Fenster eine Frau, eine ältere Frau, schiens, die hatte die drübige Gardine leicht zur Seite gerafft, den Arm hatte sie auf ein kleines Podest gelehnt, und sie stierte, starrte, glotzte, äugte gerade auf des Mannes gespiegelten Bauch. Allmächtiger.

Der erste Impuls hieß den Mann vom Spiegel zurücktreten, in die schützende Weite des Zimmers, gegen Sicht gedeckt. So ein Frauenzimmer. Aber es war doch eine Art Kompliment, das war unleugbar; denn wenn jene auch dergleichen vielleicht immer zu tun pflegte – es war eine Schmeichelei. »An die Schönheit.« Unleugbar war das so. Der Mann wagte sich drei Schritt vor.

Wahrhaftig: da stand sie noch immer und äugte und starrte. Nun – man ist auf der Welt, um Gutes zu tun ... und wir können uns doch noch alle Tage sehen lassen – ein erneuter Blick in den Spiegel bestätigte das – heran an den Spiegel, heran ans Fenster!

Nein. Es war *zu* schéhnierlich ... der Mann hüpfte davon, wie ein junges Mädchen, eilte ins Badezimmer und rasierte sich mit dem neuen Messer, das glitt sanft über die Haut wie ein nasses Handtuch, es war eine Freude. Abspülen (»Scharf nachwaschen?« fragte er sich selbst und bejahte es), scharf nachwaschen, pudern ... das dauerte gut und gern seine zehn Minuten. Zurück. Wollen doch spaßeshalber einmal sehen –.

Sie stand wahr und wahrhaftig noch immer da; in genau derselben Stellung wie vorhin stand sie da, die Gardine leicht zur Seite gerafft, den Arm aufgestützt, und sah regungslos herüber. Das war denn doch – also, das wollen wir doch mal sehen.

Der Mann ging nun überhaupt nicht mehr vom Spiegel fort. Er machte sich dort zu schaffen, wie eine Bühnenzofe auf dem Theater; er bürstete sich und legte einen Kamm von der rechten auf die linke Seite des Tischchens; er schnitt sich die Nägel und trocknete sich ausführlich hinter den Ohren, er sah sich prüfend von der Seite an, von vorn und auch sonst … ein schiefer Blick über die Straße: die Frau, die Dame, das Mädchen – sie stand noch immer da.

Der Mann, im Vollgefühl seiner maskulinen Siegerkraft, bewegte sich wie ein Gladiator im Zimmer, er tat so, als sei das Fenster nicht vorhanden, er ignorierte scheinbar ein Publikum, für das er alles tat, was er tat: er schlug ein Rad, und sein ganzer Körper machte fast hörbar: Kikeriki! dann zog er sich, mit leisem Bedauern, an.

Nun war da ein manierlich bekleideter Herr – die Person stand doch immer noch da! –, er zog die Gardine zurück und öffnete mit leicht vertraulichem Lächeln das Fenster. Und sah hinüber.

Die Frau war gar keine Frau.

Die Frau, vor der er eine halbe Stunde lang seine männliche Nacktheit produziert hatte, war – ein Holzgestell mit einem Mantel darüber, eine Zimmerpalme und ein dunkler Stuhl. So wie man im nächtlichen Wald aus Laubwerk und Ästen Gesichter komponiert, so hatte er eine Zuschauerin gesehen, wo nichts gewesen war als Holz, Stoff und eine Zimmerpalme.

Leicht begossen schloß der Herr Mann das Fenster. Frauen sind eitel. Männer –? Männer sind es nie.

(1928)

Was tun Frauen, bevor sie ausgehen?

Wenn eine Frau seit vier Stunden weiß, daß sie und der Mann um sieben Uhr ins Theater gehen, wenn dann der Mann um halb sieben abgehetzt und eilig aus dem Geschäft kommt, um sie abzuholen – was tut eine solche Frau dann?

Sie entfaltet eine *unermeßliche Tätigkeit.*

Vorerst beginnt sie sich ›zurechtzumachen‹. Unter diesen Begriff fallen eine Reihe unerklärlicher Vorgänge und Betätigungen, die nie ganz zu enträtseln sind, als da wären: Zupfen der Haare vor dem großen Spiegel, dasselbe vor einem kleinen; Aufnehmen eines gleichgültigen Gegenstandes und Hinlegen desselben; Suchen der Schlüssel; Durchwühlen einer Kommode; Probe und Verwerfen eines Hutes vor einem großen Spiegel, eifriges Geläuf durch alle Zimmer. Und hier setzt nun das Rätsel ein, das große unergründliche Rätsel:

Warum tun die Frauen in der letzten Minute Dinge, die sie schon vor einer Stunde hätten tun können, und die viel mehr Zeit in Anspruch nehmen, als beim besten Willen vorhanden ist? Warum?

6.45 Uhr: »Ich muß meine Handschuhe erst nochmal mit Benzin reinigen! Anna! Anna! Wo ist das Benzin?« Benzinflasche, Handschuhe und ein großer, häßlicher Lappen von tückischem Aussehen. Richtig: er verschmiert bösartig das Benzin und tut durchaus nicht, was man von ihm verlangt. Das geht so zehn Minuten. 6.55 Minuten: »Ich werde mir doch lieber die neuen Handschuhe anziehen!« Im Hintergrund ringt ein Unglücklicher die Hände – das hätte man doch schon vor zehn Minuten ... Strafender

Blick: »Du verstehst auch gar nichts –!« Nein, er versteht gar nichts ...

7.08 Uhr: »Die Wäsche ist noch nicht gezählt!« – Aber, liebes Kind ... Hier ist nicht: lieb, und hier ist nicht: Kind – die Wäsche ist noch nicht gezählt! Muß das jetzt sein? Jetzt oder nie. »Anna! – 5 Combinaisons, 44 Handtücher – wieso 44? ach so – 23 Taschentücher, 5 Hemdchen fürs Kind – na, ich werde das morgen machen – legen Sie sie da inzwischen hin! Anna, haben wir abgerechnet? Also morgen nehmen wir die Rinderbrust, die noch da ist –« Der Hintergrund: Allmächtiger, womit habe ich das verdient! Wie hast du mich gestraft, du mein Herr und Gott!! Mein liebes Kind, es ist fünf Minuten über Viertel acht ... »Dann hättest du eben früher aus dem Geschäft kommen müssen –!« Da kann man halt nix machen.

Sehr geehrter Herr Panter!

Ich habe Ihren kleinen Aufsatz in der Zeitung: Was tun Frauen, bevor sie weggehen? gelesen. Ich muß Ihnen sagen, daß Sie aber durchaus nicht alle Frauen zu kennen scheinen, die es gibt. Es gibt doch Gott sei Dank heute schon eine Menge Frauen und Mädchen, die mindestens ebenso pünktlich und zuverlässig sind wie der Mann. Das beweisen ja auch die vielen weiblichen Telefonangestellten.

Ich muß den Brief leider schließen. Eben kommt mein Mann und ruft, daß es Zeit ist, zu unserer Mittwochgesellschaft zu gehen. Wenn das nicht dazwischen gekommen wäre, Herr Panter, dann würde ich Ihnen noch ganz anders und viel ausführlicher geschrieben haben, aber leider muß ich jetzt schließen, und meinen Mann begleiten. Ich möchte Ihnen bloß noch sagen, daß es die allermeisten

Frauen, was Ordnung und Pünktlichkeit betrifft, noch hundertmal mit jedem Mann aufnehmen können. Ich wenigstens bin immer auf die Minute da und fange gar nicht erst kurz vor meinem Weggehen an, tausend Sachen anzufangen und wieder hinzulegen. Überhaupt: das ist eine männliche Überhebung, sich immer über die Frauen lustig zu machen. Da fangt ihr Männer mal hübsch bei euch an, da werdet ihr doch genug Laster und Fehler finden! Und, Herr Panter, eine Frau, die eine Wirtschaft führt, hat eben viele Lasten und Sorgen, die ihr keiner abnimmt, nicht einmal der eigene Mann. Sie muß beinahe alles allein tun, und daher mag es denn manchmal vorkommen, daß sie sich zu einem Vergnügen verspätet. Und was schadet es denn schon, wenn der Mann einmal ein bißchen auf sie warten muß? So galant kann ein Mann schon zu seiner Frau sein – besonders, wenn sie sich den ganzen Tag für ihn in der Wirtschaft abgemüht hat. Im übrigen aber sind die Frauen viel pünktlicher als ihr Männer!

So – jetzt will ich den Brief rasch fertig machen und frankieren, denn ich muß mich noch anziehen und frisieren –!

Eine Pünktliche

(1924)

Nichts anzuziehn –!

Ich steh schon eine halbe Stunde lang
vor diesem gefüllten Kleiderschrank.
Was ziehe ich heute nachmittag an –?
Jedes Kleid erinnert mich …
also jedes erinnert mich an einen Mann.

In diesem Sportkostüm ritt ich den Pony.
In diesem braunen küßte mich Jonny.
Das da hab ich an dem Abend getragen,
da kriegte Erich den Doktor am Kragen,
wegen frech …
Hier goß mir seinerzeit
der Assessor die Soße übers Kleid
und bewies mir hinterher klar und kalt,
nach BGB sei das höhre Gewalt.
Tolpatsch.
In dem … also das will ich vergessen …
da hab ich mit Joe im Auto gesessen –
und so. Und in dem hat mir Fritz einen Antrag gemacht,
und ich habe ihn – leider – ausgelacht.
Dieses hier will ich überhaupt nicht mehr sehn:
in dem mußt ich zu dieser dummen Premiere gehn.
Und das hier …? Hängt das noch immer im Schranke …?
Sekt macht keine Flecke –? Na, ich danke –!
Und den Mantel – ich will das nicht mehr wissen –
haben sie mir beim Sechstagerennen zerrissen!

Ich steh schon eine halbe Stunde lang
vor diesem gefüllten Kleiderschrank:
das nackteste Mädchen in ganz Berlin.
Wie man sieht:
Ich habe nichts anzuziehn –!

(1926)

Frauen von Freunden

Frauen von Freunden zerstören die Freundschaft.
Schüchtern erst besetzen sie einen Teil des Freundes,
nisten sich in ihm ein,
warten,
beobachten,
und nehmen scheinbar teil am Freundesbund.

Dies Stück des Freundes hat uns nie gehört –
wir merken nichts.
Aber bald ändert sich das:
Sie nehmen einen Hausflügel nach dem andern,
dringen tiefer ein,
haben bald den ganzen Freund.

Der ist verändert; es ist, als schäme er sich seiner Freundschaft.
So, wie er sich früher der Liebe vor uns geschämt hat,
schämt er sich jetzt der Freundschaft vor ihr.
Er gehört uns nicht mehr.
Sie steht nicht zwischen uns – sie hat ihn weggezogen.

Er ist nicht mehr unser Freund:
er ist ihr Mann.

Eine leise Verletzlichkeit bleibt übrig.
Traurig blicken wir ihm nach.

Die im Bett behält immer recht.

(1925)

Die arme Frau

Mein Mann? mein dicker Mann, der Dichter?
Du lieber Gott, da seid mir still!
Ein Don Juan? Ein braver, schlichter
Bourgeois – wie Gott ihn haben will.

Da steht in seinen schmalen Büchern,
wieviele Frauen er geküßt;
von seidenen Haaren, seidenen Tüchern,
Begehren, Kitzel, Brunst, Gelüst …

Liebwerte Schwestern, laßt die Briefe,
den anonymen Veilchenstrauß!
Es könnt ihn stören, wenn er schliefe.
Denn meist ruht sich der Dicke aus.

Und faul und fett und so gefräßig
ist er und immer indigniert.
Und dabei gluckert er unmäßig
vom Rotwein, den er temperiert.

Ich sah euch wilder und erpichter
von Tag zu Tag – ach! laßt das sein!
Mein Mann? mein dicker Mann, der Dichter?
In Büchern: ja.
Im Leben: nein.

(1918)

Kümmernis

Frühmorgens beim Kaffee – mein faltiger Bauch,
wie baumelst du trübe und leer!
Gewiß, ohne Zucker und Milch geht es auch,
so reicht mir die Kanne nur her.
    Kein Fleisch und kein Honig, kein Fett und kein Ei,
    wie öd ist das Frühstücksgedeck!
    Doch eines, mein Bauch, stört am meisten uns zwei:
        Die Sahne …
        die Sahne ist weg!

Und nicht nur beim Kaffee – o Allegorie!
komm mit in den Musenhain.
Wie sehr auch der Kunstmarkt lärmte und schrie:
wer reich ist, der braucht nicht zu schrein.
    Die Expressionisten im Kinderkleid
    und die Kunst mit dem fünfstelligen Scheck –
    und ich denke an Brahm und die alte Zeit –
        Die Sahne …
        die Sahne ist weg!

So schau in die Zukunft! – Was kommt denn danach,
wenn die Große Zeit einst vorbei?
Was kommt nach den Tränen, dem Blut und der Schmach
und all dem Nationengeschrei?
    Was kommt für die Kinder? die Generation
    der Hoffnung?
        Ich sehe da black –
    Mein Jugendlicher, o Ludolf, mein Sohn:
        Die Sahne …
        die Sahne ist weg!

(1918)

Zur soziologischen Psychologie der Löcher

> Daß die wichtigsten Dinge durch Röhren gethan werden. Beweise: erstlich die Zeugungsglieder, die Schreibfeder und unser Schießgewehr.
>
> Lichtenberg

Ein Loch ist da, wo etwas nicht ist.

Das Loch ist ein ewiger Kompagnon des Nicht-Lochs: Loch allein kommt nicht vor, so leid es mir tut. Wäre überall etwas, dann gäbe es kein Loch, aber auch keine Philosophie und erst recht keine Religion, als welche aus dem Loch kommt. Die Maus könnte nicht leben ohne es, der Mensch auch nicht: es ist beider letzte Rettung, wenn sie von der Materie bedrängt werden. Loch ist immer gut.

Wenn der Mensch ›Loch‹ hört, bekommt er Assoziationen: manche denken an Zündloch, manche an Knopfloch und manche an Goebbels.

Das Loch ist der Grundpfeiler dieser Gesellschaftsordnung, und so ist sie auch. Die Arbeiter wohnen in einem finstern, stecken immer eins zurück, und wenn sie aufmucken, zeigt man ihnen, wo der Zimmermann es gelassen hat, sie werden hineingesteckt, und zum Schluß überblicken sie die Reihe dieser Löcher und pfeifen auf den letzten. In der Ackerstraße ist Geburt Fluch; warum sind diese Kinder auch grade aus diesem gekommen? Ein paar Löcher weiter, und das Assessorexamen wäre ihnen sicher gewesen.

Das Merkwürdigste an einem Loch ist der Rand. Er gehört noch zum Etwas, sieht aber beständig in das Nichts, eine Grenzwache der Materie. Das Nichts hat keine Grenzwache: während den Molekülen am Rande eines Lochs schwindlig wird, weil sie das Loch sehen, wird den Molekülen des Lochs … festlig? Dafür gibt es kein Wort. Denn unsre Sprache ist von den Etwas-Leuten gemacht; die Loch-Leute sprechen ihre eigne.

Das Loch ist statisch; Löcher auf Reisen gibt es nicht. Fast nicht.

Löcher, die sich vermählen, werden ein Eines, einer der sonderbarsten Vorgänge unter denen, die sich nicht denken lassen. Trenne die Scheidewand zwischen zwei Löchern: gehört dann der rechte Rand zum linken Loch? oder der linke zum rechten? oder jeder zu sich? oder beide zu beiden? Meine Sorgen möcht ich haben.

Wenn ein Loch zugestopft wird: wo bleibt es dann? Drückt es sich seitwärts in die Materie? oder läuft es zu einem andern Loch, um ihm sein Leid zu klagen – wo bleibt das zugestopfte Loch? Niemand weiß das: unser Wissen hat hier eines.

Wo ein Ding ist, kann kein andres sein. Wo schon ein Loch ist: kann da noch ein andres sein?

Und warum gibt es keine halben Löcher?

Manche Gegenstände werden durch ein einziges Löchlein entwertet; weil an einer Stelle von ihnen etwas nicht ist, gilt nun das ganze übrige nichts mehr. Beispiele: ein Fahrschein, eine Jungfrau und ein Luftballon.

Das Ding an sich muß noch gesucht werden; das Loch ist schon an sich. Wer mit einem Bein im Loch stäke und mit dem andern bei uns: der allein wäre wahrhaft weise. Doch soll dies noch keinem gelungen sein. Größenwahnsinnige behaupten, das Loch sei etwas Negatives. Das ist nicht richtig: der Mensch ist ein Nicht-Loch, und das Loch ist das Primäre. Lochen Sie nicht; das Loch ist die einzige Vorahnung des Paradieses, die es hienieden gibt. Wenn Sie tot sind, werden Sie erst merken, was leben ist. Verzeihen Sie diesen Abschnitt, ich hatte nur zwischen dem vorigen Stück und dem nächsten ein Loch ausfüllen wollen.

(1931)

Wie sieht der Erfinder des Reißverschlusses aus?

Den Erfinder des Reißverschlusses denke ich mir als einen älteren, teils vergnügten, teils mürrischen Mann: vergnügt, wenn seine Frau verreist ist, mürrisch in allen andern Lebenslagen. Er hat schütteres, weißes Haar, obgleich er noch gar nicht so alt ist; ein leicht lahmes Bein, das er unmerklich nachzieht, eine bedächtige Brille, niedrige Klappkragen, wie sie sein Großvater noch getragen hat. Er ist Deutsch-Amerikaner und heißt mit Vornamen Sam.

Eines Nachts kann dieser Sam nicht schlafen. Es ist eine mürrische Nacht, denn die Frau Sams liegt neben ihm und sieht aus wie ein älteres, etwas fett gewordenes Girl, kein sehr erfreulicher Anblick. Sam freut sich auch nicht – er liegt durchaus auf die andere Seite gedreht und denkt nach. Worüber denkt er wohl nach –?

Keineswegs an die Erfindung eines Reißverschlusses. Sam ist weder Ingenieur noch Techniker, sondern Buchhalter in einer Expedition für Blumensamen. Aber in seinen Mußestunden bastelt er an allem, dessen er habhaft werden kann, zum großen Ärger des fetten Girls: an den Uhren, am Rundfunk, am Auto, an den Fensterläden und an den geheiligten Vorrichtungen des Badezimmers. Zur Zeit hat er es mit der Handtasche seiner Frau. Irgend etwas gefällt ihm nicht an dieser Tasche.

Nun macht das Girl, das fette, eine lasche Bewegung im Halbschlaf … »Leo«, flüstert sie – denn dies ist ihr erster Mann gewesen. Sam zieht die Nase kraus – er liebt Leo nicht, denn Leo ist ein erfolgreicher Reisender in Essig, trägt so hohe Kragen und hat eine Frau, die aus dem Norden ist und auch so spricht ... Ja, also die Handtasche hat einen Bügel, und dieser Bügel behagt Herrn Sam nicht mitnichten. Das fällt ihm jetzt ein. Wenn man ... und er versinkt in Grübeln ...

Mit einem Schrei fährt das Girl auf. »Sam!« – Kein Sam. »Es sind Einbrecher – –!« In der Küche rumort es, in der Wohnung rumort es. Das Girl stirbt vor Schreck, kommt wieder zu sich, stirbt noch einmal und steckt dann den süß ondulierten Kopf unter die zu diesem Zweck angebrachte Bettdecke. Da steht Sam vor ihr. »Was schreist du so?« grollt er dumpf. Seine Augen leuchten, er ist vergnügt-mürrisch. »Sam! Es sind Einbrecher – hast du – –?« – »Ich habe es gefunden«, sagt Sam. »Was hast du gefunden?« sagt das Girl. »Das mit dem Bügel«, sagt Sam. »Jetzt in der Nacht?« sagt das Girl. »Jetzt in der Nacht«, sagt Sam. Und klettert ins Bett und hört nicht und sieht nicht, und seine alten, gelben Hände machen so sonderbare Bewegungen auf der Decke, daß das Girl nur den Kopf schütteln kann und an Leo denkt, den es glücklich los ist, und an ein ganz anderes Leben, das es hätte führen können, mit einem Douglas Fairbanks für den Vormittag und einem Valentino für den Nachmittag, und weil Valentino nun tot ist, und Leo noch lebt, muß das Girl leise weinen, ganz leise. Sam lächelt.

Am nächsten Tag, einem Sonnabend, sitzt Sam von Mittag an bis zum nächsten Sonntag abend an seinem kleinen Basteltisch und klopft und hämmert und zwickt mit Zangen, und dann geht er ins Gartenhäuschen und schlägt auf dem winzigen Amboß herum und läßt den Schweiß-Apparat aufzischen und ist sehr tätig. Am Montag steht er vor dem Direktor eines großen Konsortiums, der bei Sam seinen Blumensamen kauft.

»Hier wird gezogen«, sagt Sam; »sehen Sie: so – und hier: so –.« Der Direktor sagt nichts; seine Hände machen eine Bewegung, die an das Auf- und Zuklappen der Flügel eines großen Raubvogels erinnern. »Zeigen Sie mal –«, sagt er langsam. Und nimmt das kleine, mit Metallzwecken besetzte Lederding, das Sam ihm hinhält, in die Hand. Und zieht. Es ist ganz still in dem kleinen Raum. »Das ist –«, sagt der Direktor, faßt sich aber sofort; »das ist – ehm – das ist nicht unbrauchbar; nicht ganz unbrauchbar. Wieviel wollen Sie dafür?« Zahlen schwirren. »Haben Sie eine Beschreibung?« sagt der Direktor. Nein, die hat Sam nicht. Der Direktor klingelt. Ein minder fettes Girl erscheint; Sam soll diktieren. Er kann nicht diktieren. Der Direktor hilft. Es kommt eine ziemlich zusammengestoppelte Erklärung zustanden. Der Direktor ists zufrieden. Sam, der plötzlich einen engbeschriebenen Scheck vor seinen Augen auf- und abtanzen sieht, hat eine Vision. Das minder fette Girl verhilft ihm zu dieser Vision. Sam akzeptiert den Vorschlag des Direktors. Sam, du Ochse. Kaum ist Sam heraus, so stürzt der Direktor mit ein paar Bogen Papier und dem Ledersäckchen aufs Patentamt …

In der Generalversammlung kriegen sie heiße Köpfe. Das ist … so etwas hat man noch nie … das da ist keiner der ausgekochten Jungen, der nicht sofort wittert, was das ist. Über den korrekt sitzenden Schlipsen bewegen sich die harten amerikanischen Köpfe rasch hin und her. Hier ist die Chance, die große Chance. Und als sie gerade alle auseinandergehen wollen, mit dem festen und sicheren Bewußtsein, die große Gelegenheit ihres Lebens endlich erreicht zu haben und sie – das walte Gott! – richtig auszunutzen: da stellt der Jüngste der Gesellschaft eine Frage. Es ist nur eine kurze Frage – aber es wird ganz still in dem kleinen Saal. »Wie kommt das denn eigentlich zustande?« fragt er.

Die Gespräche sind wie abgehackt. Ja – wie wird es denn eigentlich gemacht –? Nun reden alle mit einem Male. Alle wollen es wissen – niemand weiß es. Hastige Hände blättern in der Beschreibung, die der alte Sam diktiert hat, und die, sauber vervielfältigt, vor jedem auf dem Tisch liegt. Aber da steht nur, wie man den Reißverschluß handhaben muß – aber da steht nicht, warum der Reißverschluß funktioniert, warum, warum ... Mit einer energischen Geste hakt der Direktor das kleine Tischtelefon ab und sagt eine Nummer in den Apparat.

»Nicht zu Hause«, sagt der Direktor. »Was heißt das – nicht zu Hause? Er soll sofort – Verzeihung, gnädige Frau – aber Ihr Mann ist ... wie? Er hat Ihnen nichts davon gesagt? Das ist sehr merkwürdig? Er ist auch schon mittags nicht zu Hause gewesen? – ganz gegen seine Gewohnheit nicht zu Hause – –?« Alle sehen sich betroffen an. Und nun erklären wieder alle mit einem Male, warum ein Reißverschluß, die Hoffnung ihres Lebens, funktioniert, funktionieren muß – aber sie wissen es nicht, niemand weiß es. Wo ist der Erfinder des Reißverschlusses –?

Der Erfinder des Reißverschlusses hat den Scheck zu Geld gemacht. Der Erfinder des Reißverschlusses ist mit einem schlanken, mit einem blonden, mit einem himmlisch gepuderten, mit einem grazilen Girl davongemacht – nach Paris. Denn so steht es in den Büchern; denn so ist das im Film. Sam hat eine Brieftasche mit Dollars; das Girl hat ein Herz (und den Rest) aus Zelluloid. Nun schwimmen sie über den Ozean, und nun sind sie in Paris.

Inzwischen kommen drüben die ersten Taschen mit Reißverschluß heraus, und es gibt eine Sensation. Alle Welt will einen Reißverschluß haben: die Tabaksbeutel und die Handtaschen der Damen und die kleinen Koffer und die Ministerportefeuilles – und es ist nur schade, daß man nicht auch alle Damenkleider mit Reißverschluß ... und die Konkurrenz der Branche sieht mit einem nassen Auge das kleine, eingepreßte Zeichen im Metall an, das da anzeigt, wie gut dieser verteufelte, kleine Trick geschützt ist ... »Never mind!« Man muß die nächste Chance abwarten. Diese ist dahin.

Und kein Mensch weiß, wie es ›gemacht‹ wird. Kein Mensch kann sich erklären, warum, warum der Reißverschluß funktioniert. Niemand weiß es. Die Fabrikanten können ihn herstellen, aber sie wissen eigentlich auch nicht ganz genau, *was* sie da fabrizieren. Ich weiß es nicht. Du weißt es nicht. Wir wissen es alle nicht.

Und der einzige Mensch, der es weiß, sitzt, während du dies liest, in Paris an der Ecke des Boulevard des Italiens und der rue Helder und verkauft Zeitungen. Er hat keinen Sou mehr, der arme Sam; das Zelluloid-Girl ist ihm davongelaufen, mit einem andern Sam, der George heißt, die Brieftasche ist leer, die Dollars sind fortgeflogen – und übriggeblieben ist ein armer, alter Mann, der nachts, wenn er in das kleine Schlafhotel am Boulevard Sébastopol kriecht, wo er in einem stickigen Zimmer mit acht Markthelfern schläft, nur eine einzige, süße, kleine Schadenfreude im Herzen trägt.

Er weiß, warum der scheinbar so einfache, welterobernde Reißverschluß funktioniert. Und er sagts keinem.

(1928)

Wie wird man Generaldirektor?

Manchmal – in den feinen Hotels – da laufen die kleinen Hotelpagen durch die samtgeschwollenen Räume und rufen mit heller Stimme: »Herr Generaldirektor Eisenstein! Herr Generaldirektor Eisenstein!« – so lange, bis irgendein wohlbeleibter Herr mit schmalgefaßter Brille eilig aufsteht und hinter dem Pagen her ans Telefon stürzt ... Das ist der Lauf der Welt. Dann muß ich jedesmal denken:

Wie wird man Generaldirektor –?

Einmal war es doch nur Herr Eisenstein, Willy Eisenstein, wissen Sie, sein Vater hat diese Röhrensache gehabt, die hat er später aufgegeben, jetzt hat er sich mit Beheim u. Ploschke assoziiert, ganz gute Leute, den Jungen kannt ich noch, wie er so klein ... ein ganz tüchtiger Bengel, die Frau ist eine geborene Wüstefeld ... ja, das ist Willy Eisenstein. Und der hieß am Telefon: Herr Eisenstein und im Büro: Herr Eisenstein und auf den polizeilichen Anmeldungen: Eisenstein, Willy – und überall: Herr Eisenstein ... und nun auf einmal ist er Generaldirektor. Wie wird man das?

Macht man ein Examen? Nein, man macht kein Examen. Es ist einer der seltenen Fälle, wo man in Deutschland kein Examen macht. Wir haben Gärtnerburschen, deren Lehrherren glauben, daß Rosenschneiden ohne Abitur nicht die richtige Würze habe; unsere Motorenschlosser müssen das ›Einjährige‹ haben, keine Handwerksinnung, die nicht darauf hält, daß ihre Leute höhere Schulbildung genossen haben, obgleich die doch gar kein Genuß ist ... aber Generaldirektor wird man ohne Examen.

Wie wird man es –? Kommt der Reichsverband Deutscher Generaldirektoren und bringt dem neugebackenen

Mitglied ein Diplom ins Haus? Singt ein Männeroktett auf dem Hof:

»Heil sei dem Tag, an dem du uns erschienen –
Dideldumm – didellum – didellum –«

und sitzen dann die acht gesungen habenden Generaldirektoren in der Küche des neuen und bekommen pro Mann ein Glas Bier und eine Zigarre? Wird man zum Generaldirektor ernannt? befördert? geweiht? Wie ist das? Wie macht man das?

Schon, wie man gewöhnlicher ›Direktor‹ wird, ist nicht ganz klar und ein biologisch höchst beachtenswerter Vorgang ... die Natur hat viele Rätsel. Und nun: ›Generaldirektor‹! Ist dazu der Nachweis erforderlich, daß man eine Schar hundsgemeiner Direktoren befehlige, einfach unter sich habe, sie beherrsche, wie der General seine Divisionen? Wie wird man Generaldirektor?

Bürgert sich der Titel gewohnheitsrechtlich ein? Oder geht Willy Eisenstein eines Freitagabends zu Bett, ganz friedlich, nur im Pyjama, noch ohne Titel – und morgens liegt die neue Benennung auf dem Stuhl, und ein Generaldirektor schwimmt in der hochgeehrten Badewanne? Groß sind, o Gott, deine Wunder!

Und was geschieht, wenn den Generaldirektor einer nicht mit dem Titel anspricht? Schmettert ihn ein durchbohrender Blick darnieder? Ergreift der General das Papiermesser und sticht es dem frechen Besucher in die nichtsahnende Brust? Drückt er auf seine Privatsekretärin und befiehlt, man möge den Unbotmäßigen die Treppe herunterwerfen? Niemand weiß das.

Ja, und wie lange bleibt man Generaldirektor? Wie ist das bei ... verzeihen Sie, es ist nur eine theoretische Frage, ich meine ... wie ist das bei einem gerichtlichen Verfahren? Wird da der Angeklagte auch mit ›Herr Generaldirektor‹ bezeichnet? Oder ist er ausgestoßen aus der Reihe der Generaldirektoren, degradiert, beschimpft, hinuntergestoßen in den Stand der miserrima plebs? Pleitesse oblige.

Man ist Generaldirektor, oder man ist es nicht. Ich glaube: jeder kann es nicht werden. Es gehört wohl eine Art innerer Würde dazu, ein gußeiserner Halt im Charakter, verbunden mit einer ganz leisen, wehen Sehnsucht nach einem verhinderten Doktortitel ... denn einen Titel muß der Mensch haben. Ohne Titel ist er nackt und ein gar grauslicher Anblick. Und Willy Eisenstein sah an sich hinunter, und *siehe*, er *sahe*, daß er nackt war und bloß, an der Ecke lauerte das Schund- und Schmutzgesetz ... und da bekleidete er sich und nahm das härene Gewand des Generaldirektors auf sich (Marke: Hungerbrokat), und er ging umher und sah, daß alles gut war, und wenn die kleinen Hotelpagen nun im Hotel quäken: »Herr Generaldirektor Eisenstein!«, dann erhebt sich ein Generaldirektor und schreitet fürbaß.

In ihm sitzt, ganz klein, ganz niedlich und unverändert, der kleine Willy und lugt aus den Gucklöchern seines Titels. Erweist die Welt dem Hut die Reverenz? »Orden und Titel«, sagte der Geheimbderath aus Weimar, »halten manchen Puff ab im Gedränge.« Wobei denn die Frage offen bleiben mag, wie es in einem Gedränge von Generaldirektoren zugehen mag.

(1930)

Ich möchte Student sein

(– »Ich war damals ein blutjunger Referendar –« sagen manche Leute; das haben sie so in den Büchern gelesen ...)

Ich war damals gar kein blutjunger Referendar, doch besinne ich mich noch sehr genau, einmal, als das Studium schon vorbei war und die Examensbüffelei und alles, in der Universität gesessen zu haben, zu Füßen eines großen Lehrers, und ich schand sein Kolleg – – schund? schund sein Kolleg. Da ging mir manches auf.

Da verstand ich auf einmal alles, was vorher, noch vor drei Jahren, dunkel gewesen war; *da* sah ich Zusammenhänge und hörte mit Nutzen und schlief keinen Augenblick; *da* war ich ein aufmerksamer und brauchbarer Student. Da – als es zu spät war. Und darum möchte ich noch einmal Student sein.

Das Unheil ist, daß wir zwischen dreißig und vierzig keinen Augenblick Atem schöpfen. Das Unheil ist, daß es hopp-hopp geht, bergauf und bergab – und daß doch gerade diese Etappe so ziemlich die letzte ist, in der man noch aufnehmen kann; nachher gibt man nur noch und lebt vom Kapital, denn fünfzigjährige Studenten sind Ausnahmen. Schade ist es.

Halt machen können; einmal aussetzen; resümieren; nachlernen; neu lernen – es sind ja nicht nur die Schulweisheiten, die wir vergessen haben, was nicht bedauerlich ist, wenn wir nur die Denkmethoden behalten haben – wir laufen Gefahr, langsam zurückzubleiben ... aber es ist nicht nur des Radios und des Autos wegen, daß ich Student sein möchte.

Ich möchte Student sein, um mir einmal an Hand einer Wissenschaft langsam klarzumachen, wie das so ist im menschlichen Leben. Denn was das geschlossene Weltbild anlangt, das uns in der Jugend versagt geblieben ist – »dazu komme ich nicht« sagen die Leute in den großen Städten gern, und da haben sie sehr recht. Und bleiben ewig draußen, die Zaungäste.

Wie schön aber müßte es sein, mit gesammelter Kraft und mit der ganzen Macht der Erfahrung zu studieren! Sich auf *eine* Denkaufgabe zu konzentrieren! Nicht von vorn anzufangen, sondern wirklich fortzufahren; *eine* Bahn zu befahren und nicht zwanzig; *ein* Ding zu tun und nicht dreiunddreißig. Niemand von uns scheint Zeit zu haben, und doch sollte man sie sich nehmen. Wenige haben dazu das Geld. Und wir laufen nur so schnell, weil sie uns stoßen, und manche auch, weil sie Angst haben, still zu stehen, aus Furcht, sie könnten in der Rast zusammenklappen – –

Student mit dreißig Jahren ... auch dies wäre Tun und Arbeit und Kraft und Erfolg – nur nicht so schnell greifbar, nicht auf dem Teller, gleich, sofort, geschwind ... Mit welchem Resultat könnte man studieren, wenn man nicht es mehr müßte! Wenn man es will! Wenn die Lehre durch weitgeöffnete Flügeltüren einzieht, anstatt durch widerwillig eingeklemmte Türchen, wie so oft in der Jugend!

Man muß nicht alles wissen ... »Bemiß deine Lebenszeit«, sagt Seneca, »für so vieles reicht sie nicht.« Und er spricht von Dingen, die man vergessen sollte, wenn man sie je gewußt hat. Aber von denen rede ich nicht. Sondern von der Lust des Lernens, das uns versagt ist, weil wir lehren sollen, ewig lehren; geben, wo wir noch nehmen möchten; am Ladentisch drängen sich die Leute, und ängstlich sieht die gute Kaufmannsfrau auf die Hintertür, wo denn der Lieferant bleibt ...! Ja, wo bleibt er –?

Ich möchte Student sein. Aber wenn ich freilich daran denke, unter wie vielen ›Ringen‹ und Original-Deutschen Studentenschaften ich dann zu wählen hätte, dann möchte ich es lieber nicht sein. Ad exercitium vitae parati estisne –?

Sumus.

(1929)

Frage

Es laufen vor Premieren
Gerüchte durch die Stadt:
Nun kommt, was man in Sphären
noch nicht gesehen hat.
    Doch hat der Rummel sich gelegt
    – so aufgeregt, so aufgeregt –
    dann frag ich still, so leis ich kann:
        »Und dazu ziehn Sie 'n Smoking an –?«

Es steigen große Bälle,
und die Plakate schrein.
Man muß auf alle Fälle
da reingetreten sein.
    Der Sekt ist warm, die Garderobe kalt.
    »Ich glaube, Lo, nun gehn wir bald …«
    Zu Hause sehn sich alle an:
        »Und dazu ziehn wir 'n Smoking an –?«

Es prangt in den Journalen
das Bildnis einer Frau.
Schön ist sie angemalen,
hellrosa, beige und blau.
    Dir glückts … ihr Widerstand erschlafft …
    Na, fabelhaft! Na, fabelhaft?
    Grau ist der Morgen … welk der Strauß …
        Und dazu zieh ich 'n Smoking aus –?

Willst du nach oben schweben,
fällst du auf den Popo.
Und überhaupt das Leben,
es ist gemeinhin so:
    Erst viel Geschrei und mächtiger Zimt.
    Sieh nur, wie alles Karten nimmt!
    Aber mehrstenteils, o Smokingmann:
        Zieh ihn gar nicht erst an! Zieh ihn gar nicht erst an –!

(1930)

Nebenan

Es raschelt so im Nebenzimmer
im zweiten Stock, 310 –
ich sehe einen gelben Schimmer,
ich höre, doch ich kann nichts sehn.
  Lacht eine Frau? spricht da ein Mann?
  ich halte meinen Atem an –
  Sind das da zwei? was die wohl sagen?
  ich spüre Uhrgetick und Pulse schlagen …
    Ohr an die Wand. Was hör ich dann
      von nebenan –?

Knackt da ein Bett? Rauscht da ein Kissen?
Ist das mein Atem oder der
von jenen … alles will ich wissen!
Gib, Gott, den Lautverstärker her –!
  Ein Stöhnen; hab ichs nicht gewußt …
  Ich zecke an der fremden Lust;
  ich will sie voller Graun beneiden
  um jenes Dritte, über beiden,
    das weder sie noch er empfinden kann …
  «Marie – !»
  Zerplatzt.
  Ein Stubenmädchen war nur nebenan.

War ich als Kind wo eingeladen –:
nur auswärts schmeckt das Essen schön.
Bei andern siehst du die Fassaden,
hörst nur Musik und Lustgestöhn.

Ich auch! ich auch! es greift die Hand
nach einem nicht vorhandenen Land:
  Ja, da –! strahlt warmer Lampenschimmer.
  Ja, da ist Heimat und das Glück.
  In jeder Straße läßt du immer
  ein kleines Stückchen Herz zurück.
Darfst nie der eigenen Schwäche fluchen;
mußt immer nach einem Dolchstoß suchen.
  Ja, da könnt ich in Ruhe schreiben!
  Ja, hier –! hier möcht ich immer bleiben,
  in dieser Landschaft, wo wir stehn,
  und ich möchte nie mehr nach Hause gehn.

Schön ist nur, was niemals dein.
Es ist heiter, zu reisen, und schrecklich, zu sein.
  Ewiger, ewiger Wandersmann
  um das kleine Zimmer nebenan.

(1928)

Das Ideal

Ja, das möchste:
Eine Villa im Grünen mit großer Terrasse,
vorn die Ostsee, hinten die Friedrichstraße;
mit schöner Aussicht, ländlich-mondän,
vom Badezimmer ist die Zugspitze zu sehn –
aber abends zum Kino hast dus nicht weit.

Das Ganze schlicht, voller Bescheidenheit:

Neun Zimmer, – nein, doch lieber zehn!
Ein Dachgarten, wo die Eichen drauf stehn,
Radio, Zentralheizung, Vakuum,
eine Dienerschaft, gut gezogen und stumm,
eine süße Frau voller Rasse und Verve –
(und eine fürs Wochenend, zur Reserve) –,
eine Bibliothek und drumherum
Einsamkeit und Hummelgesumm.

Im Stall: Zwei Ponies, vier Vollbluthengste,
acht Autos, Motorrad – alles lenkste
natürlich selber – das wär ja gelacht!
Und zwischendurch gehst du auf Hochwildjagd.

Ja, und das hab ich ganz vergessen:
Prima Küche – erstes Essen –
alte Weine aus schönem Pokal –
und egalweg bleibst du dünn wie ein Aal.
Und Geld. Und an Schmuck eine richtige Portion.

Und noch ne Million und noch ne Million.
Und Reisen. Und fröhliche Lebensbuntheit.
Und famose Kinder. Und ewige Gesundheit.

Ja, das möchste!

Aber, wie das so ist hienieden:
manchmal scheints so, als sei es beschieden
nur pöapö, das irdische Glück.
Immer fehlt dir irgendein Stück.
Hast du Geld, dann hast du nicht Käten;
hast du die Frau, dann fehln dir Moneten –
hast du die Geisha, dann stört dich der Fächer:
bald fehlt uns der Wein, bald fehlt uns der Becher.

Etwas ist immer.

Tröste dich

Jedes Glück hat einen kleinen Stich.
Wir möchten so viel: Haben. Sein. Und gelten.
Daß einer alles hat:
das ist selten.

(1927)

Fahrt ins Glück

Ich ziehe meinen Rolls-Suiza aus dem Bootsschuppen, prüfe die Propeller und reite ab. Der Landweg führt durchs Holsteinische, vorbei an dem Dörfchen Lütjenburg, wo im Jahre 1601 Jakob Wasa mit Georg dem Heizbaren die berühmte Schlacht bei Lütjenburg schlug, in der ihm sechs Pferde unter dem Leib ... vorüber; Baumwipfel und kleine Kuppen grüßen – und da liegt Mütterchen Ostsee. Die Straße führt durch Haffkrug, Scharbeutz, Timmendorfer Strand.

Wir sind im Herbst, und Villen, Hotels und Kurhäuser stehen leer; nur hier und da ragt noch ein Strandkorb mit Wimpeln und einer Fahne; die Manikür-Fräulein sitzen gelangweilt vor den Frisiersalons in der Sonne und putzen sich selber die Nägel, um nicht aus der Übung zu kommen; Hunde lungern herum und schnüffeln in alten Zeitungen, lesen und heben ein Bein; die Ostsee ist eigentlich schon zugedeckt. Und je weiter ich komme, desto mehr blähe ich mich auf; ich nehme zusehends zu, vor Schadenfreude bekomme ich fast einen kleinen Bauch ... Was tat der Marquis de Sade? Er röstete kleine Mädchen und bestreute sie mit gestoßenem jungem Mann? Das ist gar nichts. Ich – genieße eine Sommerfrische, die ich nicht zu genießen brauche.

Meine wollüstige Phantasie bevölkert diese leeren Straßen und Häuser; es ist heiß, eng und staubig, alles ist besetzt, und die Wirte sind frech wie die Aasgeier, die nur noch aus Übermut fressen. »Ein einzelnes Zimmer geben wir nur an achtköpfige Familien ab –!« Die Ostsee liegt faul da, wie ein alter Tümpel; sie stinkt widerwillig vor sich hin, das gefangene Raubtier, und die Leute sagen: »Nein, wie erfrischend es hier aber ist –!« Eine Wolke von fataler Ausdünstung lagert über Scharbeutz, Timmendorfer Strand und Haffkrug; Teller rasseln, Hunde bellen, Kinder quäken, und ein Brei des Geredes ergießt sich über den Strand:

– »Geh doch ma rrüber, bei Rrröper – sach man, es wehr für uns!« – »Nu sehn Sie sich bloß mal Frau Lahmers an, wie sie heut wieder aussieht! Wie macht die Frau das bloß?« – »Kuck mal, ne Judsche!« – »Einen Umchain haben diese Goiten!« – »Wer mir an meinen Strandkorb rankommt und will die schwarz-weiß-rote Flagge runterholen, den hau ich – na, das wär gelacht! Wir sind doch hier zur Erholung hier!« – »Hab ich nötig, Schwarz-Rot-Gold aufzuziehen? Wir sind doch zur Erholung hier ...!« – »Hat er dich für heute abend hinbestellt? Würd ich nicht gehen ... Elli, das kannst du nicht tun! Oder du nimmst mich mit!« – »Das kommt ganz auf die Umstände an, gnäjjes Frollein!« – »Auf welche Umstände, Herr Assessor?« – »Nero! Nero! Komm mal her! Komm mal hierher! Komm mal hier mal her! Nero! Pfuit! Pfuiiiit! Kannst du nicht hören! Nero!« – »Mama, Lilly schmeißt mit Popeln!« – »Frau Doktor! Frau Doktoor! Sie haben Ihren Büstenhalter vergessen!« – »Schrei doch nicht so!« – »Na, meinste, man sieht das nicht, daß sie ein hat ...?« – »Mir ist die ganze Reise verleidet!« – »Meines Erachtens nach beruht die Rettung Deutschlands wesentlich auf den Kolonien. Also, meine Herren, England ...« – »Ein kleiner Kaffee zwei vierzig, ein Teelöffel achtzig, ein Glas Wasser fünfzig, eine Tasse dreißig, Kuchen haben Sie nicht gehabt, macht vierzig, zusammen ...« – »Donnerwetter, hat die Frau Formen –« Und ich bin nicht dabei.

»Mir ist die ganze Reise verleidet –!« Mütter tosen, bei denen man sich aussuchen kann, ob sie zu wenig geliebt oder zu wenig geprügelt worden sind; die Zuckungen in

Unordnung geratener Gebärmütter vergiften ganze Existenzen. Kinder heulen, Väter fluchen, die Hunde kneifen gleichfalls den Schwanz ein, und die Grundlage des Staates ist, woran kein Zweifel, die Familie.

Jetzt bin ich aufgepumpt wie ein Ballon, das Gas der Gemeinheit erfüllt meine kleinsten Poren – ah, nicht dabei sein müssen, wenn sich diese Menschheit zwecks Erholung zu scheußlichen Klumpen zusammenballt wie vereinbaren Sie das Herr Panter mit Ihrer sozialen Gesinnung da erholen sich diese armen Leute so gut sie das können und Sie halt die Schnauze es gibt Flammri, der zittert vor Ekel über sich selbst auf dem Teller, alles ersauft in derselben Sauce, abends knallt eine dolle Nummer von Sekt an den Tischen der Réühniong und fließt derselbe in Strömen aus Schmerz über den Schmachfrieden von Versailles … weil sie sich am Morgen in die wehrlose Ostsee stippen, waschen sie sich nun überhaupt nicht mehr, wieso, wo wir doch morgens baden, Emmy, du bist ein Ferkel, es ist heiß, es ist staubig, es riecht nach Milch und kleinen Kindern und Pipi, es ist überhaupt so schön, wie es nur die Natur und der Bürger vereint zustande bringen – und ich bin nicht dabei.

Hochkragige Fememörder mit Holzfressen, in deren kalten Augen eine stets parate Grausamkeit glitzert; sich erholende Buchhalterinnen für sechs Mark fünfzig den Tag zuzüglich Getränke; sie tragen eine Liebenswürdigkeit im Herzen, die nur für einen ausreicht – dem Rest gegenüber sind sie sauer und so unfreundlich …

Manchmal ist es schön, allein zu sein. Manchmal ist es schön, keinem Verein anzugehören. Manchmal ist es schön, vorbeizufahren.

Der Herbsttag ist blau, die hohen Bäume rauschen, und violett vor Schadenfreude passiere ich die sommerlichen Stätten der Lust, die nicht so groß sein kann wie meine, an ihr nicht teilnehmen zu müssen. Falscher Nietzsche; der Kollektivismus; der typische bürgerliche Intellektuelle; eine Frechheit; im Namen der Arbeitsgemeinschaft der Reichsverbände Deutscher Ostseebäder-Vereine; der pariser Jude Peter Panter; eine Geschmakkklosigkeit, antisemitische Äußerungen zu bringen; wo erholen Sie sich denn, Herr? wir lebhaft bedauern müssen, diesem Artikel in unserm Blatt die Aufnahme zu verweigern, das Nähere siehe unter Inserate; Sie haben eben keine Kinder; wo liegt eigentlich Scharbeutz? wir waren dieses Jahr in Zinnowitz, Gottseidank judenrein; wir waren dieses Jahr in Westerland, also wirklich ein sehr elegantes Publikum – versteh ich einfach nicht, was er hat – der Herbsttag ist blau, die hohen Bäume rauschen, die Ostsee sächselt, und ich fahre selig durch die holsteinischen Wälder des Herbstes,

hindurch, vorbei, vorüber.

(1928)

Der Reisebericht

Das Auto fuhr den Lago Maggiore entlang. Der Himmel war strahlend blau, für den Monat Dezember geradezu unverschämt blau; die weite Wasserfläche blitzte, die Sonne sonnte sich, und der See tat sein möglichstes, um etwas Romantik zu veranlassen – dieses fast berlinisch gewordene Gewässer, an dessen Ufern die deutschen Geschäftsleute sitzen und über die schweren Zeiten klagen. Vorbei an Locarno, wo die Hoteliers weltgeschichtliche Tafeln in die Mauern gelassen haben – wegen Konferenz; vorbei an Ascona ... eine herrliche Aussicht: oben Emil Ludwig und unten der See, ganz biographisch wird einem da zu Mute ... Brissago ... und dann weiter ... »Soll ich bis an die italienische Grenze fahren?« sagte der Fahrer. »Allemal«, sagte ich in fließendem Schweizerisch. »Dürfen wir?« fragte ich. »Die Grenzer kennen mich«, sagte der Fahrer; »ich drehe auf italienischem Boden gleich wieder um.« Das war tröstlich und mochte hingehen, aus vielerlei Gründen. Los.

Noch eine Biegung und noch eine ... die Bremsen knirschten, der Kies rauschte ... nun fuhr der Wagen langsamer, denn da war eine Kette über den Weg gespannt, eine dicke, schwarze Kette ... ein italienischer Soldat hielt sie und senkte sie, der Wagen fuhr darüber hinweg – und nun war ich, zum ersten Male in meinem Leben, in Italien. Zehn Meter rollte der Wagen noch, am Haus der Zollwache vorbei – dann erweiterte sich der Weg zu einem kleinen Rondell, der Fahrer drehte ... Da lag der See. Weit und breit waren nur drei Menschen zu sehen: an der Kette der Soldat; am Ufer schritt ein Bersagliere, er trug ein düsteres Gesicht im Gesicht sowie einen kleinen, dunkeln Bart, den Mantel hatte er vorschriftsmäßig-malerisch um die Schultern geschlagen, er sah aus wie ein Opernstatist. Gleich würde er den Arm hochheben und mitsingen:

Den Fürsten befreit –
Den Fürsten befreit –
Den Fürsten befrei-hei-beit!

Nichts. Er schritt fürbaß. Das dritte menschliche Wesen war ein Knabe; der saß oben auf einem Baum und baumelte mit den Beinen. Am Ufer lag ein alter Stiefel. Der Fahrer drehte und schlug mit dem Wagen einen gewaltigen Reif, dann fuhr er knirschend über die immer noch gesenkte Kette, zurück in die Schweiz; einen Augenblick lang sah ich dem Soldaten in die Augen, es war ein blonder Mann, seine Lippen bewegten sich unhörbar und leise, er grüßte ... Ich war in Italien gewesen. Das Ganze hatte eine einzige Minute gedauert – ich war in Italien gewesen.

Weil ich jedoch weiß, was ich meinem Beruf schuldig bin, und weil ich die Reisebeschreibungen meiner Kollegen hübsch der Reihe nach gelesen habe, und weil es sich überhaupt so gehört, so folge hier der

Bericht von einer italienischen Reise

An einem strahlenden Dezembertage fährt man aus Italien wieder heraus. Zum wievielten Male? Erinnerungen steigen in einem auf ... Teresita ... Traviata ... Pebecca ..., und dann damit die kleine Schwarze in Verona, bei der man – lange vor den Faschisten – ein nahezu schwarzes Hemd festgestellt hatte ... lassen wir das. Man denkt an Genua, wo einem der portugiesische Ministerpräsident die Hand gedrückt und die prophetischen Worte gesprochen hatte: »Interessanten Tagen sehen wir entgegen!« Die Wirkungen des faschistischen Regimes sind in Italien nicht zu verkennen.

(a. Für Hugenberg-Blätter): Der ›Schmied Roms‹ hat keine halbe Arbeit geleistet. Seine vielleicht nicht immer starke Gesundheit hat alles überwunden: die Angriffe seiner Gegner, die Angriffe der italienischen Emigranten, ja, sogar eine deutschnationale Lebensbeschreibung hat ihm nichts anhaben können. Die Herrschaft Mussolinis steht, wie ein geübtes Auge sogleich festzustellen in der Lage ist, verhältnismäßig felsenfest. Sein Werk ist in allem und jedem erkennbar:

Stolz die Bevölkerung und mannhaft; schlicht die Kleidung und fest das Auge, ernst die Bärte und wacker der Schritt. Die Ketten, mit denen dieser Mann die destruktiven Elemente Italiens gebunden hat, liegen am Boden – man fühlt sie, aber man sieht sie kaum. Das weibliche Element ist auf den Straßen wenig vertreten – züchtig wirkt das italienische Mädchen, emsig schafft die italienische Frau im Innern des Hauses; die Jungfrau betreut ihre Kinder, die Mutter wartet auf einen Mann, der sie beglücke ..., ein echtes und reines Familienleben ist überall bemerkbar.

Kinder werden in Italien auf Bäumen großgezogen.

Stolz trägt der Soldat seine Waffen; die Waffe ist stolz auf den Soldaten, der Soldat ist stolz auf seine Waffe, und überhaupt sind alle – besonders vormittags – sehr stolz. Schon die Art, wie die italienischen Seen an die Ufer schlagen, berührt den deutschen Reisenden heimisch; Welle auf Welle rollt zierlich heran, ordnungsgemäß eine nach der andern, nicht alle zugleich – in keiner Republik wogt so der See, dazu bedarf es einer festen, einer diktatorischen Herrschaft. Handel und Wandel sind gesund, besonders der Wandel – an manchen Stellen steht die gesamte Bevölkerung unter Waffen. Was auffällt, ist das Vorkommen alter Stiefel an Seeufern. Italien aber ist ein Volk der Männer geworden, ein Hort des freien Mannes! Es lebe Italien!

(b. Für radikale Blätter): Das erste, was der Reisende in Italien erblickt, ist das Symbol dieses Landes: Die Kette. Ketten an den Grenzen und Ketten um die Gehirne, alle Taschenuhren liegen gleichfalls an der Kette … Versklavt ist dieses Italien und unfrei. Mürrisch tun die Soldaten ihren Dienst; geht man nah an ihnen vorbei, so hört man sie mit den Zähnen knirschen; kommt so eine Knirschung zur Kenntnis der Behörden, so wird der Betreffende eingesperrt, und zur Strafe muß er manch schwere Arbeit leisten. So hat neulich ein geknirscht habender Universitätsprofessor im Arrest die Frage vorgelegt bekommen: »Wie vereinbaren die deutschen Nationalisten ihre Lobeshymnen auf Mussolini mit seiner Politik in Südtirol?« Woraufhin der Professor dem Wahnsinn verfiel, in dem er heute noch weilt.

Das ganze Land steht unter Waffen. Zivilisten sieht man überhaupt nicht. Die Soldaten haben alle zu enge Stiefel an und sehen daher recht unglücklich aus; an manchen Stellen ist die Landstraße mit Stiefeln besät. Einen Soldaten sah ich, der war an eine lange Kette geschmiedet, die ihm drei Meter nachschleifte. Oben auf den Bäumen fristet die

Jugend des Landes ihr kärgliches Leben; dorthin sind viele Knaben vor dem Terror geflohen. Auf den Häusern hingegen lasten schwere Hypotheken. Mussolini selbst ist gänzlich unsichtbar. Wahrscheinlich verbirgt sich dieser feige Tyrann hinter dem Wall seiner bewaffneten Soldateska: ich zum Beispiel habe ihn nicht ein einziges Mal zu sehen bekommen, ein Symptom seiner Herrschaft. Italien ist ein Land der Sklaverei geworden; sogar das Schilf am Seeufer rauscht nicht, wie in freien Ländern – es flüstert nur. Nieder mit Italien!

(*c. Für alle Blätter*): Die rein menschliche Einstellung der Italiener ist irgendwie sofort erkennbar. Rein kulturpolitisch-geographisch ist die italienische Mentalität typisch südlich: der Staat verhält sich dort zur Kirche wie die Einsteinsche Relativitätsphilosophie zur Kunstauffassung der zweiten chinesischen Kung-Periode und etwa noch wie die Gotik des frühen Mittelalters zu den Fratellinis. Ein Symptom, das dem geschulten Reisenden sogleich in allen Straßen auffällt.

Berückend der menschliche Zauber der Landschaft, die man durchfährt: Pinien gaukeln im Morgensonnenschein, Zypressen säuseln, Schmetterlinge ziehen fröhlich pfeifend ihre Bahn, die fein geschwungenen Nasen der Kinder laufen mit diesen um die Wette, und wenn es regnet, so fühlt auch der Wanderer aus dem Norden: so kann es nur im sonnigen Italien regnen! Angemerkt mag werden, daß Neapel-Reisenden empfohlen sei, auf der Strecke Brissago–Pallanza nicht in Kottbus umzusteigen, was die Ankunftszeit beträchtlich verzögert.

Mein seliger Schwippschwager hat immer zu mir gesagt: »Peter«, hat er gesagt, »Reisen bildet. Sieh dich überall um, wohin du auch kommst, beobachte aufmerksam und berichte uns des öfteren aus den fernen Ländern.«

Was hiermit geschehen sei.

(1930)

Koffer auspacken

In der Fremde den Koffer auspacken, der etwas später gekommen ist, weil er sich unterwegs mit andern Koffern noch unterhalten mußte: das ist recht eigentümlich.

Du hast dich schon ein bißchen eingelebt, der Türgriff wird leise Freund in deiner Hand, unten das Café fängt schon an, dein Café zu sein, schon sind kleine Gewohnheiten entstanden ... da kommt der Koffer. Du schließt auf –

Eine Woge von Heimat fährt dir entgegen.

Zeitungspapier raschelt, und auf einmal ist alles wieder da, dem du entrinnen wolltest. Man kann nicht entrinnen. Ein Stiefel guckt hervor, Taschentücher, sie bringen alles mit, fast peinlich vertraut sind sie dir, schämst du dich ihrer? Wie zu nahe Verwandte, denen du in einer fremden Gesellschaft begegnest: alle siezen dich, sie aber sagen dir: Du –! und drohen am Ende noch, sprichst du mit einer Frau, schelmisch mit dem Finger. Das mag man nicht.

Wer hat den Koffer gepackt? Sie? Eine warme Welle steigt dir zum Herzen empor. So viel Liebe, so viel Sorge, so viel Mühe und Arbeit! Hast du ihr das gedankt? Wenn sie jetzt da wäre ... Sie ist aber nicht da. Und wenn sie da sein wird, wirst du es ihr nicht danken.

Die Sachen im Koffer sprechen nicht die Sprache des Landes, nicht die Sprache der Stadt, in der du dich befindest. Ihre stumme Ordnung, ihre sachliche Sauberkeit im engen Raum sind noch von da drüben. Da liegen sie und sprechen schweigend. Mit etwas abwesenden Augen stehst du im Hotelzimmer und erinnerst dich nicht ... nein, du bist gar nicht da – du bist da, wo sie herkommen, atmest die alte Luft und hörst die alten, vertrauten Geräusche ... Zwei Leben lebst du in diesem Augenblick: eines körperlich, hier, das ist unwahrhaftig; ein andres seelisch, das ist ganz wahr.

Ein Mann, der sich lyrisch Hosen in den Schrank hängt! Schämen solltest du dich was! Tuts ein Junggeselle, dann geht es noch an; mit sachlich geübten Händen baut er auf und packt fort, glättet hier und bürstet da ... Ein Verheirateter, das ist immer ein bißchen lächerlich; wie ein plötzlich selbständiges Wickelkind ist er, ohne Muttern, etwas allein gelassen in der weiten Welt.

Der Bademantel erinnert nicht nur; in seinen Falten liegen Stücke jener andern Welt, aus der du kamst. Das ist schon so. Aber faltest du ihn auseinander, dann fallen die Stücke heraus, verflüchtigen sich, auf einmal hängt er vertraut und doch fremd da, ein gleichgültiger Bademantel, den das Ganze nicht so sehr viel angeht ... Und da ist etwas praktisch zusammengerollt, hier ist ein besonderer Trick des Packens zu sehn, hast du die Krawatten gestreichelt, alter Junge? Als ob du noch nie gereist wärst!

Leicht irr stehst du im Zimmer, in der einen Hand einen Leisten, in der andern zwei Paar Socken, und stierst vor dich hin. Gut, daß dich keiner sieht. Um dich ist Bäumerauschen, ein Klang, Schmettern dreier Kanarienvögel und eine Intensität des fremden Lebens, die du dort niemals gefühlt hast. Tropfen quillen aus einem Schwamm, den du nie, nie richtig ausgepreßt hast. So saftig war er? Hast du das nicht gewußt? Zu selbstverständlich war es, du warst undankbar – das weißt du jetzt, wo es zu spät ist.

Eine Parfumflasche ist zerbrochen, das gute Laken hat einen grünlichen Fleck, ein Geruch steigt auf, und jetzt erinnert sich die Nase. Die hat das beste Gedächtnis von allen! Sie bewahrt Tage auf und ganze Lebenszeiten; Personen, Standbilder, Lieder, Verse, an die du nie mehr gedacht hast, sind auf einmal da, sind ganz lebendig, guten Tag! Guten Tag, sagst du überrascht, ziehst den alten Geruch noch einmal ein, aber nach dem ersten Aufblitzen der Erinnerung kommt dann nicht mehr viel, denn was nicht gleich wieder da ist, kommt nie mehr. Schade um das Parfum, übrigens. Die Flasche hat unten ein häßlich gezacktes Loch, es sieht so aus, wie etwas, daraus das Leben entwichen ist … Also das ist dummer Aberglaube, es ist ganz einfach eine zerbrochene Flasche.

Unten, auf dem Boden des Koffers, liegen noch ein paar Krümel. Reisekrümel, Meteorstaub fremder Länder. Jetzt ist der Koffer leer.

Und da liegen deine Siebensachen auf den Stühlen und auf dem Bett, und nun räumst du sie endgültig ein. Jetzt ist das Zimmer satt und voll, fast schon ein kleines Zuhause, und alle Erinnerungen sind zerweht, verteilt und dahin. Noch ein kleines – und wirst dich auf deiner nächsten Station zurücksehnen: nach diesem Zimmer, nach diesem dummen Hotelzimmer.

(1927)

Allein

Wenn das Stubenmädchen Wasser und Handtücher gebracht hat, sagt es: »Brauchen Sie noch etwas?« Das ist eine rhetorische Frage, und dann zieht es die Tür hinter sich zu. Nun bin ich allein.

In einem fremden Hotelzimmer öffnet man das Fenster und macht es wieder zu und geht hin und her. Die Bilder an den Wänden sind töricht, natürlich. Wenn man sich gewaschen hat, kann man pfeifen. Dann lege ich den Kopf an die Scheiben und mache ein dummes Gesicht. Die Nägel könnte ich mir auch mal schneiden.

Was tue ich eigentlich hier –?

Jetzt wäre schön, bei Gauclair in Paris mit einer runden, bequemen Dame zu sitzen, mit einer, die weder Hemmungen noch Probleme geliefert haben will, sie sagt: »Iß nicht so schnell – mein Gott, ich nehms dir doch nicht weg –!« Ja, Paris.

Die Pyrenäen gehn mich überhaupt nichts an. Da treibe ich mich nun schon seit zwei Monaten umher, laufe und fahre von einem Ort in den andern, wozu, was soll das. Für morgen steht im Notizbuch eine besonders schwierige und mühselige Sache, und zwei ältere Bücher darüber muß ich auch noch lesen, vielleicht hat sie die Bibliothèque Nationale … das ist ja alles lächerlich. Wie kalt die Fensterscheibe ist –

Jetzt schnurren die Gedanken in affenhafter Geschwindigkeit, die kleinlichsten Geschichten kommen wieder angetrabt, kein blutiger Schatten – viel schlimmer: Dummheiten. Herein! Es hat wohl nur einer an die Wand geklopft. Was sind das für –

Alles kommt wieder. Es plagen und zwicken mich die verpaßten Gelegenheiten, die Antworten, die ich nicht gegeben habe, die kleinen Demütigungen, eingesteckt und bitter heruntergeschluckt, aber ein Nachgeschmack bleibt. Da stehe ich nun im Hotelzimmer und sage mir alles vor, was ich einstmals hätte sagen sollen, aber versäumt habe, zu sagen – aus Torheit, aus Mangel an Geistesgegenwart, aus Furcht ... Jetzt hole ich es alles nach. Ich sage:

»Achttausend Mark, zahlbar am ersten Januar. Etwas andres kommt gar nicht in Frage.« – Ich sage: »Unmöglich? Tun Sie nur erst Ihr Mögliches, Herr – das Weitere wird sich finden!« – Ich sage: »Deinen Ring, Lisa.« – Ich sage: »Hier liegt wohl ein Mißverständnis vor, ich habe Sie um eine sachliche Angabe, nicht um private Meinungsäußerungen gebeten.« Da war ein Brief ... den habe ich nicht geschrieben, ich schreibe ihn jetzt. Ich gebe es allen ordentlich – sie fragen so recht dummdreist, und meine Antwort kommt wie aus der Pistole geschossen.

Wie dunkel es ist und wie kalt. Sie könnten hier wirklich heizen, das schadete gar nichts. Aber dieser Repräsentationskamin da ... pah! Ich mag morgen gar nicht aufstehen. Soll ich krank werden? Ich werde einfach sagen: ich bin krank. Dem Führer mit seinen Pferden wird das übrigens gleich sein, denn er ist bestellt, und ich muß ihn bezahlen. Und hier im Hotel macht das Kranksein auch keinen rechten Spaß. Aber ich gehe ganz früh zu Bett, das sage ich dir. Wem ...? Das sage ich dir.

Wenn sie guten Rotwein haben, werde ich mir fürchterlich einen ansaufen. Vielleicht gibt es Vieux Marc, aber nicht in diesen kleinen Gläsern.

Jetzt ist es blaudunkel.

Wenn jetzt einer hereinkäme und mich fragte: »Sagen Sie mal, was machen Sie eigentlich hier –?« ich müßte antworten:

»Ich vertreibe mir so mein Leben.«

(1927)

Der Mann am Spiegel

Plötzlich fängt sich dein Blick im Spiegel
und bleibt hängen.
Du siehst:

Die nackt rasierten Wangen
– »Backe«: das ist gut für andere Leute –
den sanft geschwungenen Mund, die glatte Oberlippe,
die Krawatte sitzt – nein, doch nicht:
zupf!

Jetzt bist du untadlig.
Haare, Nase, Hals, Kragen, Rockschultern sind ein gut
 komponiertes Bild –
tief bejaht dich dein Blick.

Wohlgefällig ruhst du auf dir,
siehst die seidigen Ränder der Ohrbrezeln,
unmerklich richtest du dich auf –
du bist so zufrieden mit dir
und fühlst das gesunde Mark deines Lebens.

Übrigens haben die Fliegen auf dem Spiegelglas gesessen,
oder ein chemischer Vorgang hat das Quecksilber bepickelt:
kleine blinde Pupillen sitzen darauf …

Nun stell den innern Entfernungsschätzer der Augen
 wieder um:

An der rechten Schläfe
– aber nur, wenn man schärfer hinsieht –
stehn ein paar kleine Runzeln,
Schützengräben der Haut –
nein, es sind noch keine Runzeln,
doch da, an dieser Stelle, werden sie einst stehen.

Dann bist du ein alter Mann;
dann sagen die Leute: »Der alte Kaspar –«;
dann wird ein Mädchen leise ausgelacht, der du etwas
zuflüsterst –
»Mit dem alten Mann ...?« sagen ihre Freundinnen.
Alter Mann.

Wie ihr euch anseht:
der Glasmann und du!
Nie
nie wird dich jemals ein anderer Mensch so ansehen,
ohne Beigeschmack von Ironie.
Du kannst dich gar nicht im Spiegel sehn.
Tat twam asi –?

Glatt ist dein Gesicht, sauber gewaschen und frottiert.
Zeit ist darüber hingespült.
Dein Gesicht, den Schuttplatz deiner Gefühle, hast du
zusammengelogen,
zusammengelacht,
geküßt, geschwiegen, gelitten, geseufzt: zusammengelebt –
sieh, unterhalb des linken Auges bist du leicht fleckig.

Mach dein Spiegelgesicht!
Was in den letzten Jahren alles gewesen ist,
nichts davon ist dir anzusehen.
Alles ist dir anzusehen.

Fakire sollen sich manchmal allein hypnotisieren.
Wenn man sich lange in den Spiegel sieht, steht im Lexikon,
verfällt man in Trance …
du siehst den Spiegelmann an,
der sieht, wie du siehst –
du siehst, wie er sieht, wie du …
Reiß deinen Blick zurück! Erwache.

So, mit dem aufgestützten Arm, ergäbe das eine gute Fotografie für die illustrierten Blätter:
ernst blickt der Dichter den Abonnenten an,
Ehrfurcht erheischend und einen zerstreuten Blick lang auch zugebilligt; unnahbar, sehr sicher,
wie aus gefrorenem Schmalz gehauen – ein fertiges Ding.

In den zwei glitzernden Pünktchen, die
in der Mitte deiner Augen angebracht sind,
funkt das Leben.
Eigentlich sind wir ganz schön, wie –?
Du betrachtest dich, wie sich die Männer in den Friseurläden betrachten,
wenn sie, haargeschnitten, aufstehn:
»Es ist, Gott sei Dank, alles da, und wir sind repräsentative Erscheinungen –!«

Mit einem langen Blick sehen sie sich im Spiegel an:
Kontrollversammlung der Kompanie, vorgenommen
durch den Feldwebel Auge –
nicht losreißen können sie sich,
dann ziehen sie ihre Weste herunter
und gehen neu gestärkt auf die Straße,
durchaus bereit zum Kampf mit den andern, denen man
nicht die Haare geschnitten hat.

Aber auf einmal
ist die glatte Sicherheit deines gebügelten Rockes dahin;
die Angst ist da.
Angst sitzt in den dunkeln Vertiefungen deiner Nase,
mit der du die Luft einschaufelst;
das Blech am Kamin erzittert leise,
du hörst mit den Augen –

Sag etwas!
Sprich!
Prophezeie, wie es weiter werden wird!
Ob ich gepflegt sterbe, im Bett: umgeben von einem
ernsten Professor, einer weißen Krankenschwester und
süßlich riechenden Flaschen;
oder ob ich auf kalter Chaussee verrecke, ganz allein –
zu den andern Landstreichern habe ich manchmal
französisch gesprochen, weil ich doch etwas Besseres
gewesen bin;
ob ich mich zerhuste oder sacht im Sessel zurücksinke …
In das Weiße der Augen steigt langsam Rot auf –
welch ein Mitleid hast du mit dir!
Du betest dich hassend an.

Sprich!
Prophezeie:
Erfolg – Ansehen – Vergessenheit – Geldmangel – Demütigung; es gleiten die wohlgenährten Kameraden vorbei und klopfen dir ermunternd auf die Schulter, in leiser Schadenfreude.

Flocke. Geküßter Mund. Belebte Kopfkugel.
Mit mobilisierten Muskeln seht ihr euch beide an.
Noch ist nichts zu sehn. Noch seid ihr beide schön.
Tief unten knistert die Angst.

»Sie haben«, so sagt der Spiegelmann zu dem andern Mann,
»da ein Haar auf Ihrem Rockkragen!
Sehn Sie? es glänzt im Schein der abendlichen Lampe – das darf, merkwürdigerweise, nicht sein; nehmen Sie es bitte herunter –!«
Sorgsam entfernt ihr das Haar.

Ich gehe vom Spiegel fort.
Der andre auch –
Es ist kein Gespräch gewesen.
Die Augen blicken ins Leere,
mit dem Spiegelblick –
ohne den andern im Spiegel.

Allein.

(1928)

Banger Moment bei reichen Leuten

Wenn ich bei den reichen Leuten eingeladen bin, also bei so reichen, daß es einen vor lauter Reichtum schon graust, dann ist da immer ein Augenblick, wo mir heiß wird, und wo ich denke, daß mir nun gleich der Kragen platzt. Es ist alles so fein und so wunderbar herrlich: die Katzen sind noch hochmütiger als anderswo, die Hunde sind gut gezogen wie artig gebadete Kinder, das Stubenmädchen funktioniert lautlos wie der Teetisch auf Rollen, den sie wie auf der Bühne vor sich herschiebt, die gnädige Frau spricht leise und fast halblaut, diskret, fein – alles ist selbstverständlich und gewiß nicht snobistisch, es klappt wie geölt: und ich habe das lebhafteste Bedürfnis, einmal in die Vorhalle zu gehen, mich in eine Ecke zu stellen und ganz laut: »Scheibenkleister!« zu rufen, nur, damit das innere Gleichgewicht wieder hergestellt ist. So fein geht es da manchmal zu. Was ist es –?

Also es ist zunächst und zu allerunterst: der Neid. Daran darf man nicht zweifeln. Nicht Mißgunst. Es ist die stille Wut, es nicht so weit im Leben gebracht zu haben wie jene – der tiefe Glaube, ohne den man sich ja selbstmorden müßte: genau so viel wert zu sein wie jene; die Ablehnung der Rangordnung, nach der diese den höheren Platz einnehmen, und ihre tiefste Anerkennung. Aber es ist doch noch etwas anderes.

Wenn es bei den reichen Leuten so fein zugeht, dann habe ich immer den Herzenswunsch, mir den Rock auszuziehen und zu der feinen gnädigen Frau und zu dem gnädigen Herrn zu sagen: »Kinder, nun laßt das mal alles beiseite – nun wollen wir uns einmal erzählen, wie es im menschlichen Leben wirklich zugeht –!« Aber das darf man doch nicht. (»Man sieht, Herr Hauser, daß Sie noch nicht –« Komm raus in die Vorhalle.)

Sie leben wattiert. Es ist da etwas Anämisches, etwas von einem luftleeren Raum. Sie sind von der Erdkruste durch eine Schicht Geld getrennt – sie sind, media in vita, lebensfremd, unserm Leben fremd. Es gibt doch gewiß alte, reiche Familien, die es schon gewohnt sind, viel Geld zu haben, es zu verwalten, es verdienen zu lassen, solche, die sich höchlich wunderten, als selbstverständliche Geste etwa nicht zur Bank zu schicken: aber auch bei denen, gerade bei denen fühle ich schärfstens, daß ihre Natürlichkeit so oft nicht natürlich ist, daß sie einen zu engen weiten Anzug tragen, der ihnen übrigens ausgezeichnet sitzt, daß ihre Gelockertheit anerzogen ist, daß sich unter dem ganzen Gehabe von Selbstverständlichkeit etwas regt, das gar nicht reich ist. Ein Dickdarm ist nicht reich. Ein Herzmuskel ist nicht reich. Ein Oberschenkel ist nicht reich. Die Natur fühlt sich wohl im Reichtum – aber sie spielt das Spiel nicht mit; sie ist. Reich ist sie nicht.

Und darum dehne und strecke ich mich auf der kühlen Straße, wenn ich von den ganz reichen Leuten komme, und sage zu Paul: »Paule, wo jehn wir denn jetzt hin –?« Und dann gehn wir noch wohin und trinken einen Topf irgendeiner nassen Sache und bereden es alles miteinander und sind heilfroh, dem Backofen des Reichtums entronnen zu sein. Und für wen bin nun ich: ein Reicher? Wer beneidet mich?

Und dennoch hab ich harter Mann es immerdar gefühlt: mir ist ganz kannibalisch wohl, wenn ich wieder draußen bin.

(1928)

Kreuzworträtsel mit Gewalt

Der Arzt versank in meinem Bauch. Dann richtete er sich hochaufatmend wieder auf. »Es sind die Nerven, Herr Panter«, sagte er. »An den Organen ist nichts. Ruhe – Ausspannen – Massage – Rohkost – Gemüse – Gymnastik – kohlensaure Bäder ... passen Sie auf: wir kriegen Sie schon wieder hoch. Schwester –!«

Da saß ich in dem Klapskasten, und nun war es zu spät. Man soll nie auf das hören, was einem die guten Freunde raten. Das konnte heiter werden.

Es wurde *sehr* heiter. Ich absolvierte täglich ein längeres Zirkusprogramm, von morgens um sieben bis mittags um halb eins. Der Turnlehrer; die Wiegeschwester; der Bademeister; der Masseur; der Assistenzarzt; die Zimmerschwester ... sie alle waren emsig um mich bemüht. Ich kam mir recht krank vor, und wenn ich mir krank vorkam, dann schnauzten sie mich an, was mir wohl einfiele – es ging mir schon viel, viel besser. Was war da zu machen?

Was war vor allem an den langen Nachmittagen zu machen, die etwa acht- bis neunmal so lang waren wie die reichlich gefüllten Vormittage?

Lesen.

Das Salatorium – man sollte niemals: Sanatorium schreiben – das Salatorium hatte eine Bibliothek. Die ersten acht Tage ging das ganz gut, denn sie hatten da die ›*Allgemeine Bibliothek der Unterhaltung und des Wissens*‹, eine Art Familienzeitschrift aus den neunziger Jahren – und so beruhigend! Darin war von der neuen, schreckeinflößenden Erfindung des Telefons die Rede; von einem Wagen, der sich vermittels einer Maschine allein bewegen könnte, einem sogenannten ›Automobil‹; vorn war ein Roman mit Bildern: »Agathe liebkoste die entblätterte Rose und ließ sich auch durch das Zureden des Assessors von Waldern nicht trösten ... Seite 95«, dann gab es eine Kriminalnovelle mit abscheulich schlechtgekleideten Missetätern, aber bei Wallace waren die Polizeikommissare von Scotland Yard bedeutend schurkiger – und zum Schluß die ›*Miszellen*‹, eine bezaubernde Mischung von allerlei Wissenswertem, Kochrezepten, Anekdoten ohne Pointe und überhaupt von gesegnetem Stumpfsinn. Dies beschäftigte mich acht Tage lang. Dann war es aus. Der Rest der Bibliothek bestand aus feinerer Literatur; ich schreibe mir meinen kleinen Bedarf lieber selber. Was nun – ?

Eines Tages sah ich beim Bademeister auf dem Fensterbrett der Badekabine eine Rätselzeitschrift liegen. Ich hatte nie gewußt, daß es so etwas gäbe. Aber das gabs. Darin waren Silbenrätsel enthalten und andre schöne Zeitvertreibe. »Darf ich vielleicht ... könnten Sie mir das wohl mal leihen ...?« fragte ich. Er lieh. Ich hatte kaum mein Müsli und den Salat und die halbe Pflaume gegessen, als ich auf mein Zimmer eilte, den Bleistift spitzte und löste.

Ich verfüge über eine sehr lückenhafte Bildung. Ich weiß nicht, wo Karakorum liegt; ich weiß nicht, was eine ›Ephenide‹ ist; ich verwechsle immer ›Phänomenologie‹ mit ›Pharmazeutik‹, und es ist überhaupt ein Jammer. Aber ich begann zu lösen.

Anfangs ging das ganz gut. Alles, was ich auf Anhieb wußte, schrieb ich in die kleinen Quadrate, und wenn ich nicht weiter konnte, ließ ich das angebissene Rätsel liegen und machte mich an das nächste. So hatte ich viele vergnügte Nachmittage. Der Bademeister brachte mir, trinkgeldlüstern, noch weitere achtzehn Rätselzeitschriften, aber tückischerweise hatten sie keinen Zusammenhang untereinander, denn es fehlten immer grade die Nummern, in denen die Lösungen jener enthalten waren, an denen ich grade knabberte … also mußte ich versuchen, allein damit fertig zu werden, und ich war ganz auf mich selber angewiesen. Ich habe das nicht gerne – wer auf mich gebaut hat, hat noch stets auf Sand gebaut. Aber ich löste.

Als ich die Zeitschriften vollgemalt hatte, hatte ich fünf Kreuzworträtsel zu Ende gelöst. Alle andern – und es waren deren eine Menge – wiesen bedrohliche Flecke auf. Was nun?

Nun zerbiß ich meinen Bleistift; dann den Federhalter des Salatoriums; dann meine Pfeife. Und ich war kribblig …

Sie kennen den sogenannten ›Lahmann-Koller‹? Mit dem ist es so:

Wenn die Patienten eine Weile lang sanftes Gras gefressen haben, dann werden sie furchtbar böse. Sie sind wütend, von morgens um sieben bis abends um acht; und besonders gegen den späten Nachmittag hin, wenn schon der Gedanke an Blumenkohl sie rasend macht, und der an ein gutes Filetsteak nicht minder –: dann beginnen sie, heimlich zu rasen. Laut trauen sie sich nicht.

Ich traute mich auch nicht laut. Aber ich tobte mit den Kreuzworträtseln umher, und ich wollte mich nicht unterkriegen lassen, und ich beschloß, ein Ende zu machen. So oder so … so ging es nicht mehr weiter.

»Berggipfel in den Seealpen.« Nun bitte ich Sie in aller Welt! Seealpen – wissen Sie, wo die Seealpen liegen? Ich weiß das nicht. Ich habe damals, als wir das durchgenommen haben, gefehlt, oder ich habe grade unter der Bank ›*Götz Krafft*‹ gelesen oder ›*Jena oder Sedan*‹ ... Seealpen! Drumherum die Reihen hatte ich; mir fehlten aber die Buchstaben, die man aus andern Reihen nicht erraten konnte. Da brach ich die Kreuzworträtsel übers Knie.

›KIKAM‹ setzte ich. Berggipfel in den Seealpen: ›KIKAM‹. Ich fand das sehr schön. Und dies ergötzte mich so, daß ich an einem Nachmittag zweiundzwanzig Kreuzworträtsel löste. Mit Gewalt. Wer nicht hören will, muß fühlen. Ich habe wundervolle Resultate erzielt.

›LEBSCH‹: eine Hauptstadt in Europa. Man erzähle mir nichts – warum soll unter den vielen, vielen europäischen Hauptstädten nicht eine dabei sein, die ›LEBSCH‹ heißt? ›MOREL‹: ein bekannter Südwein. ›NEPZUS‹: ein Planet. (Nein, nicht Neptun – dann geht es nicht auf.) Kaufmännischer Begriff: PLEISE. Ein Getränk der Araber: LORKE. Ein Raubtier: der ›MOGELVOGEL‹; doch, das ist herausgekommen, das Wort, ihr sollt es lassen stahn. Bekannter Gruß: HUMMEL. (Was ja für Hamburg stimmt.) Und es tauchten geradezu abenteuerliche Wörter auf: MIPPEL und FLUNZ und BAKIKEKE. So erbaute ich mir eine neue Welt.

Ich erzählte niemand davon. Aber ich erlernte für mich privat eine neue Sprache: die Kreuzworträtsel-Sprache. Hätte ich es einem gesagt: sie hätten mich nie wieder aus dem Klapskasten hinausgelassen, und ich säße heute noch drin. Aber die Wörter in meinem Herzen bewegend sprach ich den ganzen Tag kreuzisch und fragte mich Vokabeln ab und konnte es schon ganz schön.

»Nun, wie fühlen Sie sich denn jetzt –?« fragte der Onkel Oberdoktor in seiner, sagen wir, gütigen Art. Ich antwortete nicht gleich. Unhörbar übte ich Vokabeln:

Auf des Doktors Schreibtitzl summte eine Failge; die Sumis schien durch das Fenster, und der Himmel war plott. Ich dachte emsig nach, wie doch der Körperteil heißt, an dem ich so gut abgenommen hatte …

»Wie Sie sich fühlen ?« wiederholte der Onkel Doktor, mild-gereizt. »Danke … viel besser …« stotterte ich. Wie hieß der Körperteil? – »Viel besser … ja …« – »Aber manchmal etwas zerstreut …? Noch etwas nervös?« fragte er und sah mich forschend an. »Aber gar nicht, Herr Doktor«, sagte ich. »Gar nicht. Ich fühle mich so frisch! Wirklich: famos! Sie haben mir sehr geholfen, sehr!« – »Na, das freut mich«, sagte er. »Sehen Sie, ich habe es Ihnen ja gleich gesagt!« Und er gab mir zum Abschied gute Ratschläge, darunter leider nicht den, die Rechnung nicht zu bezahlen.

Und erst als ich wieder draußen vor dem Tor des Salatoriums stand, da fiel es mir ein. Ich wollte noch einmal zurück, um es dem Doktor mitzuteilen … Ich tat es nicht.

MARS hieß der Körperteil.

(1930)

Die Apotheke

Manche Leute gehen in den fremden Orten immer erst in den Ratskeller, manche zur Sehenswürdigkeit – ich gehe in die Apotheke. Da weiß man doch.

Es beruhigt ungemein, zu sehen, daß auch in Dalarne, in Faido oder in Turn-Severin die Töpfchen der Reihe nach ausgerichtet stehn, jedes mit einem Namen auf dem Bauch, und fast von keinem wissen wir, was es ist. Manche heißen furchtbar unanständig, aber die Apotheker meinen das nicht so. Und immer riecht es nach strengen und herben Sachen, es sind jene Düfte, die dem guten, alten Apotheker langsam zu Kopf steigen, woher er denn den altbewährten Apotheker-Sparren hat. (Protest des Reichsverbandes Deutscher Apotheken-Besitzer. Reue des Autors. Denn ihr habt keine Spezial-Sparren mehr, sogar die Geometer sind vernünftig geworden ... ihr habt alle zusammen nur noch eine Verrücktheit: die Berufseitelkeit.) Ja, also die Apotheken.

Mir fehlt eigentlich nie etwas Rechtes, aber es gibt so nette kleine Mittel, die sich hübsch einkaufen: Baldrian oder doppelkohlensaures Natron oder Jodtinktur ... irgend etwas wird man schon damit anfangen können. »Bitte geben Sie mir ...«

Da kommt dann ein weißer Provisor-Engel angeschwebt, die Jüngern Herren haben, wenn es in deutschen Apotheken ist, Schmisse und sehen grimmig-gefurcht drein, so: »Du! Wir sind hier akademisch gebildet, und daß wir dir etwas verkaufen, ist eine große Gnade!« Da wird vor Angst sogar die Tonerde doppelt sauer. Oder es ist da ein Apothekermädchen, blond und drall, und man kann gar nicht verstehen, wie so ein freundliches Wesen alle die vielen lateinischen Namen auswendig weiß. Und immer mixt ein älterer, schweigsamer Mann hinter einem hohen Pult eines der zahllosen Medikamente …

Es gibt übrigens nur fünfzehn, hochgegriffen.

Es gibt nur fünfzehn Medikamente, seit Hippokrates selig, und doch ist es einer weitentwickelten Industrie von Chemieunternehmen und den Fabriken zur serienweisen Herstellung von Ärzten gelungen, aus diesen zehn Medikamenten vierundvierzigtausendvierhundertundvierundvierzig gemacht zu haben; manche werden unmodern, die werfen wir dann fort. Ja, verdient wird auch daran. Aber das ist es nicht allein: die Leidenden wollen das so. Sie glauben nicht nur an den Wundermann – Professor oder Laien –, sie glauben auch an diese buntetikettierten und sauber verpackten Dinge, die mit … ›in‹ oder mit … ›an‹ aufhören und eben einige jener zehn Medikamente in neuer Zusammensetzung enthalten.

Hübsch, so eine Apotheke. Man fühlt sich so geborgen; es kann einem nichts geschehen, weil sie ja hier gegen alle Krankheiten und für alle Menschen ihre Mittel haben. Es ist alles so ordentlich, so schön viereckig, so abgewogen rund – so unwild. Hat der Apotheker einen Vogel? eine treulose Frau? Kummer mit seiner Weltanschauung? Das soll er nicht – wir wollen es jedenfalls nicht wissen. Wir stehen vor ihm, dem Dorfkaplan der IG-Farben und dem Landprediger der ärztlichen Wissenschaft. Die Apotheke macht besinnlich, wir fordern, nehmen, zahlen und sind schon halb geheilt. Bis zur Tür.

Draußen ist es wesentlich ungemütlicher, und von der sanft duftenden Medizin-Insel steuern wir wieder auf das hohe Meer. Die Apotheke ist das Heiligenbild des ungläubigen kleinen Mannes.

(1930)

Rezepte gegen Grippe

Beim ersten Herannahen der Grippe, erkennbar an leichtem Kribbeln in der Nase, Ziehen in den Füßen, Hüsteln, Geldmangel und der Abneigung, morgens ins Geschäft zu gehen, gurgele man mit etwas gestoßenem Koks sowie einem halben Tropfen Jod. Darauf pflegt dann die Grippe einzusetzen.

Die Grippe – auch ›spanische Grippe‹, Influenza, Erkältung (lateinisch: Schnuppen) genannt – wird durch nervöse Bakterien verbreitet, die ihrerseits erkältet sind: die sogenannten Infusionstierchen. Die Grippe ist manchmal von Fieber begleitet, das mit 128° Fahrenheit einsetzt; an festen Börsentagen ist es etwas schwächer, an schwachen fester – also meist fester. Man steckt sich am vorteilhaftesten an, indem man als männlicher Grippekranker eine Frau, als weibliche Grippekranke einen Mann küßt – über das Geschlecht befrage man seinen Hausarzt. Die Ansteckung kann auch erfolgen, indem man sich in ein Hustenhaus (sog. ›Theater‹) begibt; man vermeide es aber, sich beim Husten die Hand vor den Mund zu halten, weil dies nicht gesund für die Bazillen ist. Die Grippe steckt nicht an, sondern ist eine Infektionskrankheit.

Sehr gut haben meinem Mann ja immer die kalten Packungen getan; wir machen das so, daß wir einen heißen Grießbrei kochen, diesen in ein Leinentuch packen, ihn aufessen und dem Kranken dann etwas Kognak geben – innerhalb zwei Stunden ist der Kranke hellblau, nach einer weiteren Stunde dunkelblau. Statt Kognak kann auch Möbelspiritus verabreicht werden.

Fleisch, Gemüse, Suppe, Butter, Brot, Obst, Kompott und Nachspeise sind während der Grippe tunlichst zu vermeiden – Homöopathen lecken am besten täglich je dreimal eine Fünf-Pfennig-Marke, bei hohem Fieber eine Zehn-Pfennig-Marke.

Bei Grippe muß unter allen Umständen das Bett gehütet werden – es braucht nicht das eigene zu sein. Während der Schüttelfröste trage man wollene Strümpfe, diese am besten um den Hals; damit die Beine unterdessen nicht unbedeckt bleiben, bekleide man sie mit je einem Stehumlegekragen. Die Hauptsache bei der Behandlung ist Wärme: also ein römisches Konkordats-Bad. Bei der Rückfahrt stelle man sich auf eine Omnibus-Plattform, schließe aber allen Mitfahrenden den Mund, damit es nicht zieht.

Die Schulmedizin versagt vor der Grippe gänzlich. Es ist also sehr gut, sich ein siderisches Pendel über den Bauch zu hängen: schwingt es von rechts nach links, handelt es sich um Influenza; schwingt es aber von links nach rechts, so ist eine Erkältung im Anzuge. Darauf ziehe man den Anzug aus und begebe sich in die Behandlung Weißenbergs. Der von ihm verordnete weiße Käse muß unmittelbar auf die Grippe geschmiert werden; ihn unter das Bett zu kleben, zeugt von medizinischer Unkenntnis sowie von Herzensroheit.

Keinesfalls vertraue man dieses geheimnisvolle Leiden einem sogenannten ›Arzt‹ an; man frage vielmehr im Grippefall Frau Meyer. Frau Meyer weiß immer etwas gegen diese Krankheit. Bricht in einem Bekanntenkreis die Grippe aus, so genügt es, wenn sich ein Mitglied des Kreises in Behandlung begibt – die andern machen dann alles mit, was der Arzt verordnet. An hauptsächlichen Mitteln kommen in Betracht: Kamillentee. Fliedertee. Magnolientee. Gummibaumtee. Kakteentee.

Diese Mittel stammen noch aus Großmutters Tagen und helfen in keiner Weise glänzend. Unsere moderne Zeit hat andere Mittel, der chemischen Industrie aufzuhelfen. An Grippemitteln seien genannt:

Aspirol. Pyramidin. Bysopeptan. Ohrolax. Primadonna. Bellapholisiin. Aethyl-Phenil-Lekaryl-Parapherinan-Dynamit-Acethylen-Koollomban-Piporol. Bei letzterem Mittel genügt es schon, den Namen mehrere Male schnell hintereinander auszusprechen. Man nehme alle diese Mittel sofort, wenn sie aufkommen – solange sie noch helfen, und zwar in alphabetischer Reihenfolge, ch ist ein Buchstabe. Doppelkohlensaures Natron ist auch gesund.

Besonders bewährt haben sich nach der Behandlung die sogenannten prophylaktischen Spritzen (lac, griechisch; so viel wie ›Milch‹ oder ›See‹). Diese Spritzen heilen am besten Grippen, die bereits vorbei sind – diese aber immer.

Amerikaner pflegen sich bei Grippe Umschläge mit heißem Schwedenpunsch zu machen; Italiener halten den rechten Arm längere Zeit in gestreckter Richtung in die Höhe; Franzosen ignorieren die Grippe so, wie sie den Winter ignorieren, und die Wiener machen ein Feuilleton aus dem jeweiligen Krankheitsfall. Wir Deutsche aber behandeln die Sache methodisch:

Wir legen uns erst ins Bett, bekommen dann die Grippe und stehen nur auf, wenn wir wirklich hohes Fieber haben: dann müssen wir dringend in die Stadt, um etwas zu erledigen. Ein Telefon am Bett von weiblichen Patienten zieht den Krankheitsverlauf in die Länge.

Die Grippe wurde im Jahre 1725 von dem englischen Pfarrer Jonathan Grips erfunden; wissenschaftlich heilbar ist sie seit dem Jahre 1724.

Die glücklich erfolgte Heilung erkennt man an Kreuzschmerzen, Husten, Ziehen in den Füßen und einem leichten Kribbeln in der Nase. Diese Anzeichen gehören aber nicht, wie der Laie meint, der alten Grippe an – sondern einer neuen. Die Dauer einer gewöhnlichen Hausgrippe ist bei ärztlicher Behandlung drei Wochen, ohne ärztliche Behandlung 21 Tage. Bei Männern tritt noch die sog. ›Wehleidigkeit‹ hinzu; mit diesem Aufwand an Getue kriegen Frauen Kinder.

Das Hausmittel Cäsars gegen die Grippe war Lorbeerkranz-Suppe; das Palastmittel Vanderbilts ist Platinbouillon mit weichgekochten Perlen.

Und so fasse ich denn meine Ausführungen in die Worte des bekannten Grippologen Professor Dr. Dr. Dr. Ovaritius zusammen:

Die Grippe ist keine Krankheit – sie ist ein Zustand –!

(1931)

Zwei Seelen

Ich, Herr Tiger, bestehe zu meinem Heil
aus einem Oberteil und einem Unterteil.

Das Oberteil fühlt seine bescheidene Kleinheit,
ihm ist nur wohl in völliger Reinheit;
es ist tapfer, wahr, anständig und
bis in seine tiefsten Tiefen klar und gesund.
Das Oberteil ist auch durchaus befugt, Ratschläge zu erteilen
und die Verbrechen von andern Oberteilen
zu geißeln – es darf sich über die Menschen lustig machen,
und wenn andre den Naseninhalt hochziehn, darf es lachen.

Soweit das.
Aber, Dunnerkeil,
das Unterteil!
Feige, unentschlossen, heuchlerisch, wollüstig und verlogen;
zu den pfinstersten Pfreuden des Pfleisches fühlt es sich hingezogen –
dabei dumpf, kalt, zwergig, ein greuliches
pessimistisches Ding: etwas ganz und gar Abscheuliches.

Nun wäre aber auch einer denkbar – sehr bemerkenswert! –,
der umgekehrt.

Der in seinen untern Teilen nichts zu scheuen hätte,
keinen seiner diesbezüglichen Schritte zu bereuen hätte –
ein sauberes Triebwesen, ein ganzer Mann und
bis in seine tiefsten Tiefen klar und gesund.

Und es wäre zu denken, daß er am gleichen Skelette
eine Seele mit Maukbeene hätte.

Was er nur andenkt, wird faulig-verschmiert;
sein Verstand läuft nie offen, sondern stets maskiert;
sogar wenn er lügt, lügt er; glaubt sich nichts, redet sichs
aber ein –
und ist oben herum überhaupt ein Schwein.

Vor solchem Menschen müssen ja alle, die ihn begucken,
vor Ekel mitten in die nächste Gosse spucken!
Da striche auch ich mein doppelkollriges Kinn
und betete ergriffen: »Ich danke dir, Gott, daß ich bin,
wie ich bin!«

Was aber Menschen aus einem Gusse betrifft in der
schönsten der Welten –:
der Fall ist äußerst selten.

(1926)

Der andere

Für wen bin ich eigentlich unglücklich? Für wen verpasse ich alle Gelegenheiten, alle großen Lose, alle günstigen Zuganschlüsse? Wenn es eine Wahrscheinlichkeitsrechnung gibt, dann muß doch auch eine andre Seite da sein; ich werfe die schwarzen Scheiben, gut, aber einer muß doch dann auch die weißen werfen ... »Unter 2786 Würfen sind nur 2 ...« Ich bin unter den 2784 – die helfe ich auffüllen, Komparse fremden Glücks, Hintergrund glatter Aktschlüsse des andern.

Muß der ein Glück haben –!

Wir sind, denke ich, miteinander verbunden wie die Figuren an den alten Wetterhäuschen: wir stehn auf einem drehbaren Brettchen, und wenn ich ins Haus zurücktrete, tritt er hinaus ... Immer ist er draußen, das Luder.

In den letzten Jahren, zum Beispiel, wohnt er stets auf der Sonnenseite, hat von morgens elf Uhr bis abends sechs Uhr Sonne in seinem Arbeitszimmer: er arbeitet in der äußersten Stille, manchmal macht er Krach, läßt das Grammophon laufen, liest sich laut etwas von Edschmid vor, spült sich dann den Mund aus ... nur um etwas Leben in die Bude zu bringen. Wenn er einen Untergrundbahnhof betritt, zischt, kaum hat man sein Billett geknipst, der Zug herein, den er benötigt – keine Sekunde wartet er. Die Damen fliegen ihm zu und, worum ich ihn besonders beneide, sie fliegen auch wieder davon; wenn er sich Geld wünscht, bekommt er es nicht in drei Monaten, wo es ihm nichts mehr nützt, sondern er hat es dann, wann er es braucht; seine Verleger tun etwas für seine Bücher – daß dem Kerl nicht ganz unheimlich wird! So viel Glück hat er in den letzten Jahren.

Ich bin es, der es ihm gibt. Er hat es nur durch mich. Damit die göttliche Wahrscheinlichkeitsrechnung aufgehe, verpasse ich die Züge, die er erwischt; horche ich den Lärm auf, um den er herumwohnt; gewähren sich mir plappernde und bunte Frauen und versagen sich zur Unzeit wie kann man so undelikat sein dergleichen aufzuschreiben; für mich geht alles schief, damit es ihm gerade gehe. Bedankt er sich –?

Weiß er überhaupt etwas von meiner Existenz? von meiner unendlichen Arbeit, mit der ich ihm das Unglück abnehme und mir aufbuckle? Ahnt er denn, daß ich ihm Hilfsstellung leiste, daß ich die punktierte Linie bin, mit der man in der Quarta geometrische Sätze bewies, nachher wurde sie wieder wegradiert, und siegreich stand der Pythagoras da? Weiß er das?

Er geht herum, dieser Großprotz, und sagt: »Mein Instinkt, müssen Sie wissen ...« Du Affe. Du Prahlhans. Du Luftballon des Glücks. Ich trage dich, ich stütze dich, ich ermögliche dich – ohne mich wärst du nicht da, ohne mich wärst du eine Null, ein Krümel, hör doch! Meine Stimme dringt aus einem tiefen Brunnenschacht; tief unten, wo der vom Fremdenführer geworfene angezündete Fidibus verlöscht, hocke ich, rufe dumpf herauf, aber der Hall dringt zu keinem Glücklichen.

(1927)

Taschen-Notizkalender

Meine Freundin Grete Walfisch hat mir aus dem völkerversöhnenden Locarno einen Notizkalender geschickt, den man in die Tasche stecken kann. Ich habe darin geblättert und sogleich des alten, Berliner Liedes gedacht:

Ich gucke einmal,
ich gucke zweimal –
Ich denk: Nanu?
da hat doch einer dran gedreht ...?

Das Ding ist in deutscher Sprache verfaßt, unzweifelhaft – aber irgend etwas in der Druckerei muß feucht geworden sein: der Verfasser, das Papier oder der Setzer ... es ist eine Art Privatdeutsch. So:

Über »Angaben und Rezepten über einfache Tierarzneikunde«, wobei zu bemerken: »Zur Vernichtung der Lause« und »Zur Entfernung der Fliegen« treten wir in den Jahreskalender, der durch allgemein belehrende Angaben und fromme Sprüche geziert ist. Da hätten wir im Januar die »Sieben Wunder der Welt«, unter denen an erster Stelle die »Längenden Görten von Semiramis« hängen, an fünfter aber der »Koloss von Rhodus, der in dem Hafen als Leuchtturm diente«. Der Koloß schillert in allen Artikeln. »Er war zirka 40 Meter hoch. Durch ihre Beine fuhren die größten Schiffe mit vollen Segeln.« Durch den Koloß seine.

Die eingestreuten Sentenzen sind unbestreitbar richtig, wenn auch nicht immer zur Gänze verständlich. »Wer bitter im Munde hat, kann nicht süsspricken« – wie wahr! und weil schön dunkel, so doppelt beachtenswert ... Auch: »Die Rosen fallen ab, die Dörner bleiben« enthält eine schwermütige Lebensweisheit, die uns überall weiterhilft, nur nicht in der Küche. In der Küche helfen Kochrezepte. Zum Beispiel dieses: »Würste mit Eiern.«

»Nehmet die Würste eine nach der andern, schneidet sie in der länge und setzt sie zum Kochen in eine ungeschmierte Brandpfanne; sind dieselben zu mager, so kann man sie mit einem bißchen Butter kochen. Sobald die Würste gekocht sind, wirft darauf die gechüttelten Eier und nachdem diese gerinnt sein werden, schickt die Speise ganz warm auf den Eßtisch.« Das war ein merkwürdiger Vorgang.

Der ist aber gar nichts gegen das am Bratspieß geröstete Lamm.

»Der am Bratspieß geröstete Lamm. Nimmt ein ¼ Lamm« (man beachte die Subtilität der Gewichtsangabe!); »laßt ihm einige Stunden lang mit Öhl, Pfeffer, Salz oder einem Tropfen Essig ausruhen. Durchbohrt ihm da und dort mit einer Messerspitze. Zieht ihm auf den Brandspieß mit einem Ästchen Rosmarin, und schmiert ihm öfters mit der obgenannten Flüssigkeit, bis er gekocht ist. Bevor ihn zu servieren nimmt das Ästchen Rosmarin weg.« Ob es Hammelbraten wird, was da herauskommt, ist eine andere Frage; aber es ist sicherlich die tierfreundlichste Art, ein Lamm zu braten. Nie noch hat ein Koch daran gedacht, ein Lamm bei solcher Prozedur ausruhen zu lassen.

So blättere ich und lerne die »Embleme der Farbe«, zum Beispiel: »Dunkelpomeranzenfarbig: Genugtuung, Ruhmlieben«; kluge Sätze allgemein gültiger Lebenserfahrung; »Der Mensch spinnt an, der Zufall webt«, und am allerschönsten ist es, wenn ich überhaupt nicht mehr weiß, was gemeint ist. Dann leuchtet die deutsche Sprache wie der Mond hinter den Wolken hervor, und ich denke darüber nach, ob wir Vollmond haben oder Mittelmond oder Jungmond; es gibt ein Deutsch wie frisch aus dem Lexikon, die einzelnen Wörter gibt es, aber es ist keine Sprache. Nun, laßt uns hier nicht von der modernen und mondänen Literatur sprechen, sondern im bescheidenen Kalender aus Locarno blättern – denk du an deine Liebe, ich denk an meine, und beherzigen wir den Spruch auf Seite 22, links unten:

»Liebe ist nicht ohne bitter.« Wem sagt der Kalender das!

(*1928*)

Mir fehlt ein Wort

Ich werde ins Grab sinken, ohne zu wissen, was die Birkenblätter tun. Ich weiß es, aber ich kann es nicht sagen. Der Wind weht durch die jungen Birken; ihre Blätter zittern so schnell, hin und her, daß sie … was? Flirren? Nein, auf ihnen flirrt das Licht; man kann vielleicht allenfalls sagen: die Blätter flimmern … aber es ist nicht das. Es ist eine nervöse Bewegung, aber was ist es? Wie sagt man das? Was man nicht sagen kann, bleibt unerlöst – ›besprechen‹ hat eine tiefe Bedeutung. Steht bei Goethe ›Blattgeriesel‹? Ich mag nicht aufstehen, es ist so weit bis zu diesen Bänden, vier Meter und hundert Jahre. Was tun die Birkenblätter –?

(Chor): »Ihre Sorgen möchten wir … Hat man je so etwas … Die Arbeiterbewegung … macht sich da niedlich mit der deutschen Sprache, die er nicht halb so gut schreibt wie unser Hans Grimm …« Antenne geerdet, aus.

Ich weiß: darauf kommt es nicht an; die Gesinnung ist die Hauptsache; nur dem sozialen Roman gehört die Zukunft; und das Zeitdokument – oh, ich habe meine Vokabeln gut gelernt. Aber ich will euch mal was sagen:

Wenn Upton Sinclair nun auch noch ein guter Schriftsteller wäre, dann wäre unsrer Sache sehr gedient. Wenn die pazifistischen Theaterstücke nun auch noch prägnant geschrieben wären, daß sich die Sätze einhämmern, dann hätte unsre Sache den Vorteil davon. Sprache ist eine Waffe. Haltet sie scharf. Wer schludert, der sei verlacht, für und für. Wer aus Zeitungswörtern und Versammlungssätzen seines dahinlabert, der sei ausgewischt, immerdar. Lest dazu das Kapitel über die deutsche Sprache in Alfons Goldschmidts ›*Deutschland heute*‹. Wie so vieles, ist da auch dieses zu Ende gesagt.

Was tun die Birkenblätter –? Nur die Blätter der Birke tun dies; bei den andern Bäumen bewegen sie sich im Winde, zittern, rascheln, die Äste schwanken, mir fehlt kein Synonym, ich habe sie alle. Aber bei den Birken, da ist es etwas andres, das sind weibliche Bäume – merkwürdig, wie wir dann, wenn wir nicht mehr weiterkönnen, immer versuchen, der Sache mit einem Vergleich beizukommen; es hat ja eine ganze österreichische Dichterschule gegeben, die nur damit arbeitete, daß sie Eindrücke des Ohres in die Gesichtsphäre versetzte und Geruchsimpressionen ins Musikalische – es ist ein amüsantes Gesellschaftsspiel gewesen, und manche haben es Lyrik genannt. Was tun die Birkenblätter? Während ich dies schreibe, stehe ich alle vier Zeilen auf und sehe nach, was sie tun. Sie tun es. Ich werde dahingehen und es nicht gesagt haben.

(1929)

Der Grundakkord

Da ist diese Geschichte von den beiden Musikern, die wohnten in einer gemeinsamen Wohnung. Und der eine spielte noch spät abends vor dem Schlafengehen Klavier, und er spielte eine ganz große Melodie, mit allen Variationen, und zum Schluß noch einmal das Grundthema, aber das spielte er nur knapp bis zum Schluß, da hörte er auf, und den Schlußakkord, den spielte er nicht mehr. Sondern ging zu Bett.

Nachts um vier aber erhob sich der andere Musiker, schlich leise zum Klavier und schlug den fehlenden Grundakkord an. Und dann ging er beruhigt und erlöst schlafen.

Der Mensch will alles zu Ende machen. Wird er von einer kleinen Arbeit abgerufen, die grade vor ihrem Ende steht, so kann man hundert gegen eins wetten, daß jeder von uns sagt: »Einen Augenblick mal – ich will das bloß noch …«, die Arbeit ist vielleicht gar nicht wichtig, aber man kann sie doch so nicht liegenlassen, denn dann schreit sie. Und immer ist diese kleine Zwangsvorstellung stärker als alle Vernunft.

Der Mensch will auch alles zu Ende lesen – wenn der Schriftsteller etwas taugt. Was ein richtiges Buch ist, das muß einen ganzen Haushalt durcheinanderbringen: die Familie prügelt sich, wer es weiterlesen darf, die Temperatur ist beängstigend, und Mittag wird überhaupt nicht mehr gekocht. Und nichts ist schlimmer, als ein Buch anzufangen und es dann nicht mehr zu Ende lesen zu können. Das ist ganz schrecklich. Haben wir nicht schon alle einmal einen Roman auf der Reise verloren, liegengelassen, ›verborgt‹ (lebe wohl! lebe wohl!) und uns dann krumm geärgert, daß wir nicht wissen, wie es weitergeht? Da gibt es ja dann das probate Mittel, sich das Buch allein zu Ende zu dichten, aber das wahre Glück ist das auch nicht, denn dabei muß man sich anstrengen, während man bei der Lektüre die ganze Geschichte ohne eigene Mühe vor sich ausgebreitet sieht – und dann weiß man doch auch nie, ob man richtig gedichtet hat, nein, das führt zu nichts. Der Dichter muß dichten, und der Leser will lesen. Umgekehrt ist es naturwidrig. Im Theater ist es schon anders. Wie dritte Akte aussehen, weiß ich nicht so ganz genau – ich gehe meist schon nach dem zweiten fort. Da reden sie so lange und dann hören sie gar nicht auf, und was wird denn schon dabei herauskommen! Wenn es eine Operette ist, dann wird zum Schluß die Musik noch lauter werden, und alle kommen an die Rampe getobt und winken ins Publikum, und ich bekomme meinen Mantel viel zu spät, weil vor mir der große, dicke Herr steht, der immer sagt: »Ich warte aber schon so lange ...!« Und wenn es ein ernstes Stück ist, dann sehn sie sich zum Schluß in die Augen, zart verdämmert die Abendröte im Stübchen, und Olga sagt zu Friedrich: »Auf immer.« Und wieder kriege ich meinen Mantel zu spät. Nein, dritte Akte sind nicht schön. Es gibt ja Leute, die bekommen niemals den Anfang der Stücke zu sehn, weil sie mit ihren Frauen ins Theater gehen müssen, und für solche Paare sind dann die dritten Akte da. Es gibt übrigens eine Sorte Menschen, die schmerzt es, wenn man das Theater vorzeitig verläßt – das sind die Logenschließer. Vor dem Krieg in Berlin, bei ›*Puppchen, du bist mein Augenstern*‹, und nach dem Krieg in London, bei Wallace, dem bekannten Anhänger der Prügelstrafe, fielen mir beidemal bejahrte Logenschließer in den Paletot: »Sie wollen schon gehen?

Aber das schönste kommt ja erst ...!« Aber roh und herzlos stieß ich die bekümmerten Greise beiseite und entfloh, ins Freie, wo die fröhlichen Omnibusse rollten und wo ich ein viel schöneres Stück kostenlos zu sehen bekam: ›Abend in der Stadt‹, in vielen Akten.

Soll man vor dem Ende aufhören? »Wenn es am schönsten schmeckt ...«, ja, das kennen wir. Vielleicht ist es hübsch, vor dem Ende aufzuhören – unten liegt immer so viel Satz. »Es war ja alles sehr schön, was ich in meinem Leben gehabt habe«, hat einmal eine reiche Dame gesagt, die wirklich so ziemlich alles durchgekostet hatte, »aber es müßte um elf Uhr aus sein.«

Es ist aber nicht alles um elf Uhr aus. Die Stücke fangen meistens nett an, der zweite Akt bietet mancherlei Spannungen, aber dann zieht sichs, dann zieht sichs, und zum Schluß ... nein, man sollte doch schon immer in Pasewalk aussteigen.

Man hat dann wenigstens diese leise, kleine Sehnsucht in sich. Die Sehnsucht nach dem Grundakkord.

(1931)

Die Musikalischen

Ich bin unmusikalisch. Wenn ich es sage, antworten die Leute mit einem frohen Gefühl der Überlegenheit: »Aber nein – das ist ja nicht möglich! Sie verstehen gewiß sehr viel von Musik ...« und freuen sich. Es ist aber doch so. Musik läßt mich aufhorchen; wenn ich sie höre, habe ich ein Bündel blödsinniger Assoziationen – und dann verliere ich mich im Gewirr der Töne, finde mich nicht mehr heraus ... Und um rat- und hilflos zu sein, dazu brauche ich schließlich nicht erst in eine Oper zu gehen. Gut.

Was aber die Musikalischen sind, so ist das eine eigenartige Sache mit ihnen.

Ganz vernünftige Menschen, solche mit einer Stellung oder einem Mann oder einer oder mehreren Überzeugungen – diese also fallen plötzlich in das Musikfeld ein. Gurgelnd jagen sie durch die Notenstoppeln. Was gibts –?

Plötzlich sind sie drin, und ich bin draußen. Auf einmal sind sie alle verwandt, und ich bin eine Waise. Der Name eines Dirigenten fällt: und Haß leuchtet aus ihren Augen, ihre Zähne zermalmen ein Gekeif, sie ereifern sich, Hitze bricht aus den Kühlsten – was gibts, um Gottes willen? Sie sind eine große Familie, wenn sie über Musik sprechen, ja, sie zanken sich, wie man sich nur in Familie zankt, mit jenem kundigen Haß der Nähe, jeder Hieb sitzt, weil man weiß, wo es weh tut, sie schnattern, wirtschaften im Irrgarten ihrer Musik – was gibts? Ich weiß es nicht.

Auch ist viel Stolz in ihnen und schöne Gesinnung, weil daß sie so musikalisch sind, was sie oft mit musisch verwechseln – besonders die Frauen hassen das Gemeine, sind unentwegt edel und schweben hörbar eine Handbreit über dem Erdboden. So: »Ich bin eine Hohepriesterin der Musik, und das will ich mir auch ausgebeten haben.«

Auch zeichnen sich Musiker durch einen fühlbaren Mangel an Humor aus – das ist grauslich. Sie verständigen sich schon von weitem durch kabbalistische Terminologie; kaum haben sie sich berochen, so bricht es aus ihnen hervor, jeder hat ein Klavier im Stall oder einen schwarzen Steinway-Rappen und erzählt von seinen Feldzügen auf diesen geschundenen Tieren ... Stehn Sie einmal so kulturlos draußen herum, vor der Tür, so durchum und durchaus nicht dazugehörig ...

Horch! Wie sie murmeln! »Furtwängler habe ich doch noch gehört, wie er ... Also von Mahler versteht er nichts, davon soll er die Finger lassen ... Die Baßlage bei der Kulp ist in der letzten Zeit nicht so ...« Beschämt, zerknirscht, ein Trällerliedchen aus ›*Palestrina*‹ auf den Lippen – so schleiche ich betrübt aufs Lavabo.

P. S. Selbstverständlich habe ich die falschen Musiker kennengelernt, Karikaturen musikalischer Menschen – Ausnahmefälle. »Denn Sie werden doch nicht leugnen, daß die Musik ...« Gute Nacht.

(1926)

Der kranke Zeisig

Für Grete Wels

Wartezimmer bei Professor Latschko, *dem großen Endokrenologen für externe Internie.* Zeisig – *der bekannte* Herr Zeisig, *der Sohn des Kaplans Zeisig – sitzt auf einem Stühlchen und hat gelesen: ›Bade-Anzeiger‹ des Kurorts Bad Stargard; Verzeichnis der Heilbäder der Uckermark; Verzeichnis der Fußbäder im Oberen Lötschtal; ›Velhagen und Klasings Monatshefte‹, März 1919.* Herr Zeisig *will gerade lesen: ›Velhagen und Klasings Monatshefte‹, April 1897, da öffnet sich die Tür des Sprechzimmers, und eine volle Dame, die so krank ist, daß sie vor Stolz keinen ansieht, geht, für etwa 45 Mark geheilt, heraus. Die Tür schließt sich. Pause. Eine Schwester erscheint. Sie trägt eine sterilisierte Tracht und gleitet sanft dahin; sie sieht aus wie ein Geheimrat im Finanzministerium auf Rollen.* Bitte! sagt sie. Zeisign *ist auf einmal sehr gesund ums Herz. Er will da nicht hinein. Er muß. Er tritt also ins Konsultationszimmer des Herrn* Professor Latschko. *Gediegene Inneneinrichtung. Alles atmet den Geist hoher Wissenschaft und strenger Honorare. Zeisig seinerseits wagt kaum zu atmen. Denn der* Professor *sitzt an seinem Schreibtisch und schreibt emsig sowie auch würdevoll. Er ist ein älterer, straffer Mann, bartlos, nur seine Seele trägt eine Brille; männliche Energie und etwas Sacharin-Lyrik, erworben im Verkehr mit gut zahlenden Patientinnen, haben sich hier gepaart.*

Der Zeisig *räuspert sich, sehr vorsichtig.*

Der Professor *schreibt.*

Der Zeisig *wartet sich eins.*

Der Professor *blickt auf:* Nun … was führt Sie hierher?

Auf diese Frage war der Zeisig *nicht vorbereitet. Er hatte gedacht, die Konsultation würde mit einem kleinen Schwätzchen beginnen. Wo nun anfangen!:* Ich … iche … mein Name ist Zeisig.

Der Professor *drückt durch seine Stummheit aus:* Wir haben schon ganz andre Krankheiten geheilt!

Der Zeisig: Herr Professor … Ich habe … ich bin … das heißt also: es sind mehr so allgemeine Beschwerden. Meine Arbeitskraft ist herabgesetzt; es ist so eine allgemeine Müdigkeit, vielleicht auch die Leber … manchmal habe ich Herzstiche, und dann tun mir die Füße weh. Es muß also wohl die Blase sein. Wir hatten in meiner Familie einen Fall, wo meine Tante Elfriede an chronischer Schwangerschaft …

Der Professor: Was sind Sie?

Der Zeisig: Vasomotoriker.

Der Professor *sanft wie ein Irrenarzt, bevor er* »Dauerbad!« *sagt:* Von Beruf!

Der Zeisig: Nähmaschinen-Grossist.

Der Professor: Nun mal weiter.

Der Zeisig: Also es ist sicherlich die Blase. Wenn ich lache, dann tut es mir weh, und wenn ich morgens aufwache, muß ich immer an Zuckerhüte denken. Es ist wie eine Zwangsvorstellung – immer Zuckerhüte. Auch mit der Verdauung ist das nicht mehr so wie früher … es macht mir nicht mehr solchen Spaß. Deshalb bin ich zu Ihnen gekommen. Ich komme auf Empfehlung meines Hausarztes, des Herrn Doktor Bullett.

Der Professor, *ein General, hat den Namen dieses Landsknechts der Wissenschaft nicht gehört, er will ihn nicht gehört haben. Merkwürdig, was für Leute den Arztberuf ausüben dürfen* …! So. Wie ist es denn mit den Augen? Sehen Sie gut?

Der Zeisig, *der stolz darauf ist, daß er Schiffe am Horizont in Westerland eher sehen kann als alle andern:* Gottseidank. Sehr gut.

Der Professor: Das Gehör?

Der Zeisig: Ausgezeichnet.

Der Professor: Waren Sie mal geschlechtskrank?

Der Zeisig: Fast gar nicht.

Der Professor: Rauchen Sie?

Der Zeisig: Ja. Aber nur orthopädischen Tabak.

Der Professor: Alkohol?

Der Zeisig: Nur Wein, Bier und etwas Likör.

Der Professor: Ihre politische Zugehörigkeit?

Der Zeisig: Deutsche Staatspartei.

Der Professor *ist beruhigt. Linksleute behandelt er nicht, wegen fein.* Sie rauchen also? Welche Sorte? Das ist wichtig.

Der Zeisig: Ich rauche Brasilzigarren und türkische Zigaretten ... hauptsächlich.

Der Professor *ist froh, daß der Mann überhaupt raucht. Er blickt hier und da auf eine verborgene Aschenschale, in der sich eine Zigarre allein raucht:* Jedenfalls rauchen Sie nicht zu viel! Ihr Haarschnitt?

Der Zeisig: ? – ?

Der Professor: Hinten zu kurz. Diese Mode befördert die Erkältungen. Ihre Rasierseife?

Der Zeisig: Eine Eau-de-Cologne-Seife.

Der Professor, *immer noch wie eine Statue, aus Schmalz gehauen:* Bitte – kommen Sie mit!

Der Zeisig *bereut es entsetzlich, sich diesem Menschen überantwortet zu haben. Er denkt:* Ob es weh tut? So – jetzt wird sich ja herausstellen, was es ist; der Professor wird staunen; mal sehen, ob er das überhaupt kann! So einen interessanten Fall hat er sicherlich noch nie gesehen ... ob es sehr weh tun wird? *Sie gehen ins Behandlungszimmer.*

Darin sieht es aus wie in einer Granatendreherei. Blitzende Apparate, glänzendes Nickel, strahlende Messingarme und elektrische Lämpchen: alles offenbart den Geist einer von der größtenteils jüdischen Kundschaft geforderten Polypragmasie. Ein Arzt, was keine Apparate hat, ist ein schlechter Arzt; man muß mit seiner Zeit mitgehen.

Der Professor: Machen Sie sich frei, und legen Sie sich hin!

Das tut der Zeisig*; es ist sein Stolz, immer und an jedem Tag vor einen Arzt treten zu können. Er hält sich sauber, schon, weil man ja auf der Straße überfahren werden kann. Er legt sich, sieht an die Decke und ist auf einmal sehr krank.*

Der Professor *hat der Schwester, die stumm eingetreten ist, gewinkt. Sie geht an das Kopfende des Ruhebettes und macht kein Gesicht.* Der Professor *holt Atem, bekommt einen merkwürdig starren Ausdruck in den Augen; er hat ein Feldtelefon in der Hand und fragt das* Zeisigsche Herz: »Hallo, hier Professor Latschko! Wer dort?« Das Herz: Puck-puck – puckpuckpuck ... pick-pick ... ffft ... ffft ... puckpuckpuck ... Ruhig atmen! Nicht stauen! *Das Herz telefoniert weiter;* der Professor *hat abgehängt. Er läßt sich nun mit der Lunge verbinden.* Die Lunge: Hach-huach –! hach-huach ... Der Professor *versetzt dem Zeisig einen leichten Schlag auf das Knie; das Bein hopst artig hoch, wie es das gelernt hat.*

Der Zeisig *bekommt einen kleinen Schrecken, denn der Professor hat ihm mit einem spitzen und tückischen Messerchen eine Inschrift auf die haarige Brust gekratzt:* CARMOL TUT WOHL! *Die Haut schreit rot auf und verstummt.*

Der Professor *mißt den Blutdruck:* Viertel sieben. Geht nach.

Der Professor *sieht sich die Hände* Zeisigs *an, läßt nachdenklich dessen Zehen durch seine Finger gleiten, gebietet ihm, sich herumzudrehen und murmelt etwas zur Schwester. Ein Apparat surrt. Zeisig sieht nichts. Sie machen etwas mit ihm; nun ist seine Lebenskraft wesentlich gehobener. Er bekommt langsam Vertrauen zu diesem Professor – der Mann versteht sein Handwerk! Und so gründlich! Gründlich ist, wenns lange dauert. Nun muß er in ein Töpfchen machen.*

Der Professor *heißt* Zeisign *sich auf einen Stuhl setzen. Er sieht ihm in die Augen, hält erst ein Auge zu, dann das andre; er leuchtet ihn mit kleinen Scheinwerfern an und schaltet aus; dann muß* der Zeisig *den Schnabel aufmachen,* der Professor *hält sich an* Zeisigs *Zunge fest und sieht mit einem Kehlkopfspiegel nach, ob sein Schlips richtig sitzt:* Ziehen Sie sich wieder an! *Die Schwester verschwindet; die beiden gehen zurück ins Konsultationszimmer.*

Der Zeisig *ist in der Stimmung eines Schülers, der seinen Aufsatz zurückbekommt.*

Der Professor: Sie sind völlig gesund und bedürfen demgemäß einer gründlichen Behandlung. Zu einer Sorge ist durchaus kein Anlaß gegeben – immerhin: Seien Sie vorsichtig, sonst könnte Ihnen eines Tages etwas passieren. Sie gehören zum Typus der vegetativ Stigmatisierten; eine gewisse mitrale Konfiguration läßt auf das Bestehen eines endokrenen Ringes schließen.

Dem Zeisig wird es wirblig. Er lauscht angestrengt und ist bestrebt, jedes Wort des großen Medizinmannes in sich hineinzusaugen.

Der Professor: An der Blase haben Sie nichts. Eine ganz leichte Leberschwellung ist allerdings vorhanden …

Der Zeisig: Das sagte mir Doktor Bullett auch …

Dem Professor macht auf einmal die ganze Diagnose keinen Spaß mehr. Auch! Was heißt: auch? Wenn zwei Ärzte derselben Meinung sind, dann ist einer davon überhaupt kein Arzt. Immerhin ist die Reihenfolge die: Der große Latschko *– dann etwa vier Lichtjahre nichts – dann seine Assistenten – dann irgendwelche andren Ärzte – dann dieser Doktor … wie war der Name? Boulette? Dann ein Trennungsstrich. Dahinter das Heer der Laien: das Material. Man kann im Notfall eine Theorie fallenlassen; man kann keinen Kollegen fallenlassen. Latschko geht daher zu etwas anderm über:* Wir wissen heute, daß die Hypophyse und solche leicht tonischen und vasomotorischen Störungen vom Stoffwechsel ausgehen. Hand in Hand mit der Beeinflussung des Stoffwechsels muß eine Entspannungskur treten; ich sage Ihnen gleich, daß ich von der Psychoanalyse nichts halte, dagegen werde ich Sie mit Hormonen behandeln. Sie haben zu wenig. Manchmal auch zu viel. Auf alle Fälle die falschen. Ich habe Ihnen den Thymus perkutiert – möglich, daß da noch infantile Residuen vorhanden sind; jedenfalls gehören Sie zum thymoplastischen Typ.

Der Zeisig *ist gänzlich verdattert. Wüßte er, daß die Thymus-Untersuchnng ihre wahre Bestätigung erst bei der Sektion fände, er wäre es noch mehr.*

Der Professor: Nun zum Diätzettel. Keine Rheinweine, nur junge Moselweine – keine jungen Pfälzerweine. Keine Zigarren mit Fehlfarben; keine lange Pfeife, nur kurze Pfeife. Und vor allem einen andern Haarschnitt! Und Teerseife! Ist Ihr Sexualleben in Ordnung?

Der Zeisig *rekapituliert blitzschnell die diesbezüglichen Vorwürfe Lillys und sagt* Ja.

Der Professor: Das habe ich mir gedacht; also müssen wir da etwas tun. Ich habe mit der Methode, die ich bei Ihnen anwenden werde, gute Erfolge erzielt, so neu sie ist; in leichten Fällen hilft auch die Terminologie. Wir haben in meiner Klinik schon sehr schwere Fälle von solchen Herz- und Nierenkranken gehabt ... wir haben immerhin erreicht, daß wir sie entlassen konnten, damit sie anderswo eingingen. Ich schreibe Ihnen hier zunächst einmal Tropfen auf – die nehmen Sie, vierzehn Tropfen vor dem Mittagessen, zweiundzwanzigeinenhalben nach dem Abendessen und ein kleines Wasserglas voll vor dem Aufstehen. Ich werde Ihnen wöchentlich drei Spritzen machen: eine subkutan, eine intravenös und eine intramuskulär.

Der Zeisig *hat Angst und vertagt dieselbe.*

Der Professor: Vor allem schonen Sie sich und muten Sie sich nicht zuviel zu. Das Nähmaschinengeschäft ist mit speziellen Aufregungen verknüpft; es treten dann Ermüdungserscheinungen hinzu ... dergleichen kann einen Mann wie Sie untauglich machen.

Der Zeisig *hat auf das Reizwort* ›untauglich‹ *einen Assoziations-Kurzschluß. Er sieht den Professor plötzlich in Uniform vor sich, die Konsultation kostet gar nichts, und der Professor sagt mit einem Ausdruck, wie wenn er in einen Pferdeapfel gegriffen hätte: »k. v.« Die Vision verschwindet.*

Der Professor: Der Laie überschätzt naturgemäß diese Symptome, die – verstehen Sie mich recht – eigentlich gar keine Symptome sind. Für mich sind diese Dinge, von denen Sie mir da erzählen, Folgeerscheinungen; es ist wichtig, daß Sie sich das immer vor Augen halten: Folgeerscheinungen. Sie bleiben in Berlin? Ich werde Sie behandeln; schlagen Sie sich den Gedanken aus dem Kopf, mit aller Gewalt gesund zu werden – das ist nicht der Zweck der Medizin. Die Medizin ist eine Wissenschaft, also der Mißbrauch einer zu diesem Zweck erfundenen Terminologie. Laien verspüren leicht Schmerzen: das ist völlig irrelevant. Es handelt sich nicht darum, den Schmerz zu beseitigen – es handelt sich darum, ihn in eine Kategorie zu bringen! Hier ist das Rezept.

Es entsteht eine eigentümliche Pause. Der Zeisig *wäre sehr erleichtert, wenn der Professor jetzt sagte:* »Na, Schatz, was schenkst du mir denn –?« *Der Professor sagts aber nicht.*

Der Zeisig *ungeheuer klein und bescheiden:* Was ... was bin ich Ihnen schuldig, Herr Professor?

Der Professor *groß, aber leichthin:* Fünfzig Mark.

Der Zeisig *hat auf der äußersten Zungenspitze:* »Fünfzig Mark? Fünfunddreißig! Valuta 1. Dezember – Wer zahlt mir ...!«, *bremst aber im letzten Augenblick und zahlt so schnell und schämig, als verrichte er ein kleines Geschäft, während gleich jemand um die Ecke kommt.*

Der Professor *nimmt, schließt ein und steht auf.*

Händedruck, Verbeugung. Zeisig *ab.*

Der Zeisig draußen: Das mit den Zuckerhüten ... das muß ich ihn nächstes Mal noch fragen ...! Ob es Zucker ist? Ich werde doch noch einen Spezialisten konsultieren! – *Aber nun wird dem Zeisig plötzlich ganz durchsichtig im Gemüt; er winkt noch einmal schwach mit der Hand, dann löst er sich in Whisky auf, aus dem er gekommen ist, und der Autor dieser Szene trinkt ihn aus.*

Lasset uns beten!

Heiliger Äskulap! der du die Ärzte eingesetzt hast, auf daß sie eine Beschäftigung haben, sowie die meschuggenen Patienten, auf daß sie Valerian bekommen, so es Kassenpatienten sind, Insulin aber, so sie es bezahlen können; der du die Heilmethoden erfunden hattest, die da wechseln wie die Hutmoden und kleidsam sind bis zum Exitus; der du alljährlich auf die Menschheit einen ganzen Waschkorb junger Doktoren losläßt, die den Herrn Wendriner mit Fremdwörtern und mit dem neuen Medikament Eizeïn behandeln; der du den medizinischen Spießer zum Erzpriester machst, weil der Patient seinen Wundermann braucht!

Heiliger Äskulap! der du die Chirurgen geschaffen hast, auf daß das Überflüssige am Menschen entfernt werde, und die Hals-Spezialisten, auf daß die Chirurgen nicht alles allein operieren; der du die Gynäkologen schufest, die zu Ende führen, was der Ehemann so unvollkommen angefangen; welches Wunder, daß diese Ärzte noch Frauen lieben – aber siehe: grade diese lieben Frauen! Der du Homöopathen und Allopathen schufest, damit der Kranke wenigstens weiß, wovon ihm schlecht wird; sowie auch die

Hautärzte, die sich über gar nichts mehr wundern; und die Psychiater, die aus Seelenverwandtschaft mit den Verrückten sogar die Vornamen der Geisteskranken kennen!

Heiliger Äskulap! der du die Doktoren geschaffen hast, deren Wissen zusammenknallt, wenn sie selber einmal Patienten sind; Mediziner, die so lange Fortschritte machen, bis sie wieder bei Hippokrates angelangt sind:

gepriesen werde dein Namen –!

Amen.

(1930)

Pfeifen anrauchen

Das tut sich wohl des öftern begeben:

Mal beginnt jeder sein ganzes Leben
von neuem. Wirft hin, was er nur kann,
und fängt alles wieder von vorne an,
mit gänzlich neuer Melodie ...
Die Franzosen nennens ›refaire sa vie‹.

Refaire sa vie ... das ist gar nicht einfach.
Refaire sa vie ... ist leider mein Fach.
Dazu sind wir zu gebrauchen ...
Refaire sa vie – ist wie Pfeifen anrauchen.

Du glaubst erst gar nicht, daß es sich lohnt.
Der Tabak schmeckt schwer und ungewohnt –
es legt sich das Nikotin auf den Magen,
du hast über Seelen- und Bauchweh zu klagen;
das macht:
das Ding ist nicht abgenutzt,
und die Pfeife ist viel zu wenig verschmutzt.

Aber so eine zwei, drei Jahr –
da schmeckt die Pfeife wunderbar.
Ihr Hals ist dir so vertraut gebogen,
das Holz ist voller Tabak gesogen
bis zur letzten Faser. Und du kratzst nichts ab.
Diese Pfeife nimmst du ins Grab ...

Bis zur nächsten. Bis zur nächsten Ecke.
Da krauchst du hervor aus deinem Verstecke,
der Boden bekommt eine neue Schichtung,
das Leben nimmt eine andere Richtung –
Und du bist ein Kerl und ganzer Mann
und steckst eine neue Pfeife an.

Wenn du einmal am Ende stehst,
wenn du die letzte Wende gehst,
wenn du dann klug bist, blickst du zurück,
auf das ganze geschlängelte Stück.

So viel Pfeifen! Viel Änderungen!
so oft hast du eine neue geschwungen!
Und hat die Neue genützt?
Seife.

Es war immer dieselbe Pfeife.

(1927)

Im Käfig

Hinter den dicken Stäben meiner Ideale
lauf ich von einer Wand zur andern Wand.
Da draußen gehen Kindermädchen, Generale,
Frau Lederhändlerswitwe mit dem Herrn Amant ...

Manchmal sieht einer her. Mit leeren Blicken:
Ah so! ein Tiger – ja, das arme Tier ...
Dann sprechen sie von »Tantchen auch was schicken
in Pergamentpapier«.

Ich möcht so gern hinaus. Ich streck und dehn mich –
die habens gut, mit ihrer großen Zeit!
Sie sind gewiß nicht rein, und doch: ich sehn mich
nach der Gemeinsamkeit.

Der Tiger gähnt. Er käm so gern geloffen ...
Doch seines Käfigs Stäbe halten dicht.
Und ließ der Wärter selbst die Türe offen:
Man geht ja nicht.

(1918)

Dein Lebensgefühl

Dein tiefstes Lebensgefühl –
wann hast du das gehabt?
Mit einem Freund?
Immer allein.

Einmal, als du an der Brüstung des Holzbalkons standest,
da lag das Schloß Gripsholm, weit und kupplig,
und da lag der See
und Schweden,
und die staubige Waldecke –
und auf der dunkelgrün etikettierten Platte sang ein Kerl
im Cockney-Englisch: »What do you say …?«
und da fühltest du:
Ich bin.

So war dein Lebensgefühl.
Mit einer Frau?
Immer allein.

Einmal, als du nachts nach Hause gekommen bist
von einer vergeblichen Attacke
bei der großen Blonden,
elegant-blamiert, literarisch hinten runtergerutscht,
gelackt, abgewinkt: danke, danke!
da standest du vor deinem runden Nachttisch
und sahst in das rosa Licht der Lampe
und tatest dir leid, falsch leid, leid
und fühltest:
Ich bin.

So war dein Lebensgefühl …
In der Masse?
Immer allein.

Es ist so selten, das Lebensgefühl.
Casanova hatte es einmal.
Vierter Band.
Er sieht bei seiner Geliebten Rosalinde
zwei Kinder, die er ihr vor Jahren gemacht hat,
schlafend, in einem Bett, Mädchen und Knabe.
Sie zeigt sie ihm,
hebt die Bettdecke hoch, die junge Sau,
die Mutter,
um ihn anzugeilen,
um ihm Freude zu machen,
was weiß ich.
Und er sieht:
wie der Knabe im Schlummer seine Hand auf den Bauch
des Mädchens gelegt hat.
»Da empfand ich«,
schreibt Casanova,
»meine tiefste Natur.«
Das war sein Lebensgefühl.

Verschüttet ist es bei dir.
Du wolltest leben
und kamst nicht dazu.
Du willst leben
und vergißt es vor lauter Geschäftigkeit.
Du willst das spüren, was in dir ist,

und hast eifrig zu tun mit dem, was um dich ist –
Verschüttet ist dein Lebensgefühl.

Wenn du tot bist, wird es dir sehr leid tun.
Noch ist es Zeit –!

(1930)

Denn wer mehr liebt,
der muß mehr leiden

Sie, zu ihm

Ich hab dir alles hingegeben:
mich, meine Seele, Zeit und Geld.
  Du bist ein Mann – du bist mein Leben,
  du meine kleine Unterwelt.
    Doch habe ich mein Glück gefunden,
    seh ich dir manchmal ins Gesicht:
    Ich kenn dich in so vielen Stunden –
    nein, zärtlich bist du nicht.

Du küßt recht gut. Auf manche Weise
zeigst du mir, was das ist: Genuß.
Du hörst gern Klatsch. Du sagst mir leise,
wann ich die Lippen nachziehn muß.
    Du bleibst sogar vor andern Frauen
    in gut gespieltem Gleichgewicht;
    man kann dir manchmal sogar trauen ...
    aber zärtlich bist du nicht.

O wärst du zärtlich!
                                        Meinetwegen
kannst du sogar gefühlvoll sein.
Mensch, wie ein warmer Frühlingsregen
so hüllte Zärtlichkeit mich ein!
  Wärst du der Weiche von uns beiden,
  wärst du der Dumme. Bube sticht.
  Denn wer mehr liebt, der muß mehr leiden.
  Nein, zärtlich bist du nicht.

(1931)

Ein nachdenklicher Zuschauer

Der alte Mann spricht:

Komisch – det machn die nu jedes Jahr!
Det se det nich iba wern …
Der sacht: »Du hast abar schönes Haar!«
un det wolln die Meechn ooch heern …
Kuck mah – wat macht der fürn Betrieb!
hach, un die is janz hinüba –
die hat ihrn Emton ehm lieb –
je länger –
jelängerjelieber!

Wat denkt die sich nu –?
Det der junge Mann
ihr einziger is und ihr alles –?
So fangt det Ding ja imma an
im Falle eines Falles.
Nachher komm Kinda un Faltn un so:
det scheenste is doch det Fieba
am Anfang, wenn se sinn jlicklich un froh –
je länger –
jelängerjelieber.

Nu drickt er sie nommal, und denn jehn se los
int Kino oda bei Muttan –
heut is die Liebe noch mächtig jroß,
die vajessn vor Liebe zu futtan.

So jeheert sich det auch. Det muß auch so sein!
Allein is richtich – aba allein zu zwein.
Von mir aus leben se dreimal hoch!
Ich denke mir demjejenieba:
Wenn eener und er muß mal, denn soll er ooch –:
Je länger –
          jelängerjelieber –!

(1929)

Für Mary

Gibst du dich keinem –? Bist du nur blond und kühl?
Demütigt dich ein starkes, heißes Gefühl?
Wir sind allein. –

Jeder ist so vom andern durch Weiten getrennt,
daß er nicht weiß, wo es lodert und flammt und brennt –
Wir sind allein. –

Selten nur springt ein Funke von Blut zu Blut,
bringt zur Entfaltung, was sonst in der Stille ruht –
Wir sind allein. –

Aber einmal – kann es auch anders sein –
Einmal gib dich, – und, siehst du, dann wird aus zwein:
Wir beide –
Und keiner ist mehr allein. –

Einen Gruß –!

(18.1.18)

Für Mary

Die Quelle

Es war einmal – aber so fangen Märchen an, und dieses hier ist ja noch viel unwahrscheinlicher als ein Märchen – also: eines Tages standen im Hochsommer nach einer langen schönen Wanderung ein Mann und ein Mädchen an einer kristallklaren kühlen Quelle, die plätschernd übers Gestein dahinlief. Es war drückend heiß. »Trink!« sagte der Mann. Trinken? dachte das Mädchen. Trinken –? Vielleicht ist mir das eiskalte Wasser schädlich, und vielleicht sind giftige Pflanzen darin, vielleicht ist es nicht gut zu trinken ... Sie sah dem Mann in die Augen. Und sah – seltsam – sich selbst. Gewiß, aber trinken – Noch zögerte sie.

Da kam eilends aus einem nahen Birkenwäldchen eine seltsame alte Jungfer angelaufen: sie trug in kaffeebrauner Farbe eine riesige Krinoline, die beim Lauf um sie herumwippte und wilde Falten schlug, auf dem Kopf hatte sie ein altmodisches Kapotthütchen, darüber nickte dunkelgrün ein großes Feigenblatt. In der rechten Hand baumelte ein lächerlich winziger Sonnenschirm. Sie kam heran. »Halt!« schrie sie mit einer unangenehm schmalzigen Stimme – man dachte an verdorbenes Fett, wenn man sie hörte, »Halt! Ihr dürft nicht trinken! Ihr sollt nicht trinken! Ich bin die Frau Sitte, geborene Moral, ich sage euch: ihr sollt dürsten euer Leben lang! Trinkt nicht!« –

Der Mann hatte, böse, die Hand erhoben – und ließ sie wieder sinken. Am Horizont waren Wolken aufgetaucht, Windwolken, und der Mann wußte, es würde einen tüchtigen und gesunden Sturm geben – er schwieg. Das Mädchen war tief rot geworden. Und sie hatte doch beinahe, beinahe getrunken; sie hatte es doch gewollt, wollte sie es nicht noch ... Ja, sie wollte es noch. Aber die fremde dicke Dame mit der Krinoline? Die kaffeebraune Tante mit dem Hütchen und dem Feigenblatt? Horch, sie schimpfte noch immer! »Ich, die Sitte, verbiete es euch! Das könnte euch so passen, euern Durst zu löschen, ohne mich erst zu befragen – ihr dürft nicht, ihr dürft nicht!« – Da kam der Wind.

Da kam der Wind und blies, und die Wipfel der Bäume bogen sich, und die Wolken liefen schnell am Himmel entlang. Der Wind verfing sich im Hui in der bauschigen Krinoline, sie plusterte sich auf wie ein Ballon, und da – Madame flog auf und davon. Huch – wie sie schrie! Denn abgesehen davon, daß sie sich auf das Fliegen nicht besonders verstand: nun konnten ja die Gräser und Blumen und Hündchen und die Kühe und die Schafe (von den Menschen ganz zu schweigen) hinaufsehen, es war gar nicht auszudenken. Es war ein sehr heiterer Anblick, wie sie so dahinflog, höher und immer höher: bald sah man nur noch eine braune Kugel mit zwei kleinen Beinchen, dann war sie ganz fort.

Der Wind hatte sich gelegt. Wer hatte ihn gesandt – Die Natur, wahrscheinlich – – Die warme Luft wogte nur noch wenig hin und her, die Zweige wisperten.

»Trink!« sagte der Mann. Das tiefe Licht der vollen Sonne glitt über die Quelle, die Gräser, die Bäume, lief über ein blondes Haar – Der Mann sagte nichts. Und da sah ihn das Mädchen noch einmal voll und tief an und beugte sich und trank. –

(22.1.18)

Für M.G.

Mit einem Kalender

Zwar ist er schon ein bißchen angebrochen –
da fehlen Blätter, fast ein zwölftel Jahr –
allein was kümmern uns die wenigen Wochen,
wer schert sich lang um das, was *war*.
Da waren Mädchen, aber nicht die rechte
und Nächte – –
dumme, langwierige, dunkle Nächte ...

Halloh! Tanz mit den jungen Beinen
in unsere heiße Gegenwart!
Wir sind uns, Blonde, doch im reinen:
ein Narr, wen Frau Moral noch narrt.
Nun kommen – aber spring und wage –
Tage
glückliche, frohe, liebe Tage –!

Er soll Dir Glück bringen, der Kalender!
Einen Kuß ins Haar.

(24.1.18)

Frühlingsvormittag

Für Mary

Natürlich kommst du erst einmal ein Viertelstündchen zu spät – und dann mußt du lachen, wie du mich da so an der Uhr stehen siehst, und dann sagst du: »Die Uhr geht überhaupt falsch!« Uhren, an denen sich Liebespaare verabreden, gehen immer falsch. Und dann gondeln wir los.

Das ist ein zauberischer Vormittag. Du trägst ein weich gefaltetes, weites Kleid, ganz hell, was dich noch blonder macht, einen kleinen Trotteur, wie ich ihn gern habe, und deine langen, zarten Wildlederhandschuhe; du duftest ganz zart nach irgendetwas, was du als Lavendel ausgibst – und was das Verzaubertste an diesem hellen Tage ist –: wir sprechen nicht ein einziges Mal von Zahlen. Es ist ganz merkwürdig und unberlinisch. Leider: ganz undeutsch.

Du sprichst von Kurland. Wie sich auf dem lettischen Bahnhof Männlein und Weiblein und Kindlein einträchtig in der Nase bohrten, der ganze Bahnhof bohrte in der Nase: Gendarmen, Bauern, Schaffner und Lokomotivführer. Ich finde, daß das dem Nachdenken sehr förderlich sei, und das willst du wieder nicht glauben. Doch. Der Ausdruck: »in der Nase grübeln ...« Weiter. Und dann erzählst du von den langen, langen Spaziergängen, die man in Kurland machen kann – und mir wird das Herz weit, wenn ich an das schönste Land denke, das wir beide kennen: Gottes propprer Protzprospekt für ein unglücklicherweise nicht geliefertes Deutschland.

Und dann gehen wir an kleinen Teichen vorbei, an einem steht seltsamerweise nicht einmal eine Tafel mit:

Verboten – und wir wundern uns sehr. Und du patschst mit deinen neuen Lackhalbschuhen (du freundliche Mühlenaktie!) in einen Tümpel, und ich bin an allem schuld – und überhaupt. Aber dann ist das vorbei …

Und in deinen Augen spiegelt sich der helle Frühlingstag, du siehst so fröhlich aus, und ich muß immer wieder darauf gucken, wie du dich bewegst. Und wieder sprechen wir von Rußland und von deiner Heimat. Was ist es, das dich so bezaubernd macht –?

Du bist unbefangen.

Und ich will dir mal was sagen:

Bei uns tun die feinen Leute alles so, wie es in ihren Zeitschriften drin steht – und immer sehen sie sich fotografiert, fein mit Ei und durchaus ›richtig‹. Ihr überlegt gar nicht so viel. Ihr seid hübsch, und damit gut. Und ihr geht, schreitet, lacht, fahrt und trinkt so, wie es euch eure kleine Seele eingegeben hat – ohne darüber nachzudenken, wie das wohl ›aussieht‹. Aber ihr fühlt immer, wie es aussieht – und ihr wollt immer, daß es hübsch aussehen soll. Und nichts ist euch unwichtig, und alles erheblich genug, um es mit Freude zu tun. Der Weg ist das Ziel.

Aber da hält ein Auto, darinnen sitzt Herr Kolonialwarenhändler Mehlhake (A.-G. für den Vertrieb von Mehlhakeschen Präparaten – »Wissen Se, schon wejen der Steuer!«), und so sieht auch alles aus: Frau Mehlhake ist so schrecklich richtig angezogen, daß wir aus dem Lachen und sie aus der feinsten Lederjacke nicht herauskommt, die kleinen Mehlhakes haben alle Automobilbrillen und schmutzige Fingernägel – und das Auto kostet heute mindestens seine …

Aber wir wollten ja nicht von Zahlen sprechen an diesem Frühlingsvormittag.

Das Auto staubt davon. Wir gehen weiter, wir Wilden, wir bessern Menschen.

Denn mit dem Stil ist das wie mit so vielen Dingen: man hat ihn, oder man hat ihn nicht.

(1923)

Die Insel

Ich konnte kaum die Nacht erwarten,
nun war sie da.
Eintrat ich in den Liebesgarten –
und bin dir nah.

Die Skala der Gefühle spielen wir:
ein Duett.
Du exzellierst in allen Stilen –
adrett … kokett …

Scham. Abwehr. Weichen. Überfließen.
Ermattung. Schlaf.
Wie wir uns lose treiben ließen …
Du schlummerst brav.

Der Morgen graut. Da rutscht die Zeitung
leis durch den Spalt,
Die böse Mittlerin, die Leitung –
Das Schlagwort knallt.

Im Dämmern les ich eine Zeile.
»Herr Müller spricht«.
Hart tickt die Uhr in dummer Eile.
Wir bleiben nicht.

Wir treiben fort. In das Gerinnsel
blick ich zurück.
Du gabst auf einer kleinen Insel
ein kleines Stundenglück.

(1920)

Sie schläft

Morgens, vom letzten Schlaf ein Stück,
nimm mich ein bißchen mit –
auf deinem Traumboot zu gleiten ist Glück –
Die Zeituhr geht ihren harten Schritt …
    pick-pack …

»Sie schläft mit ihm« ist ein gutes Wort.
Im Schlaf fließt das Dunkle zusammen.
Zwei sind keins. Es knistern die kleinen Flammen,
aber dein Atem fächelt sie fort.
Ich bin aus der Welt. Ich will nie wieder in sie zurück –
jetzt, wo du nicht bist, bist du ganz mein.
Morgens, im letzten Schlummer ein Stück,
kann ich dein Gefährte sein.

(1928)

Figurinen

Einmal war ich schon achtzig Jahr.
Einmal, in einem frühern Leben,
da hat sich dieses mit mir begeben
– und ich hatte ganz weißes Haar –:

Ich saß im Lehnstuhl, nett und beschaulich,
so kurz nach Tisch – mir war so verdaulich.
Blumen im Fenster. Im Käfig ein Matz –
auf dem Tisch eine Tasse mit Untersatz …
Und vor mir hielt ich auf meinen Knien
ein Album mit alten Fotografien.
Und ich machte ein Nickerchen …
Aus ihren Rahmen
stiegen alle vergessenen Damen.

Eine war schlank und klug und bescheiden.
Die mochte ich immer am liebsten leiden.
Sie roch die Menschen. Sie wußte immer,
betrat sie nur einmal ein fremdes Zimmer:
die hat mit dem da – der ist stolz –
und die Frau ist falsch wie Galgenholz.
Sie erschien, wie im Nebel. Ich streckte die Hand
nach ihr– sie wich zurück und verschwand.
Und sie sprach, indes ich, wie verträumt,
ein Glück zerschlagen – ein Leben versäumt:
»Ich war die Nettste.«

Dann kam eine, ein dickes Paket,
wie es gar nicht in eine Corsage geht.
Wenn sie mir abends entgegenschwoll,
war das ganze Schlafzimmer voll.
Und sie trank zwischendurch –
wie ich das noch seh! –
immer Kaffee und Selter und Tee.
Und während in weichen Kissen sie kraucht,
hat das Schwergewicht mir entgegengehaucht:
»Ich war die Fettste.«

Dann hört ich im Halbschlaf einen Chor
von Stimmen. Und eine tauchte empor,
ein ganz junges Mädchen, weiß, ganz weich –
sie zögerte, näherte sich nicht gleich …
Ich streckte nach ihr die Arme aus.
Sie stand vor einem Schifferhaus.
und man hörte das Meer …
Und sie sprach und sah mich dabei an –
und da weinte ich alter Mann –:
»Ich war die Letzte.«

Auf den Tod zu warten, ist so schwer …
Aber das ist schon lange her.

(1924)

Eine Frage und keine Antwort

Für M.G.

Der Tauber ruckt zur Taube,
der Herr Baubau liebt Frau Baubau,
es balzt auf grüner Laube
Frau Nachtigall im Abendblau
Selbst die dicken fetten Kröten
krampfen sich in Liebesnöten –
Amor läßt sie nicht in Ruh –
Ja, wozu?
wozu?
wozu? –

Der Mensch, dies Lebewesen
(wies scheint, vom lieben Gott gemacht),
macht nicht viel Federlesen
und küßt fast jede liebe Nacht.
Selbst Klein-Peter wird recht eitel,
bügelt sorgsam sich den Scheitel,
zwängt sich in die lacknen Schuh –
Ja, wozu?
wozu?
wozu? –

Wir sind doch Marionetten,
das Blut, es schreit, wir beugen uns
in goldene Liebesketten
bei Fräulein Hinz und Fräulein Kunz.

Warum denk ich nur das eine
liebe, hohe, schlanke Beine –
warum fühl ich immer: Du …
Ja, wozu?

wozu?

wozu?

(1918)

Meeting

Das ist nun so.
                                    Je freier und je nackter,
je mehr enthüllt das Herz sich. Offen liegt
beim Boxen und beim Lieben der Charakter
des Partners, der dich hüllenlos besiegt.

Die Trainer schreien. »Zeit!« Ihr streckt die Hände.
Ihr seid ein Knäul. Ein Wille. Ein Duett.
Die strengen Regeln treibens bis zum Ende
beim Boxen, liebe Frau, und auch im Bett.

Wie schön zu kämpfen und sich zu umfassen.
Da noch ein Druck und da ein Untergriff.
Und dann betäubt sich leise treiben lassen ...
Der Richter gibt den ersten Pausenpfiff.

Der nächste Gang. So gib, du, gib dein Letztes.
Ich fühle lebensnahe, glatte Haut ...
Aus Tiefen springt dein Herzblut, und dann netzt es
mich weich – wie bist du mir vertraut!

Wo bist du, Welt?
                                    Die Erde soll versinken.
Es hüllt der Kampf uns, tief bewußtlos, ein.
Und meine trocknen Lippen wollen trinken.
Ich hasse dich. Doch du mußt bei mir sein.

Die Gruppe löst sich.
Und die Trainer wettern.
Der Richter winkt. Das Publikum kann gehn.
Und morgen stehts in allen großen Blättern:
»Jolanthe/Tiger –
Ausgang: 10 zu 10.«

(1921)

Sehnsucht nach der Sehnsucht

Erst wollte ich mich dir in Keuschheit nahn.
Die Kette schmolz.
Ich bin doch schließlich, schließlich auch ein Mann,
und nicht von Holz.

Der Mai ist da. Der Vogel Pirol pfeift.
Es geht was um.
Und wer sich dies und wer sich das verkneift,
der ist schön dumm.

Denn mit der Seelenfreundschaft – liebste Frau,
hier dies Gedicht
zeigt mir und Ihnen treffend und genau:
es geht ja nicht.

Es geht nicht, wenn die linde Luft weht und
die Amsel singt –
wir brauchen alle einen roten Mund,
der uns beschwingt.

Wir brauchen alle etwas, das das Blut
rasch vorwärtstreibt –
es dichtet sich doch noch einmal so gut,
wenn man beweibt.

Doch heller noch tönt meiner Leier Klang,
wenn du versagst,
was ich entbehrte öde Jahre lang –
wenn du nicht magst.

So süß ist keine Liebesmelodie,
so frisch kein Bad,
so freundlich keine kleine Brust wie die,
die man nicht hat.

Die Wirklichkeit hat es noch nie gekonnt,
weil sie nichts hält.
Und strahlend überschleiert mir dein Blond
die ganze Welt.

(1919)

Kleines Operettenlied

Mit ihm schlafen ja, aber keine Intimitäten

Sei nicht böse, wenn ich dich, du liebe Inge,
hier leis besinge –
hör mich mal an:
In dem weiten Reich der schwärmerischen Dinge
knüpft eine Schlinge
dir jeder Mann.
Doch die Nacht ist keineswegs des Werkes Krönung.
Sieh, erst nachher da beginnt das wahre Spiel;
denn das Schlimmste an der Liebe ist Gewöhnung ...
ein Mal ist kein Mal, aber acht Mal sind sehr viel.
Laß die Liebe aus dem Spiel, wenn du liebst.
Weil du dir dabei zu viel
vergibst.
Höre nicht auf Schmeichelein!
Mußt du stets die Dumme sein?
Wenn du ehrlich bist, dann fällst du rein!
Das Geschäft ist faul: er nimmt, und du gibst ...
Laß die Liebe aus dem Spiel, wenn du liebst!
Steht nach Küssen dir der Sinn,
na, dann geh nur ruhig hin –
Doch von Liebe, doch von Liebe steht nichts drin!

Und ich weiß, wie das mal wird, du liebe Inge,
wenn ich einst hinge
an deiner Brust:
Um die Augen hast du dunkelblaue Ringe,
doch ach! ich bringe
dich nicht zur Lust.

Warum kommts, daß wir uns so verlieren müssen?
Wer mehr liebt, der leidet noch und noch.
Und du siehst an mir vorbei, wenn wir uns küssen,
und du hast Furcht. Und liebst ja doch …
Laß die Liebe aus dem Spiel, wenn du liebst.
Weil du dir dabei zu viel
vergibst.
Erst schenkst du dein schönes Bein,
und du sagst: »Mehr solls nicht sein!«
Und das Herz, das folgt dann hinterdrein …

Und ich rate dir vergebens, wenn du gibst:
Laß die Liebe aus dem Spiel, wenn du liebst!
Frau und Mann sind niemals frei.
Stets ist ein Gefühl dabei.
Und die Dummen sind gewöhnlich alle zwei!

(1930)

Es ist

Es ist so viel unverbrauchte Zärtlichkeit in Hotelzimmern,
wo sie allein liegen:
ein Mann, oder eine Frau, oder ein angebrochenes junges
Mädchen –
in leiser Lächerlichkeit liegen wir allein.

Es ist eine Einsamkeit, umflossen
von den Strömen des städtischen Gases,
des elektrischen Stromes, für alle gemacht,
einer Zentralheizung, eines Zentralessens, einer
Zentralzeitung …
aber ein kleiner Fleck ist noch da,
auf dem sind wir allein.

Jeder liegt in seiner Schublade.
Die kleinen Härchen auf den Oberarmen schwanken
suchend im Luftzug,
wie die Greifer der Meerespflanzen in strömendem Wasser;
die Haut langweilt sich.

Wenn jetzt einer käme und sagte: »Bitte sehr! ich liege
Ihnen zur Verfügung!«
wenn ich jetzt durch die Wand ginge zu meiner Nachbarin –
(»Man ist doch keine Hure! ich werfe mein Leben nicht in
Hotels weg!« – Kusch.)
– wenn jetzt eine dicke Dame käme, mich im Bad zu
massieren;
wenn sich jetzt der Jungen ein verständiger Mann gesellte,
der sie nur streichelte …
ungenützt ist die Nacht.

Dreivierteleins.
Es kocht in den Röhren des Badezimmers;
badet jemand noch so spät?

Neugierig sind wir auf fremde Körper.
Wie legen Sie abends das Hemd auf den Stuhl? Lieben Sie
Fruchtsalz?
Ziehen Sie Ihre Uhr morgens oder abends auf?
Und in der Liebe?
Sind Sie gesund? Verzeihen Sie, ich habe solche Furcht vor
Krankheiten –
das ist ein Teil meiner Tugend.

I'm in love again –
nein, das eigentlich nicht:
es sollte nur jemand da sein, an dem ich mich spüren kann.
Warum, 318 (mit Bad) liegen Sie so allein?
Denkbar wäre auch eine Hotelgeisha, die höflich liebt,
und die auf der Rechnung nur als kleiner, diskreter Kreis
vermerkt ist –
aber schöner wäre ein Gast.

Warum kommt nie ein Einsamer zu einer Einsamen?
Stolz kriechen wir in unser zuständiges Gehäus,
hygienisch, unnahbar, vernünftig,
allein.

Knips das Licht an, sagt der Schlaflose zu sich selbst
(er duzt sich, weil er sich schon so lange kennt) –
und lies noch ein bißchen.

Du hast zu viel Pfirsich-Melba gegessen, daher solche
Gedanken,
Luftblasen auf dem Meer der innern Sekretion
Du bist überhaupt gar nicht allein. Du hast eine Zeitung.
Lies:

8. *Fortsetzung* *Nachdruck verboten.*

Schließlich raffte sie ein Spiel Karten auf, kauerte sich neben den Kamin und begann, eifrig und hingegeben zu mischen.

»Ich kam in der Absicht«, begann er mit einer nicht ganz festen Stimme, »noch heute um Ihre Hand anzuhalten.« Das schöne Mädchen

(1928)

Liebespaar am Fenster

Dies ist ein Sonntag vormittag;
wir lehnen so zum Spaße
leicht ermüdet zum Fenster hinaus
und sehen auf die Straße.
  Die Sonne scheint. Das Leben rinnt.
  Ein kleiner Hund, ein dickes Kind …
  Wir haben uns gefunden
  für Tage, Wochen, Monate
    und für Stunden – für Stunden.

Ich, der Mann, denke mir nichts.
Heut kann ich zu Hause bleiben,
heute geh ich nicht ins Büro –
… an die Steuer muß ich noch schreiben …
  Wieviel Uhr? Ich weiß nicht genau.
  Sie ist zu mir wie eine Frau,
  ich fühl mich ihr verbunden
  für Tage, Wochen, Monate
    und für Stunden – für Stunden.

Ich, die Frau, bin gern bei ihm.
Von Heiraten wird nicht gesprochen.
Aber eines Tages will ich ihn mir
ganz und gar unterjochen.
  Die Dicke, daneben auf ihrem Balkon,
  gibt ihrem Kinde einen Bonbon
  und spielt mit ihren Hunden …
  So soll mein Leben auch einmal sein –
    und nicht nur für Stunden – für Stunden.

Von Kopf zu Kopf umfließt uns ein Strom;
noch sind wir ein Abenteuer.
Eines Tages trennen wir uns,
eine andere kommt … ein neuer …
Oder wir bleiben für immer zusammen;
dann erlöschen die großen Flammen,
Gewohnheit wird, was Liebe war.
Und nur in seltenen Sekunden
blitzt Erinnerung auf an ein schönes Jahr,
und an Stunden – an glückliche Stunden.

(1928)

Lied fürs Grammophon

Gib mir deine Hand,
    Lucindy!
Du, im fernen Land –
    Lucindy!
Wie die Ätherwellen flitzen
über Drähte, wo die Raben sitzen,
    saust meine Liebe dir zu ...
        du –
    tu–tu–tu– mmm –

Wenn du mich liebst, so singt dein Blut,
    Lucindy!
Ach, wenn du nicht da bist, bin ich dir so gut,
    Lucindy!
Dein, dein Lächeln läßt mir keine Ruh ...
    Man kann von oben lächeln,
    man kann von unten lächeln,
    man kann daneben lächeln –
        wie lächelst du?
    tu–tu–tu– mmm –

Meine, die will mich verlassen,
    Lucindy!
Deiner, der will dich fassen,
    Lucindy!
Kehr zu ihm zurück!
Vielleicht ist das das Glück ...
    Ich guck in den Mond immerzu –
    oh, so blue – mmm –

Wie man auch setzt im Leben,
    Lucindy!
man tippt doch immer daneben,
    Lucindy!
Wir sitzen mit unsern Gefühlen
meistens zwischen zwei Stühlen –
und was bleibt, ist des Herzens Ironie ...
    Lucindy!
    Lucindy!
    Lucindy–!

(1929)

Herz mit einem Sprung

Im Gesicht und auch in Sachsen,
wo die Meise piepst,
laß ich den Bart mir wachsen,
weil du mich nicht mehr liebst.
    Susala und dusala –
weil du mich nicht mehr liebst.

Wir waren beide einsam;
auch ich als Woll-Agent.
Die Herzen waren gemeinsam,
die Kassen waren getrennt.
    Susala und dusala –
Da bin ich konsequent.

Du sagst, du wärst im Training
wohl für ein Fecht-Turnier.
Du aßest gar nicht wenig
und hattst nie Geld bei dir....
    Susala und dusala –
Man ist ja Kavalier.

Du aßest frisch und munter
nicht ohne jeden Charme
die Karte rauf und runter,
die Küche kalt und warm.
    Susala und dusala –
dem Kellner schmerzt der Arm.

Ich fand das übertrieben
und sah dich zornig an.
Ein Mann will gratis lieben,
sonst ist er gar kein Mann!

Ich kann dich nicht vergessen.
Noch heut könnt ich dich maln.
Du hast zuviel gegessen ...
Wer kann denn das bezahln!
    Susala und dusala –
Wer kann denn das bezahln!

Ums Kinn starrn mir die Stoppeln.
Mein Vollbart ist noch jung.
So fahr ich nun nach Oppeln
zu ner Versteigerung ...
    Doch mein Herz,
    doch mein Herz,
doch mein Herz
                    hat einen Sprung –!

(1931)

Singt eener uffn Hof

Ick hab ma so mit dir jeschunden,
ick hab ma so mit dir jeplacht.
Ick ha in sießen Liebesstunden
zu dir »Mein Pummelchen« jesacht.
Du wahst in meines Lehms Auf un Ab
die Rasenbank am Elternjrab.

Mein Auhre sah den Hümmel offen,
ick nahm dir sachte uffn Schoß.
An nächsten Tach wahst du besoffen
un jingst mit fremde Kerle los.
Un bist retuhr jekomm, bleich un schlapp –
von wejen: Rasenbank am Elternjrab!

Du wahst mein schönstet Jlück auf Erden,
nur du – von hinten und von vorn.
Mit uns zwee hätt et können werden,
et is man leider nischt jeworn.
Der Blumentopp vor deinen Fensta
der duftet in dein Zimmer rein …
Leb wohl, mein liebes Kind, und wennsta
mal dreckich jeht, denn denke mein –!

(1932)

Der andre Mann

Du lernst ihn in einer Gesellschaft kennen.
Er plaudert. Er ist zu dir nett.
Er kann dir alle Tenniscracks nennen.
Er sieht gut aus. Ohne Fett.
  Er tanzt ausgezeichnet. Du siehst ihn dir an …
  Dann tritt zu euch beiden dein Mann.

Und du vergleichst sie in deinem Gemüte.
Dein Mann kommt nicht gut dabei weg.
Wie er schon dasteht – du liebe Güte!
Und hinten am Hals der Speck!
  Und du denkst bei dir so »Eigentlich …
  Der da wäre ein Mann für mich!«

Ach, gnädige Frau! Hör auf einen wahren
und guten alten Papa!
Hättst du den Neuen: in ein, zwei Jahren
ständest du ebenso da!
  Dann kennst du seine Nuancen beim Kosen;
  dann kennst du ihn in Unterhosen;
  dann wird er satt in deinem Besitze;
  dann kennst du alle seine Witze.
  Dann siehst du ihn in Freude und Zorn,
  von oben und unten, von hinten und vorn …
Glaub mir: wenn man uns näher kennt,
gibt sich das mit den happy end.
Wir sind manchmal reizend, auf einer Feier …
und den Rest des Tages ganz wie Herr Meyer.
Beurteil uns nie nach den besten Stunden.

Und hast du einen Kerl gefunden,
mit dem man einigermaßen auskommen kann:
dann bleib bei dem eigenen Mann!

(1930)

Lottchen beichtet 1 Geliebten

»Es ist ein fremder Hauch auf mir? Was soll das heißen – es ist ein fremder Hauch auf mir? Auf mir ist kein fremder Hauch. Gib mal 'n Kuß auf Lottchen. In den ganzen vier Wochen, wo du in der Schweiz gewesen bist, hat mir keiner einen Kuß gegeben. Hier war nichts. Nein – hier war wirklich nichts! Was hast du gleich gemerkt? Du hast gar nichts gleich gemerkt ... ach, Daddy! Ich bin dir so treu wie du mir. Nein, das heißt ... also, ich bin dir wirklich treu! Du verliebst dich ja schon in jeden Refrain, wenn ein Frauenname drin vorkommt ... ich bin dir treu ... Gott sei Dank! Hier war nichts.

... Nur ein paarmal im Theater. Nein, billige Plätze – na, das eine Mal in der Loge ... Woher weißt du denn das? Was? Wie? Wer hat dir das erzahlt? Na ja, das waren Plätze ... durch Beziehungen ... Natürlich war ich da mit einem Mann. Na, soll ich vielleicht mit einer Krankenschwester ins Theater ... lieber Daddy, das war ganz harmlos, vollkommen harmlos, mach doch hier nicht in Kamorra oder Mafia oder was sie da in Korsika machen. In Sizilien – meinetwegen, in Sizilien! Jedenfalls war das harmlos. Was haben sie dir denn erzählt? Was? Hier war nichts.

Das war ... das ist ... du kennst den Mann nicht. Na, das werd ich doch nicht machen – wenn ich schon mit einem andern Mann ins Theater gehe, dann geh ich doch nicht mit einem Mann, den du kennst. Bitte: ich habe dich noch nie kompromittiert. Männer sind doch so dußlig, die nehmen einem das übel, wenn man schon was macht, daß es dann ein Berufskollege ist. Und wenn es kein Berufskollege ist, dann heißt es gleich: Fräulein Julie! Man hats wirklich nicht leicht! Also du kennst den Mann nicht! Du kennst ihn nicht. Ja – er kennt dich. Na, sei doch froh, daß dich so viele Leute kennen – biste doch berühmt. Das war jedenfalls ganz harmlos. Total. Nachher waren wir noch essen. Aber sonst war nichts.

Nichts. Nichts war. Der Mann ... der Mann ist eben – ich hab ihn auch im Auto mitgenommen, weil er so nett neben einem im Auto sitzt, eine glänzende Begleitdogge – so, hat das die Reventlow auch gesagt? Na, ich nenne das auch so. Aber *nur* als Begleitdogge. Der Mann sah glänzend aus. Doch, das ist wahr. Einen wunderbaren Mund, so einen harten Mund – gib mal 'n Kuß auf Lottchen, er war dumm. Es war nichts.

Direkt dumm war er eigentlich nicht. Das ist ja ... ich habe mich gar nicht in ihn verliebt; du weißt ganz genau, daß ich mich bloß verliebe, wenn du dabei bist – damit du auch eine Freude hast! Ein netter Mann ... aber ich will ja die Kerls gar nicht mehr. Ich nicht. Ich will das überhaupt alles nicht mehr. Daddy, so nett hat er ja gar nicht ausgesehn. Außerdem küßte er gut. Na so – es war jedenfalls weiter nichts.

Sag mal, was glaubst du eigentlich von mir? Glaubst du vielleicht von mir, was ich von dir glaube? Du – das verbitt ich mir! Ich bin treu. Daddy, der Mann ... das war doch nur so eine Art Laune. Na ja, erst läßt du einen hier allein, und dann schreibst du nicht richtig, und telefoniert hast du auch bloß einmal – und wenn eine Frau allein ist, dann ist sie viel alleiner als ihr Männer. Ich brauche gewiß keinen Mann ... ich nicht. Den hab ich auch nicht gebraucht; das soll er sich bloß nicht einbilden! Ich dachte nur: I, dachte ich – wie ich ihn gesehn habe ... Ich habe schon das erstemal gewußt, wie ich ihn gesehn habe – aber es war ja nichts.

Nach dem Theater. Dann noch zwei Wochen lang. Nein. Ja. Nur Rosen und zweimal Konfekt und den kleinen Löwen aus Speckstein. Nein. Ich ihm meinen Hausschlüssel? Bist wohl ...! Ich hab ihm meinen Hausschlüssel doch nicht gegeben! Ich werde doch einem fremden Mann meinen Hausschlüssel nicht geben ...! Da bring ich ihn lieber runter. Daddy, ich habe ja für den Mann gar nichts empfunden – und er für mich auch nicht – das weißt du doch. Weil er eben solch einen harten Mund hatte ... und ganz schmale Lippen. Weil er früher Seemann war. Was? Auf dem Wannsee? Der Mann ist zur See gefahren – auf einem riesigen Schiff, ich habe den Namen vergessen, und er kann alle Kommandos, und er hat einen harten Mund. Ganz schmale Lippen. Mensch, der erzählt ja nicht. Küßt aber gut. Daddy, wenn ich mich nicht so runter gefühlt hätte, dann wäre das auch gar nicht passiert ... Es ist ja auch eigentlich nichts passiert – das zählt doch nicht. Was? In der Stadt. Nein, nicht bei ihm; wir haben zusammen in der Stadt gegessen. Er hat bezahlt – na, hast du das gesehn! Soll ich vielleicht meine Bekanntschaften finanzieren ... na, das ist doch ...! Es war überhaupt nichts.

Tätowiert! Der Mann ist doch nicht tätowiert! Der Mann hat eine ganz reine Haut, er hat ... Keine Details? Keine Details! Entweder ich soll erzählen, oder ich soll nicht erzählen. Von mir wirst du über den Mann kein Wort mehr hören. Daddy, hör doch – wenn er nicht Seemannsmaat gewesen wäre, oder wie das heißt ... Und ich wer dir überhaupt was sagen:

Erstens war überhaupt nichts, und zweitens kennst du den Mann nicht, und drittens weil er Seemann war, und ich hab ihm gar nichts geschenkt, und überhaupt, wie Paul Graetz immer sagt:

Kaum hat man mal, dann ist man gleich – Daddy! Daddy! Laß mal … was ist das hier? Was? Wie? Was ist das für ein Bild? Was ist das für eine Person? Wie? Was? Wo hast du die kennengelernt? Wie? In Luzern? Was? Hast du mit der Frau Ausflüge gemacht? In der Schweiz machen sie immer Ausflüge. Erzähl mir doch nichts … Was? Das war nichts?

Das ist ganz was andres. Na ja, mir gefällt schon manchmal ein Mann. Aber ihr –?

Ihr werft euch eben weg!«

(1931)

Die Frau spricht

1. Die geschiedene Frau

Ja … da war nun also wieder einer …
das ist komisch!
Vor fünf Jahren, da war meiner;
dann war eine ganze Weile keiner …
Und jetzt geht ein Mann in meiner Wohnung um,
findet manches, was ich sage, dumm;
lobt und tadelt, spricht vom Daseinszwecke
und macht auf das Tischtuch Kaffeeflecke –
Ist das alles nötig –?

Ja … er sorgt. Und hebt. Und ists ein trüber
Morgen, reich ich meine Hand hinüber …
Das ist komisch:
Männer … so in allen ihren Posen …
Und frühmorgens, in den Unterhosen …
Plötzlich wohnt da einer auch in meiner Seele.
Quält mich; hebt mich; will, daß ich ihn quäle;
dreht mein Leben anders, lastet, läßt mich fliegen –
siegt, und weil ich klug bin, laß ich mich besiegen …
Habe ich das nötig –?

Ich war ausgeglichen. Bleiben wir allein,
… komisch …
sind wir stolz. So sollt es immer sein!
Flackerts aber, knistern kleine Flammen,
fällt das alles jäh in sich zusammen.
Er braucht uns. Und wir, wir brauchen ihn.
Liebe ist: Erfüllung, Last und Medizin.

Denn ein Mann ist Mann und Gott und Kind,
weil wir so sehr Hälfte sind.
Aber das ist schließlich überall:
der erste Mann ist stets ein Unglücksfall.
Die wahre Erkenntnis liegt unbestritten
etwa zwischen dem zweiten und dem dritten.
Dann weißt du. Vom Wissen wird man nicht satt,
aber notdürftig zufrieden, mit dem, was man hat,
Amen.

2. Eine Frau denkt

Mein Mann schläft immer gleich ein ... oder er raucht
seine Zeitung und liest seine Zigarre
... Ich bin so nervös ... und während ich an die Decke
starre, denke ich mir mein Teil.
Man gibt ihnen so viel, wenigstens zu Beginn. Sie sind es
nicht wert.
Sie glauben immer, man müsse hochgeehrt
sein, weil man sie liebt.
Ob es das wohl gibt:
ein Mann, der so nett bleibt, so aufmerksam
wie am ersten Tag, wo er einen nahm ...?
Einer, der Freund ist und Mann und Liebhaber; der uns
mal neckt,
mal bevatert, der immer neu ist, vor dem man Respekt
hat und der einen liebt ... liebt ... liebt ...
ob es das gibt?

Manchmal denke ich: ja.
Dann sehe ich: nein.

Man fällt immer wieder auf sie herein.
Und ich frage mich bloß, wo diese Kerls ihre Nerven haben.
Wahrscheinlich ... na ja. Die diesbezüglichen Gaben
sind wohl ungleich verteilt. So richtig verstehen sie uns nie.
Weil sie faul sind, murmeln sie was von Hysterie.
Ist aber keine. Und wollen wir Zärtlichkeit,
dann haben die Herren meist keine Zeit.
Sie spielen: Symphonie mit dem Paukenschlag.
Unsere Liebe aber verzittert, das ist nicht ihr Geschmack.
Hop-hop-hop – wie an der Börse. Sie sind eigentlich nie
mehr als erotische Statisterie.
Die Hauptrolle spielen wir. Wir singen allein Duett,
leer in der Seele, bei sonst gut besuchtem Bett.

Mein Mann schläft immer gleich ein, oder er dreht sich
um und raucht seine Zigarre.
Warum? Weil ...
Und während ich an die Decke starre,
denke ich mir mein Teil.

3. Die Nachfolgerin

Ich hab meinen ersten Mann gesehn –
der ging mit einer!
Hütchen, Rock und Bluse (Indanthren)
und zwei Kopf kleiner!
Sie muß ihn wohl ins Büro begleiten ...
Über den Geschmack ist nicht zu streiten.
Na, herzlichen Glückwunsch!

Sein Gehirn ist bei der Liebeswahl
ganz verkleistert;
wenn er siegt, dann ist er allemal
schwer begeistert.
Ob Languettenhemd, ob teure Seiden –
seinetwegen kann man sich in Säcke kleiden ...
Na, herzlichen Glückwunsch!

Frau ist Frau. Wie glücklich ist der Mann,
dem das gleich ist!
Und für sowas zieht man sich nun an!
Als ob man reich ist!
Das heißt: für ihn ...?
Wir ziehen unsre Augenbrauen
für und gegen alle andern Frauen.
Immerhin erwart ich, daß ers merken kann;
ich will fühlen, daß ich reizvoll bin.
Dreifach spiegeln will ich mich: im Glas, im Neid,
im Mann.
Und der guckt gar nicht hin.

Liebe kostet manche Überwindung ...
Männer sind eine komische Erfindung.

4. Lamento

Der deutsche Mann
Mann
Mann –
das ist der unverstandene Mann.

Er hat ein Geschäft, und er hat eine Pflicht.
Er hat einen Sitz im Oberamtsgericht.
Er hat auch eine Frau – das weiß er aber nicht.
Er sagt: »Mein liebes Kind ...« und ist sonst ganz vergnügt –
Er ist ein Mann. Und das
genügt.

Der deutsche Mann
Mann
Mann –
das ist der unverstandene Mann.
Die Frau versteht ja doch nichts, von dem, was ihn quält.
Die Frau ist dazu da, daß sie die Kragen zählt.
Die Frau ist daran schuld, wenn ihm ein Hemdknopf fehlt.
Und kommt es einmal vor, daß er die Frau betrügt:
Er ist ein Mann. Und das
genügt.

Der deutsche Mann
Mann
Mann –
das ist der unverstandene Mann.
Er gibt sich nicht viel Mühe, wenn er die Frau umgirrt.
Und kriegt er nicht die eine, kommt die andere angeschwirrt.
Daher der deutsche Mann denn stets befriedigt wird.

Hauptsache ist, daß sie bequem und sich gehorsam
fügt.
Denn er ist Mann. Und das
genügt.

Der deutsche Mann
Mann
Mann –
das ist der unverstandene Mann.

Er flirtet nicht mit seiner Frau. Er kauft ihr doch den Hut!
Sie sieht ihn von der Seite an, wenn er so schnarchend
ruht.
Ein kleines bißchen Zärtlichkeit – und alles wäre gut.
Er ist ein Beamter der Liebe. Er läßt sich gehn.
Er hat sie doch geheiratet – was soll jetzt noch
geschehn?
Der Mensch, der soll nicht scheiden, was Gott
zusammenfügt.
Er ist ein Mann. Und das
genügt.

(1931)

An ihr

Auf deinen großen Füßen, Ernestine,
Führ ich dich auf den neuen Presseball.
Du trägst Chiffon. Und deine Fragemiene
Ist überall.

»Der Legationsrat?« – Ja, mein Kind, das ist er!
»Du, der da? mit dem goldenen Knopflochdings?
Und, Theo, wo – wo tanzt der Herr Minister?«
Von rechts nach links.

»Und, Theo, ist die Presse auch am Platze?«
Ja, Kind – der Handelsteil steht am Balkon.
Da die Kritik – und der da, mit der Glatze –
Das ist das Feuilleton!

»Und, Theo, kommt der Film auch in den Saal hin?
Auf Conny Veidt bin ich ganz scharf und toll!«
Pst! Nicht so laut! Da steht doch die Gemahlin:
Die Gussy Holl!

So muß ich dich belehren, liebste Perle.
Und voller Neugier siehst du manch Gesicht.
Ach, Ernestine – du liebst lauter fremde Kerle –
Nur Tigern nicht.

(1921)

Malwine

Ich habe mich deinetwegen
gewaschen und rasiert.
Ich wollte mich zu dir legen
    mit einem Viertelchen,
    mit einem Achtelchen –
        Malwine!
Doch du hast dich geziert.

Der Kuckuck hat geschrien
auf deiner Schwarzwalduhr.
Ich lag vor deinen Knien:
    »Gib mir ein Viertelchen!
    Gib mir ein Achtelchen!
        Malwine!
Ein kleines Stückchen nur!«

Dein Bräutigam war prosaisch.
Demselben hat gefehlt,
dieweilen er mosaisch,
    ein kleines Viertelchen,
    ein kleines Achtelchen …
das hätt dich sehr gequält!

Du hast mir nichts gegeben
und sahst mich prüfend an.
Das, was du brauchst im Leben,
    sei nicht ein Viertelchen,
    und nicht ein Achtelchen …
das sei ein ganzer Mann –!

Mich hat das tief betroffen.
Dein Blick hat mich gefragt …
Ich ließ die Frage offen
und habe nichts gesagt.

Daß wir uns nicht besaßen!
So aalglatt war mein Kinn.
Nun irr ich durch die Straßen …
Malwine –!
und weine vor mich hin.

(1930)

Danach

Es wird nach einem happy end
im Film jewöhnlich abjeblendt.
Man sieht bloß noch in ihre Lippen
den Helden seinen Schnurrbart stippen –
da hat sie nu den Schentelmen.
Na, un denn –?

Denn jehn die beeden brav ins Bett.
Na ja ... diß is ja auch janz nett.
A manchmal möcht man doch jern wissen:
Wat tun se, wenn se sich nich kissn?
Die könn ja doch nich imma penn ...!
Na, un denn –?

Denn säuselt im Kamin der Wind.
Denn kricht det junge Paar 'n Kind.
Denn kocht sie Milch. Die Milch looft üba.
Denn macht er Krach. Denn weent sie drüba.
Denn wolln sich beede jänzlich trenn ...
Na, un denn –?

Denn is det Kind nich uffn Damm.
Denn bleihm die beeden doch zesamm.
Denn quäln se sich noch manche Jahre.
Er will noch wat mit blonde Haare:
vorn doof und hinten minorenn ...
Na, un denn –?

Denn sind se alt.

Der Sohn haut ab.

Der Olle macht nu ooch bald schlapp.
Vajessen Kuß und Schnurrbartzeit –
Ach, Menschenkind, wie liecht det weit!
Wie der noch scharf uff Muttern war,
det is schon beinah nich mehr wahr!
Der olle Mann denkt so zurück:
wat hat er nu von seinen Jlück?
Die Ehe war zum jrößten Teile
vabrühte Milch un Langeweile.
Und darum wird beim happy end
im Film jewöhnlich abjeblendt.

(1930)

Liebespaar in London

Es ist Sonnabend mittag und auf dem Piccadilly Circus dreht sich der Verkehr langsamer, man kann beinah sein eignes Wort verstehn, denn eine gewaltige Zentrifugalkraft hat die Londoner nach außen geschleudert –: Wochenende. Es ist das einzige Mal in der Woche, wo du sagen darfst: der Verkehr zappelt an dir vorüber, sonst zappelt hier gar nichts. Aber nun haben wohl alle große Sehnsucht, herauszukommen. Auf Wiedersehen, City!

Immerhin, viele sind noch da. Da hätten wir in den Theatern der Shaftesbury Avenue herzzerreißend schöne Schauspiele ›Herbstkrokus‹ oder ›Wie schön sind doch die Tränen einer Braut‹, vielleicht heißt das Stück auch anders, aber die Fotos, die da in den Schaukasten hängen, sehen aus, als hieße es so. Und vor dem Theater sitzen auf kleinen Stühlchen lange Reihen von Frauen und Mädchen und auch ein paar Männer, sie sitzen da Schlange, weil sie unnumerierte Plätze und Ruhe und Zeit haben, und da warten sie, bis die Türen aufgemacht werden. Damit sie sich nicht langweilen, haben sie sich Zeitungen mitgebracht und Zigaretten und Bonbons und Freundinnen, und dann ist da auch ein alter Straßensänger, der singt ihnen etwas vor, und mitten auf dem Damm, da, wo die Taxis warten, steht mit Verlaub zu sagen ein Mann auf dem Kopf und wackelt mit den Beinen. Übrigens sieht kaum einer danach hin, und man muß nun nicht denken, daß alle Londoner auf dem Kopf stehen und mit den Beinen wackeln, Reisebeschreibungen verfallen oft in diesen Fehler. Dieser Mann tut das gewiß nicht zu seinem Vergnügen – wie sagte neulich ein Steptänzer im Varieté? »Es muß doch noch eine weniger anstrengende Art geben, sein Geld zu verdienen!« Sicherlich. Dieser also steht kopf.

Und vorbei braust das und eilt und geht und fährt und läuft. Ich auch.

»Excuse me!« Beinah hätte ich sie angerannt.

Sie stehen mitten im Weg, er und sie, und rechts und links fluten die Leute an ihnen vorüber. Sie sehen sie nicht. Sie sehen sich an. Ich kehre langsam um und gehe langsam an ihnen vorüber. Ich bin viermal umgekehrt, und ich bin viermal an ihnen vorübergegangen.

Sie sprechen nichts. Sie sehen sich an. Sie sehen sich nur immerzu an.

Er spricht mit den Augen: »So kann das doch nicht weitergehn«, sagt er, ohne den Mund aufzutun. »Das geht nun schon seit Wochen so – aber so kann das doch nicht weitergehn! Hier stimmt doch etwas nicht! Ist da ein andrer? Natürlich ist da ein andrer. Ich kann mir auch denken, wer es ist. Ich weiß, wer es ist. Sybil! Dazu alle unsre Liebe? Dazu?« – Sie antwortet mit den Augen, sie antwortet wenig. »Ich weiß nicht«, sagt sie, ohne den Mund aufzutun. »Ich weiß nicht. Ich habe ja nichts gegen dich.« Sie ist ganz in sich gekrochen; die wahre Sybil hat sich zurückgezogen, und eine etwas repräsentative Sybil steht da und weist mit den schwarzen, schönen Augen einen Angriff zurück. Sie braucht ihn kaum zurückzuweisen – die Mauern sind so hoch …

»Sybil …!« sagen seine Augen. Nichts sagen ihre Augen.

»Weißt du noch«, sagen seine Augen. »Weißt du noch? Weißt du noch den hübschen Abend am Ufer, wo nebenan im Zelt das Grammophon gespielt hat, und wo wir hinter den Bäumen zu der fremden Musik getanzt haben? Und dann sind wir weiter fortgetanzt, immer weiter, immer weiter, und wir haben die Musik nur noch ganz leise durch die Zweige gehört. Weißt du noch?« – Nichts sagen ihre Augen. Sie stehen unbeweglich, in diesem brausenden Strom der Menschen, und manche stoßen sie an, aber sie merken es nicht. »Weißt du noch?« sagen seine Augen. »Wir sind durch Hampstead gegangen, ich habe dich nach Hause gebracht, und seitdem kenne ich jeden Gartenzaun und jeden Pfahl und jedes Haus auf diesem Weg – an allem und jedem hängt ein Wort von dir ... weißt du noch?« Ihre Augen sind nun gesenkt, wie ein Schleier liegt es auf ihnen, sie antwortet nicht. Ich sehe, wie er seine Augen mit Gewalt siegen lassen will – es hilft ihm nichts, sie ist stärker. Er bäumt sich auf, er ist doch ein Mann; aber es hilft ihm nichts, denn sie ist eine Frau. Er versteht das nicht. Nie versteht ein Liebender, daß was gewesen ist, einst nicht mehr gelten kann – es war doch aber einmal! Und da meinst du, Tor, es müsse immer sein? Aber es ist nicht immer.

Sie stehen noch immer da und sagen nichts und sehen sich an. Zum Glück achtet niemand auf sie – es ist schon ein bißchen lächerlich, was sie da treiben. Auf der Bühne mag solches erlaubt sein, auf der Bühne, wo das englische Publikum, dieses dankbarste Theaterpublikum der Welt, lacht, wenn ein Kellner ein Tablett fallen läßt, und todernst wird, wenn die Geigen wimmern und sich die Waldkulisse lila färbt, denn das ist die Liebe. Auf dem Theater ... gut. Aber im Leben? Im Leben verbirgt man seine Gefühle, so lange, bis die Leute glauben, man habe gar keine, denn das ist die gute Erziehung. Und da stehen sie.

Wer ist bewegt? Der Verkehr, der an den Reglosen vorüberfließt? Es ist eigentlich umgekehrt: der Verkehr ist reglos, und sie, sie sind bewegt. Jürgen Fehling hat einmal in einem Stück Barlachs so eine Szene aufgebaut: das Liebespaar saß inmitten einer Horde saufender Spießer am Tisch und sah sich an. Und die Trinkenden und Prostenden wurden immer stiller und stiller, schließlich erstarrten sie zu Wachsfiguren, nur die Liebenden sprachen noch und waren lebendig.

Und inmitten einer emsig dahintreibenden Welt, die ins Freie hinaus will, steht die Gruppe dieser beiden, bewegt und mit schlagenden Herzen in einer wächsernen Welt, die sie nicht sieht und die sie nicht sehen. Versunken ... Da stehen sie und sehen sich an, er wartet, und sie ist schon bei einem andern, mit dem sie eins zu werden hofft, da stehen sie, unrettbar und unweigerlich *zwei*, man kommt ja immer nur auf Sekunden zusammen, und dann schlägt das Gewoge über ihnen zusammen, der Straßensänger krächzt sein Lied, und die schweren Autobusse schmettern und stampfen vorüber, hinaus in die grünen Vorstädte, wo der englische Rotdorn blüht.

(1931)

Ehekrach

»Ja –!«
»Nein –!«
»Wer ist schuld?
Du!«
»Himmeldonnerwetter, laß mich in Ruh!«
– »*Du* hast Tante Klara vorgeschlagen!
Du läßt dir von keinem Menschen was sagen!
Du hast immer solche Rosinen!
Du willst bloß, ich soll verdienen, verdienen –
Du hörst nie. Ich red dir gut zu …
Wer ist schuld –?
Du.«
»Nein.«
»Ja.«

– »*Wer* hat den Kindern das Rodeln verboten?
Wer schimpft den ganzen Tag nach Noten?
Wessen Hemden muß ich stopfen und plätten?
Wem passen wieder nicht die Betten?
Wen muß man vorn und hinten bedienen?
Wer dreht sich um nach allen Blondinen?
Du –!«
»Nein.«
»Ja.«
»Wem ich das erzähle …!
Ob mir das einer glaubt –!«
– »Und überhaupt –!
»Und überhaupt –!«
»Und überhaupt –!«

Ihr meint kein Wort von dem, was ihr sagt:
Ihr wißt nicht, was euch beide plagt.
Was ist der Nagel jeder Ehe?
Zu langes Zusammensein und zu große Nähe.

Menschen sind einsam. Suchen den andern.
Prallen zurück, wollen weiter wandern …
Bleiben schließlich … Diese Resignation:
Das ist die Ehe. Wird sie euch monoton?
Zankt euch nicht und versöhnt euch nicht:
Zeigt euch ein Kameradschaftsgesicht
und macht das Gesicht für den bösen Streit
lieber, wenn ihr alleine seid.

Gebt Ruhe, ihr Guten! Haltet still.
Jahre binden, auch wenn man nicht will.
Das ist schwer: ein Leben zu zwein.
Nur eins ist noch schwerer: einsam sein.

(1928)

Ein Glas klingt

Zu seinen zahllosen Albernheiten und schlechten Angewohnheiten, die einen so nervös machen können ... schließlich etwas Rücksicht kann ja ein Mann auf seine Frau wohl nehmen, finde ich ... also ich finde das wenigstens ... zu seinen dummen Angewohnheiten gehört die, eine Tischklingel oder ein Glas, das er angestoßen hat, ruhig ausklingen zu lassen! Man legt doch die Hand darauf – Mama hat das auch immer getan. Wenn etwas bei Tisch klingt, dann legt man die Hand darauf, gleich, sofort – und dann ist es still. Er läßt die Gläser ausklingen ... Rasend kann einen das machen! So, wie er morgens immer beim Rasieren so albern mit dem Pinsel klappert, also jeden Morgen, den Gott werden läßt, so stößt er mit seinen ungeschickten dicken Händen mal an die Klingel, mal an sein Glas; bing, macht das dann, diiiiing – ganz lange. So ein hoher, giftiger Ton, als ob einen was auslacht. »Leg doch die Hand darauf!« sage ich. »Du bist so nervös heute«, sagt er. Dann lege ich die Hand aufs Glas. Nervös ...

Ja, ich bin nervös. Doktor Plaschek sagts auch. Er weiß, warum. Ich weiß auch, warum.

Seit heute mittag weiß ich es, ganz genau.

Da hat er wieder an das Glas gestoßen, und das Glas hat angefangen, zu singen, und ich habe ihn bloß angesehn, ich habe ihn bloß angesehn ... Er merkt ja nichts. Und da habe ich das Glas nicht zum Schweigen gebracht; ich habe es ausklingen lassen ... ich glaube: das ist in dieser Ehe der erste Ton gewesen, der wirklich ausgeklungen hat. Und das Glas hat ganz lange gesungen, ganz, ganz lange: erst böse, und dann voll und laut, und dann mittellaut, und dann sanft und leise, leise und immer leiser … Und da habe ich es plötzlich gewußt. Manchmal hat man doch so blitzschnell irgendwelche Erkenntnisse, da weiß man denn alles, wie es so ist. Das Glas hat vielleicht eine halbe oder eine dreiviertel Minute geklungen und gesungen, und in dieser kleinen Spanne Zeit habe ich es gewußt. Man denkt so schnell.

Geklappt hat das ja von Anfang an nicht. Gott, warum hat man geheiratet – das geht heute manchmal so … ich weiß es nicht. Ich war nicht einmal enttäuscht; ich war gar nichts. Es war etwa ungefähr so, wie wenn einer in einen See springt und hat schon den Rückenschauer wegen des kalten Wassers, und dann ist es ganz lau. Ein dummes Gefühl. Und das ist von Jahr zu Jahr schlimmer geworden; das mit dem Kind hat nichts geholfen, gar nichts. Das ist mein Kind, aber was das mit ihm zu tun hat … Und manchmal denke ich, also Gott verzeih mir die Sünde: das ist ein fremder Mensch, ein neuer Mensch – so wie das Kind bin ich doch gar nicht, er ist auch nicht so – das ist ein fremder, fremder, kleiner Mensch.

Mit dem Mann ist kein Auskommen. Nein, wir zanken uns gar nicht, nie hat es ein böses Wort gegeben, nicht einmal das. Keine Höhen und keine Tiefen: Tiefebene. Die Norddeutsche Tiefebene … das haben wir in der Schule gelernt … Wenn man einen einzigen Mann kennt, sagt Helen immer, dann kennt man überhaupt keinen. Kann sein. Aber daneben einen andern … ich mag das nicht. Na ja, Feigheit, meinetwegen; aber ich mag das nicht. Immer noch singt das Glas.

Mein Mann singt nicht. Er ist in der tiefsten Seele unmusikalisch. Er ist mir doch nun so nahe – und ist so weit weg, so weit weg ... Wenn er zärtlich ist, das kommt alle halbe Jahre einmal vor, dann ist es bestimmt an der falschen Stelle. Und wenn ich meine Katzenstunde habe, wo ich gern schnurren möchte, dann ist er nicht da, oder wenn er da ist, dann spricht er über sein Geschäft, oder er klapst mir auf den Rücken, eine schreckliche Angewohnheit ... er versteht nicht, daß ich bloß schnurren will, und daß mir nur jemand über das Fellchen streichen soll. Er weiß das nicht. Wen er wohl früher als Freundin gehabt hat?

Und jetzt klingt das Glas ganz leise. Und da hab ich gewußt: ich bin wohl auch ein bißchen schuld an der Sache. Also nicht viel – aber ein kleines bißchen. Es ist ja wahr, daß ich schon als Mädel meine Rosinen im Kopf hatte, wie Mama das nannte. Zum Theater habe ich gehen wollen ... Herrgott, ich habe wirken wollen, auf Männer und auf Frauen und auf Menschen überhaupt ... Und weil es mit einem Beruf nicht gegangen ist, da habe ich gedacht: mit der Kunst. Und das war dann nichts; Papa hat es nicht erlaubt. Jetzt spukt das in mir herum ... und ich bin ein bißchen sauer geworden, in all der Zeit, und es ist so schön, einen Mann zu haben, dem man die ganze Schuld geben kann. Und ich habe ihn gar nicht zu mir gezogen ... da hat er denn seelisches Fett angesetzt, und es ist immer schlimmer geworden, und ich war gradezu froh, wenn er was falsch gemacht hat. Ich habe darauf gewartet, daß er mit dem Rasierzeug klappert, damit ich wieder einen Anlaß habe, ihn zu hassen und unglücklich zu sein. Und das hat er wohl gemerkt. Und so ist das jetzt. Diing – ganz leise singt das Glas. Wir sind schuld. Wir sind beide schuld.

Soll ich nochmal von vorn anfangen? Kann ich nochmal von vorn anfangen? Scheidung? Auseinandergehen? Ein neuer

Mann? Jetzt noch einen Beruf? Das Glas hat ausgeklungen, und ich werde wohl meinen Weg zu Ende gehn. Einen schweren Weg. Tausend und aber tausend Frauen gehen ihn, jeden Tag, und der leise Ton ihres unhörbaren Unglücks und ihres stummen Schmerzes dringt an mein Ohr – wenn ein Glas klingt.

(1930)

Brief an Mary

Windscheidstr. 34 19.8.23 nachts
Wilhelm 8693

Sein Brief lag auf dem Nachttisch, und ich habe ihn aufgemacht – mit einem kleinen Angstgefühl. Aber als ich ihn gelesen hatte, da lag doch alles anders.

Es ist das Seltsamste, das ich je erlebt habe – und vielleicht ist Er viel mehr Russin, als wir beide wissen. Das ist natürlich wahr – daß wir *so* aneinandervorbeileben. Und es ist genau umgekehrt, wie Er schreibt – genau umgekehrt.

Denn es ist so:

So, wie Er um mich zittert, so zittre ich um Ihn. Eben, weil ich vieles weiß und erlebt habe, ist mir beseligend neu und unerhört dieses weiße, reine Schneefeld, auf dem noch keines Menschen Fuß gegangen ist. Womit sollte ich das vergleichen? Eben weil ich älter bin, kann ich es mit nichts vergleichen – denn das andere fällt in meine grünste Jugend, und da erlebt man nicht so tief. Oder doch anders. Aber wenn ich mir und Ihm das Leben schwer mache, so geschieht das aus Heidenangst. Ich habe Angst, daß ich Ihm nicht genüge. Ich habe Angst, daß ich zu alt für Ihn bin. Ich habe Angst, daß Ihn meine Sorgen scheu machen – und vor allem jene äußerlichste, dümmste Sorge. Und so habe ich Furcht.

Richtig ist eines: es muß in mir eine kalte, leere Stelle sein, die nicht reagiert, wenn man das erwartet. Ich habe das oft schon selbst gesehen – wie kalt – verwundert ich manchmal fremdem Schmerz zusehe, wie unbeteiligt, wie meilenweit entfernt. Aber nicht bei Ihm.

Ich sehne mich so zurück. Ich sehne mich nach Ihm, nach seiner saubern Einfachheit in vielen Dingen – daher mein tiefes Erschrecken, wenn Er aus Spaß freche Sachen sagt – Er soll doch wenigstens nicht mit Peitsche und so ... Er nicht. Und oberflächlich? Dann wäre Er nicht mehr Er – und alles hätte keinen Zweck gehabt.

Manchmal fühle ich mich Ihm ganz nahe – so heute nachmittag – wo Er warm war und dicht und wo ich Sein Herz schlagen hörte. Und dann kommen wieder Stunden, da schweigt Er. So tödlich und tief – und das macht verstummen.

Sehe ich *Seinethalben* müde aus –? Ich habe keinen Herbst, keine Wagenfahrt, keine Boote, kein Wasser, kein Meer, keinen Himmel und keinen Schnee. Wovon sollte ich froh aussehen? Und das Herz voller Angst: ja, *darfst du denn überhaupt* einen andern Menschen an deinen Jammer ketten, an dieses unerfüllte, halb gescheiterte, kaputt gemachte und deutsche Leben niederster Observanz? Und noch dazu eine, die so viel Wärme und Glätte brauchte, so viel Leichtigkeit und so viel geölte Scharniere ...! *Das* ist meine Angst. Daß Er manchmal vor Fremden wie ein Fremdkörper wirkt – das kann ich noch allenfalls begreifen. Aber daß Er ebensooft *vor mir* allein ist – das verstehe ich nicht. Ich weiß bestimmt, daß Er meine letzte Mädchenliebe ist – was danach noch kommen kann, dürfte sich in Spitzen, Hosen und Brüsten erschöpfen. Und vielleicht im Alter diese vilain amour zu »kleinen Mädchen« – aber nie wieder so etwas. Nein, ich habe Furcht, genau vor demselben, vor dem ich damals, 1920, Furcht gehabt habe. Damals hätte ich drei Monate nur zu warten brauchen – dann wäre es gegangen. Heute ...?

Er weiß nicht, was Er geben kann. Das kann Er nicht wissen, wenn Er auch eine so fein empfindende Frau ist. Er weiß nicht, wie froh und frei ein Tag nach solcher Nacht ist – wie alles mitklingt und mitpfeift, und wie Er in mir ist. Aber unverständlich: wenn man dann am nächsten Abend mit Ihm zusammen ist, sieht es so aus, als ob gar nichts gewesen wäre – kein Blick, kein Herzschlag, nichts, nichts ist mehr zu erkennen. Wüßte ich nicht, wen ich vor mir hätte – ich müßte denken, Er sei abgefeimt und ganz raffiniert. Natürlich ist es das nicht – aber es sieht kalt aus, was vielleicht Scham ist.

Eint es nicht –? Manchmal habe ich das Gefühl: *ich* habe *mich Ihm* gegeben, Er sich mir nicht. Manchmal denke ich: aber mit irgendeinem blonden Kavallerieoffizier ist sie tausendmal glücklicher, weil er unkompliziert ist und das Leben vielleicht besser oder anders meistert und keine Schwierigkeiten kennt und keine Skrupel hat …

Nein, ich bin kein Sieger im Tanzturnier. Aber heißer, inniger und tiefer sieht vielleicht der die Tanzschritte einer geliebten Frau, der dick in der Ecke sitzt und jede Faser von ihr im Blut hat. Weiß Er das nicht –? Wer, glaubt Er, ist da noch drin? Es ist viel zu früh, über gewisse Dinge mit Ihm zu reden, und Er will das vielleicht mit Recht nicht. Und ich tue es ja auch nicht. Aber das kann ich Ihm sagen:

Alles auf der Welt geht vorüber. Und »es geht auch so« stimmt immer – auch bei uns – alles andere ist Schwindel und hohles Pathos. Aber ich hätte einen Knacks weg, den ich nie verwinden könnte. (Das kann Ihm gleich sein.) Ich führe das nur an, weil Er scheinbar nicht weiß, was Er mir ist. Weil Er doch offenbar nicht fühlt, daß es ohne Ihn nicht geht, und daß immer – nach der Trennung, die ich mir nicht vorstellen kann, – und wenn ich noch so viel Glück hätte – immer, immer nachklänge: Aber du hättest sie doch glücklich machen können und wie schön wäre erst das *gewesen* –!

Nein, verbraucht ist es nicht. Aber gehemmt, aber durch tausend Soffitten verdeckt, versperrt, verdunkelt. Wäre ich sorglos und unbelastet – Er hätte mich ganz. Er teilt mich in der Tat mit etwas: mit meiner Scham über meine Stellung und über meine Lebensführung, die nicht zu mir paßt, und in der ich unsicher bin und unbehaglich und ungemütlich ... *Das* ist es, was schwer macht, *das* allein.

Ich halte Ihn nicht, und ich bitte Ihn um nichts. Wieder nichts –? Ich würde müde meinen Weg zu Ende gehen und sicherlich nicht daran sterben. Und auch wieder lachen können. Aber wie ein Klang ginge mir das nicht aus den Ohren und nie, nie werde ich das Bild vergessen:

Wie Er mit Seinem blonden Kopf im Bett liegt und liest, und ich weiß, jetzt gleich – jetzt wird sie dir gehören. Das ist so stark, von Autz her über Schwerin und immer. Durch alle Hemmungen hindurch, die mich viel stärker belasten als Ihn. Stirbt er sieben Tode? Oder tausend? Ich nur einen – aber der genügt.

Ich habe einen Vorsprung und ich habe gar keinen. Ich denke mir so oft, und eigentlich immer: es ist doch noch gar nichts gewesen, alle deine Erfahrungen und alles – das zerplatzt ja vor diesem Mädchen. Dann denke ich immer, es ist das erste Mal und ganz voll und tief.

Er gleicht einem Kartenspieler, der befürchtet, zu verlieren, aber alle Trümpfe in der Hand hat und sie nicht kennt. Ich habe bloß einen. Herz-As.

Dicker, sei froh –! Einer muß es doch sein. Und sei nicht böse auf Nungo – sei böse auf Land und Zeit. Dieser ist ruhebedürftig und möchte zu Meli kommen, an Brust und still liegen und blondes Haar über Augen gelegt bekommen und nichts sagen. Und gehört Ihm. Ganz und alleine: Ihm.

Sein

Nungo

(1923)

Brief an Mary (19.12.35)

Sollte Er verheiratet oder ernsthaft gebunden sein, so bitte ich Ihn, diesen Brief ungelesen zu vernichten. Ich mag mich nicht in ein fremdes Glück drängen – ich will ja nichts. Ich habe nichts zu enthüllen, nichts zu sagen, was Er nicht besser wüßte als ich. Ich habe Ihn nur um Verzeihung bitten wollen. Verspricht also zu verbrennen, wenn das so ist – es soll nichts mehr aufgerührt werden. Wünscht Ihm das Glück.

N.

Liebe Mala,
will Ihm zum Abschied die Hand geben und Ihn um Verzeihung bitten für das, was Ihm einmal angetan hat.

Hat einen Goldklumpen in der Hand gehabt und sich nach Rechenpfennigen gebückt; hat nicht verstanden und hat Dummheiten gemacht, hat zwar nicht verraten, aber betrogen, und hat nicht verstanden.

Ich weiß, daß Er nicht rachsüchtig ist. Was er damals auf der Rückfahrt nach Berlin durchgemacht hat; was späterhin gewesen ist –: ich habe es reichlich abgebüßt. Ganz klar, so klar wie das Abbild in einem geschliffenen Spiegel, ist mir das ganz zum Schluß geworden. Nun kommt alles wieder, Bilder, Worte, diese unsäglichen nuits blanches, die ich mir völlig bis auf den heutigen Tag nur damit erklären kann, daß ich es zu hoch angefangen habe, so daß jede Berührung mit der Erde wie eine Entweihung war – die paar Male, wo ich Ihn gefühlt habe, wie nur ein Mann eine Frau fühlen kann, und wie ich Ihn habe gehen lassen – jetzt, wo alles vorüber ist, weiß ich: ich trage die ganze, die ganze Schuld.

Die letzten Nächte habe ich im Bett die Hand nach rechts ausgestreckt, da war keiner. Es ist dasselbe Bett, in dem zum letzten Mal mit Ihm in der Nacht vom 2. zum 3. Dezember 1926 geschlafen hat, wo er gekommen ist, wie ein Tier, das etwas wittert – und hat, wie immer, richtig gewittert. Und jetzt sind es beinah auf den Tag sieben Jahre, daß weggegangen ist, nein, daß hat weggehn lassen – und nun stürzen die Erinnerungen nur so herunter, alle zusammen. Ich weiß, was ich in Ihm und an Ihm beklage: unser ungelebtes Leben.

Wäre die Zeit normal (und ich auch), so hätten wir jetzt ein Kind von, sagen wir, 12 Jahren haben können, und, was mehr ist, die Gemeinsamkeit der Erinnerungen.

Hat nicht mehr zu rufen gewagt. Hofft, daß Er meiner Bitte auf dem Umschlag entsprochen hat – das andere wäre nicht schön. Ich darf also annehmen, daß, wenn Er dies liest, er nicht ein Glück stört, das ich mir nicht habe verdienen können.

Nein, zu rufen hat nicht mehr gewagt. Ich habe aus leicht begreiflichen Gründen niemals irgendwelche »Nachforschungen« angestellt; ob Er verheiratet ist, hätte man mir sagen können – das andere nicht. Und hat vor allem nicht gewagt, weil Ihn nun noch ein zweites Mal aus der Arbeit und allem nicht hat herausreißen dürfen –: ist krank und kann sich nicht mehr verteidigen, geschweige denn einen andern. Mir fehlt nichts Wichtiges und nichts Schweres – es sind eine Reihe kleiner Störungen, die mir die Arbeit unmöglich machen. Ins Elend, das sicher gewesen wäre, konnte Ihn nicht herausrufen – ganz abgesehen davon, daß ich niemals gehofft habe, ob gekommen wäre. Doch. Hat gewußt.

Wäre Er jetzt gekommen, Er hätte nicht einen andern, aber einen verwandelten, gereifteren gefunden. Ich habe über das, was da geschehen ist, nicht eine Zeile veröffentlicht – auf alle Bitten hin nicht. Es geht mich nichts mehr an. Es ist nicht Feigheit – was dazu schon gehört, in diesen Käseblättern zu schreiben! Aber ich bin au dessus de la mêlée, es geht mich nichts mehr an. Ich bin damit fertig.

Und so viel ist nun frei geworden, jetzt, jetzt weiß ich – aber nun nutzt es nichts mehr. Hat anfangs Dummheiten gemacht, den üblichen coup de foudre für 2.50 francs, halbnötige Sachen und hat auch gute Freundschaften gehabt. Aber ich sehe mich noch nach Seiner Abfahrt im Parc Monceau sitzen, da, wo ich mein Paris angefangen habe – da war ich nun »frei« – und ich war ganz dumpf und leer und gar nicht glücklich. Und so ist es denn auch geblieben.

Seine liebevolle Geduld, diesen Wahnwitz damals mitzumachen, die Unruhe, die Geduld, neben einem Menschen zu leben, der wie ewig gejagt war, der immerzu Furcht, nein, Angst gehabt hat, jene Angst, die keinen Grund hat, keinen anzugeben weiß – heute wäre sie nicht mehr nötig. Heute weiß. Wenn Liebe das ist, was einen ganz und gar umkehrt, was jede Faser verrückt, so kann man das hier und da empfinden. Wenn aber zur echten Liebe dazu kommen muß, daß sie *währt*, daß sie immer wieder kommt, immer und immer wieder –: dann hat nur ein Mal in seinem Leben geliebt. Ihn.

Es war wie Glas zwischen uns – ich war schuld. Hat nicht gewagt, die paar Witzchen zu machen, die ein junger Mensch gern machen will, und dabei hat Er sie ja grade gewollt. Hat eine lächerliche »Freiheit« auf der andern Seite vermutet, wo ja in Wahrheit gar nichts ist. Hat immer stiller und stiller gelebt, jetzt ist wie an den Strand gespült, das Fahrzeug sitzt fest, will nicht mehr.

Will Ihn nur noch um Verzeihung bitten.

Ich bin einmal Schriftsteller gewesen und habe von S. J. geerbt, gern zu zitieren. Wenn Er wissen will, wie sich das bei den Klassikern ausnimmt, so lies den Abschiedsbrief nach, den Heinrich von Kleist an seine Schwester geschrieben, in Wannsee, 1811. Und vielleicht auch blättere ein bißchen im »Peer Gynt« herum, ich weiß nicht, ob wir das Stück zusammen gesehen haben, es ist nicht recht aufführbar. Da kraucht der Held gegen den Schluß hin im Wald herum, kommt an die Hütte, in der dieses Schokoladenbild, die Solveig, sitzt, und sie singt da irgend etwas Süßliches. Aber dann steht da: »Er erhebt sich – totenbleich« – und dann sagt er vier Zeilen. Und die meine ich.

»O – Angst« ... nicht vor dem Ende. Das ist mir gleichgültig, wie alles, was um mich noch vorgeht, und zu dem ich keine Beziehung mehr habe. Der Grund, zu kämpfen, die Brücke, das innere Glied, die raison d'être fehlt. Hat nicht verstanden.

Wünscht Ihm alles, alles Gute –
und soll verzeihen.

Nungo

(1935)

Aus!

Einmal müssen zwei auseinandergehn;
einmal will einer den andern nicht mehr verstehn – –
einmal gabelt sich jeder Weg – und jeder geht allein –
wer ist daran schuld?

Es gibt keine Schuld. Es gibt nur den Ablauf der Zeit.
Solche Straßen schneiden sich in der Unendlichkeit.
Jedes trägt den andern mit sich herum –
etwas bleibt immer zurück.

Einmal hat es euch zusammengespült,
ihr habt euch erhitzt, seid zusammengeschmolzen,
und dann erkühlt –
Ihr wart euer Kind. Jede Hälfte sinkt nun herab –:
ein neuer Mensch.

Jeder geht seinem kleinen Schicksal zu.
Leben ist Wandlung. Jedes Ich sucht ein Du.
Jeder sucht seine Zukunft. Und geht nun mit stockendem Fuß,
vorwärtsgerissen vom Willen, ohne Erklärung und ohne Gruß
in ein fernes Land.

(1930)

Daß man nicht alle haben kann –!

Mikrokosmos

Daß man nicht alle haben kann –!
Wie gerne möcht ich Ernestinen
als Schemel ihrer Lüste dienen!
Und warum macht mir Magdalene,
wenn ich sie frage, eine Szene?
Von jener Lotte ganz zu schweigen –
ich tat mich ihr als Halbgott zeigen.
Doch bin ich schließlich 1 Stück Mann …
Daß man nicht alle haben kann –!

Gewiß: das Spiel ist etwas alt.
Ich weiß, daß zwischen Spree und Elbe
das Dramolet ja stets dasselbe,
doch denk ich alle, alle Male:
entfern ich diesmal nur die Schale –
was wird sich deinen Blicken zeigen?
Was ist, wenn diese Lippen schweigen?
Nur diesmal greifts mich mit Gewalt …
(Gewiß: das Spiel ist etwas alt.)

Daß man nicht alle haben kann –!
Das läßt sich zeitlich auch nicht machen …
Ich weiß, jetzt wirst du wieder lachen!
Ich komm doch stets nach den Exzessen
zu dir und kann dich nicht vergessen.
So gib mir denn nach langem Wandern
die Summe aller jener andern.
Sei du die Welt für einen Mann …
weil er nicht alle haben kann.

(1920)

Ballade

Da sprach der Landrat unter Stöhnen
»Könnten Sie sich an meinen Körper gewöhnen?«
Und es sagte ihm Frau Kaludrigkeit
»Vielleicht. Vielleicht.
Mit der Zeit … mit der Zeit …«
Und der Landrat begann allnächtlich im Schlafe
laut zu sprechen und wurde ihr Schklafe
und er war ihr hörig und sah alle Zeit
Frau Kaludrigkeit – Frau Kaludrigkeit!

Und obgleich der Landrat zum Zentrum gehörte,
wars eine Schande, wie daß er röhrte;
er schlich der Kaludrigkeit ums Haus …
Die hieß so – und sah ganz anders aus:
Ihre Mutter hatte es einst in Brasilien
mit einem Herrn der bessern Familien.
Sie war ein Halbblut, ein Viertelblut:
nußbraun kreolisch, es stand ihr sehr gut.
Und der Landrat balzte: Wann ist es soweit?
Frau Kaludrigkeit – Frau Kaludrigkeit!

Und eines Abends im Monat September
war das Halbblut müde von seinem Gebember
und zog sich aus. Und sagte: »Ich bin …«
und legte sich herrlich nußbraun hin.
Der Landrat dachte, ihn träfe der Schlag!
Unvorbereitet fand ihn der Tag.
Nie hätt er gehofft, es noch zu erreichen.
Und er ging hin und tat desgleichen.

Pause

Sie lag auf den Armen und atmete kaum.
Ihr Pyjama flammte, ein bunter Traum.
Er glaubte, ihren Herzschlag zu spüren.
Er wagte sie nicht mehr zu berühren …
  Er sann, der Landrat. Was war das, soeben?
  Sie hatte ihm alles und nichts gegeben.
  Und obgleich der Landrat vom Zentrum war,
  wurde ihm plötzlich eines klar:
  Er war nicht der Mann für dieses Wesen.
  Sie war ein Buch. Er konnt es nicht lesen.
  Was dann zwischen Liebenden vor sich geht,
  ist eine leere Formalität.

Und so lernte der Mann in Minutenfrist,
daß nicht jede Erfüllung Erfüllung ist.
Und belästigte nie mehr seit dieser Zeit
die schöne Frau Inez Kaludrigkeit.

(1930)

Der Lenz ist da!

Das Lenzsymptom zeigt sich zuerst beim Hunde,
dann im Kalender und dann in der Luft,
und endlich hüllt auch Fräulein Adelgunde
sich in die frischgewaschene Frühlingskluft.

Ach ja, der Mensch! Was will er nur vom Lenze?
Ist er denn nicht das ganze Jahr in Brunst?
Doch seine Triebe kennen keine Grenze –
dies Uhrwerk hat der liebe Gott verhunzt.

Der Vorgang ist in jedem Jahr derselbe:
man schwelgt, wo man nur züchtig beten sollt,
und man zerdrückt dem Heiligtum das gelbe
geblümte Kleid – ja, hat das Gott gewollt?

Die ganze Fauna treibt es immer wieder:
Da ist ein Spitz und eine Pudelmaid –
die feine Dame senkt die Augenlider,
der Arbeitsmann hingegen scheint voll Neid.

Durch rauh Gebrüll läßt sich das Paar nicht stören,
ein Fußtritt trifft den armen Romeo –
mich deucht, hier sollten zwei sich nicht gehören …
Und das geht alle, alle Jahre so.

Komm, Mutter, reich mir meine Mandoline,
stell mir den Kaffee auf den Küchentritt. –
Schon dröhnt mein Baß: Sabine, bine, bine …
Was will man tun? Man macht es schließlich mit.

(1914)

Sexuelle Aufklärung

Tritt ein, mein Sohn, in dieses Varieté!
Die heiligen Hallen füllt ein lieblich Odium
von Rauchtabak, Parfüms und Eßbüffé.
Die blonde Emmy tänzelt auf das Podium,
der erste und der einzige Geiger schmiert ›Kollodium‹
auf seine Fiedel für das hohe C ...
So blieb es, und so ists seit dreißig Jahren –
drum ist dein alter Vater mit dir hergefahren.

Sieh jenes Mädchen! Erster Jugendblüte
leichtrosa Schimmer ziert das reizende Gesicht.
So war sie schon, als ich mich noch um sie bemühte,
und wahrlich: ich blamiert mich nicht!
Siehst du sie jetzt, wie sie voll Scham erglühte?
Was flüstert sie? »Det die de Motten kricht ...!«
Wie klingt mir dieser Wahlspruch doch vertraut
aus jener Zeit, da ich den Referendar gebaut!

Sei mir gegrüßt, du meine Tugendlilie,
du altes Flitterkleid, du Tamburin!
Nimm du sie hin, mein Sohn – es bleibt in der Familie –
und lern bei ihr: es gibt nur ein Berlin!
Nun aber spitz die Ohren, denn gleich singt Ottilie
ihr Lieblingslied vom kleinen Zeppeliihn ...
Kriegst du sie nicht, soll dich der Teufel holen!
Verhalt dich brav – und damit Gott befohlen!

(1913)

Versunkenes Träumen

Lieblich ruht der Busen, auf dem Tisch,
jener Jungfrau, welche rosig ist und frisch.

Ach, er ist so kugelig und gerundet,
daß er mir schon in Gedanken mundet.

Heil und Sieg dereinst dem feinen Knaben,
dem es freisteht, sich daran zu laben.

Jener wird erst stöhnen und sich recken;
aber nachher bleibt er sicher stecken.

Heirat, Kinder und ein häusliches Frangssäh –
nichts von Liebesnacht und jenem Kanapee …

Ich hingegen sitz bei ihren Brüsten,
und – gedanklich – dient sie meinen Lüsten.

Doch dann steh ich auf und schlenkre froh mein Bein,
schiebe ab,
bin frei –
und lasse Jungfer Jungfer sein! –

(1919)

Der Pfau

Ich bin ein Pfau.
In meinen weißen Schwingen
fängt sich das Schleierlicht der Sonne ein.
Und alle Frauen, die vorübergingen,
liebkosten mit dem Blick den Silberschein.

Ich weiß, daß ich sehr schön bin.
Meine Federn
auf meinem Kopf stell ich oft kapriziös ...
Ich hab das weißeste von allen Pfauenrädern;
ich bin sehr teuer, selten und nervös.

Ich habe leider ziemlich große Krallen,
und wenn ich fliege, sieht es kläglich aus.
Doch, wer mich liebt, dem werde ich gefallen,
und alle Welt steht vor dem Vogelhaus.

Klug bin ich nicht. Klugheit ist nicht bei allen,
viel liegt nicht hinter meiner Vogelstirn.
Ich will gefallen – immer nur gefallen –
Ich bin ein schöner Pfau. Ich brauche kein Gehirn.

Nur singen darf ich nicht. Das ordinäre
Gekrächz ist nicht zu sehen – wie mein Bildnis zeigt.
Ich bin ein Pfau.
Und eine schöne Lehre:
Wer dumm und schön ist, setzt sich. Siegt. Und schweigt.

(1927)

Ideal und Wirklichkeit

In stiller Nacht und monogamen Betten
denkst du dir aus, was dir am Leben fehlt.
Die Nerven knistern. Wenn wir das doch hätten,
was uns, weil es nicht da ist, leise quält.
  Du präparierst dir im Gedankengange
  das, was du willst – und nachher kriegst dus nie …
  Man möchte immer eine große Lange,
  und dann bekommt man eine kleine Dicke –
    C'est la vie –!

Sie muß sich wie in einem Kugellager
in ihren Hüften biegen, groß und blond.
Ein Pfund zu wenig – und sie wäre mager,
wer je in diesen Haaren sich gesonnt …
  Nachher erliegst du dem verfluchten Hange,
  der Eile und der Phantasie.
  Man möchte immer eine große Lange,
  und dann bekommt man eine kleine Dicke –
    Ssälawih –!

Man möchte eine helle Pfeife kaufen
und kauft die dunkle – andere sind nicht da.
Man möchte jeden Morgen dauerlaufen
und tut es nicht. Beinah … beinah …
  Wir dachten unter kaiserlichem Zwange
  an eine Republik … und nun ists die!
  Man möchte immer eine große Lange,
  und dann bekommt man eine kleine Dicke –
    Ssälawih –!

(1929)

Chef-Erotik

»... und dann hat er seine Sekretärin geheiratet.« Wie war das möglich?

Als sie eintrat, war da gar nicht viel – er hat das Mädchen kaum beachtet. Die Diktatprobe hatte genügt, die Referenzen waren gut, das Äußere soweit in Ordnung. Auch spielte damals die Geschichte mit Lux, und er hatte, weiß Gott, den Kopf viel zu voll ... »Überhaupt: im eignen Betrieb! nicht rühr an. Lieber Freund, wenn ich das will, kündige ich und fange mit ihr später was an! Ja.«

Monatelang war gar nichts; sie tat ihre Arbeit, und er ließ sie tun. Die Gewöhnung kam leise und langsam, ganz langsam. Sie war eben immer da, gehörte zum Mobiliar; er merkte das erst, als sie einmal krank wurde, da fehlte etwas im Büro, er konnte gar nicht arbeiten in diesen Tagen. Das fremde Gesicht der Aushilfe ... Er atmete auf, als sie wieder da war.

Er genierte sich gar nicht vor ihr; er telefonierte in ihrer Gegenwart mit Hanna und auch einmal mit dem dänischen Fratz, der sich damals in Berlin herumtrieb. Sie hörte das unbewegten Angesichts mit an. Das war kein Stenogramm; das ging sie nichts an. Aber auf dem Schreibtisch war noch ihre Hand spürbar, die Art, wie sie die Bleistifte hinlegte, die sanfte Ruhe, mit der sie ihn betreute. Und dann wuchsen die Leiber zusammen. Es lag einfach daran, daß er eines Tages sachte zu fühlen begann, wie auch dies eine Frau sei, mit Beinen, Schenkeln, Oberarmen. Es war nichts, aber auch nichts als die Nähe, die ihn dahin trieb; man kann doch nicht dauernd neben einer Quelle liegen, ohne zum mindesten einmal spielerisch die Hand ins Wasser zu stekken. Durst? Nein. Es war nur eine Quelle da.

Befehlen können und hier nicht befehlen können – Chef sein und Mann zugleich wie jeder andre; und eben die leise Gewöhnung. Der spielerische Drang vergessener Knabenjahre war wieder da, den andern einmal genau anzusehen, aus Neugier, aus Langeweile, aus tastendem Grauen ... Einmal, einmal muß man hinter jeden geschlossenen Vorhang sehen – das ist so. Und dann hat sie nicht mehr losgelassen.

Übrigens hat er es nicht bereut; sie ist ihm eine gute Hausfrau und brave Mutter der Kinder geworden, und in der großen Stadt im Rheinland weiß niemand von der Vergangenheit der Frau, die ja nicht schändet, nein, gewiß nicht, aber es ist ja nicht nötig, nicht wahr? Die Ehe blieb, was sie war: eine Arbeitsgemeinschaft. Ohne die bunten Stunden, aber mit viel Erinnerungen an gemeinsame Kampagnen, Geschäftsfreunde, Betriebskollegen ... Er hat jetzt einen Sekretär. Oder eine kleine käsige Tipse.

Zur Zeit ist er sterblich verliebt in die Inhaberin eines Modesalons; ein strammes Prachtweib mit weißen, blitzenden Zähnen und schwarz angelacktem Haar. Im allgemeinen ist er seiner Frau treu, ein anständiger Familienvater. Aber er ist so neugierig; er möchte nur ein einziges Mal den Vorhang jenes Kleides heben. Und das wird er ja wohl auch tun.

(1927)

Mal singen, Leute –!

Für Kate Kühl

Der Seemann schifft ins Meer hinaus,
ihm ist so leicht zu Sinn.
Marie weint sich die Augen aus –
er segelt rasch dahin.
Er sitzt in der Kombüse
und stochert im Gemüse,
und denkt sich: Wenns Marie nicht ist, na, dann ists eine Negerin ...
Der hat
in jeder Stadt 'ne Braut –!
Die erste für die Seele,
die zweite fürs Gemüt;
die dritte wegen Hoppeldibopp –
auf Nacht, wenns keiner sieht!

Mein Freund, daß du geheirat hast,
das will mir gar nicht ein.
Dein Stück Malheur ist eine Last!
Komm, wirf sie in den Rhein!
Er sagt: »Ich wünscht, ich kann es!
Wem sagst du das, Johannes!
Ich denk so oft, wenn die Alte schnarcht: Ach, wär ich jetzt allein!«
Ich hätt
in jeder Stadt 'ne Braut –!
Die erste für die Seele,

die zweite fürs Gemüt;
die dritte für das Hoppeldibopp –
auf Nacht, wenns keiner sieht!

Mensch, unser Gustav Stresemann
das ist wohl ein Filou!
Er meiert sich bei jedem an
und singt was Schöns dazu.
Er steht am Wasserglase
und redet durch die Nase,
mal rechts durchs Loch, mal links durchs Loch – der
Junge ist atout!
Der hat
in jeder Stadt 'ne Braut –!
Die erste für die Seele,
die zweite fürs Gemüt;
die dritte für das Hoppeldibopp –
auf Nacht, wenns keiner sieht!
Das macht der Reiz seines Angesichts!
Und die eine weiß von der andern nichts,
daß er ihr Programm geklaut!
In jeder Stadt
in jeder Stadt
in jeder Stadt 'ne Braut –!

(1924)

Auf ein Frollein

Gott Amor zieht die Pfeile aus dem Köcher,
er schießt. Ich bleib betroffen stehn.
Und du machst so verliebte Nasenlöcher …
Da muß ich wohl zum Angriff übergehn.

»Gestatten Sie …!« Du kokettierst verständig.
Dein Auge prüft den dicken Knaben stumm.
Der ganze Kino wird in dir lebendig,
du wackelst vorn und wackelst hinten rum.

In deinem Blick sind alle Bumskapellen
der Sonnabendabende, wo was geschieht.
Ich hör dich Butterbrot zum Aal bestellen –
Gott segne deinen lieben Appetit!

Ich führ dich durch Theater und Lokale,
durch Paradiese in der Liebe Land;
du gibst im Auto mir mit einem Male
die manikürte, kleine, dicke Hand.

Aus weiten Hosen seh ich dich entblättern,
halb keusche Jungfrau noch und halb Madame.
Ich laß dich sachte auf die Walstatt klettern …
Du liebst gediegen, fest und preußisch-stramm.

Und hinterher bereden wir im Dunkeln
die kleinen Kümmernisse vom Büro.
Durch Jalousien die Bogenlampen funkeln …
Du mußt nach Haus. Das ist nun einmal so.

Ich weiß. Ich weiß. Schon will ich weiterschieben –.
Ich weiß, wie die berliner Venus labt.
Und doch: noch einmal laß mich lieben
dich
  wie gehabt.

(1922)

Herr Wendriner betrügt seine Frau

»Nein, Sie stören gar nicht. Kommen Se rein – das ganz Personal ist schon weggegangen. Ja, ich hab noch ze tun. Setzen Se sich solange dahin, nein, nicht auf die Kuverts! Dahin. Ja. Na, was tut sich? Gott, sosolala. Ja, meine Frau ist immer noch in Heringsdorf. Ich habe mich heute mittag verspätet. Welsch war da, wir haben zusammen gegessen, nu muß ich nachholen. Sie sehn nicht gut aus, Regierer – was haben Sie? Ich unterschreibe inzwischen die Post, Sie erlauben doch ...? Danke. Nein. Vorigen Sonnabend? Ich? Mich haben Sie in der Scala gesehn? Da müssen Sie sich getäuscht haben. Das muß ein Doppelgänger gewesen sein! Ausgeschlossen. Nu, ich sag Ihnen doch ... Nein! Wann soll das gewesen sein, um zehn in der Pause? Mit ner großen Blondine? Lächerlich. Gott weiß, wen sie da erkannt haben. Sie haben meine Stimme im Gedränge gehört ...? Was hab ich gesagt? ›Ich würde gern mal die Probe machen, liebes Kind‹? Das soll ich gewesen sein –? Regierer, ich wer Ihn mal was sagen. Nehm Sie ne Zigarre?

Also hören Se zu, und machen Sie mir da keine Unannehmlichkeiten. Ich hab Ihnen doch gesagt, daß meine Frau erst in acht Tagen wiederkommt. Hier haben Sie Feuer. Da ist der Aschbecher. Also neulich hatt ich bei Kraft zu tun, er zeigt mir da ein paar neue Muster, ich will meiner Frau was anschaffen, wenn se zurückkommt, fürn Winter ... der Mann schwimmt im Geld, das sag ich Ihnen ... da geht eine fabelhafte Blondine durch. 'n Mannekäng. Ich sage zu Kraft, wer ist das, sage ich. Also er erzählt, das ist ein Frollein ... Name tut ja nichts zur Sache, eine sehr anständige Person, hat einen Freund, natürlich ...

aber sonst: nich rühr an. Na, dacht ich … Wissen Sie, ich bin sonst gar nicht so – aber in der letzten Zeit, ich weiß nicht, ich fühl mich noch verflucht jung. Jetzt kann ich doch den Brief von Schleusner nicht finden! Also wir reden noch so, Kraft gibt mir sonst immer fünfzehn Prozent, an dem Tag wollt er bloß zehn geben, weiß ich, warum – da wird er ans Telefon gerufen. Er geht raus, und wie ich noch so in den Sachen rumwühl, kommt die Person rein. ›Ist Herr Kraft da?‹ sagt sie. Ich sage: ›Nein, aber wenn Sie mit mir vorlieb nehmen wollen?‹ Na, ich streichel ihrs Händchen, sie sagt: ›Mit so alten Seegn will ich überhaupt nichts zu tun haben‹, so gibt ein Wort das andre – und schließlich hat sie mir dann versprochen, daß sie mit mir zusammen sein will. Na, haben Sie etwas gesehn, der Brief ist weg! Wo ist denn der …? Ich hab sie also für Sonnabend bestellt, ausgehen. Sie wollte durchaus in die Scala – ich hab ihr gesagt, das ist doch Wahnsinn, wo mich alle Leute kennen – sie hat gesagt, ach Unsinn, jetzt sind alle Leute weg, ich weiß doch aus dem Geschäft. Da sind wir also zusammen ausgegangen. Ja, also sie ist achtundzwanzig Jahr alt, hat ne Wohnung in der Bayreuther Straße, die bezahlt ihr Freund, der ist Prokurist bei Erdölundfette – übrigens eine sehr gute Sache … nicht Reißner, der ist doch nicht szerjeehs …! sie verdient sehr schön, vierhundert bei Kraft und manchmal Provision, der Freund gibt ihr auch noch tausend, also sie kommt aus. Die tausend versteuert sie natürlich nicht. Ihre alte Mutter wohnt in Landsberg. Der Brief ist weg – autsch! jetzt hab ich mir die Finger geklemmt … Gegessen haben wir in der Rüdesheimer Klause, kennen Se das? Ich kenn das noch von früher, ’n sehr nettes Lokal und gar nicht teuer. Sie wollt erst zu Hessler, ich hab gesagt, mein liebes

Kind, das geht nicht, auch deinetwegen nicht. Das hat sie dann eingesehen. Na, und dann hat sie mir ihre Wohnung gezeigt. Reizend, sag ich Ihnen! Ein kleines Eßzimmer, sehr gemütlich, ein Gelegenheitskauf, noch aus der Inflation, dann ein Rauchzimmerchen, entzückende Kissen, behsch, hauptsächlich – und ein Parfüm! Sie hat mir auch gleich ne Quelle für Parfüms gesagt, ich wer hingehn und meiner Frau ein Fläschchen besorgen ... Na und wies dann so weit war, sah se sehr vernünftig, hat sich gar nicht gesträubt, ach, wissen Se, das kann ich nicht leiden, diese Geschichten, man ist doch schließlich kein grüner Junge mehr, aber sie war wirklich Klasse ...! Sie ging raus, und dann kam sie zurück im Pyjama, violett mit unten rosa abgesetzt – famos, eine famose Person! Wissen Sie, mir ist ganz anders geworden, ich hab sie so genommen und hab gesagt: ... Sitzen Sie vielleicht auf dem Brief? Nein? Na, und dann hat sie mir ihr Schlafzimmer gezeigt. Ein riesiges Bett, von hier bis da, eine englische Kommode, 'n sehr schöner Teppich und Fenstervorhänge, Filets, Handarbeit, ich hab sie nur genau angesehn, nachher. Nebenan war gleich das Badezimmer. Na, die Frau – Ihnen gesagt! Grinsen Sie nich so, Sie oller Heuchler! Sie hätten auch nicht nein gesagt, wenn sie ja gesagt hätte. Und, wissen Sie, Regierer, ganz unter uns: ich bin noch gar nicht so alt, wie ich immer gedacht habe ... Ich habe nachher mit meinem Hausarzt gesprochen, der war sehr vernünftig, er hat mich bei der Gelegenheit untersucht, nein, das nicht, ausgeschlossen, sie ist doch ihrem Freund treu – er hat einen sehr guten Befund festgestellt. Nein, öfter. Das glauben Sie nicht? Lieber Freund, ich habs auch nicht geglaubt. Aber es war so. Morgens hat sie mir Kaffee gemacht, haben wir Kaffee zusammen getrunken, nein, unser Mädchen ist nicht da, sonst hätt ichs ja gar nicht machen können ... Wollt sie nicht nehmen. Nichts zu machen. Ich hab ihr angeboten, zweimal, dreimal – nichts zu machen. Ich wollt ihr erst was schicken, dann dacht ich: Ach ... Wirklich: ne famose Frau. Der Brief ist weg. Ja, ich komm gleich mit. Und wissen Se, was Kraft gemacht hat? Er hats natürlich gleich gewußt, weiß Gott, woher – sie hat ihm nichts gesagt, ausgeschlossen –! So, hat er gesagt, aber fünfzehn Prozent kriegen Sie diesmal nicht, Wendriner. Eigentlich müßt ich Ihnen noch was abziehn, für Platzmiete. Ein Hund. Aber deuten Sie nichts zu Hause an, ich will mein Haus rein halten. Ich hab meiner Frau das Kostüm gekauft und eine Flasche Parfüm, sie kriegt auch ne Bombonniere ... Was heißt das? Sie hat sich am Strand erholt. Ich hab mich hier erholt. Am meisten hab ich mich über mich selbst gefreut. Da ist der Brief. Nein! Ich will mich doch da nicht attaschieren. Vielleicht später mal. 'n Augenblick! Nur noch die Post. So.

Lieber Freund! Wenn Sie jeden Abend Fußbäder nehmen müssen, wollen Sie auch mal brausen –!«

(1925)

Zum ersten Mal ...

Eines Tags in Chemie schloß ich eine Wette
und ich raucht fröhlich die erste Cigarette.
Ach! Da wurde mir so weh und krank,
und da verschwand ich plötzlich stundenlang;
mir schien, ich platzt vor Nikotin,
ich hört im Bauch die Dämpfe ziehn!
Zum ersten Mal, zum ersten Mal,
da langts nicht her noch hin!
Mir war so schwül im Sinn!
Weil ich noch ein Anfänger bin!

Eines Nachts kam ich leis an die Mädchenstube,
und ich guckt, denn ich weiß: Anna ist kein Bube.
Ach! Das hab ich gar zu gern gemocht,
und da da hab ich an die Tür gepocht.
Die Maus, sie sagt: »Da wird was draus!«
Doch gleich warf sie mich wieder raus!
Zum ersten Mal, zum ersten Mal,
da langts nicht her noch hin!
Mir war so schwül im Sinn!
Weil ich noch ein Anfänger bin!

Neulich macht meine Lo eine kleine Reise,
und ich rutscht ebenso auf ein Nebengleise!
Ach! Da packte mich die große Scham,
weil ich vom Regen in die Traufe kam.
Und doch, die Liebe kriegt ein Loch,
an diesem Mädchen krank ich noch!

Zum ersten Mal, zum ersten Mal,
da langts nicht her noch hin!
Mir war so schwül im Sinn!
Weil ich noch ein Anfänger bin!

(1920)

Confessio

Wir Männer aus Berlin und Neukölln,
wir wissen leider nicht, was wir wölln.
Mal …

Mal konzentrieren wir uns auf die eine,
spielen mit ihr: die oder keine,
legen uns fest, ohne Bedenken,
wollen auch einem Söhnlein das Leben schenken,
verlegen den Sitz der Seele, als Gatte,
oberhalb des Tisches Platte –
Und sind überhaupt sehr monogam.

Wie das so kam …

Da lockten die andern. Ihrer sind viele.
Sie lockten zu kindlichem Zimmerspiele
– Bewegung lächerlich, Preis bedeutend –
Immer nur eine Glocke läutend?
Immer an eine Frau gebunden?
So sollen uns alle Lebensstunden
verrinnen? Ohne boshafte Feste?
Liegt nicht draußen das Allerbeste?
Mädchen? Freiheit? Frauen nach Wahl –?

Gesagt, getan.
Mal …

Mal trudeln wir durch bläuliche Stunden,
tun scheinbar an fröhlichem Wechsel gesunden;
können es manchmal gar nicht fassen,

welch feine Damen bei uns arbeiten lassen.
Und jede Seele, die eine hatte,
liegt unterhalb des Tisches Platte.
Und sind überhaupt sehr polygam.

Wie das so kam …

So herumwirtschaften? Lebenslänglich?
Plötzlich werden wir recht bedenklich.
Sehnen uns beinah fiebrig zurück
nach Einsamkeit und Familienglück.
Und fangen als ein ganzer Mann
die Geschichte wieder von vorne an.

Wir Männer aus Berlin und Neukölln,
wir wissen leider nicht, was wir wölln.
Wir piesacken uns und unsre Fraun,
uns sollten sie mal den Hintern aushaun.
Bileams Esel, ich und du.
Gott schenke uns allen die ewige Ruh.
Amen.

(1927)

Das Tauentzienmädel

Ich gehe um die Ecken;
Männer, diese kecken,
sie sind mir alle gänzlich einerlei!
Ich zähle fünfzehn Lenze
und bin dicht an der Grenze,
wo man noch sagt: »Da ist doch nichts dabei!«
Ich bin die kleine Kitty,
Papa sitzt in der City,
Mamachen ist mit drin in dem Komplott!
Kann entwischen, ich liege grade zwischen
Unschuldsengel und Kokott'!
Und ich geh', und ich geh', und ich geh'
und probier es mal ein bißchen, ein kleines bißchen;
kommt der Mann aber dann näher ran,
wisch ich aus und rufe:
»Stopp! Fauler Kopp! Blonder Zopp! Kühler Kopp!«
Was ich auch noch im Munde führe,
ich bleib' stets bei der Ouvertüre!
Das macht, weil ich alles seh
in den Straßen rings um's K.d.W.

Ein Hauptmann fand mich neulich
gewandt und recht erfreulich
und lud mich zu sich in die Wohnung ein.
Ich ging, man muß doch lernen,
ich ging in die internen
Gemächer seiner Löwenhöhle rein.
Die Ampel mit Gefunkel

ließ uns in halbem Dunkel,
so las ich es oft bei Sudermann.
Und er küßte und fragt mich, ob ich wüßte,
wie und wo und was und wann.
Und ich geh', und ich geh', und ich geh'
und probier es mal ein bißchen, ein kleines bißchen;
kommt der Mann aber dann näher ran,
wisch ich aus und rufe:
»Stopp! Fauler Kopp! Blonder Zopp! Kühler Kopp!«
Was ich auch noch im Munde führe,
ich bleib' stets bei der Ouvertüre!
Das macht, weil ich alles seh
in den Straßen rings um's K.d.W.

Auf allen Bällen tanz ich
mit Herrn, die über zwanzig,
wo Kinder herkomm'n, Gott, wer weiß das nicht!
Da muß ich schon sehr bitten!
Wir sind doch fortgeschritten,
ich weiß sogar schon, wie man keine kriegt.
Ich weiß die tollsten Sachen –
Ich weiß, wie sie es machen.
Ich kenn die Bilder mit den Akten drauf,
steht im Blättchen was von Erzkokottchen,
klär ich meine Mama auf.
Und ich geh', und ich geh', und ich geh'
und probier es mal ein bißchen, ein kleines bißchen;
kommt der Mann aber dann näher ran,
wisch ich aus und rufe:
»Stopp! Fauler Kopp! Blonder Zopp! Kühler Kopp!«

Was ich auch noch im Munde führe,
ich bleib' stets bei der Ouvertüre!
Das macht, weil ich alles seh
in den Straßen rings um's K.d.W.

(1920)

Die Barfrau

Ich lächle alle Gäste an,
ich mix schon sieben Jahr in der Bar ...
Mit Cocktails ist mein Herz gefärbt,
mit Wasserstoff mein Haar in der Bar.
Sind die Büros geschlossen,
graut den Herren vor zu Haus:
dann hab'n sie noch 'ne »Konferenz«
und quatschen sich hier aus!
Na, ist doch wahr ... na, ist doch wahr ...
immer rüber, immer rüber über die Bar ...
Sei doch nicht so dumm, Schatz,
ein Cognac schadet nie!
Zehn Prozent vom Umsatz ...
und acht Mark Garantie!
(gesprochen:) Manhattan für den Herrn!
'n Manhattan kannste kriegen, aber wollt ich unterliegen:
müßt' ich keine Barfrau sein!

Da hockt der Kavalier und gähnt
auf seinem hohen Sitz in der Bar;
von einer Barfrau wünscht der Gent
'nen unanständigen Witz in der Bar.
Ich erzähl ihm klar und deutlich
die Pointe vorne an;
Damit so 'n abgehetzter Mann
ihn auch verstehen kann!
Na, ist doch wahr ... na, ist doch wahr ...
immer rüber, immer rüber über die Bar ...
Sei doch nicht so dumm, Schatz,

ein Cognac schadet nie!
Zehn Prozent vom Umsatz …
was heißt denn hier Esprit!
Ein Portwein für den Herrn! (gesprochen)

Mal komm' sie auch mit ihren Frau'n
– das kann ich gut verstehn – in die Bar.
Was die sich nämlich nicht getrau'n,
das woll'n sie bei uns sehn in der Bar.
Da hab'n sie nun die Frauen,
und manche sind so süß …
Jenne zieh'n mit ei'm Gezumpel rum,
da wird ei'm aber mies!
Na, ist doch wahr … na, ist doch wahr …
immer rüber, immer rüber über die Bar …
Sei doch nicht so dumm, Schatz,
ein Cognac schadet nie!
Heb du man den Umsatz der Liebesindustrie!
Ein Glas Wasser für den Herrn!
Der Herr ist nicht wohl …! (gesprochen)

Manchmal spritzt aus den Kerlen raus
die reine Poesie … Schon jebongt!
Da heißt es dann: »Hier sitzen Sie
nu na, so 'ne Frau wie Sie!« Schon jebongt.
Lieber Freund, es ist die Wahrheit,
und wenn du dran erstickst:
Ich mixe Flips und Eiergrogs,
aber mit mir wird nicht gemixt!
Na, ist doch wahr … na, ist doch wahr …
Sei doch nicht so dumm, Schatz,

ein Flip ist auch ganz fein!
'n Manhattan kannste kriegen, aber wollt' ich unterliegen:
müßt ich keine Barfrau sein!

(ca. 1928)

Berliner Liebe

Steht dir der Sinn nach Liebe in den Orten
Westend bis Köpenick:
dann senk den Blick
und unterscheide im Objekte die drei Sorten:
Da gibt es Frauen mit den Scheitelhaaren,
gepunztes Silber auf dem falschen Busen,
teils im Reformkleid, teils in Eigenblusen,
die einmal – ach, wie weit! – fast reinlich waren
(jetzt dunkelweiß).
Bei Sturm und Regen
gehn diese gern durch Wald und Flur allein,
das Lodenhütchen keck auf einem Ohre,
und sprechen mit sich selbst und mit Tagore …
Soll die es sein –?
Sie sagen Feuilletons, eh man sie legt.
Sie sind sehr edel.
Aber nicht gepflegt.

Da gibt es solche, unten rum aus Seide,
im samtnen Mantel mit dem Waschbärkragen –
nach ihren Eltern mußt du sie nicht fragen.
Sie ist euch treu – und so liebt ihr drei beide.
Groß ausgehn nennt der Fachmann dein Getue.
Führ sie ins Kino, ins Theater ein!
Sie tanzt den neusten Schritt, kennt alle Paare,
hat jeden Monat frisch gefärbte Haare …

Soll die es sein –?
Sie spricht nicht viel.
Doch was sie spricht, ist Kitt.
Und sie nimmt alle süßen Ecken mit.

Willst du die Jüngerin Thaliens küren?
Sie offenbart, wenn sie mit dir im Bund ist,
was ihr Direktor für ein Schweinehund ist:
er wollt sie alle in Versuchung führen –
Das tät sie nie. (Fast nie.)
Es rinnt die Rede:
Von Proben, Premerieen, Klatscherein –
sie meistere Spiel und Sprache wie nur wenige,
sie spiele Olala und Iphigenie ...
Soll die es sein –?

Beim Papa Rickelt! Süß in allen Phasen:
Sie liebt.
Und bringt dich zeitig untern Rasen.

So geh, du Liebeswanderer, von Haus zu Haus.
Berlin ist groß.
Nun such dir eine aus!

(1921)

Theorie der Leidenschaft Berlin N 54

Von wejen Liebe ...
Wat der Affe klönt!
Ick hab ma ehmt bloß an'n jewöhnt!
Ick weß nu schon: det Morjens seine Socken ...
uff seinen Oberarm die zweenhalb Pocken ...
Von wejen Liebe –!
Hö! So siehste aus.
Mensch, nischt wie raus!

Da sind wa neulich in'n Film jewesen.
Da jab et eenen schönen Brief zu lesen.
Een Vers:
DIE EIFERSUCHT IST EINE LEIDENSCHAFT,
DIE MIT EIFER SUCHT, WAS LEIDEN SCHAFFT.
Na ja doch. Aba det wär ja jelacht:
Wenn der mit seine Nutten macht –
ick sahre nischt. Ick kenn doch diß jenau!
Son fauler Kopp. Ick ärja mir bloß blau,
det ick mir ärjere. Denn der vadient det jahnich,
der Affenschwanz, der olle Piesenkranich.
Ick mach et janz jenau wie er – son Aas ...!
A det is komisch: mir machts keenen Spaß.
Mich kann die janze Männerbransche –!
Ick nehme jahnich jern Revansche.
Ick, Lottchen, bin ja dazu viel zu schlau.
So is det meine Meinung nach mit jede Frau:
Sofern wir iebahaupt 'n Herrn ham,
denn ham wir jern, det wirn jern ham!
Ob Schupouniform, ob in Zevil:

es is von wejen det Jefiehl.
Da weeß der jahnischt von. Der pust sich auf
und kommt sich vor un is noch stolz dadrauf ...
Von wejen Liebe ...
Det bestimmt doch keinesfalls
der Mann mit seinen unjewaschenen Hals!
Ich küsse Ihre Hand, Madam.
Diß jlauben bloß die Kälber.
Ick sahre so –:
Det Schönste an die Liebe is die Liebe selber.

(1929)

Raschle, raschle, seidner Kimono

Glänzt der Fudschijama nachts in Weiß,
bete ich zu Brahma heimlich leis.
Mond scheint auf die Dächer
still in Ruh,
unser bunter Fächer winkt ihm zu.
Raschle, raschle, seidner Kimono,
deine kleine Geisha sehnt sich so,
sie sitzt im Teehaus
und steckt den kleinen Zeh raus.
Singe, singe, kleiner Kolibri,
ferner Liebster, warum kommst du nie?
Kleine Geisha sehnt sich so,
und sie wäre wieder froh,
bist du bei ihr unterm Kimono!
Kleine Geisha sehnt sich so,
und sie wäre wieder froh,
bist du bei ihr unterm Kimono!

Horch, wie durch die Bäume Windhauch lief,
Liebster, und ich träume opiumtief.
Yoshiwaras Gassen warten dein,
wollen dich nicht lassen, komm, sei mein!
Raschle, raschle, seidner Kimono,
deine kleine Geisha sehnt sich so,
in Nagasaki nach ihren Kerls in Khaki.
Singe, singe, kleiner Kolibri,
ferner Liebster, warum kommst du nie?

Kleine Geisha sehnt sich so,
und sie wäre wieder froh,
bist du bei ihr unterm Kimono!
Kleine Geisha sehnt sich so,
und sie wäre wieder froh,
bist du bei ihr unterm Kimono!

(1921)

Wenn die Igel in der Abendstunde

Für achtstimmigen Männerchor

Wenn die Igel in der Abendstunde
still nach ihren Mäusen gehn,
hing auch ich verzückt an deinem Munde,
und es war um mich geschehn –
Anna-Luise –!

Dein Papa ist kühn und Geometer,
er hat zwei Kanarienvögelein;
auf den Sonnabend aber geht er
gern zum Pilsner in'n Gesangverein –
Anna-Luise –!

Sagt' ich: »Wirst die meine du in Bälde?«,
blicktest du voll süßer Träumerei
auf das grüne Vandervelde,
und du dachtest dir dein Teil dabei,
Anna-Luise –!

Und du gabst dich mir im Unterholze
einmal hin und einmal her, und du fragtest mich mit deutschem Stolze,
ob ich auch im Krieg gewesen wär ...
Anna-Luise –!

Ach, ich habe dich ja so belogen!
Hab gesagt, mir wär ein Kreuz von Eisen wert,
als Gefreiter wär ich ausgezogen,
und als Hauptmann wär ich heimgekehrt
Anna-Luise –!

Als wir standen bei der Eberesche,
Wo der Kronprinz einst gepflanzet hat,
raschelte ganz leise deine Wäsche
und du strichst dir deine Röcke glatt,
    Anna-Luise –!

Möchtest nie wo andershin du strichen!
Siehst du dort die ersten Sterne gehn?
Habe Dank für alle unvergesserlichen
Stunden und auf Wiedersehn!
    Anna-Luise –!

Denn der schönste Platz, der hier auf Erden mein,
das ist Heidelberg in Wien am Rhein,
    Seemannslos.
Keine, die wie du die Flöte bliese ...!
Lebe wohl! Leb wohl.
    Anna-Luise –!

(1928)

Die Macht der Wissenschaft

Wie die ›Freie Deutsche Schule‹ zu Würzburg berichtet, ist es in Bayern gelungen, ein System zu entdecken, das jede von Gott nicht gewollte Wallung der Geschlechtlichkeit zunichte macht. Der ›*Altöttinger Liebfrauenbote*‹ gibt uns das Rezept.

»Wenn die Reize kommen, dann etwa im Kopf ausrechnen, wieviel 27 mal 28 macht. Bis du das Resultat hast, ist das gereizte Nervensystem abgelenkt und alles wieder in Ordnung.«

Das läßt mich gar nicht mehr schlafen. Hier in Schweden sind die Frauen sehr schön und wohlschmeckend; ich gehe nie mehr ohne Logarithmentafel aus. Bis gestern hat es gut funktioniert: wenn Inge oder Karen oder Senta vorbeikam – ich die Tabelle heraus – 27 mal 28 ... und alles war in Ordnung. Seit gestern klappt es nicht mehr.

Ich muß es dem ›*Altöttinger Liebfrauenboten*‹ sagen –: sein System hat, mit Verlaub zu sagen, ein Loch. Nämlich: immer, wenn ich jetzt in der Wirtschaft oder im Büchlein für die Markenkasse ausrechnen will, wieviel 27 mal 28 ist, dann ist aber gar nicht alles in Ordnung. Es muß da irgend etwas haften geblieben sein, ein Komplex ... es ist ganz schrecklich. Meine Mama hat mir alle Rechenbücher fortgenommen; »es regt den Jungen so auf«, sagt sie.

Übrigens schlage ich vor: 3 mal 23. Es kommt der Sache näher.

(1929)

Abschied von der Junggesellenzeit

Agathe, wackel nicht mehr mit dem Busen!
Die letzten roten Astern trag herbei!
Laß die Verführungskünste bunter Blusen,
das Zwinkern laß, den kleinen Wollustschrei …
Nicht mehr für dich foxtrotten meine Musen –
vorbei – vorbei …
Es schminkt sich ab der Junggesellenmime:
Leb wohl! Ich nehm mir eine Legitime!

Leb, Magdalene, wohl! Du konntest packen,
wenn du mich mochtest, bis ich grün und blau.
Geliebtendämmerung. Der Mond der weißen Backen
verdämmert sacht. Jetzt hab ich eine Frau.
Leb, Lotte, wohl! Dein kleiner fester Nacken
ruht itzt in einem andern Liebesbau …
Lebt alle wohl! Muß ich von Kindern lesen:
Ich schwör sie ab. Ich bin es nicht gewesen.

Nur eine bleibt mir noch in Ehezeiten –
in dieser Hinsicht ist die Gattin blind –,
Dein denk ich noch in allen Landespleiten:
Germania! gutes, dickes, dummes Kind!
Wir lieben uns und maulen und wir streiten
und sind uns doch au fond recht wohlgesinnt …
Schlaf nicht bei den Soldaten! Das setzt Hiebe!
Komm, bleib bei uns! Du meine alte Liebe –!

(1920)

O du mein Heimatland

Heimat

> Aber einen Trost hast du immer, eine Zuflucht, ein Wegschweifen. Selbst auf Umgebungsflachheiten stehen Bäume, Wasseraugen schimmern dich an, Horizonte sind weit, und auch durch düstere Verhängung kommt noch Feldatem.
>
> Alfons Goldschmidt: *›Deutschland heute‹*

Nun haben wir auf vielen Seiten Nein gesagt, Nein aus Mitleid und Nein aus Liebe, Nein aus Haß und Nein aus Leidenschaft – und nun wollen wir auch einmal Ja sagen. Ja–: zu der Landschaft und zu dem Land Deutschland.

Dem Land, in dem wir geboren sind und dessen Sprache wir sprechen.

Der Staat schere sich fort, wenn wir unsere *Heimat* lieben. Warum grade sie – warum nicht eins von den andern Ländern –? Es gibt so schöne.

Ja, aber unser Herz spricht dort nicht. Und wenn es spricht, dann in einer andern Sprache – wir sagen ›Sie‹ zum Boden; wir bewundern ihn, wir schätzen ihn – aber es ist nicht das.

Es besteht kein Grund, vor jedem Fleck Deutschlands in die Knie zu sinken und zu lügen: wie schön! Aber es ist da etwas allen Gegenden Gemeinsames – und für jeden von uns ist es anders. Dem einen geht das Herz auf in den Bergen, wo Feld und Wiese in die kleinen Straßen sehen, am Rand der Gebirgsseen, wo es nach Wasser und Holz und Felsen riecht, und wo man einsam sein kann; wenn da einer seine Heimat hat, dann hört er dort ihr Herz klopfen. Das ist in schlechten Büchern, in noch dümmeren Versen und in Filmen schon so verfälscht, daß man sich beinah schämt, zu sagen: man liebe seine Heimat. Wer aber weiß, was die Musik der Berge ist, wer die tönen hören kann, wer den Rhythmus einer Landschaft spürt ... nein, wer gar nichts andres spürt, als daß er zu Hause ist; daß das da sein Land ist, sein Berg, sein See, auch wenn er nicht einen Fuß des Bodens besitzt ... es gibt ein Gefühl jenseits aller Politik, und aus diesem Gefühl heraus lieben wir dieses Land. Wir lieben es, weil die Luft so durch die Gassen fließt und nicht anders, der uns gewohnten Lichtwirkung wegen – aus tausend Gründen, die man nicht aufzählen kann, die uns nicht einmal bewußt sind und die doch tief im Blut sitzen.

Wir lieben es, trotz der schrecklichen Fehler in der verlogenen und anachronistischen Architektur, um die man einen weiten Bogen schlagen muß; wir versuchen, an solchen Monstrositäten vorbeizusehen; wir lieben das Land, obgleich in den Wäldern und auf den öffentlichen Plätzen manch Konditortortenbild eines Ferschten dräut –

laß ihn dräuen, denken wir und wandern fort über die Wege der Heide, die schön ist, trotz alledem.

Manchmal ist diese Schönheit aristokratisch und nicht minder deutsch; ich vergesse nicht, daß um so ein Schloß hundert Bauern im Notstand gelebt haben, damit dieses hier gebaut werden konnte – aber es ist dennoch, dennoch schön. Dies soll hier kein Album werden, das man auf den Geburtstagstisch legt; es gibt so viele. Auch sind sie stets unvollständig – es gibt immer noch einen Fleck Deutschland, immer noch eine Ecke, noch eine Landschaft, die der Fotograf nicht mitgenommen hat ... außerdem hat jeder sein Privat-Deutschland. Meines liegt im Norden. Es fängt in Mitteldeutschland an, wo die Luft so klar über den Dächern steht, und je weiter nordwärts man kommt, desto lauter schlägt das Herz, bis man die See wittert. Die See – Wie schon Kilometer vorher jeder Pfahl, jedes Strohdach plötzlich eine tiefere Bedeutung haben ... wir stehen nur hier, sagen sie, weil gleich hinter uns das Meer liegt – für das Meer sind wir da. Windumweht steht der Busch, feiner Sand knirscht dir zwischen den Zähnen ...

Die See. Unvergeßlich die Kindheitseindrücke; unverwischbar jede Stunde, die du dort verbracht hast – und jedes Jahr wieder die Freude und das »Guten Tag!« und wenn der Mittelländische Meer noch so blau ist ... die deutsche See. Und der Buchenwald; und das Moos, auf dem es sich weich geht, daß der Schritt nicht zu hören ist; und der kleine Weiher, mitten im Wald, auf dem die Mücken tanzen – man kann die Bäume anfassen, und wenn der Wind in ihnen saust, verstehen wir seine Sprache. Aus Scherz hat dieses Buch den Titel ›*Deutschland, Deutschland über alles*‹ bekommen, jenen törichten Vers eines großmäuligen Gedichts. Nein, Deutschland steht nicht über allem und ist nicht über allem – niemals. Aber mit allen soll es sein, unser Land. Und hier stehe das Bekenntnis, in das dieses Buch münden soll:

Ja, wir lieben dieses Land.

Und nun will ich euch mal etwas sagen:

Es ist ja nicht wahr, daß jene, die sich ›national‹ nennen und nichts sind als bürgerlich-militäraristisch, dieses Land und seine Sprache für sich gepachtet haben. Weder der Regierungsvertreter im Gehrock, noch der Oberstudienrat, noch die Herren und Damen des Stahlhelms allein sind Deutschland. Wir sind auch noch da.

Sie reißen den Mund auf und rufen: »Im Namen Deutschlands ...!« Sie rufen: »Wir lieben dieses Land, nur wir lieben es.« Es ist nicht wahr.

Im Patriotismus lassen wir uns von jedem übertreffen – wir fühlen international. In der Heimatliebe von niemand – nicht einmal von jenen, auf deren Namen das Land grundbuchlich eingetragen ist. Unser ist es.

Und so widerwärtig mir jene sind, die – umgekehrte Nationalisten – nun überhaupt nichts mehr Gutes an diesem Lande lassen, kein gutes Haar, keinen Wald, keinen Himmel, keine Welle – so scharf verwahren wir uns dagegen, nun etwa ins Vaterländische umzufallen. Wir pfeifen auf die Fahnen – aber wir lieben dieses Land. Und so wie die nationalen Verbände über die Wege trommeln – mit dem gleichen Recht, mit genau demselben Recht nehmen wir, wir, die wir hier geboren sind, wir, die wir besser deutsch schreiben und sprechen als die Mehrzahl der nationalen Esel – mit genau demselben Recht nehmen wir Fluß und Wald in Beschlag, Strand und Haus, Lichtung und Wiese: es ist unser Land. Wir haben das Recht, Deutschland zu hassen – weil wir es lieben. Man hat uns zu berücksichtigen, wenn man von Deutschland spricht, uns: Kommunisten, junge Sozialisten, Pazifisten, Freiheitliebende aller Grade; man hat uns mitzudenken, wenn ›Deutschland‹ gedacht wird … wie einfach, so zu tun, als bestehe Deutschland nur aus den nationalen Verbänden.

Deutschland ist ein gespaltenes Land. Ein Teil von ihm sind wir.

Und in allen Gegensätzen steht – unerschütterlich, ohne Fahne, ohne Leierkasten, ohne Sentimentalität und ohne gezücktes Schwert – die stille Liebe zu unserer Heimat.

(1929)

Home, Sweet Home

Berliner Muse mit den runden Hüften,
den Tuchgamaschen und dem Samtbarett,
umgaukle du mich in den staubigen Lüften:
Komm, Göttin, sei mal nett!

Hier auf dem Rathausturm ists windig, Muse,
der kalte Zug reißt mir die Leier weg –
begleite mich, mein süßes Kind, halt du se:
Ich singe so freiweg.

Da liegt die Stadt – nur schön bei Regenstürmen –
teils an der Panke und teils an der Spree,
mit Synagogenkuppeln, Kirchentürmen
und einem Tanzpaleeh.

Und was da längs des grünen Bäumewalles
so gülden gleißt (ich weiß nicht, ob dus kennst):
das ist der Reichstag – doch es ist nicht alles
hienieden Gold, was glänzt.

In jener Gegend wohnt die große Presse –
sie macht erst unsre Zeit in Wort und Bild:
dort sättigt der Berliner sein Interesse,
nervös und injebildt.

Da hinten rechts, in jener dunstigen Weite,
liegt der Komödienhäuser dichter Hauf –
und gehn sie alle, alle langsam pleite:
dann macht man neue auf.

Und, siehst du, hier verbringt man so sein Leben.
Da draußen rauschen Wälder, Wolken ziehn –
Wir passen auf, was sie für Possen geben,
und wie sie vor den Uniformen beben! –
O du mein Heimatland, du mein Berlin!

(1914)

Der Rhein und Deutschlands Stämme

Es fließt ein Strom durch das deutsche Land,
drin spiegeln sich Schlösser und Zinnen;
er ist in den deutschen Gauen bekannt,
kein Refrain kann demselben entrinnen.
    Und alle Romantik hat hier ihr Revier,
    und je lauter das Rheinlied, je kälter das Bier
    der kleinen und großen Verdiener.
    Zum Beispiel so der Berliner:
        »Ein rheinischet Meechen – beim rheinischen Wein –
            Ja, Donnerwetter nich noch mal!
        Na, det muß ja der Hümmel auf Erdn sein –!
            Wat, Lucie –?«

Wer Lieder für Operetten schreibt
aus Prag, aus Wien und aus Bentschen –:
den Rhein möcht ich sehn, der da ungereimt bleibt –
es sind halt geschickte Menschen!
    Und was sie dichten, ganz Deutschland grölts,
    von Aachen bis Dirschau, von Kiel bis nach Ölz;
    wo nur Treue und Weinbrand wachsen.
    Zum Beispiel so unsere Sachsen:
        »Ein rheinisches Mädchen – beim rheinischen Wein –
            Nu heere mal, Agahde, was hasdn du
            Krachenschonr nich midgenomm? 's is doch
            so giehle uffm Wasser?
        Diß muß ja der Himmel auf Erden sein!
            Eicha ...!«

Im Rhein, da quillt unsere Mannesbrust,
da liegen dicke Tantiemen;
und befällt den Deutschen die Sangeslust:
hier kann er das Ding unternehmen.
Es reimt sich der Rhein
auf Schein und auf Sein
und auf mein und auf dein,
auf Jüngferlein, Stelldichein, Gänseklein …

Und ist auch zerklüftet das Deutsche Reich:
im Moorbad der Lyrik verstehn sie sich gleich.
Viel schneller als bei Richard Dehmel.
Zum Beispiel so jener aus Memel:
»Äin rhäinisches Mädchen – bäim rhäinischen Wäin –
äi, das muß ja der Himmel – auf Erden säin –
Wäißt, wenn dir der Wäin nich schmeckt,
jieß noch 'n kläin Schnaps-che räin! –
Äi, das muß ja der Himmel auf Erden säin –!
Oder mäinst näin –?«

So ist der Rheinstrom ohne Fehle,
das Familienbad der deutschen Seele.

(1927)

Der Stimmungssänger

Das Lokal verdunkelt sich, tieflila und bonbonrosa

Hörst du nicht das Lieböslied,
wie es leis die Nacht durchzieht?
Zwei Herzen, die scherzen, ahnen oft nicht,
daß plötzlich beim Scherzün entflammen die Herzün ...
    Du bist etwas ganz Wunderbars:
        Ich hab dich so gerne –
        Bist mir Sonne, Mond und Sterne,
        meine Venus du und mein Mars ...
Sag mir noch einmal Jöä, du schöne Frau!
Sag mir noch einmal Jöä!
                                        Ich weiß genau:
Ich drück dich an mein Herriz – die Nacht und ich sind blau
                        am Busen einer schönen Frau –!

Orchester

Ein bayerischer Gast verlangt stürmisch nach Knödeln. Der Stimmungssänger zieht sich zwei aus dem Hals und reicht sie ihm.

Orchester

Ich denke an dich spät und früh,
du meine Madamm Butterflüh!
Mit dir – da möcht ich einmal sein
in Rüdesheim am Rhein beim Wein!
Du trägst ein Kind unterm Herzelein ....
Ja, wer mag der Vater nur sein –?

Drei Musketiere! Drei Kavaliere!
Für die Freiheit stehen sie ein!
Zieht blank, Musketiere, und steckt den Degen ein
mang die Freiheit, die Frauen und der Wein!
Him – plam, plam
Hum – plim, plim
Jau – didau didau –
plim – plim ...

Ich schenk dir Küsse ohne Zahl.
Wir sind hier ein durchaus feines Lokal.
Vor Monokeln liegen wir auf dem Bauch;
kommt der Kronprinz einmal, vor dem Kronprinzen auch!
Zähl nicht jede Flasche, die der Kellner dir nimmt
halbgefüllt ...
Du süßes Engelsbild!
Bald ist der Moi
vorbeu!
Bleib mir treu!
Und kaufe ihr einen Veilchenstrauß,
sonst fliegt die Person aus dem Ausschank hier raus!
Zonny boy!
Und kaufe ihr einen Täddy-Bären,
sonst darf die Nutte hier nicht mehr verkehren!
Zonny boy ...
Die deutsche Frau sei dem Manne geheiligt –
auch ist sie an den Getränken beteiligt ...
Keine Inkorrektheit, die uns entwischt!
Zwischen servil und frech gibt es hier nischt.
Hier herrscht Ordnung!

Dort seh ich die Lo – die süße Kokwette –
sie kommt grade von der Damentoilette!
    O sieh doch nur, wie der Mondenschein strahlt!
    Dabei hat das Luder nicht mal bezahlt!
    Sie macht ein unschuldvoll Gesicht
    und denkt, die Toilettenfrau merkt es nicht ...
Doch es gibt eine Frau, die dich niemals vergißt
und dir alles im Leben verzeiht –
aber wenn du ihr weggelaufen bist,
dann kommt es, daß sie schreit:
    »Heinmal sagt man sich Hadjöö,
    wenn man sich auch noch so liebt!
    Einmal sagt man sich Adieu,
    det mir det Aas keen Trinkjeld jibt!
    Da hat se natürlich keen Jeld vor ...!«

Und wir spielen vermittels des Weins
dem Mittelstand große Welt vor
von abends bis morgens um eins!
    Stoßt auf! Mit dem Rebenpokale!
    Die Celli und Geigen ziehn!
    Wir sind die Vergnügungslokale
    und der Stolz der Weltstadt Berlin –!

(1930)

Kleine Station

»– 'menau!« rufen die Schaffner. »– 'menau!« Mit dem Ton auf der letzten Silbe. Wir sehen hinaus.

Da rauschen ein paar Bäume, der Stationsvorsteher hat sich Sonnenblumen gezogen, die aus der Zeit herrühren, wo er noch nicht Fahrdienstleiter hieß, da steht ›Männer‹ dran und da ›Frauen‹, und für die Zwitter ist auch noch ein Güterschuppen da. Die Lokomotive atmet. Niemand steigt aus. Niemand steigt ein. Aber hier ist: Aufenthalt.

Von »– 'menau« ist nichts zu sehen, das liegt wohl hinter den Bäumen. Doch, hier ist ein kleines Stückchen Straße, wenn nicht alles täuscht: die Bahnhofsstraße, maßlos häßlich, hoffen wir, daß es da hinten hübscher aussieht. Sicherlich tut es das.

Da steht ein Schillerdenkmal (1887) und ein Kriegerdenkmal – nein, zwei: eins von dunnemals und eins von heute, eins mit einer Zuckerjungfrau und eins mit einem Stahlhelmmann. Eine Kaiser-Wilhelm-Straße ist da, und die lange Chaussee trägt den Namen der nächsten großen Stadt. Die Kirche ist aus romanischem Stil und das Postamt aus Backsteinen.

Einer ist der reichste Mann von »– 'menau« – einer muß doch der Reichste sein. Er ist viel in der Stadt und weilt nicht oft im Orte, wie das Blättchen schreibt. Am Stammtisch sorgen der Amtsrichter, der, ach Gottchen, Referendar, der Apotheker und der Postinspektor für die Aufrechterhaltung der Republik, wie sie sie auffassen. Manchmal darf da auch der Redakteur sein Bier trinken.

Wenn Markt ist, schwitzen dicke Bauerngesäße in der Kneipe, alles ist voll Dunst und Rauch und Geschrei. Der

Lehrer hat ein bißchen die Tuberkulose, aber das macht nichts: im Sommer fällt ohnehin der Unterricht so oft aus, wie der Gutsbesitzer die Kinder zur Feldarbeit braucht. Es ist ein Arzt da, der viele Kinder hat, merkwürdig. Am Marktplatz wohnt Fräulein Grippenberg, sie spielt Klavier; wenn nachts der Mond geschienen hat, singt sie am nächsten Tage, die Hunde haben das nicht gern. Ein Polizeibüro ist da, worin es grob und säuerlich riecht; der amtierende Polizist hat hervorstehende Augenbrauen, fast kleine Buschen; er war aktiver Wachtmeister, seine Einjährigen hatten nichts zu lachen, aber er hatte was.

Wo die Liebespaare wohl hingehen? Wahrscheinlich in die Felder. Die Gemeinde zählt 1245 Seelen, da heißt es fleißig sein: der Kaiser braucht Soldaten ... ach nein! Ja doch. Telefonieren kann man beim Doktor, sonst im Gasthaus, aber da ist das Telefon kaputt. Auf einem brachliegenden Felde in der Gemarkung VIII des Kätners Römmelhagen steht ein Runenstein. Schadt nichts, laß ihn stehen.

Möchte man hier leben –? Auf dich haben sie nicht gewartet; sie haben ihre Schicksale, sterben, saufen, handeln, lassen Grundstückseintragungen vornehmen, prügeln ihre Kinder, stecken der Großmama Kuchenkrümel in den Mund und verzweifeln – höchst selten – an der Welt. »– 'menau!«

Ja, und dann fahren wir wieder.

(1926)

Chanson für eine Frankfurterin

Für Ida Wüst

Wenn die alte Herrn noch e mal Triebe ansetze –
des find ich goldisch!
Wenn se dann nix wie Dummheite schwätze –
des find ich goldisch!
Des hab ich von meim alte Herrn:
ich hab halt die Alt-Metalle so gern …
Wenn ich en Bub geworde wär, hätt ich auch
Metallercher verzollt –
Ja, Jaköbche …
Rede is Nickel, Schweige is Silber, und du bist mei Gold –!

Wenn se newe mir auf dem Diwan sitze –
des find ich goldisch!
wenn sie sich ganz wie im Ernst erhitze –
des find ich goldisch!
E Angriffssignal is noch kein Siesch –
ich sag bloß: Manöver is doch kein Kriesch!
Wer will, hat schon fuffzig Prozent. No, un wer zweimal
gewollt …
En Floh is kei Roß,
un e Baiss is kei Hauss …
un Rede is Nickel, Schweige is Silber, un du bist mei Gold –!

Wenn se sich de Hut schief auf de Seite klemme –
des find ich goldisch!
Wenn se die Ärmcher wie Siescher in die Seite stemme –
des find ich goldisch!

Am liebste nemm ich se dann auf den Schoß.
Aber mer hat sein Stolz. Es is kurios:
sei Mutter is net aus Frankfort. Er aach net. Und da hab ich net gewollt …
Jetzt waan net, Klaaner –
Berlin ist Nickel, Wiesbaden ist Silber, awwer Frankfort is Gold –!

(1929)

Die Dame mit 'n Avec

Alle könn sie mir, könn sie mir, könn sie mir!
Huch, die Männer!
Sie sind alle hier, alle hier, alle hier
nischt wie Penner!
Erst da tun sie mächtig fein,
laden mich zum Abend ein.
Und ich kann mich dann nicht halten,
seh ich des Monokels Glanz –:
sag den Jungen und den Alten
grad heraus beim Foxtrott-Tanz:
»Ich hab nu mal den Schwung
ins Ordinäre!
Ick bin die richtige
berliner Beere!
Und bei der Liebe hopps ick jrade wie bein Zeck
nur übern Rinnstein, Rinnstein, Rinnstein
mit 'n Avec!«

Uffn Koppenplatz, Koppenplatz, Koppenplatz
lief ick lange.
Mitn Sabberlatz, Sabberlatz, Sabberlatz –
'ck wah 'ne Range –!
Und mit vierzehn Jahren schon
ging ich bei die Konfektion.
Das war eine feine Lehre
in dem großen Modenhaus;
und ich machte rasch Karriere,
aber manchmal kommt es raus – –

Ich hab nu mal den Schwung
ins Ordinäre!
Ick bin die richtige
berliner Beere!
Und bei der Liebe hopps ick jrade wie bein Zeck
nur übern Rinnstein, Rinnstein, Rinnstein
mit 'n Avec!

Fahr ick viere lang, viere lang, viere lang
Eklipage,
sitz ich ersten Rang, ersten Rang, ersten Rang
in Kleidage:
Alle Leute drehn sich rum –
Donner! die ist gar nicht dumm!
Züngelnd sitzt bei mir mein Hündchen.
Autsch! wie mein Brillantschmuck blitzt –
Aber spitze ich mein Mündchen,
weißte gleich, wer vor dir sitzt –!
Ich hab nu mal den Schwung
ins Ordinäre!
Ick bin die richtige
berliner Beere!
Und bei der Liebe hopps ick jrade wie bein Zeck
nur übern Rinnstein, Rinnstein, Rinnstein
mit 'n Avec!

(1920)

An die Berlinerin

Mädchen, kein Casanova
    hätte dir je imponiert.
    Glaubst du vielleicht, was ein doofer
Schwärmer von dir phantasiert?
Sänge mit wogenden Nüstern
Romeo, liebesbesiegt,
würdest du leise flüstern:
»Woll mit die Pauke jepiekt –?«
Willst du romantische Feste,
gehst du beis Kino hin …
    Du bist doch Mutterns Beste,
    du, die Berlinerin –!

Venus der Spree – wie so fleißig
liebst du, wie pünktlich dabei!
Zieren bis zwölf Uhr dreißig,
Küssen bis nachts um zwei.
Alles erledigst du fachlich,
bleibst noch im Liebesschwur
ordentlich, sauber und sachlich:
Lebende Registratur!
Wie dich sein Arm auch preßte:
gibst dich nur her und nicht hin.
    Bist ja doch Mutterns Beste,
    du, die Berlinerin –!

Wochentags führst du ja gerne
Nadel und Lineal.

Sonntags leuchten die Sterne
preußisch-sentimental.
Denkst du der Maulwurfstola,
die dir dein Freund spendiert?
Leuchtendes Vorbild der Pola!
Wackle wie sie geziert.
Älter wirst du. Die Reste
gehn mit den Jahren dahin.
Laß die mondäne Geste!
    Bist ja doch Mutterns Beste,
    du süße Berlinerin –!

(1922)

Sorrent

Wie die Tage so golden verfliegen,
wie die Nacht sich so selig verträumt –
wenn am Abend bechiffonte Ziegen
vor der Theke sich wogen und wiegen –
wo der Sekt Gottbehüte noch schäumt …
Wo im Schleier – ich danke, Herr Franke –
junge Nutten den Beifox vollziehn …
O du schimmernde Blüte der Panke!
Sei gegrüßt, du mein schönes Berlin –!

Und die Nacht, wenn bei Rotters sie toben,
dem Claqueure der Handschuh zerplatzt –
wenn Annoncen, so bilderdurchwoben,
ihre Herren preisen und loben –
wenn die Loge futtert und schmatzt …
»Wat is denn det hier forn Jestanke?
Wer eßt hier Käse? Ham Sien?« …
O du schimmernde Blüte der Panke!
Sei gegrüßt, du mein schönes Berlin –!

Wo mit müde verzogenen Lippen
junger Gent kalten Schleichhändler frißt –
wo Chauffeure die schweinernen Rippen
in die fettige Brihsuppe stippen –
wo der Fahrgast die Taxe vergißt …
Da begrabt mich mit Efeugeranke,
mit Ranunkeln und weißem Jasmin – –
Hier leben? Mensch, welch Gedanke!
O du schimmernde Blüte der Panke!
Sei gegrüßt, du mein schönes Berlin –!

(1920)

Der Löw' ist los –!

Am sechsten Juli dieses Jahres beschloß der Löwe Franz Wüstenkönig aus dem großen Raubtierhaus des berliner Zoologischen Gartens, fürder nicht mehr mitzumachen. Er brach aus.

Das machte er so, daß er, gelegentlich der Reinigung seines Käfigs durch den Oberwärter Pfleiderer in den Nebenkäfig gescheucht, das Schließen der Verbindungstür durch Dazwischenkommen seines Schweifendes geschickt verhinderte, die Reinigung abwartete, sich dann mit Gebrüll Nr. 3 auf den ahnungslosen Pfleiderer stürzte, diesen über den Haufen rannte und durch die offenstehende Käfigtür das Weite suchte und fand.

Der Löw' ist los –!

Dieser Schreckensruf verbreitete sich, einem Lauffeuer gleich, in den Wandelgängen unseres geliebten Zoologischen Gartens. Die Aufregung der Besucher war unbeschreiblich. Viele ließen in der Eile ihr Bier stehen, ohne zu zahlen – und noch lange nach diesen Ereignissen sah man an den Restaurants des Zoo die Kette der ehrlichen Berliner anstehen, die ihre schuldige Zeche begleichen wollten. Kinderwagen fielen um und ergossen ihren schreienden Inhalt auf die Wege, ältere Damen, die sonst nur mühsam einherschlurchten, liefen plötzlich, daß es eine Freude war – die Lästerallee war wie leergefegt, und nur ängstliche Kellner saßen hoch oben in den Zweigen der Bäume, und ihre schwarzen Fräcke hingen hernieder wie die Schwänze fremdartiger Zaubervögel. Der Löw' ist los –!

Hastig stürzten die aufgeschreckten Menschen auf die Straßen, und ohrenbetäubend verkündete auch dort ihr

Geschrei: »Der Löw' ist los! Und seinen Apostroph hat er auch mitgenommen –!«

Die Wirkung war furchtbar.

Wüstenkönig war noch damit beschäftigt, gedankenvoll und langsam in der leeren Waldschänke die dort aufgehängten kleinen Würstchen zu verzehren – da standen draußen schon ganze Straßenzüge auf dem Kopf. Die gewöhnlichen Leute stürzten, haste was kannste, über Rinnsteine, Hunde, Babys, Aktentaschen und dicke Damen, die nicht weiter konnten. Die minder gut gestellten Schichten der Bevölkerung machten sich die Situation rasch zunutze – sie kauften die an die Bordschwellen gespülten Strandgüter der Fliehenden á la baisse und eröffneten damit an den Ecken einen schwunghaften Handel. Die oberen Schichten hingegen bewahrten auch hier ihre überlegene Ruhe, sobald sie erst einmal im Auto saßen – umsichtig und ernst sorgten sie dafür, daß sich keiner an die Wagen hängte. Die Droschkenkutscher schlugen augenblicks um das Achtzehnfache auf – zum ersten Mal in Berlin, ohne den Polizeipräsidenten um Erlaubnis zu fragen. Es war ein Höllenlärm. In der Mitte stand, starr und stolz, ein Polizeiwachtmeister, turnte ägyptisch und regelte den Verkehr, und der Verkehr blieb stehen und sah zu, wie er geregelt wurde, und war sehr stolz. Es ging zu wie in einer getauften Judenschule.

Der Löwe Wüstenkönig war inzwischen mit den Würstchen fertig geworden. Er brüllte nach dem Kellner – keiner kam. Unwillig mit dem Schweif den kleinen Alltagsreif schlagend, begab sich Wüstenkönig ins Freie. Das majestätische Tier schritt würdevoll dem Ausgang nach dem Kurfürstendamm zu.

Berlin war aufgestört wie ein Ameisenhaufen. Alle Telefone klingelten mit einem Male schrill auf – aber es meldeten sich nur die falschen Verbindungen. Die einzigen, die den Kopf nicht verloren, waren die Damen vom Amt, sie verrichteten kaltblütig ihren Dienst in gewohnter Weise weiter, und so bekam niemand Anschluß. In den Redaktionen der großen Zeitungen drängten sich die Reporter. »Wie soll das jetzt noch in die Abendausgabe?« jammerte Redakteur Ausgerechnet. »Konnte dieser verdammte Löwe nicht eine halbe Stunde früher ausbrechen?« – »Dann machen wir eben eine Extraausgabe!« sagte der Verleger Mülvoß. Und: »Extraausgabe! Extraausgabe!« hallte es durch das Haus. Und die Setzer klapperten mit den Winkelhaken, und die schweren Rotationspressen setzten sich rasch in Bewegung ...

Die Börse nahm die Nachricht vom Ausbruch des Löwen verhältnismäßig gefaßt auf. (Haben Sie schon mal eine Nachricht gesehen, die die Börse nicht gefaßt aufgenommen hätte?) Montanwerte fester, Gerste leicht angezogen, Brauereien flau, Jakob Goldschmidt immer oben auf, Herbert Guttmann repartiert, Häute fest.

Im Reichswehrministerium tagte gerade eine Unterkommission des Untersuchungsausschusses zur Nachprüfung seiner eigenen Unentbehrlichkeit, als die Schreckensnachricht eintraf. Das Frühstück, Verzeihung, die Sitzung, wurde sofort abgebrochen. Zwei Generalstabsoffiziere arbeiteten hopphopp mit ihren Referenten einen Feldzugsplan für die Bekämpfung des Löwen aus und forderten dazu an:

2 Armeekorps,
1 Pressestelle,

24 außeretatmäßige Stabsoffizierstellen,
1 Stück Kanone,
1 Land-Panzerkreuzer.

Der Löwe Wüstenkönig schritt inzwischen, immer majestätisch, wie es ihn seine liebe Mutter gelehrt hatte, durch die Kurfürstenstraße zum Lützowplatz. Menschenleer lagen Straßen und Plätze. Da stand ein großes Löwendenkmal. Mißmutig schnupperte der Löwe. Dann hob er – da rührte sich etwas. Was war das? Nichts. Der Löwe ließ seinen Gefühlen freien Lauf.

Ging und lief dann in langen Sätzen die Lützowstraße entlang durch die Potsdamer Straße und stürmte vor ein großes Warenhaus.

Er war Gourmand, der Löwe Franz Wüstenkönig. Er wollte so eine nette, kleine, pruzlige Verkäuferin zum Frühstück essen – so eine frische, junge ... Herrgottnichtnochmal! Das Wasser lief ihm in Appetitschnüren zum Maule heraus und hing in langen Fäden an seinem Bart ... Schnurrend legte er sich und wartete.

Die Behörden hatten inzwischen fieberhaft gearbeitet. In aller Eile, so gut das eben in der Geschwindigkeit ging, hatte man eine Reichslöwenabwehrabteilung mit einem Sonderressort für bayerische Löwen begründet, und es handelte sich nur noch darum, ob die Abteilung das ganze Rathaus oder das Hotel Adlon beziehen sollte –

Die Deutsche Volkspartei war wie stets auf dem Posten. Schon nach einer halben Stunde klebten an allen Säulen und Bäumen knallblaue Plakate:

»Mitbürger!
Der Löw' ist los!
Wer ist daran schuld?

Die Juden!
Wählt die Deutsche Volkspartei!«

Das Leben in der Stadt war völlig umgekrempelt. Niemand wagte sich mehr aus dem Hause. Aus allen Stadtteilen wurden Löwen gemeldet – im ganzen zweiundsechzig. Acht große Hunde wurden erschossen, erst an den Hundemarken erkannte man den kleinen Irrtum. Bei Königs ließ die Köchin Babett das Teeservice mit dem gesamten Gedeck fallen, weil ihr der junge Herr von hinten einen Kuß aufgedrückt hatte. Mit dem Ausruf: »Jessas! der Löwe!« brach das brave Mädchen zusammen.

Die berliner Theaterdirektoren Bindelbands suchten verzweifelt den Löwen. Sie wollten ihn für den Shawschen ›*Androklus*‹ engagieren. Sie fuhren von Straße zu Straße – kein Löwe. Feuerwehrautos klingelten durch die Gegend – kein Löwe. Der Löwe war fottefliegt.

Der Löwe war gar nicht fort. Er war, des Wartens müde, aufgestanden, schlenderte nun durch die Straßen, erblickte einen Wagen mit Kirschen und warf ihn, durch den hohen Preis erschreckt, um – und dann war er weiter und weiter gegangen.

Also das war Berlin! Dieser traurige Haufe von Steinkästen und schnurgeraden Straßen, die alle ein bißchen unsauber aussahen – das war das Weltdorf Berlin! Der Löwe schüttelte das Haupt. Da hatten ihm die Spatzen im Käfig wer weiß was erzählt – und wenn abends vor der Fütterung aus dem Raubtierhaus, ja aus dem ganzen Zoo *ein* Schrei aufstieg: »Swoboda!« (Russisch ist nämlich das Volapük der Tiere, und dies heißt soviel wie Freiheit!) – dann meinten alle, die ja zum großen Teil ihre natürliche Heimat nie gesehen hatten, gar nicht Afrika oder die Kordilleren oder

Indien – der Schrei hieß: Berlin! – Einmal auf der Rutschbahn im Lunapark fahren, war die Sehnsucht der Krokodile; einmal zum Rennen nach Ruhleben, danach lechzten die Aasgeier; einmal sich in der Bar wälzen können, träumten die wilden Schweine. Abend für Abend. Und das hier war Berlin? Das war es?

Wüstenkönig schüttelte nochmals das Haupt.

Und da rückte es heran. Die Feuerwehr von der einen Seite und die Gebirgs-Marine der Reichswehr von der andern, Kino-Operateure und Leute, die bei allen Premieren dabei sein müssen, Journalisten, Damen der ersten besten Gesellschaft und die Bindelbands ... Da rückte es heran. Und das Erstaunliche geschah, daß sich der Löwe Franz Wüstenkönig, der Beherrscher der Tiere, die Majestät der Fauna pp., ruhig abführen ließ – in seinen Käfig zurück, in das große Raubtierhaus des Zoologischen Gartens.

Und als die Tür hinter ihm zugeklappt war und ihn der Oberwärter Pfleiderer vorwurfsvoll angeschnupft hatte, und als sich der ganze Schwarm verlaufen, da senkte der enttäuschte Löwe den Schweif, den er bis dahin glorios nach oben getragen hatte, streckte sich still der Länge lang hin und sagte mit Wärme und Überzeugung: »Nie wieder –!«

(1920)

Auf Urlaub

Die Residenz!
                    Gu'n Tag, du Metropole!
Da ist auch schon der Alexanderplatz …
Verstatte, daß ich mich das Schneuztuch hole,
das Herz schlägt stürmisch unterm Busenlatz.
Du gute Spree mit dem geduldigen Rücken,
der Ruderklubs und der Mamsells Entzücken –
ich seh dich still und mächtig dreckig ziehn …
    Berlin!

Die Weiche knackt. Der Zug zischt an den Hallen
der Stadtbahn lang. Da liegt der dicke Dom.
Die pfui! die Friedrichstraße will mir recht gefallen,
am Charitéhaus grünt ein Appelboom.
Die Völker auf den Straßen sind nicht ohne:
dem Gang nach lauter Jrafens und Barone.
Es riecht nach Geld. Prozente, Mensch, verdien!
    Berlin!

Charlottenburg. Da steht die lange Claire,
den Bastard meiner Liebe an der Hand.
Ob auch die Rationierung an uns zehre –
der Knochenbau hält allen Feinden stand.
Das wird die rechte Wiedersehensfeier!
Ich hab (im Rucksack) fünfundsiebzig Eier –
Da hält der Zug! Die Kümmernisse fliehn …
    Berlin! Berlin!

(1917)

Park Monceau

Hier ist es hübsch. Hier kann ich ruhig träumen.
Hier bin ich Mensch – und nicht nur Zivilist.
Hier darf ich links gehn. Unter grünen Bäumen
sagt keine Tafel, was verboten ist.

Ein dicker Kullerball liegt auf dem Rasen.
Ein Vogel zupft an einem hellen Blatt.
Ein kleiner Junge gräbt sich in der Nasen
und freut sich, wenn er was gefunden hat.

Es prüfen vier Amerikanerinnen,
ob Cook auch recht hat und hier Bäume stehn.
Paris von außen und Paris von innen:
sie sehen nichts und müssen alles sehn.

Die Kinder lärmen auf den bunten Steinen.
Die Sonne scheint und glitzert auf ein Haus.
Ich sitze still und lasse mich bescheinen
und ruh von meinem Vaterlande aus.

(1924)

Mutterns Hände

Hast uns Stulln jeschnitten
un Kaffe jekocht
    un de Töppe rübajeschohm –
un jewischt und jenäht
un jemacht und jedreht …
    alles mit deine Hände.

Hast de Milch zujedeckt,
uns Bobongs zujesteckt
    un Zeitungen ausjetragen –
hast die Hemden jezählt
und Kartoffeln jeschält …
    alles mit deine Hände.

Hast uns manches Mal
bei jroßen Schkandal
    auch 'n Katzenkopp jejeben.
Hast uns hochjebracht.
Wir wahn Sticker acht,
sechse sind noch am Leben …
    Alles mit deine Hände.

Heiß warn se un kalt
Nu sind se alt.
    Nu bist du bald am Ende,
Da stehn wa nu hier,
und denn komm wir bei dir
    und streicheln deine Hände.

(1929)

Lassassein!

Ein Wort

Es geht ein Wort durchs ganze Land,
durch hunderttausend Leben.
Das Wort hat ewigen Bestand,
du kannst nicht widerstreben.
        Der Vater sagts,
        die Mutter sagts,
        der Bürger sagts,
        der Bauer sagts,
    die Juden und die Arier;
        der Richter sagts,
        der Lehrer sagts,
        die Zeitung sagts,
        der Pfarrer sagts,
    die Chefs und die Proletarier –
Du hörst sie alle Tage schrein:
            »Lassassein –!«

Es mault das Baby, das man aufgeweckt:
            ›Lassassein!‹
es schilt die Amme, wenn sichs vollgekäckt:
            ›Lassassein!‹
es schallt durchs kinderreiche Haus:
            ›Lassassein!‹
manche Erziehung besteht nur aus
            Lassassein!
Papa schimpft mit Fritzchen – früh Rauchen macht krank:
            ›Lassassein!‹
Es schlängelt das Mädchen sich auf der Bank:
            »Nicht doch … lassassein …!«

Es rät der Freund dem Freunde gut:
»Mensch, lassassein!«
und der hat dann doch zum Heiraten Mut
und läßts nicht sein.
Wird ein Richter vernünftig, bringt ihn Leipzig auf den Trab: ...
Lassassein!
zeigt die SPD Mut, wiegelt der Vorstand sie ab: ...
Lassassein!
Demonstrieren die Arbeiter, dann brüllt die Polizei:
›Lassassein!‹
bei den Nazis steht sie lächelnd dabei:
»Lassassein ... Nein? Nein.«
In juristischen Wälzern steht nur ein Wort:
Lassassein!
Hundert Schilder verunzieren jeden Ort:
Lassassein!
George Grosz soll nicht malen. Die Kirche brüllt sich wund:
›Lassassein!‹
Pitigrilli soll nicht dichten. Es verbietet Schmutz und Schund:
›Lassassein!‹
Das Auto soll nicht fahren. Es droht die Markierung:
LASSASSEIN!
Der Student soll nicht links sein. Es droht die Relegierung:
Lassassein!
Treibt die arme Frau ihre Leibesfrucht ab?
Lassassein!
Und noch auf dem Friedhof ... »Keine Reden am Grab!«
Lassassein –!

So sagt jeder, was man nicht tun soll,
und verbietet dem andern die Hucke voll.
Denn das deutsche Volk kann nur ruhig schlafen
hinter einer Hecke von §§§.
Jeder hackt auf jedem. Jeder will untersagen.
Keiner gönnt keinem was. Sieh, wie sie sich plagen!
Denn die Bremse ist das Wichtigste an einem deutschen
  Wagen.
  Im Verbieten sind sie groß. Im Gewähren sind sie klein.
  Lassassein!
    Lassassein!
      Lassassein –!

(1930)

Die Leibesfrucht spricht

Für mich sorgen sie alle: Kirche, Staat, Ärzte und Richter.

Ich soll wachsen und gedeihen, ich soll neun Monate schlummern, ich soll es mir gut sein lassen – sie wünschen mir alles Gute. Sie behüten mich. Sie wachen über mich. Gnade Gott, wenn meine Eltern mir etwas antun, dann sind sie alle da. Wer mich anrührt, wird bestraft, meine Mutter fliegt ins Gefängnis, mein Vater hintennach; der Arzt, der es getan hat, muß aufhören, Arzt zu sein; die Hebamme, die geholfen hat, wird eingesperrt – ich bin eine kostbare Sache.

Für mich sorgen sie alle: Kirche, Staat, Ärzte und Richter.

Neun Monate lang.

Wenn aber diese neun Monate vorbei sind, dann muß ich sehn, wie ich weiterkomme.

Die Tuberkulose? Kein Arzt hilft mir. Nichts zu essen? keine Milch? – kein Staat hilft mir. Qual und Seelennot? Die Kirche tröstet mich, aber davon werde ich nicht satt. Und ich habe nichts zu brechen und zu beißen, und stehle ich: gleich ist ein Richter da und setzt mich fest.

Fünfzig Lebensjahre wird sich niemand um mich kümmern, niemand. Da muß ich mir selbst helfen.

Neun Monate lang bringen sie sich um, wenn mich einer umbringen will.

Sagt selbst:

Ist das nicht eine merkwürdige Fürsorge –?

(1927)

Colloquium in utero

Ein trüber Herbsttag im Mutterleib. Zwei Stück Zwillinge, Erna und Max, legen sich bequem und sprechen leise miteinander.

»Mahlzeit!«

»Mahlzeit! Na, gut geschlafen ...?«

»Soweit man bei diesem Rummel schlafen kann – es sind bewegte Zeiten. Ich träume dann immer so schlecht.«

»Was hast du bloß?«

»Du bist gut! Was ich habe! Hier, hast du das gelesen, im Reichsverbandsblatt Deutscher Leibesfrüchtchen?«

»Nein. Was steht da?«

»Da steht Warnung vor dem juristischen Studium. Fünfzigtausend Primaner legen die Reifeprüfung ab. Hundertunddreißigtausend stellenlose Akademiker, es kann auch eine Null mehr sein, ich kann das bei der Beleuchtung nicht so genau unterscheiden. Warnung vor dem Veterinär-Studium. Warnung vor Beschreitung der Oberförster-Laufbahn. Warnung ... und so geht das weiter «

»Na und?«

»Na und ... du dummes Keimbläschen! Willst du mir vielleicht sagen, was man denn eigentlich noch draußen soll? Nun fehlt nur noch die Warnung vor einem Beruf!«

»Vor welchem?«

»Vor dem eines Deutschen. Aber, wenn das so weiter geht: ich bleibe hier.«

»Ich gehe raus.«

»Warum?«

»Weil es unsre Pflicht ist. Weil wir heraus müssen. Weil im Kirchenblatt für den Sprengel Rottenburg und Umgegend steht: Das Leben im Mutterleib ist heilig. Lieber zehn

Kinder auf dem Kissen als eines auf dem Gewissen, steht da. Und die Präservativ-Automaten sind auch aufgehoben. Wir stehen, mein Lieber, unter dem Schutz der Staatsanwaltschaft und der Kirche!«

»Draußen?«

»Nö, draußen nicht. Bloß drin.«

»Na, da bleib doch hier!«

»Wir haben nur für neun Monate gemietet, das weißt du doch!«

»Es ist, um sich an dem eignen Nabelstrang aufzuhängen! Ich für mein Teil bleibe drin!«

»Du bleibst nicht drin. Sei froh, daß wir nicht dreie sind, oder vier, oder fünf, oder sechs ...«

»Halt! Halt! Wir sind nicht bei Karnickels!«

»Es ist alles schon mal dagewesen, Deutschland kann keine Kinder ernähren, nur Kartelle. Deutschland braucht Arbeitslose!«

»Ich bleibe drin.«

»Ich geh raus!«

»Du gehst nicht raus! Streikbrecher!«

»Pergamentfrucht!«

»Dottersack!«

(Gestrampel)

Die Mutter: »Was er nur hat –?«

(1932)

Der Mitesser

Denen, die sich nicht getroffen fühlen

Er wohnt am Rand der reichen Leute,
verkehrt mit Adel und heißt Schmidt.
Den Schlips von morgen trägt er heute
und fährt in fremden Autos mit.
    Er lebt in einem ihm fremden Stile –
        Fauler Kopp!
        Fauler Snob!
    Aber davon gibts viele.

Er selbst hat nur ein kleines Zimmer,
als Untermieter bei Frau Schay.
Doch geht er aus, dann tut er immer,
als wär er aufgewachsen bei.
    Von der Socke bis zum gescheitelten Haar:
    es ist alles nicht wahr – es ist alles nicht wahr!

Er ist so gerne eingeladen:
er zeckt an Kaufmann und Bankier.
Er weiß, am Lido muß man baden,
er grüßt im Ritz den Herrn Portier.
    Er nassauert elegant und beflissen
    vor fremden Kulissen.

Was er auch hat, das hat er gratis.
Er läuft mit der Society.
Er kennt die feinsten Cocktail-Parties.
Nur seine Lage kennt er nie.

Bald kunstgewerblicher Friseur,
bald Redakteur …
so sehn wir ihn gestern, morgen und heute:
ein Affe.
Ein Affe der reichen Leute.

(1931)

Karrieren

Et jibt Karrieren – die jehn durch den Hintern.
Die Leute kriechen bei die Vorgesetzten rin.
Da is et warm. Da kenn se ibawintern.
Da bleihm se denn ne Weile drin.
  I, denken die – kein Neid! Wer hat, der hat.
  Denn komm se raus. Denn sind se plötzlich wat.

Denn sind se plötzlich feine Herrn jeworden!
Denn kenn die de Kollejen jahnich mehr.
Vor Eifa wolln se jeden jleich amorden:
»Ich bün Ihr Vorjesetzta! Bütte sehr!«
  Und jeda weeß doch, wie set ham jemacht!
  Det wird so schnell vajessen … Keena lacht.

Int Jejenteil.
        Der sitzt noch nich drei Stunden
in seine neue Stellung drin –:
da hat sich schon 'n junger Mann jefunden,
der kriechtn wieda hinten rin!
  Und wenn die janze Hose kracht:
  weil mancha so Karriere macht.
    Er hat det Ding jeschohm.
    Nu sitzt a ehmt ohm.
    Von oben frisch und munter
    kuckt keena jerne runter.
    Weil man so rasch vajißt,
    wie man ruff,
        wie man ruff,
    wie man ruffjekommen ist –!

(1930)

Märchen

Es war einmal ein Kaiser, der über ein unermeßlich großes, reiches und schönes Land herrschte. Und er besaß wie jeder andere Kaiser auch eine Schatzkammer, in der inmitten all der glänzenden und glitzernden Juwelen auch eine Flöte lag. Das war aber ein merkwürdiges Instrument. Wenn man nämlich durch eins der vier Löcher in die Flöte hineinsah – oh! was gab es da alles zu sehen! Da war eine Landschaft darin, klein, aber voll Leben: Eine Thomasche Landschaft mit Böcklinschen Wolken und Leistikowschen Seen. Reznicieksche Dämchen rümpften die Nasen über Zillesche Gestalten, und eine Bauerndirne Meuniers trug einen Arm voll Blumen Orliks – kurz, die ganze moderne Richtung war in der Flöte. Und was machte der Kaiser damit? Er pfiff drauf.

(1907)

»'n Augenblick mal –!«

Daß der Berliner, an welchem Ort auch immer allein gelassen, nachdenklich dasitzt, den Boden fixiert und plötzlich, wie von der Tarantella gestochen, aufspringt: »Wo kann man denn hier mal telefonieren?« – das ist bekannt. Wenn es keine Berliner gäbe: das Telefon hätte sie erfunden. Es ist ihnen über, und sie sind seine Geschöpfe.

Man stelle sich einen kühnen jungen Mann vor, der einen ernsten Geschäftsmann während einer wichtigen Verhandlung stören will. Es wird ihm nicht gelingen. Hellebarden versperren den Weg, Privatsekretärinnen werfen sich vor die Schwelle, nur über ihre Weichteile geht der Weg, und jeder Angriff des noch so kühnen jungen Mannes muß mißlingen. Wenn er nicht antelefoniert.

Wenn er nämlich antelefoniert, dann kann er den Präsidenten bei der Regierung, den Chefredakteur bei den Druckfehlern, die gnädige Frau bei der Anprobe stören. Denn das berliner Telefon ist keine maschinelle Einrichtung: es ist eine Zwangsvorstellung.

Klopft das Volk drohend an die Türen, macht der Berliner noch lange nicht auf. Klingelt aber ein kleiner Apparat, so winkt er noch dem adligsten Besucher ab, murmelt mit jener Unterwürfigkeitsmiene, wie man sie sonst nur bei gläubigen Sektierern findet: »'n Augenblick mal –!« und wirft sich voll wilden Interesses in den schwarzen Trichter. Vergessen Geschäft, Hebamme, Börse und Vergleichsverhandlung. »Hallo? Ja, bitte? Hier da – wer dort –?«

Einen Berliner fünfzehn Minuten lang, ungestört von einem Telefon, zu sprechen, ist ein Ding der Unmöglichkeit. Wieviel Pointen verpuffen da! Wieviel angesammelte

Energie raucht zum Fenster hinaus! Wie umsonst sind Verhandlungslist, Tücke und herrlich ausgeknobelte Hinterhältigkeit. Das Telefon ist keine Erfindung der Herren Bell und Reis – der V-Vischer hat die ganze Tücke des Objekts in diesen Kasten gelegt. Es klingelt nur, wenn man das gar nicht haben will.

Wie oft habe ich nun schon erlebt, daß die kräftige Rede eines Besuchers den ganzen Raum überzeugt, gleich ist er auf der Höhe, der Sieg ist nahe, hurra, noch ein Schritt ... da klingelt das Telefon, und alles ist aus. Der dicke Mann am Schreibtisch, der eben noch, dreiviertel hypnotisiert, schon das Doppelkinn auf die Krawatte hat sinken lassen und friedlich die Unterlippe vorgeschoben hat, läßt eine eisige Maske über das gleiten, was er als Gesicht ausgibt. Die nervigte Hand am Telefonhörer, vergißt er Partner, Geschäft und sich selbst. »Hier Dinkelsbühler – wer dort –?« Emsig strudelt er im fremden Gewässer, völlig gefangen vom andern, untreu dem Partner der letzten Minute, ganz hingegeben in Betrug und Verrat.

Der andre ist der Dumme. Hohl und leer sitzt er dabei, das eben noch ausgesprochene pathetische Wort ragt ihm sinnlos aus dem Mund wie eine alte Fahne im Zeughaus, Flagge einer Truppe, die längst gestorben ist. Beschämt sitzt er da, haltlos und nackt, und in ihm kocht dumpf der unerfüllte Wille. Was nun –?

Nun redet der dicke Mann am Schreibtisch so lange, wie man eben in Berlin am Telefon spricht, und es gibt nur noch einen, der mehr redet: das ist der am andern Ende. Der muß wohl rauschen wie ein mittelgroßer Wasserfall: die Augen des Schreibtischmannes schauen gedankenvoll auf ein Löschpapier, wandern über das Tintenfaß, blicken irr und leer dem betrogenen Partner auf die Glatze, nun beginnt er gar Männerchen aufs Papier zu malen und Quadrate, und der andre scheint, wie die Membrane quakend verkündet, ganze Wörterbücher ins Telefon brausen zu lassen.

Schon ruckelt der Gast ungeduldig auf seinem Stühlchen, da nahen sich im unendlichen Gespräch die ersten Anzeichen des Schlusses. »Na denn ...!« – »Also dann verbleiben wir so ...« Dem Gast wirds freudig zumute: so eilt die Seele des Konzertbesuchers in die Garderobe vorauf, wenn es im Orchester bedrohlich laut wird, wenn das Flügelschlagen des Dirigenten Blech und immer mehr Blech ins Getöse wirft ... aber es ist noch nicht so weit. Sie verbleiben noch eine ganze Weile so, setzen immer wieder zu Schlußwendungen an, der Schluß kommt nicht. Langsam steigt in dem Wartenden der Wunsch auf, dem Telefonierenden das Handelsgesetzbuch auf den Kopf zu schlagen ... »Na dann – auf Wiedersehn!« sagt er endlich. Und legt den Hörer hin.

Und das ist der schlimmste Augenblick von allen. In den Augen des Schreibtischmannes wechselt die Beleuchtung, man hört es förmlich knacken, wie er sich umstellt; mit etwas schwachsinnigem Ausdruck wendet er sich zwinkernd dem alten, verratenen Partner wieder zu. »Ja, also – wo waren wir stehengeblieben ...?«

Nun fang du wieder von vorne an. Nun klaube die zerbrochenen Stücke deiner Rede wieder vom Boden zusammen, nun hole tief Atem, bemühe dich, wieder in Zug zu kommen ... Gute Nacht. Der Schwung ist dahin, der Witz ist dahin, der Wille ist dahin. Lahm geht die Unterredung zu Ende. Nichts hast du erreicht. Das hat mit ihrem Singen die Lorelei getan.

Nun legt der Leser das Buch still und freundlich aus der Hand und denkt einen Augenblick nach. Dann springt er wie ein gejagter Hirsch auf, die ›*Mona Lisa*‹ lächelt am Boden … Er eilt zum Telefon.

(*1927*)

Das Gesetz

Mann und Frau und Frau und Mann –
nach dem Happy End fängt ihr Leben erst an …
Wohnungsnot und Herzensnot
machen manche Ehe tot.
Warum
läßt man sich denn nicht scheiden?
's fehlt an Geld – und der Schmutz und der Schmutz …
Und so zerrinnt das Leben beiden –
so wie sie, sind hunderttausend ohne Schutz …

Und unterdes –
da sitzen sie im Reichstagshaus
und knobeln sich neue Gesetze aus;
ein gutes für Scheidung ist nicht dabei –
Hört ihr den Schrei? Hört ihr den Schrei?
Hört ihr den Schrei?
Paragraph 5, Ziffer 4, Absatz 3.

»Hör mal, Willy – jetzt ists aus!
Noch ein fünftes Kind hat keinen Platz im Haus!«
»Heul nicht, Liese, das hat keinen Sinn …
hier hast du ne Adresse – geh mal hin!«

Die Olsch, die macht das im Tarife –
aber schlecht – und die Frau geht ein.
Dann setzt es anonyme Briefe,
und vier Kinder sind nun ganz allein …

Und unterdes –
da sitzen sie im Reichstagshaus
und knobeln sich neue Gesetze aus –
Für manche ist die Frau eine Milchmeierei –
Hört ihr den Schrei? Hört ihr den Schrei?
Hört ihr den Schrei?
Paragraph 5, Ziffer 4, Absatz 3.

Kleiner Dieb, der wird gehängt –
großer Verbrecher kriegt noch was geschenkt.
Wer da ausbrennt Kriegessaat –
das nennt der Richter Landesverrat.

Zehntausend warten ungeduldig
in den Zellen, geduckt wie ein Tier …
Die sind vorm Paragraphen schuldig
– aber Menschen, Menschen wie wir! –

Wach auf, wach auf, Barmherzigkeit!
Ein neuer Ton – eine neue Zeit!
Recht und Recht sind immer zweierlei …
Hört ihr den Schrei? Hört ihr den Schrei?
Hört ihr den Schrei?
Macht euch frei!
Macht euch frei!
Macht euch frei!

(1929)

Der verrutschte Hut

Wenn eine Dame nachts allein mit einem Mann im Auto nach Hause fährt, hat sie sich die Folgen selber zuzuschreiben.
Aus der Urteilsbegründung eines berliner Schöffengerichts

Was ein berliner Kavalier ist,
der bringt – ist die Gesellschaft aus –
und wenn es morgens früh um vier ist,
die Dame, welche … stets nach Haus.
Im Auto soll man Bande knüpfen.
Das muß so sein und hebt den Herrn.
Der Name ›Schlüpfer‹ kommt von schlüpfen.
Er glaubt die Frauen haben das gern …
Das wollen sie aber gar nicht!
Das mögen sie aber gar nicht!
Das tut ihnen gar nicht gut!
Wie kommen sie denn nun nach Haus?
»Und wie seh ich überhaupt jetzt aus?
– und einen ganz verrutschten Hut!«

Es erben sich Gesetz und Rechte
wie eine ewige Krankheit fort.
Er meint, wenn er das nicht vollbrächte,
dann sei er kein mondäner Lord.
Er muß. Teils gnädig und teils müde
und überhaupt, weils dunkel ist.
»Ach, der Chauffeur … sei doch nicht prüde …!«

Ein Mann ist stets ein Egoist.
Sein Motor will auf Touren laufen.
Die Frau braucht Zeit. Es saust die Fahrt.
Sie will nicht um die Liebe raufen:
Haare apart und Bouletten apart.
Doch jener wird gleich handgemein.
Jetzt oder nie ...! Die Hand ans Bein ...
Das wollen sie aber gar nicht!
Das mögen sie aber gar nicht!
Das tut ihnen gar nicht gut!
Berliner Autoliebe stört.
Immer hübsch alles, wos hingehört –
ohne verrutschten Hut –!

(1929)

Kino-Atelier

Da vorne klemmt ein Jraf sich das Monokel
platt ins Gesicht – die Bogenlampe zischt.
Ein Gazefräulein steht auf einem Sockel –
der dicke Regisseur brüllt: »Das is nischt!«

Zweihundertvierzig Mädchen trippeln zierlich
auf einer Treppe, steil bis unters Dach –
Ein kleines dickes Baby schluckt manierlich
die Milch –
der Chef macht mit der Diva Krach.

In dieser Ecke stößt ein Intrigante
dem Helden – brr! – das Messer in den Bauch.
In jener Ecke spritzt die gute Tante
der böse Neffe mit dem Gartenschlauch.

Die Dirne lümmelt sich an ihren Buhlen.
Der Herr Beleuchter macht sich nichts daraus
und knipst behufs Erzeugung einer schwulen
Verführungsszene eine Lampe aus.

Und wenn ich mir dies Atelier bekieke,
voll Kitsch und Lärm und Rummel, Schmerz und Spaß –:
dann seh ich vor mir unsre Politike.
Da spielt auch jeder nur die eigene Musike –
und an das Ganze denkt kein Aas.

(1919)

Bund der Landwirte

Des Morgens speit er auf die Berolina,
des Abends macht er sichs bei ihr bequem;
auf seiner Klitsche geht er mit die Hihna
zu Bett – und hier mit anderswem.

Und in den Sektlokälern stellen
sie sich wie Eichen auf, so fest und stark:
»Wat, Kuhlow, det sinn hier Marjellen?
Und Rasse ham se ...!« (Zwanzig Mark.)

Am nächsten Morgen sitzt er, stramm gerötet
und gut rasiert (die Äuglein noch verklebt),
im Zirkus, wo man seine Feinde tötet –
»Die roten Juden!« – und die Sitzbank bebt.

Der ganze Stall scharrt stürmisch mit den Hufen,
es schnaubt und wiehert jeder dicke Gaul,
und alles glotzt von jenen Zirkusstufen
dem alten Schimmel Oldenburg ins Maul.

... Des Morgens speit er auf die Berolina,
des Abends greift er ihr ans volle Bein.
Und das sind unsre Herrscher und Verdiener ...
Ich bin ein Preuße, will ein Preuße sein!

(1914)

Affenkäfig

Der Affe (von den Besuchern): »Wie gut, daß die alle hinter Gittern sind –!«
Alter ›*Simplicissimus*‹

In Berlins Zoologischem Garten ist eine Affenhorde aus Abessinien eingesperrt, und vor ihr blamiert sich das Publikum täglich von neun bis sechs Uhr. Hamadryas Hamadryas L. sitzt still im Käfig und muß glauben, daß die Menschen eine kindische und etwas schwachsinnige Gesellschaft sind. Weil es Affen der alten Welt sind, haben sie Gesäßschwielen und Backentaschen. Die Backentaschen kann man nicht sehen. Die Gesäßschwielen äußern sich in flammender Röte – es ist, als ob jeder Affe auf einem Edamer Käse säße. Die Horde wohnt in einem Riesenkäfig, von drei Seiten gut zu besichtigen; wenn man auf der einen Seite steht, kann man zur andern hindurchsehen und sieht: Gitterstangen, die Affen, wieder Gitterstangen und dahinter das Publikum. Da stehen sie.

Da stehen Papa, Mama, das Kleinchen; ausgeschlafen, fein sonntagvormittaglich gebadet und mit offenen Nasenlöchern. Sie sind leicht amüsiert, mit einer Mischung von Neugier, vernünftiger Überlegenheit und einem Schuß gutmütigen Spottes. Theater am Vormittag – die Affen sollen ihnen etwas vorspielen. Vor allem einen ganz bestimmten Akt.

Zunächst ist alles still im Affenkäfig. Auf den hohen Brettern sitzen die Tiere umher, allein, zu zweit, zu dritt. Da oben sitzt eine Ehe – zwei in sich versunkene Tiere; umschlungen, lauscht jedes auf den Herzschlag des andern.

Einige lausen sich. Die Gelausten haben im zufriedenen Gesichtsausdruck eine überraschende Ähnlichkeit mit eingeseiften Herren im Friseurladen, sie sehen würdig aus und sind durchaus im Einverständnis mit dem guten Werk, das da getan wird. Die Lauser suchen, still und sicher, kämmen sorgsam die Haare zurück, tasten und stecken manchmal das Gejagte in den Mund ... Einer hockt am Boden, Urmensch am Feuer, und schaufelt mit langen Armen Nußreste in sich hinein. Einer rutscht vorn an das Gitter, läßt sich mit zufriedenem Gesichtsausdruck vor dem Publikum nieder, seinerseits im Theater, setzt sich behaglich zurecht ... So ... es kann anfangen.

Es fängt an. Es erscheint Frau Dembitzer, fest überzeugt, daß der Affe seit frühmorgens um sieben darauf gewartet habe, daß sie »Zi-zi-zi!« zu ihm mache. Der Affe sieht sie an ... mit einem himmlischen Blick. Frau Dembitzer ist unendlich überlegen. Der Affe auch. Herr Dembitzer wirft dem Affen einen Brocken auf die Nase. Der Affe hebt den Brocken auf, beriecht ihn, steckt ihn langsam in den Mund. Sein hart gefalteter Bauernmund bewegt sich. Dann sieht er gelassen um sich. Kind Dembitzer versucht, den Affen mit einem Stock zu necken. Der Affe ist plötzlich sechstausend Jahre alt.

Drüben muß etwas vorgehen. In den Blicken der Besucher liegt ein lüsterner, lauernder Ausdruck. Die Augen werden klein und zwinkern. Die Frauen schwanken zwischen Abscheu, Grauen und einem Gefühl: nostra res agitur. Was ist es? Die Affen der andern Seite sind dazu übergegangen, sich einer anregenden Okularinspektion zu unterziehen. Sie spielen etwas, das nicht Mah-Jongg heißt. Das Publikum ist indigniert, amüsiert, aufgeregt und angenehm unterhalten. Ein leiser Schauer von bösem Gewissen geht durch die Leute – jeder fühlt sich getroffen. »Mama!« sagt ganz laut ein Kind, »was ist das für ein roter Faden, den der Affe da hat–?« Mama sagt es nicht. Mein liebes Kind, es ist der rote Faden, der sich durch die ganze Weltgeschichte zieht.

In die Affen ist Bewegung gekommen. Die Szene gleicht etwa einem Familienbad in Zinnowitz. Man geht umher, berührt sich, stößt einander, betastet fremde und eigne Glieder ... Zwei Kleine fliehen unter Gekreisch im Kreise. Ein bebarteter Konsistorialrat bespricht ernst mit einem Studienrat die Schwere der Zeiten. Eine verlassene Äffin verfolgt aufmerksam das Treiben des Ehemaligen. Ein junger Affe spricht mit seinem Verleger – der Verleger zieht ihm unter heftigen Arm- und Beinbewegungen fünfzig Prozent ab. Zwei vereinigte Sozialdemokraten sind vernünftig und realpolitisch geworden; mißbilligend sehen sie auf die Jungen – gleich werden sie ein Kompromiß schließen. Zwei Affen bereden ein Geheimnis, das nur sie kennen.

Das Publikum ist leicht enttäuscht, weil wenig Unanständiges vorgeht. Die Affen scheinen vom Publikum gar nicht enttäuscht – sie erwarten wohl nicht mehr. Hätten wir Revue-Theater und nicht langweilige Sportpaläste voll geklauter Tricks – welch eine Revue-Szene!

In dem Riesenkäfig wohnten früher die Menschenaffen aus Gibraltar. Große, dunkle und haarige Burschen, größer als Menschen – mit riesigen alten Negergesichtern. Eine Mutter hatte ein Kleines – sie barg es immer an ihrer Brust, eine schwarze Madonna. Sie sind alle eingegangen. Das Klima hat ihnen wohl nicht zugesagt. Sie sind nicht die einzigen, die dieses Klima nicht vertragen können.

Ob die Affen einen Präsidenten haben? Und eine Reichswehr? Und Oberlandesgerichtsräte? Vielleicht hatten sie das alles, im fernen Gibraltar. Und nun sind sie eingegangen, weil man es ihnen weggenommen hat. Denn was ein richtiger Affe ist, der kann ohne so etwas nicht leben.

(*1924*)

Die Katz

Neulich saß ich vor dem kleinen Theaterchen Ambassadeurs in den Champs Elysées, unter grünen Bäumen. Um meine Bank strich mehrere Male eine große, gut genährte Katze, grau mit schwarzen Flecken. Wir kamen so ins Gespräch – sie fragte mich, wieviel Uhr es sei –, und da stellte sich heraus, daß sie aus Insterburg stammte. Nun kenne ich Insterburg sehr genau – ich habe da seinerzeit gedient –, und wir waren gleich im richtigen Fahrwasser. Sie kannte erstaunlich viele Leute, und wir hatten auch gemeinsame Bekannte: eine Verwandte von ihr war bei meinem Feldwebel Lemke Katze gewesen, sie wußte gut Bescheid. Meine Stammkneipe kannte sie und das Theater und die Kaserne und alle möglichen Orte. Ja, es ist sogar möglich, daß wir uns einmal gesehen hatten, im Schützenhaus zu Palmnicken, aber da hatte ich natürlich nicht so darauf geachtet. Wie es ihr denn so in Paris gefiele, fragte ich sie.

»Näi, hier jefällts mir nich!« sagte sie. »Ich wäiß nich, die Leite sinn ja soweit janz natt – aber, wissen Se, mit die Verfläijung, das is doch nichts. Ja. 's jibbt ja Fläisch un so – aber Fischkeppe – wissen Se – son richtichen Kopp von nem Zanderchen oder Hachtchen – das hätt ich doch jar zu jern mal jajassen. Aber: Pustekuchen!« Das fand ich auch sehr bedauerlich.

»Gott, man erlebt ja allerhand hiä«, sagte die Katze. »Da haben se mich näilich einem alten Madamche ins Bett jestochen, wissen Se, die konnt keine Katzen läiden. Erbarmung! hat se jebrillt. Ei, seht doch! seht doch! hat se immer jerufen – das heißt, ich denk mä das so – denn sie hat ja franzeesch jebrillt! Dabei hab ich se nuscht jetan! Und se hat all immer jemacht: ›Pusch! Pusch! Willste da raus!‹ – Aber ich bin ruhig liegen jeblieben, wissen Se – und da hat se mit all ihre Koddern aufn Pianino jeschlafen – ja. Und am friehen Morjen hat se mer denn ein Tellerche Schmant hinjehalten, das hab ich auch jenomm, und denn bin ich los. Es war ne janz nette Frau soweit. Se war all janz bedammelt von den Unjlik.« Aha. Und diese große Schramme da über dem Auge? was wäre denn dies?

»I«, sagte die Katze, »da hat mir neulich son Kater anjesprochen – aber ich wollt nich – wissen Se, ich wer mer doch mit die franzeeschen Kater nicht abjehm! De Frau in Insterburch hat auch immer jesacht, mehr als dräimal im Jahr soll ne ordentliche Katz nich – na, und meine Portion war all voll. Ja – ich wollt eben nich. Da hat mir doch das Biest anjesprungen! Was sagen Se –! Ich hab 'n aber ordentlich äine jelangt – sobald jeht der an käine ostpräische Katz mehr ran, der Lorbas!«

»Kinder haben Sie also auch?« fragte ich. »Ja«, sagte sie. »Es sinn alles orntliche Katzen jeworn – bis auf äine. Die streicht da aufn Monmartä rum bei die Franzosen –, und wenn mal 'n Tanzvergniejen is, denn macht se sich an die Fremden an. Näilich dacht ich: I, dacht ich, wirst mal hinjehn, sehn, was se da macht. Wissen Se – ich hab mir rein die Augen ausn Kopp jeschämt – lauter halbnackte Marjellen – und meine Tochter immer dabäi! Sone Krät –! Ich sach: ›Was machst du denn hier?‹ sach ich. Se sagt: ›Ah – Mama!‹ und dann redt se doch franzeesch mit mir! mit die äijene Mutter –! Ich sach: ›Schabber nich so dammlich!‹ sach ich und jeb ihr eins mit de Pfot. Da haben se uns rausjeschmissen ausm Lokal, alle bäide – und draußen auf de

Straß wollt ich mer nich mit se hinstellen. Und – rietz! war es denn auch jläich wech. Ach, wissen Se, heutzutach, mit die Kindä ...!« ja, da konnte ich nur zustimmen. Na – und sonst? Paris und so?

»Manchmal«, sagte die Katz, »krie ich doch mächtig Heimweh. Kenn Se Keenichsbarch? Das is ne Stadt – wissen Se – da kann Paris jahnich mit! Da war ich mal auf Besuch – man is ja in de Welt rumjekomm, Gott sei Dank – und da war ich bei de Frau Schulz. Kenn Se die? Die Mutter von Lottchen Schulz, die immer so brillt? De Tochter hat jetzt jehäirat.« Halt! Lottchen Schulz kannte ich. Diese etwas bejahrte, schielende und hinkende Dame hatte geheiratet? Ich äußerte Bedenken. »Och«, sagte die Katze, »sehn Se mal: Nu hat se doch das lahme Bein, und ordentlich gucken kann se auch nicht mehr – was soll Se –!« Dagegen war nichts einzuwenden – Heirat schien in solchem Fall das beste. »Ja, da war ich auf Besuch«, fuhr die Katze fort, »ach, wenn ich daran noch denk! Inne Ofeneck saßn die bäiden Jungens Schulz und schlabberten ein Tulpchen Biä nachn andern, de Frau trank Kaffee, und ich kriecht ab un zu 'n Stickche Spack – aber, wissen Se, son richtchen, ostpräißschen Kernspack – nich wie hier! Ja. Nur äin Malhör is mich in Keenichsbarch passiert: ich bin da in den Hiehnerstall jejangen und hab da jefriehstickt, und nachher hab ich es all jemerkt: alle die kläinen Kaichel, die hatten dem Pips! Dräi Tach war mir janz iebel!«

Eine feine Dame ging vorüber und sagte zu ihrer Begleiterin: »Vous savez, il n'y a que des étrangers à Paris!« Die Katze sagte:

»Wissen Se, hier mit die Katzen, da versteh ich mir janich! Se sind auch so janz anders als bäi uns – manche sind direkt kindisch – wissen Se …! Na, denn wer ich man bißchen jehn, auf Mäise …!«

Und lief seitwärts, in die Büsche. Ich wollte noch etwas sagen, sie nach ihrer Adresse fragen –, aber sie war schon weg. Und ich stand noch lange vor dem Busch und, ohne daran zu denken, daß es ja eine Katze war, rief ich: »Landsmann! Landsmann!« – Aber es antwortete keiner. Wir haben uns nicht mehr wiedergesehen.

(1924)

Der Mann mit der Mappe

Der Nationalökonom Alfons Goldschmidt hat mir neulich die Augen geöffnet. »Das Kennzeichen Berlins«, sagt er, »ist der Mann mit der Mappe.« Ich sah um mich, und dies war es, was ich sah:

Alle Männer auf der Straße tragen eine Mappe. Es ist nicht auszudenken, was in Berlin täglich für Papier herumgetragen wird: die ganze Stadt schleppt emsig Ballen Schreib- und Druckpapiers von einem Fleck zum andern. Was mag in den Mappen sein –?

Das Frühstück natürlich, dann Bindfaden, ein zerbrochener Füllfederhalter und etwas zum Lesen. Diese Lektüre wird kaum angefaßt, wie ja überhaupt alle Leute von dem Aberglauben besessen sind, gewisse Sachen ›unterwegs erledigen zu können‹ – aber niemals wird etwas daraus. Abends zieht der Mappenmann seinen Kram genau so unberührt aus der Mappe, wie er ihn hineingelegt hat. Bei dem allgemein gültigen Bestreben, nicht unter acht Sachen zugleich zu tun, belastet diese Vorratsarbeit die Mappenträger, aber sie lassen nicht davon ab. Was ist aber noch in der Mappe?

In der Mappe ist das, was der Besucher nach den einleitenden Sätzen mit den Worten herauszieht: »Ich habe hier eine Sache ...« und dann gehts los. Meist findet er sie nicht auf Anhieb, er sucht sie erst aus den Verträgen, Heiratspapieren, Korrespondenzen, Korrekturfahnen heraus, fischt im Papierteich, angelt – schwupp! Wenns gut geht, hat er sie zu Hause liegen lassen.

Mappe muß sein.

Die Mappe ziert den gemeinen Mann und deutet auf jeistige Arbeit – daher sie denn wohl auch der Schnorrer mit steifer Grandezza in der Hand baumeln läßt. Kümmerlich zusammengeschrumpft hängt die Verhungerte armselig neben seinem abgeschabten Überzieher ... Es gibt aber auch wohlhabende Mappen; bis zum Platzen gefüllt, leuchten sie herrlich gelackt oder gewachst im Sonnenschein, die Nickelbeschläge protzen: »P! Wir! Uns kann keiner, und uns können sie alle –!« So feine Mappen sind das.

Manche Menschen mit gestörtem Empfindungsleben tragen zwei Mappen mit sich herum, aber das ist selten: ein besserer Herr ist in dieser Sache monomapp.

Warum tragen aber alle diese die Mappe mit sich –?

Weil sie Dienst haben, den ganzen Tag. Weil die Arbeit sie auffrißt, täglich, stündlich, weil sie »ze tun« haben – etwa in dem Tempo, in dem der Komiker Otto Wallburg spricht. Ginge es logisch zu in der Welt, so müßte ja der Mann in der Mappe liegen und sich nur gelegentlich, zu dienstlichen Zwecken, ans Tageslicht ziehen. Ja, die berliner Mappe hats in sich.

Sie regiert den Kerl, der sie trägt, sie bestimmt dessen Dasein, nicht umgekehrt. Er durchraschelt alle Papiere, die er schleppen muß – er durchstöbert ihren Wust, er rummelt darin umher, und wenn es hochgekommen ist, dann ist es Mühe und Arbeit gewesen, und es muß ja wohl Leute geben, die glauben, zu diesem Behufe auf der Welt zu sein. Mappe, du traurige Mappe, wie beschwerst du das Leben! Nie läßt du die Leute schlendern, mit den Händen in den Taschen, ohne dich, frei! Was einer nicht im Kopf hat, das muß er in der Mappe haben.

Nikolassee trägt seine Weisheit in die innere Stadt, Moabit transportiert das Jus nach dem Osten, der Alexanderplatz wedelt mit der Mappe nach dem Westen, kein Papier darf da bleiben, wo es geboren ist – trage, Liebchen, trage!

Dabei sind die meisten Mappen unvollständig: sie müßten eine kleine Karthothek eingebaut haben, etwas Wasserspülung und einen zusammenklappbaren Pokertisch ... Mappen sind lebensnotwendig: wie könnte die deutsche Wirtschaft funktionieren ohne die Mappe! In England sollen die Leute auch mit Mappen herumtraben, hat man mir erzählt; aber daß sie es in Paris nicht tun, das weiß ich ganz gewiß. Denn der Franzose ... also, was ist denn das überhaupt für ein Mensch! Der glaubt, daß man die Arbeit in seinem Geschäft tut, und wenn er über die Schwelle hinausgetreten ist, dann ist es aus damit, und selbst im Café de Commerce, wo die bessern Sachen abgeschlossen werden, geht das ohne Mappe zu. Aber er schreibt wohl nicht immer das Nötige ...

Wir schreiben. Denn sonst hätten wir nichts, was wir durch unsere Brillen ansehen können, und wohin kämen wir wohl ohne das –! Wenn einer geboren wird, und wenn einer stirbt, wenn ein Stück Drama von Unruh aus dem Fenster fällt, und wenn ein Filmband zerreißt, wenn Frau Helen uns mit den großen blauen Augen Ja zuwinkt und Nein meint, wenn einer einen Verkehrsturm umfährt, und wenn in einem nationalen Blatt eine Sicherung durchbrennt: wir schreiben. Und was wir geschrieben haben, das tun wir dann in die Mappe.

Und es ist nur schade, daß wir auf den Presseball ohne Mappe kommen – es würde das wesentlich zur Verschönerung des Bildes beitragen.

Schilt die Mappe nicht, Peter! Sie hat eine heilige Mission zu erfüllen hienieden – sie läßt ihren Träger an die Wichtigkeit seiner Arbeit glauben, und das ist mitunter gar nicht so einfach. Gott segne sie, die gute, treue, rindslederne; schier dreißig Jahre ist sie alt, hat manchen Sturm erlebt … Sieh ihr gefaltetes Gesicht! Die zerfurchten Züge, die morschen Nähte! Was barg sie nicht schon alles in ihrem Bauche …?

Wenn aber einmal alles untergegangen ist von unserer Epoche, die Holzbarrieren auf den Straßen, die die Autos anlocken sollen, die Fußgänger zu hindern, den Fahrdamm zu passieren; wenn der Funkturm dahin ist und das letzte Sechs-Tage-Schieben und die Professorentitel unserer Theaterdirektoren: eines sollte übrigbleiben von dieser Zeit, als Denkmal aere perennius.

Ein Mann, aus Marmor, ordentlich in Stein ausgehauen, mit ernster Miene und sorgenvollen Nasenlöchern, eilig dahinschreitend, unter dem Arm sein geistiges Wickelkind, ganz der Papa aus Rindsleder.

Der Mann mit der Mappe.

(1927)

Der Fremde

Wenn Frau Kulicke auf der Treppe einem Chinesen begegnet, dann kommt sie ganz aufgeregt nach Hause und erzählt: »Wohnt eigentlich ein Chinese im Haus? Eben bin ich auf der Treppe ...« Da klingelt es. Sie öffnet: der Chinese. Um Gottes willen! Was –? Der Chinese möchte ein Zimmer mieten. Etwas mißtrauisch läßt sie ihn herein, der Chinese sieht das Zimmer an, es gefällt ihm (er hat noch nicht das berliner Guckauge für solche Dinge; wäre ich dabei gewesen, hätte ich ihm einiges zeigen können) – er mietet, er zieht ein. Der Chinese wird ein unerschöpfliches Gesprächsthema.

Der Chinese vertritt für Frau Kulicke China. Ungeahnte Möglichkeiten erwägt sie in ihrem Hirn, Opiumhöllen, ausgerissene Seeräuberzöpfe, kleine Geishas (die liegen bei Frau Kulicke in der chinesischen Schublade); aber inmitten dieses asiatischen Brodelns ist eines sicher: China und dieser Chinese – das ist ein und dasselbe.

Und Frau Kulicke ist nur eines von hunderttausend Exemplaren: jeder Fremde vertritt für die meisten Menschen sein ganzes Land, seine Regierung und seinen Fürsten. Die Franzosen in Deutschland haben bekanntlich alle noch vor kurzer Zeit Privat- und Spezialaufträge von Herrn Poincaré gehabt; die Deutschen vor dem Kriege waren Abgesandte des Kaisers; auf jedem Russen lag früher der Abglanz des Zaren (den er vielleicht nie gesehen hatte) – der Fremde vertritt für die meisten Leute immer noch seinen Staat.

Und keiner kommt auf den naheliegenden Gedanken, daß der Fremde zu Hause genau so ein unnützes, beiseite geschobenes Ding sein könnte wie der Betrachter; daß sich sein Staat so wenig aus ihm macht wie der unsre aus uns (neulich war in einem Erlaß über die Befreier dieser Verfassung zu lesen: »Es sind auch Kreise der Bevölkerung hinzuzuziehen ...«); jeder tut immer noch so, als käme der mächtige Volksgenosse eines völlig geschlossenen fremden Stammes zu uns – und nicht der kümmerliche Bestandteil einer anachronistischen Gesellschaftsform. Und je ohnmächtiger die Einheimischen sind, desto größere Fähigkeiten trauen sie dem fremden Mann zu.

Europa hat noch nie so viel Nationen und Staaten gesehen wie heute. Innerhalb der Staaten geht das Spiel weiter – oder wollen etwa die Franken dulden, daß die Stammeseigenart der Mittelfranken bei ihnen unterdrückt werde? ›Die thüringischen Belange‹ (was man am besten wie ›Melange‹ ausspricht); die Pfälzer verlangen; die Hannoveraner drohen – je eine halbe Million, wenns viel ist. Europa spielt. Es scheint die Idee kurz vor dem Höhepunkt ihres Umkippens in das Gegenteil zu sein, wie zu hoffen steht. Statt wirklich zu sehen, wie die Schichtgrenzen laufen, amüsieren sie sich mit Fahnen, Grenzpfählen, Ministerpräsidenten – und spielen ›fremd‹.

Gott segne diesen Erdteil! Er hat es nicht anders verdient.

(*1924*)

Der Platz im Paradiese

Die Bretagne ist das Bayern Frankreichs. (Protest der Bretagne. Protest Bayerns, schwere internationale Verwicklung der beiden Staaten –.) Denn man will auch dort schon wieder immer wie die Geistlichkeit.

Daß Plouézec nirgends anders als in der Bretagne liegen kann, ist für den Kenner außer Zweifel.

In Plouézec wohnt ein Kerl, der war einmal Leuchtturmwächter in Algerien gewesen, il a fait les colonies, ist also ein weitgereister Mann. Weil er denselben dicken Kopf wie die umwohnende Landbevölkerung hatte, ihren harten Geiz, ihre Geschäftstüchtigkeit, aber flinker war als sie, gerissner, schneller dachte, brachte er es bald zu viel Geld. Dieser Bursche nun erzählte neulich eine absonderliche Geschichte. Die Bretagne trinkt Cidre. Cidre macht betrunken. Aber in vino veritas, in der Lüge auch.

Der Leuchtturmwärter a. D. hatte einen Vetter, der war Priester. Zu dem kam eines Tages ein gutes altes Frauchen und ließ in der geistlichen Unterhaltung so nebenbei fallen: »Jaja ... Die Zeiten sind schwer ... Jung bin ich auch nicht mehr: ich möchte mir gern einen Platz im Paradiese sichern, aber ich hörte, das ist sehr teuer. Sehr teuer soll das ja sein.« Der Priester spitzte die Ohren. Meinte sie das symbolisch? Eine Seelenmesse? Geistliche Tröstung? Nein, nein, sie meinte es ganz wörtlich. Sie wollte wirklich und wahrhaftig einen Platz im Paradiese. Das fiel dem Priester auf.

Es begannen nun durchaus ernste Verhandlungen, der Priester bedang sich einige Tage Zeit aus, um sich mit den zuständigen Stellen in Verbindung zu setzen, und kam nach einer Woche mit dem Bescheid an: ein Platz koste

60 000 (sechzigtausend) Francs. Die Frau setzte sich schweratmend auf einen Stuhl.

Zur größten Überraschung des Priesters, der ja allerhand gewöhnt war, dergleichen aber denn doch noch nicht erlebt hatte, rückte sie nach ein paar Wochen an, hatte Geld flüssig gemacht und händigte dem frommen Mann Gottes 60 000 Francs ein. Für einen Platz im Paradiese. Die Sache schien in Ordnung zu sein.

Der Priester aber konnte nicht mehr schlafen. Es waren weniger Gewissensbisse, die ihn plagten, als der tödliche Zweifel: Habe ich auch genug gefordert? Solch ein Lamm hätte doch ganz anders geschoren werden können! Warum – bei Gott in der Höhe – warum habe ich nicht 80 000 gesagt? Achtzigtausend ... Und da brachte ihm der frische Meerwind eine Idee, einen Gedanken, unmittelbar von seiner himmlischen Behörde inspiriert. Er ging hin – das war im Jahre 1924 –, er ging wirklich hin, stellte die Frau und sprach:

»Liebe Frau. Ihr Platz im Paradiese ist Ihnen sicher. Für 60 000 Francs. Betrag dankend erhalten. Aber – damit Sie sich keinen Illusionen hingeben und mir etwa im Jenseits Vorwürfe machen: es ist ein Stehplatz!«

Die Frau setzte sich abermals. Was ... was man denn da tun könne? Ja, sagte achselzuckend der Priester, man könne ja vielleicht einen Sitzplatz kaufen – obgleich die sehr, sehr gesucht seien. Es sei fast ausverkauft. Aber er habe Beziehungen ... Übrigens koste ein Sitzplatz 80 000 Francs. Und da beschloß die Frau, auch noch die 20 000 flüssig zu machen, und sie begründete das auch. Cidre macht trunken – aber keine Dichter. Diese Antwort kann nicht erfunden sein. Sie sagte:

»Ich werde Ihnen auch noch die 20 000 geben. Denn ich möchte einen Sitzplatz, parce que c'est pour l'éternité!« – Weil es doch für die Ewigkeit ist …

Nun aber griff der liebe Gott ein, seines Zeichens bekanntlich langsam, aber sicher mahlender Mühlenbesitzer. Die gute Frau hatte Verwandte, denen die Wirtschaft in den Renten- und Aktienbeständen ihrer Tante, Großmutter und Schwester nicht unbekannt blieb, sie forschten nach, die Sache wurde ruchbar, es gab einen mächtigen, aber lautlosen Skandal – und der Priester wurde exkommuniziert. Alle frommen Seelen durften aufatmen. Aber nicht lange.

Der verjagte Priester gab das Geld nicht her. Er begründete vielmehr damit – wer wollte es ihm verübeln! – eine Milchwirtschaft und reiste im Lande umher; übrigens immer noch in der Soutane, weil das mehr zog, er hatte die modernsten Milchmaschinen und verdiente in kürzester Zeit einen gehörigen Haufen Geld. Da saß er nun.

Seinen Vetter, den Leuchtturmwächter, sah er oft; beide waren gewaltige Fresser und Säufer, und sie setzten sich häufig um eine mächtige Seezunge und die erforderlichen Bouteillen Weines. Bei einer solchen Zusammenkunft nun geschah es, daß dem Priester der Kragen zu eng wurde, die Augen quollen ihm heraus, ein kleiner Schlaganfall meldete sich, er begann zu röcheln … Der Vetter fühlte seine Stunde gekommen. (In der Erzählung äußerte er: »Maintenant je savais: il est à moi!«) Und er sprach zu dem Sünder: »Das ist die Strafe Gottes! Da hast du es!«

Dem Ex-Priester wurde mulmig um die Brust. Er begann nachdenklich umherzugehen, sonderbares Zeug vor sich hinzumurmeln, und eines Tages kam er recht klein zu seinem Cousin: ob ihm der nicht zum Wiedereintritt in die Alleinseligmachende verhelfen könne ... Selbstverständlich. Der Vetter ging ans Werk.

Zunächst machte er einen Besuch bei dem zuständigen Erzbischof. Der flammte auf. Nie. Niemals! Als sich das geistliche Gewitter ausgetobt hatte, zog der Vetter ganz leise und vorsichtig seinen Trumpf aus dem Hosensack. Der Ex-Priester besäße eine halbe Million ...

Dumpf grollte es noch einmal aus dem Bischof – dann dachte auch er nach. Und sprach, um sich ganz zu vergewissern, die geflügelten Worte: »Est-ce que la bête est bien morte –?« Ist der Kerl auch ganz und gar auf dem Aussterbeetat? Dafür könne er garantieren, sagte der Vetter eifrig. »Ça je vous le garantie, Monseigneur!« Sieg auf der ganzen Linie. Und zehn Prozent für den Leuchtturmmann – für freundliche Vermittlung.

Der Priester durfte sich demütig der Kirche nahen, er wurde in ein Kloster für reuige Mönche gesteckt, in eine strenge und härene Sache. Und da bereut er nun noch und hat sein Geld der Kirche vermacht.

Es ist aber zu erwägen, ob das Mütterchen aus Plouézec nicht zeit ihres Lebens glücklicher gewesen wäre, wenn sie einen Platz im Paradiese ihr eigen geglaubt hätte. Einen Sitzplatz, versteht sich. Einen Sitzplatz.

(1925)

Die Deplacierten

Uns haben sie, glaub ich, falsch geboren.
Von wegen Ort und wegen Zeit
sind wir vertattert und verloren
und fluchen unsrer Einsamkeit.

Warum, Mama, grad an der Panke?
Warum nicht fünfzig Jahr zurück?
Wie schlecht placiert wuchs der Gedanke
zu euerm jungen Liebesglück!

Warum nicht lieber auf den Sunda-
Eiländchen 1810?
Doch hier und heut? Das ist kein Wunder –
das kann ja nicht in Ordnung gehn!

Warum nicht in Australien hausend?
Warum nicht Fürst von Erzerum?
Warum nicht erst im Jahr Zweitausend?
Weshalb? Wieso? Woher? Warum?

Der Weltkrieg. Lebensgroße Zeiten.
Der Bankkommis als Offizier.
Brotkarten. Morde. Grenzen. Pleiten.
Und alles ausgerechnet wir.

Schraub hoch dein Karma wie die Inder.
Bleibt auch für uns nur noch Verzicht:
Wenn meine und sie kriegt mal Kinder –
in Deutschland darf sie nicht.

(1924)

Interview mit sich selbst

»Herr Panter lassen bitten!« sagte der Diener.

Ich trat näher.

Die hohe Tür zum Arbeitszimmer des Meisters öffnete sich, der Diener schlug die Portiere zurück – ich ging hinein, die Tür schloß sich hinter mir.

Da saß der Meister massig am Schreibtisch: ein fast dick zu nennender Mann, er trug ein gepflegtes Cäsarenprofil zur Schau, an dem nur die Doppelkinne etwas störten. Borstig stachen die Haare in die Luft, in den blanken Knopfaugen lag wohlig-zufriedenes Behagen. Er erhob sich.

»Ich begrüße Sie, junger Mann«, sagte er zu mir. »Nehmen Sie Platz und erörtern Sie mir Ihren merkwürdigen Brief!«

Befangen setzte ich mich.

»Sie fragen mich da«, sagte der Meister und legte seine dicke Hand mit den blankpolierten Nagelschildchen so, daß ich sie sehen mußte, »ob ich Ihnen einen Rat für Ihre Zukunft zu geben vermag. Sie fügen hinzu, Sie seien von dem hohen Streben nach einem Ideal durchdrungen. Sie stießen sich am Leben, das Ihnen kantig erscheine – das war Ihr Wort –, und Sie wollten sich bei mir Rats holen. Nun, junger Mann, der kann Ihnen werden!«

Ich verbeugte mich dankend.

»Zunächst«, sprach der Meister, »was sind Sie von Beruf?«

»Ich bin gar nichts«, sagte ich und schämte mich.

»Hm –« machte der Meister und wiegte bedenklich das Haupt. »Wozu brauchen Sie da noch Rat? Nun, immerhin … ich bin zu Ihrer Verfügung.«

»Meister«, sagte ich und faßte mir ein Herz, »lehren Sie mich, wie man zu Erfolg kommt. Wie haben Sie Erfolg gehabt? Diesen Erfolg?» Und ich wies auf das komfortabel hergerichtete Gemach: Bücher mit goldverzierten Pergamentrücken standen in wuchtigen Regalen, eine bronzene Stehlampe strahlte behaglich gedämpftes Licht aus, und der breit ausladende Aschbecher, der vor mir stand, war aus schwarzgeädertem Marmor. »Woher das alles?« sagte ich fragend.

Der Meister lächelte seltsam.

»Erfolg? Sie wollen wissen, wie ich Erfolg gehabt habe, junger Mann? Junger, junger Brausekopf! Nun: ich habe mich gebeugt.«

»Nie täte ich das. Nie!« sagte ich emphatisch.

»Sie müssen es tun«, sagte er. »Sie werden es tun. Was taten Sie im Krieg?«

»Ich war«, sagte ich und sah auf meine Stiefelspitzen, »Schipper.«

»Falsch!« sagte er. »Wären Sie ein tüchtiger Kerl und lebensklug, so hätten Sie anderswo sitzen müssen: in einer Presseabteilung, bei der politischen Polizei, was weiß ich. Wissen Sie, was ein Kompromiß ist? Können Sie Konzessionen machen?«

»Niemals!« rief ich.

»Sie müssen sie machen. Sie werden sie machen. Sehen Sie mich an: ich bin die nahrhafte Frucht der Kompromisse. Man muß im Leben vorwärtskommen, junger Freund!«

»Aber die Wahrheit? Aber die Ideale?« rief ich lauter, als schicklich war. »Aber das, wofür zu leben sich verlohnt? Noch bin ich ein Stürmer und Dränger, und das will ich bleiben! Mord Mord heißen, auch wenn eine Fahne darüber weht, einen Streber einen Streber, auch wenn er Geheimer Regierungsrat ist, eine Clique eine Clique, und stände eine ganze Stadt dahinter! Das ist es, was ich will! Helfen Sie mir! Weisen Sie mir den Weg, wie ich meine Pläne verwirklichen kann, zu meinem Heile, und, wie ich glaube, zum Heile der Menschen!«

Ich hatte mich in Begeisterung gesprochen; meine Wangen glühten, meine Lippen waren geöffnet und zitterten leise.

Der Meister lächelte. Der große Meister Peter Panter lächelte.

»Mein lieber junger Freund«, hob er an, »hören Sie mir genau zu. Auch ich begreife Ihre edle Gesinnung, die Ihnen alle Ehre macht. Auch ich wünsche, daß die Menschheit so edel wäre, wie Sie sie machen möchten. Auch ich bin, ich kann es wohl sagen, ein Vertreter des Guten, Wahren und Schönen. Ich liebe das Gute, Wahre und Schöne, ja, ich verehre es. Aber, mein lieber junger Freund, hart im Raume stoßen sich die Sachen! Man muß mit der Realität rechnen, sich klug beugen, wenns not tut ...«

»Ich mag mich nicht beugen«, unterbrach ich ihn trotzig.

»Sie werden sich beugen. Sie müssen sich beugen. Eines Tages werden Sie auch Ihrerseits Geld verdienen wollen, und Sie beugen sich. Es ist so leicht. Es ist so süß; ein kleines Nachgeben, ein leichtes Wiegen des Kopfes, ein winziges Verleugnen der Grundsätzchen, und Sie sind ein beliebter, angesehener, überall freundlich aufgenommener junger Mann! Wollen Sie das?«

Ich schüttelte verächtlich den Kopf.

»Aber, aber!« begütigte der Meister. »Bedenken Sie, was Sie machen! Sie werden heiraten wollen, eine Familie gründen, einen Hausstand – und Sie werden sich beugen. Was haben Sie und alle andern von diesen Prinzipien, von diesem starren Festhalten an der Wahrheit oder was Sie so nennen! Da sehen Sie hingegen: was kostet es mich denn? Ich bin freundlich zu allen Leuten, ich sage zu allem Ja, wo Sie vielleicht entrüstet Nein sagen würden, und ich kann schweigen. Schweigen kostet gar nichts. Schweigen ist die Perle in der Krone der menschlichen Künste. Schweigen Sie!«

»Ich muß sprechen!« sagte ich laut.

»Sie müssen nicht. I, wer wird denn müssen! Schweigen Sie, beugen Sie sich! Beugen Sie sich vor dem Geld und beugen Sie sich vor dem Ruhm, beugen Sie sich vor der Macht – vor der zu allererst – und beugen Sie sich vor den Frauen – und was wird Ihr Lohn sein?«

Er lehnte sich zurück und lächelte satt.

»Ich lebe«, fuhr er fort, »wie Sie sehen, auf gutem Fuß, und ich bin recht zufrieden. In meinem Haus verkehren Priester und Ärzte, Offiziere und Künstler – und keinem tue ich je etwas in meinen Schriften zuleide, und jeder bekommt eine gute Flasche Rotwein. Glauben Sie, ich sehe nicht, was dahintersteckt? Aber es kümmert mich nicht. Sie lesen meine Werke, sie kaufen meine Bücher – was will ich mehr? Bin ich angestellt, ihnen die Wahrheit zu sagen, die unbequeme, harte Wahrheit?«

»Wir alle sind angestellt, den Menschen die Wahrheit zu sagen!« sagte ich.

»Ich nicht«, sagte der Meister, «ich nicht. Ich habe diese Anstellung gekündigt, und seitdem geht es mir sehr gut. Und seitdem habe ich was ich brauche, mehr als ich brauche; meine Tochter heiratet demnächst einen Fabrikbesitzer. Ja.«

»Soll ich heiraten?« fragte ich.

»Die, die Sie lieben, nicht – denn ich ahne: sie hat kein Geld. Heiraten Sie die Tochter eines reichen Mannes; Raum ist in der kleinsten Villa – aber eine Villa muß es sein. Rauchen Sie?«

»Nein«, sagte ich, »ich rauche nicht. Ich ...«

»Rauchen Sie!« sagte er freundlich. »Es dämpft ab. Und hören Sie auf mich, der ich oben auf der Leiter stehe, die Sie zu besteigen im Begriff sind. Der Erfolg ist alles. Sie erwerben ihn durch viererlei: durch den Kompromiß, durch Schweigen; durch Zuhören und durch Schmeichelei bei den alten Leuten. Verstehn Sie das, dann sind Sie ein gemachter Mann! Und es ist so angenehm, ein gemachter Mann zu sein!«

Er strahlte fett und sah aus wie ein Mime nach dem Applaus.

Ich erhob mich und blickte ihn fragend und erhitzt an.

»Sie werden mir heute noch widersprechen«, sagte Peter Panter. »In dreißig Jahren tun Sie es nicht mehr. Sorgen Sie, daß es dann nicht zu spät ist! Gehaben Sie sich wohl, und lassen Sie es sich gut gehn!«

Ich nahm die dargebotene Hand und stürzte hinaus.

Drinnen saß der Meister an seinem prunkvollen Diplomatenschreibtisch und schüttelte lächelnd den Kopf. »Diese jungen Leute«, sagte er. »Das will mit dem Kopf durch die Wand und schlauer sein als unsereiner. Nun, jede Erfahrung muß jeder an sich selbst machen! Aber nun will ich ein wenig Tee trinken! Franz!«

Und er schellte.

Draußen aber am Gitter stand ich, die gußeiserne Türklinke des Parktors in der Hand, von Haß geschüttelt, von Wut verzerrt, ohnmächtig, giftig-böse und im Innern fühlend, daß der andre zum mindesten für sich recht hatte.

Und ich sagte: »Ein ekelhafter Kerl.«

(1919)

Die Laternenanzünder

Schon mancher wird sich gefragt haben, wie denn die Laternen, die abends und nachts die Großstadt erhellen, in Betrieb gesetzt werden. Nun Komma die Antwort auf diese Frage ist nicht eben schwer. Hat doch der Frager sicherlich schon abends in unsrer Stadt Männer mit langen Stangen in Trupps von zweien oder dreien die Straße entlang ziehen sehen – Laternenanzünder sinds, die dort ihr schweres Amt ausüben. Wer sind diese Leute, und was treiben sie zu so später Stunde auf den dunkeln Straßen, welches sind die Voraussetzungen ihres Berufs, und wie ist ihre Vorbildung? Darüber den Leser aufzuklären, soll der Zweck der nachfolgenden Zeilen sein.

Der Trupp der Laternenanzünder setzt sich gewöhnlich aus drei Männern zusammen: Dem Chef-Laternenanzünder, seinem Adjutanten und dem Hilfs-Laternenanzünder.

Der Chef-Laternenanzünder hat die Leitung der Abteilung. Er trägt die Verantwortung sowie eine lange Stange und bestimmt, welche Laternen zu entzünden sind. Nachdem er mit dem Lichtmesser in der Hand die Lichtstärke der betreffenden Straße ausgeleuchtet hat, wie der Fachausdruck heißt, setzt er seine Mannschaft an. Das geschieht folgendermaßen: Hält der Chef die Zeit für angemessen, so nähert sich der Trupp der Laterne, der Chef gibt erst den sogenannten ›Vorbefehl‹: »Achtung!«, der Adjutant nimmt die lange Stange in die Hand und wartet. Der Chef befiehlt: »Anleuchten!« und der Adjutant reißt oben an der Laterne den Hebel mit sachkundigem Griff herum. Während dieser Zeit hat der Hilfs-Laternenanzünder ständig seine Geräte in Bereitschaft zu halten, denn dem Hilfs-Laternenanzünder untersteht der technische Dienst; er ist es, der die Geräte beaufsichtigt: Hammer, Zange, Bohrer, Kabel, Ersatzkohlen – alles das hat er unter sich.

Der Laie wird sich nur schwer in der Fülle der Fachausdrücke der Laternenanzünder zurechtfinden. Ist eine Straße ganz erleuchtet, so spricht man von ›Voll-Licht‹; beileibe ›zündet‹ der Laternenanzünder keine Laterne ›an‹, sondern er ›gibt Licht‹ – gegen Morgen wird (abgelichtet), der betreffende Befehl heißt: »Ableuchten!« Werden die Leuchthebel, gewöhnlich gegen Ende des Monats, durchgeölt, so geschieht das aus einem Öltopf. Auch diesen Topf hat der Hilfs-Laternenanzünder unter sich.

Die Ausbildung der Laternenanzünder, mit Ausnahme des nur fachtechnisch geschulten Hilfspersonals, ist eine rein wissenschaftliche. Die Anforderungen an den Beruf sind hohe: der Mann, der sich als Aspirant vorstellt, muß über tadellose Papiere verfügen, aus politisch unbelasteter Familie stammen, eine freiwillige Übung bei einer Reichswehrbrigade mitgemacht haben und die Primarreife eines Oberrealgymnasiums besitzen. Die Ausbildung erfolgt auf den Technischen Hochschulen, die Teilnahme an den dortigen Leibesübungen ist für den künftigen Verwaltungsbeamten absolut unerläßlich (Rumpfbeugen, Geschmeidigkeit des Körpers). Die Vorlesungen umfassen: Wesen und Begriff der Lichtwissenschaft; Geschichte des Beleuchtungswesens, unter besonderer Berücksichtigung des betreffenden Bundesstaates; Theorie der Lichtgebung; Ablicht und Anlicht; zur Soziologie der Beleuchtungswissenschaft. Dem Studium folgt ein Staatsexamen. Nach zehn bis zwölf Jahren Wartezeit erfolgt gewöhnlich die Ernennung zum Laternenanzünder, nach weiteren zwanzig bis dreißig Jahren die Beförderung (nicht: Ernennung) zum Chef-Laternenanzünder.

Man sieht: es sind alte, zünftige Beamte, die da in Wind und Wetter ihren schweren Dienst versehen. Es ist ihnen gelungen, sich in dem Halbjahrhundert ihrer Amtstätigkeit die allgemeine Achtung und Beachtung zu erwerben. Zusammengeschlossen sind sie in dem Reichsverband Deutscher Laternenanzünder (R. D. L. mit den selbständigen Sektionen: Bayern, Thüringen-Nord und Hamburg), sowie in Lokalgruppen; die bedeutendste davon ist der in Brandenburg zentralisierte Laternenverband Märkischer Anzünder (L. M. A.).

Die Beamten bilden sich dauernd fachwissenschaftlich, bevölkerungspolitisch, städtebautechnisch und verkehrshistorisch fort – in diesem Jahr ist es ihnen endlich gelungen, die Schaffung eines ›Dr. lux‹ bei den Landesuniversitäten durchzusetzen. Die Fortbildung der Beamten geschieht auf den Laternenanzünder-Fortbildungsschulen und -Seminaren; die Lehrer sind zu einem ›Reichsverband Deutscher Laternen-Anzünder-Fortbildungsschul-Fachlehrer‹ zusammengeschlossen. Ihr Dienst ist nicht ohne Gefahr; bei den praktischen Übungen kommt es wohl vor, daß eine zu heiße Laboratoriumslaterne platzt; sämtliche Lehrer sind versichert. (Das Nähere siehe in den ›Mitteilungen Deutscher Laternen-Anzünder-Fortbildungsschul-Fachlehrer-Versicherungs-Gesellschaften‹.)

Die jetzigen Angehörigen der Lucifaktoren, wie sie sich gern nennen, gehören fast durchweg den bessern Gesellschaftsschichten an: 65 Prozent der Chef-Lucifaktoren bzw. 45 Prozent der Adjutanten sind ehemalige Reserveoffiziere. Damit allein schon ist ihre politische Zuverlässigkeit gewährleistet. In manchen Familien ist die Liebe zum Licht sozusagen erblich: es gibt Beamte, die bereits in der dritten und sogar vierten Generation ihr Amt innehaben. Die Mehrzahl der Hilfs-Laternenanzünder rekrutiert sich naturgemäß gleichfalls aus gedienten Leuten, da diesen die für den Lucifaktorenberuf notwendige ›Sturheit‹, wie der Fachausdruck heißt, besonders eigen ist.

Die einzelnen Verwaltungszweige interessieren sich außerordentlich für die Dienstgepflogenheiten der Lucifaktoren: so hat erst jüngst Exzellenz Lewald vom Reichsausschuß für Leibesübungen dem Fünften Deutschen Reichs-Licht-Bund-Tag beigewohnt, obgleich ihn doch seine andern Verpflichtungen gegenüber allen in Deutschland stattfindenden Tagungen gewiß stark in Anspruch nehmen. Auch der Reichswehrminister hat in einem Erlaß auf den ganz ausgezeichneten Dienst der Laternenanzünder hingewiesen und ihnen den alten, guten Sedan-Geist gewünscht. Die Vertretung der Lucifaktoren im Parlament ist nunmehr auch gesichert; wie man sich erinnert, ist bei den letzten Wahlen der Abgeordnete Dr. Hohsen (Wahlkreis: Boden) von der Deutschen Volkspartei ins Parlament aufgerückt, ein Lucifaktor, der den Dienst von der Pike auf kennt und die Interessen seiner Kollegen im echten, rechten Laternenanzündergeist wahrnehmen wird. Er ist es auch, der zusammen mit einem Herrn vom Reichswehrministerium und dem Admiral Stenker von der Reichsmarineverwaltung die Einweihung des Laternenanzünder-Kriegerdenkmals vorgenommen hat; haben doch die Laternenanzünder ihren starken Anteil an den Opfern des Weltkrieges und somit an der Gesundung des Vaterlandes. Auch in die Literatur sind die Männer des Lichts bereits eingedrungen; wir erinnern hier nur an Rudolf Herzogs Roman ›*Mehr Licht!*‹

In der Dunkelmannstraße zu Berlin erhebt sich das schmucke Reichsverbandshaus des R. D. L. Nach der letzten großen Oppositionskrise im Verband ist Ordnung und Ruhe geschaffen; die damaligen Verbandsinteressen verwaltete ein Rechtsanwalt Löwenstein, jüdisch, aber dumm, also national – jetzt ist an seine Stelle als Syndikus Dr. v. Falkenhayn getreten, ein Großneffe des bekannten Siegers von Verdun. An dieser Stelle sei besonders der Presseabteilung und ihrem verdienten Pressechef, Herrn Karl Rosner, gedankt, der dem Schreiber dieses mit so liebenswürdigen Auskünften warm unter den Arm gegriffen hat.

Fürwahr, ein echtes Sinnbild deutscher Kraft und deutschen Fleißes, deutscher Tatkraft und deutscher Treue –; das kleine Trüpplein, das da, fast unbeachtet, abends durch die Straßen zieht, seinem harten Beruf entgegen. Hier und da kam es wohl einmal vor, daß die Beamten, besonders in den Arbeitergegenden, von halbwüchsigen kommunistisch verhetzten Burschen mit dem Ruf ›Nachtwächter! Nachtwächter!‹ belästigt wurden – doch ist da sofort scharf durchgegriffen worden. Polizei und Richter haben ihre Pflicht getan: die Übeltäter wurden stets mit hohen Strafen wegen Vergehens gegen das Gesetz zum Schutze der Republik bestraft; in alter Objektivität hat hier die deutsche Justiz wieder einmal gezeigt, wessen sie fähig ist.

Man siehts dem unscheinbaren Auftreten der schlichten Männer nicht an, wieviel deutsche Tätigkeit in ihnen und ihrem Werk steckt. Hoffen wir, daß sie, immer weiter aufstrebend, es zur Volkswohlfahrt und zum Nutzen des deutschen Staates ausüben, bis einmal bessere Zeiten kommen, da deutsches Licht auch in Straßburg, Danzig, Wien, Budapest und New York erstrahlen möge.

In diesem Sinne: »Gut Licht –!«

Man kann Laternen auch von der Zentrale aus einschalten.

(1925)

Die Zentrale

Die Zentrale weiß alles besser. Die Zentrale hat die Übersicht, den Glauben an die Übersicht und eine Kartothek. In der Zentrale sind die Männer mit unendlichem Stunk untereinander beschäftigt, aber sie klopfen dir auf die Schulter und sagen: »Lieber Freund, Sie können das von Ihrem Einzelposten nicht so beurteilen! Wir in der Zentrale …«

Die Zentrale hat zunächst eine Hauptsorge: Zentrale zu bleiben. Gnade Gott dem untergeordneten Organ, das wagte, etwas selbständig zu tun! Ob es vernünftig war oder nicht, ob es nötig war oder nicht, ob es da gebrannt hat oder nicht –: erst muß die Zentrale gefragt werden. Wofür wäre sie denn sonst Zentrale! Dafür, daß sie Zentrale ist! merken Sie sich das. Mögen die draußen sehen, wie sie fertigwerden!

In der Zentrale sitzen nicht die Klugen, sondern die Schlauen. Wer nämlich seine kleine Arbeit macht, der mag klug sein – schlau ist er nicht. Denn wäre ers, er würde sich darum drücken, und hier gibt es nur ein Mittel: das ist der Reformvorschlag. Der Reformvorschlag führt zur Bildung einer neuen Abteilung, die – selbstverständlich – der Zentrale unterstellt, angegliedert, beigegeben wird … Einer hackt Holz, und dreiunddreißig stehen herum – die bilden die Zentrale.

Die Zentrale ist eine Einrichtung, die dazu dient, Ansätze von Energie und Tatkraft der Unterstellten zu deppen. Der Zentrale fällt nichts ein, und die andern müssen es ausführen. Die Zentrale ist eine Kleinigkeit unfehlbarer als der Papst, sieht aber lange nicht so gut aus.

Der Mann der Praxis hats demgemäß nicht leicht. Er schimpft furchtbar auf die Zentrale, zerreißt alle ihre Ukase in kleine Stücke und wischt sich damit die Augen aus. Dies getan, heiratet er die Tochter eines Obermimen, avanciert und rückt in die Zentrale auf, denn es ist ein Avancement, in die Kartothek zu kommen. Dortselbst angelangt, räuspert er sich, rückt an der Krawatte, zieht die Manschetten grade und beginnt, zu regieren: als durchaus gotteingesetzte Zentrale, voll tiefer Verachtung für die einfachen Männer der Praxis, tief im unendlichen Stunk mit den Zentralkollegen – so sitzt er da wie die Spinne im Netz, das die andern gebaut haben, verhindert gescheite Arbeit, gebietet unvernünftige und weiß alles besser.

(Diese Diagnose gilt für Kleinkinderbewahranstalten, Außenministerien, Zeitungen, Krankenkassen, Forstverwaltungen und Banksekretariate, und ist selbstverständlich eine schmerzhafte Übertreibung, die für einen Betrieb nicht zutrifft: für deinen.)

(1925)

Ein Kind aus meiner Klasse

Für Hans M.

Neulich habe ich ein Kind aus meiner Klasse wiedergetroffen, nach so langen Jahren. Es war annähernd wie im Bilderbuch: Der arme Mann stand draußen am Zaun und bettelte, und der wohlhabende Mann stand drinnen und klopfte sich die Kuchenkrümel von der Weste. »Kennst du mich nicht mehr?« sagte der arme Mann leise. Da erkannte der Reiche den ehemaligen Mitschüler und ... ich weiß nicht mehr, wie die Geschichte weitergeht. Jedenfalls ist das Kind aus meiner Klasse, mit dem ich damals auf dem alten Schulhof umherspazierte und die bessern Sachen absprach, inzwischen Regierungsrat geworden, und aus mir wird zu meinen Lebzeiten nun wohl nichts Rechtes mehr werden. Auch für nachher habe ich leichte Bedenken.

Mit diesem also habe ich mich über früher unterhalten. Das ist eine wunderschöne Unterhaltung, und es gibt nur ein Buch, worin sie richtig aufgezeichnet steht: das ist mein Lieblingsbuch ›*Blaise, der Gymnasiast*‹ von Philippe Monnier, das bei Albert Langen erschienen ist. Darin steht, was geschieht, wenn man sich später einmal wiedersieht: wie man niemals den Mann, sondern immer nur den Jungen erkennt, wie der kleine Schulkram fürs Leben haftet, wie man im Grunde ja doch immer derselbe geblieben, und wie alles vorgezeichnet ist. Was bleibt dann haften? Monnier: »Lévêque ist katholisch.« Aus – das ist alles, was er über den da weiß. Und er wird nie mehr über ihn wissen.

Ich habe ihn gleich wiedererkannt: er war noch derselbe feine, leise, sehr überlegene und sehr angenehme Mensch.

Wir saßen nebeneinander bei Tisch, es waren schrecklich berühmte Leute um uns herum, aber ich sah und hörte nichts. Ich ließ sogar das Eis zweimal vorübergehen. Ich war wieder klein und ging auf dem Schulhof spazieren, ganz wie damals.

»Erinnern Sie sich noch ...?« – »Können Sie sich noch auf den ... besinnen? Der Kerl hatte immer so schmutzige Hände und sagte wunderschön vor.« Alle Mitschüler kamen wieder, alle Lehrer, natürlich, und beinahe hätte ich gefragt, mitten unter den feinen Leuten: »Haben Sie Geographie gearbeitet? Ich habe keine Ahnung!«

Und als wir alle durchgehechelt hatten: die Professoren, den Direktor, den Kastellan und die ganzen Klassen über und unter uns – da hatte ich einen bittern Geschmack im Munde. Denn das Kind hatte mit seiner leisen Stimme gesagt: »Denken Sie doch nur ... schade um all die verlorenen Jahre!« Es war das Todesurteil über die deutsche Schule, viel, viel härter und radikaler, als es die lauteste politische Versammlung aussprechen kann.

Die verlorenen Jahre ... Ich erinnerte mich an Dinge, an die ich jahrzehntelang nicht mehr gedacht hatte – und jetzt waren sie auf einmal wieder da. Nein, gehauen hat man uns nicht. Es war auch nicht romantisch gewesen, niemand schoß sich tot, wenn er sitzen blieb, und von Frühlings Erwachen war gar keine Rede. Das erwachte eben bei jedem sachte vor sich hin und wurde so oder so wieder zur Ruhe gebettet. Einen Zögling Törleß hatten wir auch nicht unter uns. Aber um unsre Zeit haben sie uns bestohlen, das Schulgeld war verloren, die Jahre auch.

Langweilige Pedanten gab es überall. Unzulänglichkeiten der Lehrer, viele Fehler, wir waren auch nicht die

Besten. Aber was hat man uns denn gelehrt –? Was hat man uns beigebracht –?

Nichts. Nicht einmal richtig denken, nicht einmal richtig sehen, richtig gehen, richtig arbeiten – nichts, nichts, nichts. Wir sind keine guten Humanisten geworden und keine guten Praktiker – nichts.

Er sagte: »Wenn man nicht zu Hause für sich gearbeitet hätte! Wenn man nicht eine anständige Erziehung gehabt hätte ...!« Nun, ich, zum Beispiel, habe keine gehabt, und ich beneidete ihn sehr. Er sagte: »Was ich in der Kunstgeschichte, in der Völkergeschichte, in der Geographie Europas gelernt habe, das habe ich mir alles selbst beigebracht.« Wer hätte es ihm auch sonst beibringen sollen. Unsre Schule vielleicht?

Unsre Schule war noch nicht so nationalistisch verhetzt wie die heutige. Unsre Lehrer waren nicht unintelligenter, fauler, fleißiger, klüger als andre Lehrer auch. Es war eine Schule, die etwas unter dem Durchschnitt lag, aber doch nahe am Durchschnitt. Und was lernten wir?

Deutsch: Lächerliches Zerpflücken der Klassiker; törichte Aufsätze, schludrig und unverständig korrigiert; mittelhochdeutsche Gedichte wurden auswendig gelernt, niemand hatte einen Schimmer von ihrer Schönheit.

Geschichte: Eine sinn- und zusammenhanglose Zusammenstellung von dynastischen Zahlen. Wir haben niemals Geschichtsunterricht gehabt.

Geographie: Die Nebenflüsse. Die Regierungsbezirke. Die Städtenamen.

Latein: Es wurde gepaukt. Ich habe nie einen lateinischen Schriftsteller lesen können.

Griechisch: siehe Latein.

Französisch: Undiskutierbar.

Naturwissenschaften: Gott weiß, welcher Unfug da getrieben wurde, hier und in der Physik-Stunde! Kein Experiment klappte – es sei denn jenes, wie man mit völlig unzulänglichen Mitteln einen noch schlechtern Physik-Unterricht erteilen kann.

Mathematik: Mäßig.

Und so fort. Und so fort.

Ich denke nicht mit Haß an meine Schulzeit zurück – sie ist mir völlig gleichgültig geworden. Schultragödien haben wir nie gehabt, furchtbare Mißstände auch nicht. Aber schlechten Unterricht.

Es war ja nachher auf der Universität ähnlich – nur stand da der Unfähigkeit der Professoren, zu lehren, wenigstens oft ihr wissenschaftlicher Wert gegenüber. Aber ich denke ein bißchen traurig an die Schule zurück, heute, da ich den Wert der Zeit schätzen gelernt habe. Sie haben uns um die Zeit betrogen, um unsre Zeit und um unsre Jugend. Wir hatten keine Lehrer, wir hatten keine Führer, wir hatten Lehrbeamte, und nicht einmal gute. Ich besinne mich, nach dem Abiturium eines Freundes gefragt zu haben: »Na, und die Pauker?« – »Dumm, wie immer!« sagte er – es war so viel selbstverständliche Verachtung in seiner Stimme. Nicht einmal Haß.

Ich weiß lange nicht so viel, wie ich wissen müßte – vieles fehlt mir; für kaum ein Gebiet, das ein bißchen abseits liegt, bringe ich auch nur das scholastisch geschulte Denken mit, und das wäre ja eine Menge. Nichts habe ich mitgebracht. Was wir wissen und können, das haben wir uns mit unsäglicher Mühe nachher allein beibringen müssen, nachher, als es zu spät war, wo das Gehirn nicht mehr so aufnahmefähig war wie damals. Vielleicht wäre doch manches besser gegangen mit einem guten Unterricht!

Und sie sind so stolz auf ihre Schule! Wie sie blöken, wenn sie ihre Philologenkongresse abhalten, welche großen Worte, welche Töne! Hat sich etwas geändert? Ich weiß nicht, was Entschiedene Schulreform ist – aber ich weiß, daß es entschieden keine Schulreform ist, was man heute treibt. Vielleicht werden es ganz gute Unteroffiziere werden oder Verzweifelte, die da herauskommen – gebildete Menschen, belehrte Menschen, instruierte Menschen sind es sicherlich nicht.

Vor dem Kriege ist einmal ein Erinnerungsbuch über die Schule erschienen – von Graf –, darin haben viele bekannte Männer der damaligen Zeit ihre Schulerinnerungen erzählt. Es war erschreckend, zu sehen, welcher Haß, welche Abneigung, welche Verachtung aus den Zeilen heraussprangen!

Wir zucken nur die Achseln. Aber wenn das Kind aus meiner Klasse nun wieder ein Kind hat – was dann? Es wird in dieselben Schulen gesteckt werden müssen, in dieselben Schulen, für die kein Geld da ist – weil wir ja fünfhundert Millionen für unsern Reichswehretat brauchen –, in dieselben Schulen, in denen der Arme an seiner Zeit bestohlen wird, und über die der Reiche lacht. Nicht wahr, wir haben auch die alten Lehrer-Anekdoten aufgefrischt: von dem Mann, der keine Fremdwörter gebrauchte und also keinen Zylinderhut, sondern eine ›Walze‹ hatte; von dem ›Süßen‹; und von dem ›Jewaltijen Leuhrer‹ und von allen den armen Narren. Das ist nun vorbei. Geblieben sind wir und mit uns die übeln Wirkungen dieser lächerlichen Schulbildung, die keine war. Wenn das Kind aus meiner

Klasse etwas geworden ist, so ist es das trotz der Schule, nicht wegen der Schule geworden.

Denn die deutsche Schule hat heute ein Ideal, das wohl das niedrigste von allen genannt werden muß; ihre Leitgedanken, ihre Idee, ihre Lehrgänge liegen zuunterst auf aller menschlichen Entwicklungsstufe: sie ist militarisiert.

(1925)

Herr Wendriner erzieht seine Kinder

»... Nehm Sie auch noch'n Pilsner? Ja? Ober! Ober, Himmelherrgottdonnerwetter, ich rufe hier nu schon ne halbe Stunde – nu kommen Se doch ma endlich her! Also zwei Pilsner! Was willst du? Kuchen? Du hast genug Kuchen. Also zwei Pilsner. Oder lieber vielleicht – na, is schon gut. Junge, sei doch mal endlich still, man versteht ja sein eignes Wort nicht. Du hast doch schon Kuchen gegessen! Nein! Nein. Also, Ober: noch'n Apfelkuchen mit Sahne. Wissen Se, was einem der Junge zusetzt! Na, Max, nu geh spielen! Hör nicht immer zu, wenn Erwachsene reden. Zehn wird er jetzt. Ja, also ich komme nach Hause, da zeigt mir meine Frau den Brief. Wissen Sie, ich war ganz konsterniert. Ich habe meiner Frau erklärt: So geht das auf keinen Fall weiter! Raus aus der Schule – rein ins Geschäft! Max, laß das sein! Du machst dich schmutzig! Der Junge soll den Ernst des Lebens kennenlernen! Wenn sein Vater so viel arbeitet, dann kann er auch arbeiten. Wissen Se, es is mitunter nicht leicht. Dabei sieht der Junge nichts andres um sich herum als Arbeit: morgens um neun gehe ich weg, um halb neun, um acht – manchmal noch früher – abends komme ich todmüde nach Hause ... Max, nimm die Finger da raus, du hast den neuen Anzug an! Sie wissen ja, die große Konjunktur in der Zeit, das war im Januar, dann die Liquidation – übrigens: glauben Sie, Fehrwaldt hat bezahlt? 'n Deubel hat er! Ich habe die Sache meinem Rechtsanwalt übergeben. Der Mann ist nicht gut, glauben Sie mir! Ja, also mein Ältester ist jetzt nicht mehr da. Max, laß das! Angefangen hat er bei ... Also hören Sie zu: ich hab ihn nach Frankfurt gegeben, zu S. & S. – kennen Sie die Leute auch? – und da hat er als Volongtär angefangen. Ich hab mir gedacht: So, mein Junge, nu stell dich mal auf eigne Füße und laß dir mal den Wind ein bißchen um die Nase wehn – Max, tu das nicht! – jetzt werden wir mal sehn. Meine Frau wollte erst nicht – ich bin der Auffassung, so was ist materiell und ideell sehr gut für den Jungen. Er liest immer. Max, laß das! Ich habe gesagt: Junge, treib doch Sport! Alle deine Kameraden treiben Sport – warum treibst du keinen Sport? Ich komme ja nicht dazu, mit ihm hinzugehn, mir täts ja auch mal sehr gut, hat mir der Arzt gesagt, aber er hat in Berlin doch so viel Möglichkeiten! Max, laß das! Was meinen Sie, was der Junge macht? Er fängt sich was mit einer Schickse an aus einem Lokal; nem Büfettfräulein, was weiß ich! Max, was willste nu schon wieder? Nein, bleib hier! Du sollst hierbleiben! Max! Max! Komm mal her! Du sollst mal herkommen! Max, hörst du nicht? Kannst du nicht hören? Du sollst mal herkommen! Hierher sollst du kommen! Komm mal her! Hierher. Was hast du denn? Sieh dich vor! Jetzt reißt der Junge die Decke ... ei weh, der ganze Kaffee auf Ihre Hose! Kaffee macht keine Flecke. Du dummer Junge, warum kommst du nicht gleich, wenn man dich ruft! Jetzt haste den ganzen Kaffee umgeworfen! Setz dich hin! Jetzt gehste überhaupt nicht mehr weg! Setz dich hin! Hier setzte dich hin! Nicht gemuckst! Gießt den ganzen Kaffee um! Hier – haste'n Bonbon! Nu sei still. Ja – er war schon immer so komisch! Bei seiner Geburt habe ich ihm ein Sparkassenkonto angelegt – meinen Sie, er hats einem gedankt? Schule – das wollt er nicht! Aber Theater! Keine Premiere hat er versäumt, jede Besetzung bei Reinhardt wußte er, und dann Film ... Nee, wissen Se, das war schon nicht mehr schön! Ja, nu hat er mit der … em … Max, sieh mal nach, ob da vorn die Lampen schon angezündet sind! Aber komm gleich wieder! Mit dieser Schickse geht er los! Natürlich kostet das 'n Heidengeld, können Se sich denken! Nu, es sind da Unregelmäßigkeiten vorgekommen – ich hab ihn wegnehmen müssen, und jetzt ist er in Hamburg. Ach, wissen Se, ich hab schon zu meiner Frau gesagt: Was hat einem der liebe Gott nicht zwei Mädchen gegeben! Die zieht man auf, zieht sie an, legt sie abends zu Bett, und zum Schluß werden sie verheiratet. Da hat man keine Mühe. Und hier! Nichts wie Ärger! Max! Max! Wo bloß der Junge bleibt! Max! Wo warst du denn so lange? Setz dich hierhin! Der Junge ist noch mein Grab – das sage ich Ihnen. Kommen Se, es ist kalt, wir wollen gehn.

Ich frage mich bloß eins: diese Unbeständigkeit, diese Fahrigkeit, diese schlechten Manieren – von wem hat der Junge das –?«

(1925)

Der Mensch

Der Mensch hat zwei Beine und zwei Überzeugungen: eine, wenns ihm gut geht, und eine, wenns ihm schlecht geht. Die letztere heißt Religion.

Der Mensch ist ein Wirbeltier und hat eine unsterbliche Seele, sowie auch ein Vaterland, damit er nicht zu übermütig wird.

Der Mensch wird auf natürlichem Wege hergestellt, doch empfindet er dies als unnatürlich und spricht nicht gern davon. Er wird gemacht, hingegen nicht gefragt, ob er auch gemacht werden wolle.

Der Mensch ist ein nützliches Lebewesen, weil er dazu dient, durch den Soldatentod Petroleumaktien in die Höhe zu treiben, durch den Bergmannstod den Profit der Grubenherren zu erhöhen, sowie auch Kultur, Kunst und Wissenschaft.

Der Mensch hat neben dem Trieb der Fortpflanzung und dem, zu essen und zu trinken, zwei Leidenschaften: Krach zu machen und nicht zuzuhören. Man könnte den Menschen gradezu als ein Wesen definieren, das nie zuhört. Wenn er weise ist, tut er damit recht: denn Gescheites bekommt er nur selten zu hören. Sehr gern hören Menschen: Versprechungen, Schmeicheleien, Anerkennungen und Komplimente. Bei Schmeicheleien empfiehlt es sich, immer drei Nummern gröber zu verfahren als man es grade noch für möglich hält.

Der Mensch gönnt seiner Gattung nichts, daher hat er die Gesetze erfunden. Er darf nicht, also sollen die andern auch nicht.

Um sich auf einen Menschen zu verlassen, tut man gut, sich auf ihn zu setzen; man ist dann wenigstens für diese

Zeit sicher, daß er nicht davonläuft. Manche verlassen sich auch auf den Charakter.

Der Mensch zerfällt in zwei Teile:

In einen männlichen, der nicht denken will, und in einen weiblichen, der nicht denken kann. Beide haben sogenannte Gefühle: man ruft diese am sichersten dadurch hervor, daß man gewisse Nervenpunkte des Organismus in Funktion setzt. In diesen Fällen sondern manche Menschen Lyrik ab.

Der Mensch ist ein pflanzen- und fleischfressendes Wesen; auf Nordpolfahrten frißt er hier und da auch Exemplare seiner eigenen Gattung; doch wird das durch den Faschismus wieder ausgeglichen.

Der Mensch ist ein politisches Geschöpf, das am liebsten zu Klumpen geballt sein Leben verbringt. Jeder Klumpen haßt die andern Klumpen, weil sie die andern sind, und haßt die eignen, weil sie die eignen sind. Den letzteren Haß nennt man Patriotismus.

Jeder Mensch hat eine Leber, eine Milz, eine Lunge und eine Fahne; sämtliche vier Organe sind lebenswichtig. Es soll Menschen ohne Leber, ohne Milz und mit halber Lunge geben; Menschen ohne Fahne gibt es nicht.

Schwache Fortpflanzungstätigkeit facht der Mensch gern an, und dazu hat er mancherlei Mittel: den Stierkampf, das Verbrechen, den Sport und die Gerichtspflege.

Menschen miteinander gibt es nicht. Es gibt nur Menschen, die herrschen, und solche, die beherrscht werden. Doch hat noch niemand sich selber beherrscht; weil der opponierende Sklave immer mächtiger ist als der regierungssüchtige Herr. Jeder Mensch ist sich selbst unterlegen.

Wenn der Mensch fühlt, daß er nicht mehr hinten hoch kann, wird er fromm und weise; er verzichtet dann auf die sauern Trauben der Welt. Dieses nennt man innere Einkehr. Die verschiedenen Altersstufen des Menschen halten einander für verschiedne Rassen: Alte haben gewöhnlich vergessen, daß sie jung gewesen sind, oder sie vergessen, daß sie alt sind, und Junge begreifen nie, daß sie alt werden können.

Der Mensch möchte nicht gern sterben, weil er nicht weiß, was dann kommt. Bildet er sich ein, es zu wissen, dann möchte er es auch nicht gern; weil er das Alte noch ein wenig mitmachen will. Ein wenig heißt hier: ewig.

Im übrigen ist der Mensch ein Lebewesen, das klopft, schlechte Musik macht und seinen Hund bellen läßt. Manchmal gibt er auch Ruhe, aber dann ist er tot.

Neben den Menschen gibt es noch Sachsen und Amerikaner, aber die haben wir noch nicht gehabt und bekommen Zoologie erst in der nächsten Klasse.

(1931)

Deutschland, Deutschland über alles!

An den deutschen Mond

Guter Mond, du gehst so stille
Durch die Abendwolken hin!
Siehst die lange Äppelzille
Und die Venuspriesterin.
    Siehst Passanten und die Bummler
    Und die bösen Geldscheinschummler …
        Bist das alles schon gewohnt,
        Guter Mond, guter Mond –!

Segelst langsam ob den Dächern,
Siehst in Fenster der Büros,
Wo die Akten in den Fächern
Flüstern: »Wir sind Nosken los!«
    Siehst in Fenster der Kasernen,
    Wo sie Schwarz-Rot-Gold entfernen …
        Bist das alles schon gewohnt,
        Guter Mond, guter Mond –!

Kugelst dich am Firmamente
Über unsre große Stadt,
Siehst die dicke, schwere Rente,
Die der Ludendorff noch hat.
    Siehst auch nächstens, wenn es später,
    Manche freien Hochverräter …
        Bist das alles schon gewohnt,
        Guter Mond, guter Mond –!

Aber käme plötzlich einer,
Der trotz Lärmen und Gezisch
Schlüge – wie noch leider keiner –
Mit der Faust auf unsern Tisch –
Sagt der: »Militär kann gehen!«
  Ei, dann bliebst du sicher stehen!
    Denn das bist du nicht gewohnt,
  Guter Mond, guter Mond –!

(1920)

Das angestammte Herrscherhaus

Ick bin dick.
Und blase
auf die Republik.

Die können alle bollern,
soviel sie nur wollern –:
Wir sind die Hohenzollern
und leben von euch
und zecken an euch

bis ans Ende der Welt …
Soviel Geld –! soviel Geld –!

Wirklich? Bis ans Ende der Welt …?

(1929)

Das Parlament

Ob die Sozialisten in den Reichstag ziehn –
is ja janz ejal!
Ob der Vater Wirth will nach links entfliehn,
oder ob er kuscht wegen Disziplin –
is ja janz ejal!
Ob die Volkspartei mit den Schiele-Augen
einen hinmacht mitten ins Lokal
und den Demokraten auf die Hühneraugen …
is ja janz ejal!
is ja janz ejal!
is ja janz ejal!

Die Plakate kleben an den Mauern –
is ja janz ejal!
mit dem Schmus für Städter und für Bauern:
»Zwölfte Stunde!« – »Soll die Schande dauern?«
Is ja janz ejal!
Kennt ihr jene, die dahinter sitzen
und die Schnüre zichn bei jeder Wahl?
Ob im Bockbiersaal die Propagandafritzen
sich halb heiser brüllen und dabei Bäche schwitzen –
is ja janz ejal!
is ja janz ejal!
is ja janz ejal!

Ob die Funktionäre ganz und gar verrosten –
　　is ja janz ejal!
Ob der schöne Rudi den Ministerposten
endlich kriegt – (das wird nicht billig kosten):
　　is ja janz ejal!
Dein Geschick, Deutschland, machen Industrien,
Banken und die Schiffahrtskompanien –
　　welch ein Bumstheater ist die Wahl!
Reg dich auf und reg dich ab im Grimme!
Wähle, wähle! Doch des Volkes Stimme
　　is ja janz ejal!
　　　is ja janz ejal!
　　　　is ja janz ejal –!

(1929)

Die Reichswehr

Dies soll hier nur stehen, um in acht Jahren einmal zitiert zu werden. Und auf daß ihr dann sagt: Ja – das konnte eben keiner voraussehen!

Ich halte es für meine Pflicht, noch einmal die beiden sozialdemokratischen Parteien auf die Gefahr aufmerksam zu machen, die von der Reichswehr droht.

Die Truppe, in Hundert und aber Hundert überflüssige Detachements gegliedert – überflüssig ihrer Quantität, überflüssig ihrer Qualität nach –, liegt hauptsächlich in kleinen und kleinsten Orten. Damit die Herren unter sich sind. Der Drill ist genau so wie unter dem Kaiser – nein, er ist schlimmer, verschärfter, bösartiger, der Zeit noch mehr ins Gesicht schlagend als schon damals. Ich habe Nachrichten, die alle dasselbe besagen: viele Offiziere politisieren, schikanieren, sind Gegner der Republik – und die Leute fürchten sich. Sie fürchten sich vor dienstlichen Unannehmlichkeiten; sie fürchten sich, vor eine Republik zu treten, die diesen Schutz gar nicht haben will, und die sie gegen die vorgesetzten Monarchisten nicht schützt; sie fürchten sich vor der Entlassung und vor noch Ärgerm. Wer die Verhältnisse kennt, wird diese Andeutung verstehen.

In den Soldatenzimmern wimmelt es von kaiserlichen Abzeichen, von Kaiserbildern, von nationalistischen Broschüren und Zeitungen. Die Offiziere, ältere Generalstäbler oder sehr junge Herren, pflegen genau dieselbe Lebens- und Staatsauffassung, deren Rückständigkeit uns in jenes Unglück gestürzt hat. Ihre politische Zuverlässigkeit verträgt keine Prüfung.

Der Milliarden-Etat geht Jahr um Jahr, mit schönen Sparsamkeitsreden begleitet, im Reichstag durch – die Abgeordneten der Mehrheitssozialdemokratie versagen bei Wehrfragen in den Ausschüssen und im Plenum. Die Unabhängigen allein schaffens nicht. Wirklich sachverständige Militär-Spezialisten scheint es nicht zu geben. Jedenfalls merkt man nichts von ihnen.

Fast gänzlich unbeachtet, in aller Stille reift hier ein Werk, das heute noch abzutöten ist. Über die Notwendigkeit einer Reichswehr läßt sich streiten – über die Beschaffenheit dieser Reichswehr gibt es nur eine Meinung: sie muß geändert werden. Geßler zählt nicht – denn er ist nicht Herr über seine Leute. Er hat alle Eigenschaften Noskes – ohne dessen schlimme. Also gar keine.

Einst wird kommen der Tag, wo wir hier etwas erleben werden. Welche Rolle die Reichswehr bei diesem Erlebnis spielen wird, beschreiben alle Kenner auf gleiche Weise. Der Kapp-Putsch war eine mißglückte Generalprobe. Die Aufführung ist aufgeschoben.

Die Realpolitiker, viel klüger und erfahrener als wir Outsider, werden mir antworten, der Staat habe jetzt keine Zeit – er müsse seine ganze Kraft an die außenpolitischen Probleme wenden.

Ich will aber nicht in acht Jahren hier eine Serie Standgerichte haben, die die gewissen raschen Kneifer nicht, wohl aber alle andern treffen werden. Ich will nicht meine Steuern für Menschen ausgeworfen wissen, die nichts andres im Kopf haben als ihre überlebte Zeit und ihre Ideale – Ideale, deren Unwert nur noch von ihren forschen Vertretern übertroffen wird. Ich will nicht. Viele wollen nicht. Und ich halte es für eine Pflichtverletzung der beamteten und gewählten Volksvertreter, sich auf Meldungen zu verlassen, die verlogen sind, und auf Gruppen zu hören, die warten und warten … Ihre Zeit kommt.

Bedankt euch in acht Jahren bei dieser Regierung, diesem Staatsrat, diesem Reichstag.

(1922)

Deutsche Richter von 1940

Wir stehen hier im Vereine
in diesem Lederflaus;
wie die abgestochenen Schweine
sehn wir aus.
    Wir fechten die Kreuz und die Quere
    mit Schlag und Hieb und Stoß;
    wir schlachten uns um die Ehre –!
    Auf die Mensur!
                                        Los!

Der deutsche Geist? Hier steht er.
Wie unsere Tiefquart sitzt!
Wir machen Hackepeter,
daß die rote Suppe spritzt.
    Wir sind die Blüte der Arier
    und verachten kühl und grandios
    die verrohten Proletarier –
    Auf die Mensur!
                                Gebunden!
                                        Los!

Wir sitzen in zwanzig Jahren
mit zerhacktem Angesicht
in Würde und Talaren
über euch zu Gericht.
    Dann werden wirs euch zeigen
    in Sprechstunden und Büros …

ihr habt euch zu ducken, zu schweigen
Auf die Mensur!

Gebunden!

Fertig!

Los!

Wie lange, Männer und Frauen,
seht ihr euch das mit an –?
Wenn sie sich heut selber verhauen:
Euch fallen sie morgen an!
Ihr seid das Volk und die Masse
von der Etsch bis an den Rhein:
soll das die herrschende Klasse,
sollen das unsere Führer sein –?

Fertig! Los! Los!

(1929)

»Potsdam –!«

Neulich, als ich in der Scala war – seit das Varieté nicht mehr international ist, macht es keinen Spaß mehr, Kritiken darüber zu schreiben –, gab ich, in einem Anfall von Größenwahn, der Garderobenfrau ein paar Papierblätter mehr, als ihr zukamen. Sie sagte: »Danke, Herr. Und wenn Sie nachher kommen, dann werden Sie auch gleich bedient. Sie brauchen nur leise zu sagen: ›Potsdam!‹«

Siehe – das war ein deutsches Wort.

Die Garderobe ist stippevoll, die Leute drängeln sich, die Schwierigkeiten sind riesengroß, das Ganze recht unangenehm: da genügt das kleine Wörtchen: Potsdam – und alles, alles ist gut. Potsdam – das heißt: Schiebung außer der Reihe. Potsdam – das heißt: Bei uns geht alles ordnungsgemäß und streng nach dem Reglement zu, aber – du brauchst nur ein bißchen zu flüstern, dann kommst du eher dran. Potsdam – das heißt eben: Potsdam.

Da steht eine ganze Nation. Sie ist krachen gegangen, weil sie teutsch war, statt deutsch zu sein – und statt sich zur Abkehr zu wenden, glaubt sie, es liege daran, daß sie noch nicht teutsch genug war. Und Millionen gläubige Lippen flüstern: Potsdam! Aber die Garderobenfrauen der ganzen Welt scheinen diesen schönen Trick nicht zu kennen oder können wohl nicht gut hören: jedenfalls bedient keine. Und alle warten.

Übrigens habe ich das Sesam-Wort gar nicht angewendet. Ich dachte mir: Am Ende ist es gar nicht voll, und du stehst nachher da, ganz allein vor der leeren Garderobe, und murmelst: Potsdam! Oder, dachte ich, wie schon die Leute heute sind: Du kommst hin, drängst dich durch den dichtesten Menschenhaufen, und um dich herum und vor dir und hinter dir stehen lauter Männer, die nicken alle der Garderobenfrau vertraulich zu und flüstern: Potsdam!

Was war zu tun? Etwa ›Weimar‹ sagen? Aber da hat die Nationalversammlung getagt, und das wirft einen Schatten selbst auf Goethe. (Denn als wir Republik sagten, haben wir das da nicht gemeint. Wirklich nicht.) Was war zu tun?

Ich habe gewartet. Ich habe ganz still gewartet. Wissen Sie: wenn man wartet, kommt man sehr oft viel schneller vorwärts als die Drängler. Man muß nur die Geduld haben. Denn was fangen die Hastigen schließlich mit ihren erhetzten zehn Minuten an? Sie kommen die paar Pulsschläge früher zum Sekt, auf die Bahn, an den bierigen Stammtisch, ins Bett. »Da wird he nicht klüger von«, sagen die Plattdeutschen. Nein, ich habe einfach gewartet und brauchte mich nicht zu drängeln, mit roten Köpfen schoben sich die Schieber an mir vorbei und ergatterten ihren Schirm und ihre Hüte, lagen vorn und waren die Tüchtigen.

Ich wartete. Und bekam meine Sachen ein bißchen später, ohne Zerren und Ziehen, ohne Schiebung und ohne Gedräng. Und, vor allem, ohne Potsdam. Und das ist die Hauptsache.

(1923)

An einen Bonzen

Einmal waren wir beide gleich.
Beide: Proleten im deutschen Kaiserreich.
Beide in derselben Luft,
beide in gleicher verschwitzter Kluft;
dieselbe Werkstatt – derselbe Lohn –
derselbe Meister – dieselbe Fron –
beide dasselbe elende Küchenloch ...
Genosse, erinnerst du dich noch?

Aber du, Genosse, warst flinker als ich.
Dich drehen – das konntest du meisterlich.
Wir mußten leiden, ohne zu klagen,
aber du – du konntest es sagen.
Kanntest die Bücher und die Broschüren,
wußtest besser die Feder zu führen.
Treue um Treue – wir glaubten dir doch!
Genosse, erinnerst du dich noch?

Heute ist das alles vergangen.
Man kann nur durchs Vorzimmer zu dir gelangen.
Du rauchst nach Tisch die dicken Zigarren,
du lachst über Straßenhetzer und Narren.
Weißt nichts mehr von alten Kameraden,
wirst aber überall eingeladen.
Du zuckst die Achseln beim Hennessy
und vertrittst die deutsche Sozialdemokratie.
Du hast mit der Welt deinen Frieden gemacht.

Hörst du nicht manchmal in dunkler Nacht
eine leise Stimme, die mahnend spricht:
»Genosse, schämst du dich nicht –?«

(1923)

Ruhe und Ordnung

Wenn Millionen arbeiten, ohne zu leben,
wenn Mütter den Kindern nur Milchwasser geben –
das ist Ordnung.
Wenn Werkleute rufen: »Laßt uns ans Licht!
Wer Arbeit stiehlt, der muß vors Gericht!«
Das ist Unordnung.

Wenn Tuberkulöse zur Drehbank rennen,
wenn dreizehn in einer Stube pennen –
das ist Ordnung.
Wenn einer ausbricht mit Gebrüll,
weil er sein Alter sichern will –
das ist Unordnung.

Wenn reiche Erben im schweizer Schnee
jubeln – und sommers am Comer See –
dann herrscht Ruhe.
Wenn Gefahr besteht, daß sich Dinge wandeln,
wenn verboten wird, mit dem Boden zu handeln –
dann herrscht Unordnung.

Die Hauptsache ist: Nicht auf Hungernde hören.
Die Hauptsache ist: Nicht das Straßenbild stören.
Nur nicht schrein.
Mit der Zeit wird das schon.
Alles bringt euch die Evolution.

So hats euer Volksvertreter entdeckt.
Seid ihr bis dahin alle verreckt?
So wird man auf euern Gräbern doch lesen:
  Sie sind immer ruhig und ordentlich gewesen.

(1925)

Altbewährte Esel

Es gibt überhaupt nur noch »altbewährte Fachleute«. Wir haben alte bewährte Segelflieger (3 Jahre Praxis), bewährte alte Radiofachleute (2 Jahre) ... wenn sie alle zusammen über Berufliches reden, so quatscht das, daß ihnen die Schnauze schäumt, und wenn sie gar noch so sprechen können, wie es im amtlichen Bericht steht, so unpersönlich, so darüber stehend, so vornehm abgeklärt, dann strahlen sie über das ganze Antlitz. Etwa so:

»Gestern abend wurde in der Wohnung des Berufszwerges Jakob Nietzke von dem diensthabenden Sohn Nietzkes, dem acht Jahre alten Fridolin, das dortige Wasserleitungsrohr als verstopft gemeldet. Die Meldung lief bei Frau Nietzke abends 9.10 Uhr ein.

Frau Nietzke gab die Meldung sofort ihrer Hausangestellten, Fräulein Anna Koschmann, weiter, die allerdings, da sie keinen Dienst mehr hatte, weiteres zunächst nicht veranlassen konnte. Der gegen halb zwölf Uhr von ernster Berufspflicht aus der ›Scala‹ heimgekehrte Ehemann Nietzke wurde gleich nach seiner Rückkehr verständigt. Die Operationen wurden auf seine Anordnung hin bis zum nächsten Tag verschoben.

Am nächsten Tage – also heute morgen – begab sich zunächst eine Kommission, bestehend aus dem Berufszwerg Nietzke, dessen Ehefrau als Beraterin sowie dem elfjährigen Sohn Hadubrand, zu dem fraglichen Rohr; geleitet wird die Kommission von Herrn Zwerg Nietzke. Zwerg Nietzke erkannte sofort, daß das Wasserleitungsrohr nicht funktionierte, weil es verstopft sei, und begab sich daraufhin persönlich zu dem Hauswart Schippanofsky, obgleich derselbe seinen Dienst noch nicht angetreten hatte. Schippanofsky forderte dementsprechend Nietzke auf, welcher Aufforderung dieser aber nicht nachkam. Die Privatbeleidigungsklage ist eingereicht.

Am Nachmittag erschien dann, auf erneute Vorstellung Frau Schippanofsky: die Wasserrohrbereinigungskolonne war folgendermaßen zusammengesetzt:

Technische Leitung: Frau Hauswart Schippanofsky, Personalaufsicht: Frau Zwerg Nietzke, Leitung der Hilfsmannschaft, bestehend aus dem Sohn Hadubrand Nietzke: Hadubrand Nietzke. Oberleitung: Herr Nietzke.

Umgeben von seinem Stab, machte sich Direktor Nietzke persönlich an die fachtechnische Arbeit.

Die Beratung ergab folgendes: Vom volkswirtschaftlichen Standpunkt aus wäre die Anlegung eines neuen Wasserrohres an Stelle des alten allerdings empfehlenswert, doch bestanden aus allgemeinen wirtschaftlichen Erwägungen sowie auch wasserbautechnisch einige Bedenken. Während ästhetisch gegen die Einführung eines sogenannten Schrubbers in das Wasserrohr Einwendungen nicht bestanden, konnte doch dieselbe zunächst nicht vorgenommen werden, da von seiten der Personalaufsicht hauswirtschaftlich eingewendet wurde, daß ein solcher Schrubber nicht vorhanden sei. Die Technische Leitung erklärte, daß sie ihrerseits zur Materialbeschaffung nicht beitragen könne, was die Personalaufsicht sowie die Leitung der Hilfsmannschaft heftig bestritten. Die Oberleitung entschied schließlich, daß aus hygienischen sowie aus ernährungswissenschaftlichen Gründen die sofortige Beschaffung des Wasserrohrreinigungshilfsmittels in augenblickliche Erwägung zu ziehen sei, da die Leitung der Oberleitung als langbewährter Fachmann darüber fachmännischen Rat zu erteilen sehr wohl in der Lage sei. Die Benennung ›Alter Kuhkopp!‹ von seiten der Technischen Leitung lehnte der Leiter der Oberleitung, als lange im Berufsleben stehend, ab.«

Ja, da lachste!

Wenn aber drei Beamte einen Nagel einschlagen wollen und deshalb einen solchen Betrieb veranstalten, der weiter keinen Sinn hat als Bedeutung, Notwendigkeit und Wichtigkeit der beamtlichen Existenz möglichst aufzublasen – da lacht keiner. Denn Deutschland ist ein gründliches Land: kein Kind ohne Nachttopf, kein Erwachsener ohne fachliche Hochschulbildung, ohne Titel und einen ganzen Kopf voller Einbildung.

(1926)

Was wäre, wenn …

W. T. B.

Wilhelm der Zweite ist heute abend 7.15 Uhr in Doorn an den Folgen einer Lungenentzündung gestorben.

Demokratischer Leitartikel

Der ehemalige Kaiser ist gestern in Doorn entschlafen, und wir drücken am Grabe eines Menschen selbstverständlich die anständige Trauer aus, die dem Menschen gebührt. »Et le combat cessa faute de combattants«, heißt es in Corneilles ›*Cid*‹. Es ist heute nicht der Tag, um zu schildern, was dieser Kaiser hat geben wollen, aber vielleicht nicht hat geben können. Mochte seine Impulsivität auch vieles verursacht haben, was besser unterblieben wäre, so ist doch sein reiner Wille und die Liebe zu seinem Volke …

›Deutsche Tageszeitung‹, achtundvierzig Stunden später

Einzelheiten der Überführung stehen noch nicht fest. Doch kann heute schon so viel gesagt werden, daß der Trauerkondukt am Mittwoch, dem 17., abends gegen 9 Uhr, in Berlin ankommen wird, wo die Leiche im Schloß aufgebahrt werden wird. Der Reichspräsident Hindenburg hat Armeetrauer befohlen. Daß die Schulen schließen werden, halten wir für selbstverständlich. Näheres über den Trauerzug, der sich durch die Hauptstraßen Berlins bewegen wird, sowie die Absperrungen geben wir morgen bekannt.

Paul Warncke im ›Kladderadatsch‹

… Dein harter Lebensfaden liegt zerschnitten.
Du stiller Dulder hast nun ausgelitten,
Du, der du stets die Völker überragt,
Der Zahn der Zeit nur hat dich hohlgenagt.
In schwarzen Schleifen Trauerreiser,
Dies bringt dein Volk dir! – Deutscher Kaiser!

›Berliner Lokalanzeiger‹, schwarzer Trauerrand, Schlagzeile

Sämtliche Minister nehmen am Trauerzuge teil!

Wie wir hören, haben sich auch die sozialdemokratischen Minister bereit erklärt, am Trauerzuge teilzunehmen. Nur die Kommunisten haben sich ausgeschlossen. Ihre Verhaftung steht unmittelbar bevor.

Tagesbefehl des ›Stahlhelm‹, Ortsgruppe Belgard in Pommern

Sämtliche Abteilungen stehen morgen früh acht Uhr an der Ecke der Stettiner Straße. Abmarsch zur Trauerfeier auf dem Exerzierplatz 8.05. Kleiner Anzug, große Hose, Stiefel in denselben; Stock, Totschläger, Handgranaten. Keine Waffen mitbringen!

›Vorwärts‹

Die Massen Berlins, die gestern so ausgezeichnete Disziplin gehalten haben, konnten ein merkwürdiges Schauspiel beobachten. Während alle andern Regierungsstellen mit feinstem Takt die menschliche Rücksichtnahme mit der Achtung vor der Republik zu vereinigen wußten, hat das Reichswehrministerium, Dienststelle B, auf seinem Gebäude nur die Fahne in den preußischen Landesfarben gehißt. Hat man dort keine schwarzrotgoldenen Fahnen? Wir fragen den Reichswehrminister …

›Deutsche Zeitung‹

Fortgesetzt laufen noch Beileidskundgebungen aus allen Teilen der Welt ein. Ein besonderes Zeichen für die Beliebtheit, deren sich Kaiser Wilhelm überall zu erfreuen hatte, ist der Gruß, den der Eskimo-Fußballklub ›Nanuk‹ aus Grönland an Seine Exzellenz den Generalfeldmarschall Hindenburg gesandt hat. Wahrlich, das deutsche Volk kann stolz auf seinen Kaiser sein.

›Kreuzzeitung‹

Die Nachricht, daß Kaiser Wilhelm hunderttausend Mark testamentarisch den deutschen Kriegskrüppeln vermacht hat, bewahrheitet sich nicht.

Gerichtskorrespondenz

Die Arbeiter Wilhelm Lawrentz, Heinrich Katschke, Fritz Demmert standen gestern wegen Landfriedensbruch, Körperverletzung, Beamtenbeleidigung, Widerstand gegen die Staatsgewalt und Vergehen gegen die Gesetze zum Schutze der Republik vor der 12. Strafkammer des Landgerichts III. Sie waren beschuldigt, beim Vorbeiziehen des kaiserlichen Trauerkondukts die Hüte nicht abgenommen zu haben. Die unter Eid vernommenen Beamten gaben einstimmig an, von den Angeklagten mit schwerer Artillerie bedroht worden zu sein. Lawrentz wurde zu 8 Jahren, Katschke und Demmert nur zu 6 Jahren Zuchthaus verurteilt.

Bildunterschrift

Der Kronprinz im Trauerzug. Rechts oben: Der Kronprinz bei den Ruderregatten in Grünau.

Radio-Dienst

Die heutige Rundfunkstunde ist dem Andenken des verstorbenen Kaisers gewidmet. 7.15: Zeitangabe, Wirtschaftsnachrichten, Neueste Meldungen. 7.30: Vorspruch. Von Karl Rosner. Gesprochen von der Rundfunkprinzessin. 7.38: Was uns unser Kaiser war. Ansprache von Dr. Carl Diem, Generalsekretär der Hochschule für Leibesübungen. 8.05: Blasorchester ...

Annonce

Der Kaiser ist tot. Da hat wohl mancher sein Leben an sich vorbeipassieren lassen, angesichts dieser großen und klassischen Tragödie sowie dieses Stücks Geschichte, das er hier mit erleben durfte. Bei aller nationalen Verehrung aber sollte man auch sein leibliches Wohl nicht vergessen. Wenn Sie Hühneraugen haben ...

Vermischtes

Generaldirektor Dembitzer von der Misti hat Herrn Otto Gebühr für den demnächst fertigzustellenden Kaiser-Film ›*Marsch-Marsch, Hurra!*‹ verpflichtet.

Lokales

Der Rentenempfänger Jakob Krewald hat sich gestern abend mit Leuchtgas vergiftet. Krewald war Schwerkriegsbeschädigter und erhielt 45 % Rente. Er hat im Kriege das Augenlicht, die Beine, die Arme und den Unterkiefer verloren. Was den alten Mann in den Tod getrieben hat, ist noch nicht geklärt.

(*1925*)

Feldfrüchte

Sinnend geh ich durch den Garten,
still gedeiht er hinterm Haus;
Suppenkräuter, hundert Arten,
Bauernblumen, bunter Strauß.
    Petersilie und Tomaten,
    eine Bohnengalerie,
    ganz besonders ist geraten
    der beliebte Sellerie.
Ja, und hier –? Ein kleines Wieschen?
Da wächst in der Erde leis
das bescheidene Radieschen:
        außen rot und innen weiß.

Sinnend geh ich durch den Garten
unsrer deutschen Politik;
Suppenkohl in allen Arten
im Kompost der Republik.
    Bonzen, Brillen, Gehberockte,
    Parlamentsroutinendreh …
Ja, und hier –? Die ganz verbockte
    liebe gute SPD.
Hermann Müller, Hilferlieschen
blühn so harmlos, doof und leis
wie bescheidene Radieschen:
        außen rot und innen weiß.

(1926)

November-Umsturz

Die deutsche Revolution hat im Jahre 1918 im Saale stattgefunden.

Das, was sich damals abgespielt hat, ist keine Revolution gewesen: keine geistige Vorbereitung war da, keine Führer standen sprungbereit im Dunkel; keine revolutionären Ziele sind vorhanden gewesen. Die Mutter dieser Revolution war die Sehnsucht der Soldaten, zu Weihnachten nach Hause zu kommen. Und Müdigkeit, Ekel und Müdigkeit.

Die Möglichkeiten, die trotzdem auf der Straße gelegen haben, sind von Ebert und den Seinen verraten worden. Fritz Ebert, den man nicht dadurch zu einer Persönlichkeit steigern kann, daß man ihn Friedrich nennt, ist solange gegen die Errichtung einer Republik gewesen, als er nicht merkte, daß hier ein Posten als Vorsitzender zu holen war; der Genosse Scheidemann è tutti quanti sind verhinderte Regierungsräte gewesen.

Weisen wir auf diesen Verrat an der eigenen Klasse hin, so wird uns ununterbrochen versichert, Ebert habe keine silbernen Löffel gestohlen. Wenn man so unbegabt ist, hat man ehrlich zu sein – das wäre ja noch schöner!

Es ist auch nicht richtig, daß damals nichts zu machen gewesen ist. Die SPD hat nicht gewollt, weil sie keinen Mut, keine Charakterstärke, keine Tradition mehr hatte – wer vier Jahre hindurch Kriegskredite bewilligen mußte, konnte das freilich nicht mehr haben.

Folgende Möglichkeiten sind damals ausgelassen worden:

Zerschlagung der Bundesstaaten;

Aufteilung des Großgrundbesitzes;
revolutionäre Sozialisierung der Industrie;
Personalreform der Verwaltung und der Justiz.

Eine republikanische Verfassung, die in jedem Satz den nächsten aufhebt, eine Revolution, die von wohlerworbenen Rechten des Beamten des alten Regimes spricht, sind wert, daß sie ausgelacht werden.

Die deutsche Revolution steht noch aus.

Bereiten wir sie gegen alle jene Parteien vor, die ein wirtschaftliches oder ideologisches Interesse haben, sie zu verhindern – die gefährlicheren unter ihnen sind die, die so tun als ob – und die unter alten Flaggen neue, aber verfaulte Ware verkaufen: überaltert, feige, verlogen und seelisch korrupt.

Gesetze fallen nicht vom Himmel. Erst, wenn dem Deutschen die revolutionäre Idee über das Gesetz, über die Bestimmung und über seine eigene Wichtigkeit geht, werden wir einen 9. November erleben, der keinen Noske, keinen Ludendorff und keinen Otto Wels übrig läßt. Nieder mit den lebenden Leichnamen!

Es lebe die Revolution!

(1928)

Deutschland erwache!

Daß sie ein Grab dir graben,
daß sie mit Fürstengeld
das Land verwildert haben,
daß Stadt um Stadt verfällt ...
    Sie wollen den Bürgerkrieg entfachen –
    (das sollten die Kommunisten mal machen!)
daß der Nazi dir einen Totenkranz flicht –:
    Deutschland, siehst du das nicht –?

Daß sie im Dunkel nagen,
daß sie im Hellen schrein;
daß sie an allen Tagen
Faschismus prophezein ...
    Für die Richter haben sie nichts als Lachen –
    (das sollten die Kommunisten mal machen!)
daß der Nazi für die Ausbeuter ficht –:
    Deutschland, hörst du das nicht –?

Daß sie in Waffen starren,
daß sie landauf, landab
ihre Agenten karren
im nimmermüden Trab ...
    Die Übungsgranaten krachen ...
    (das sollten die Kommunisten mal machen!)
daß der Nazi dein Todesurteil spricht –:
    Deutschland, fühlst du das nicht –?

Und es braust aus den Betrieben ein Chor
von Millionen Arbeiterstimmen hervor:

Wir wissen alles. Uns sperren sie ein.
Wir wissen alles. Uns läßt man bespein.
Wir werden aufgelöst. Und verboten.
Wir zählen die Opfer; wir zählen die Toten.
Kein Minister rührt sich, wenn Hitler spricht.
Für jene die Straße. Gegen uns das Reichsgericht.
Wir sehen. Wir hören. Wir fühlen den kommenden Krach.
Und wenn Deutschland schläft –:
Wir sind wach!

(1930)

Der Kopf im Walde

Ein Neunzehnjähriger ist von der Feme ermordet worden. Der Leichnam ist im Walde verscharrt. Wildernde Hunde haben an der Stelle gegraben und den Kopf freigelegt. Der Kopf spricht:

Hinter Buckow, etwas westlich vom Alten See,
liege ich, dreißig Schritte von der Chaussee.
Meine Kleider sind schon ganz verfault und welk wie
   Zunder.
Bei dem hiesigen Boden ist das kein Wunder.
Hier ists moorig.
            Ich kenne das recht gut.
Ich war doch hier Freiwilliger … ich hatte einen
   Südwestafrikaner-Hut,
und wir hatten Abzeichen und waren national.
Wie kam das doch so auf einmal?

Ja, der Lübecke hatte aufgebracht, daß ich ein Spitzel wäre.
Das ging gegen meine Ehre,
und das war von ihm eine große Gemeinheit.
Er war bloß eifersüchtig auf meine Reinheit.
Denn er machte immer was mit Völckner hinter der
   Scheune.
Und eines Sommerabends, so gegen halb neune,
daß faßte er mich an und wollte mit mir auch einmal.
Aber ich sagte: »Ich melde es dem Korporal –!«

Denn seit zwei Monaten war ich anständig geworden.
Ich war fast der einzige im ganzen Orden …
Mir war gleich so komisch …
Da! – Wie sie mich wieder umkreisen:
die Ameisen! Die Ameisen!

Mir war gleich so komisch … Denn Lübecke wußte das von Bern …
(der hat damals bei Rathenau mitgemacht – mit Fischer und Kern),
und Lübecke war furchtbar mächtig in unserm Bund.
Und was er mal gesagt hatte, das tat er auch, und
da habe ich beim nächsten Appell gefehlt.
Und da hat der Lübecke sicher was Gelogenes erzählt.
Und Bröder, unser Kompanieführer, war leider nicht hier –
der war nämlich früher Offizier –
der war nicht da. Das war sehr schade.
Aber der war in Halle auf Parade.

Und da haben sie eine Übung angesetzt im Wald,
damit es nicht auffällt, wenn eine Patrone knallt.
Und da waren auf einmal vier da.
Lübecke nicht. Und sie haben kein Wort gesagt. Und sie kamen ganz nah
auf mich zu und sahen mich bloß an
und sagten: »Du bist kein deutscher Mann –!
Du bist ein Verräter –!« Und dann kam ein Schlag.
Und einer rief: »Das wird dein letzter Tag,
du Hund!« Und dann waren sie ganz stumm.

Und ich fiel hin, und sie trampelten noch auf mir herum.
Und dann weiß ich nichts mehr. Doch. Einer hat gerufen:
»Was kann da sein?
Wir fallen ja doch nicht rein!«

Herrgott, ich bin mein ganzes Leben lang fromm gewesen.
Laß mich doch hier nicht ungerächt verwesen!
Laß es doch herauskommen! Sicher steckt der Lübecke dahinter.
Jetzt war schon einmal Sommer, und nun kommt Winter.
Meine Mutter weiß nicht, wo ich geblieben bin ...
Sie lassen mich sicher suchen, in Amerika oder Tientsin.

Lieber Gott, dir kann ichs sagen:
Wos zu spät ist, weiß ichs jetzt:
Siegreich wolln wir Frankreich schlagen –
alle haben so gehetzt!
Das Hakenkreuz, Gott, ich umkrall es!
Lieber Gott, mein Rufen gellt:
Deutschland, Deutschland über alles!
Über – – –

(1929)

Gebet
für die Gefangenen

Herrgott!
Wenn du zufällig Zeit hast, dich zwischen zwei Börsen
baissen
und einer dämlichen Feldschlacht in Marokko auch
einmal um die Armen zu kümmern:
Hörst du siebentausend Kommunisten in deutschen
Gefängnissen wimmern?
Kyrie eleison –!

Da sind arme Jungen darunter, die sind so mitgelaufen,
und nun sind sie den Richtern in die Finger gefallen;
auf sie ist der Polizeiknüppel niedergesaust,
der da ewiglich hängt über uns allen …
Kyrie eleison –!

Da sind aber auch alte Kerls dabei, die hatten Überzeugung,
Herz und Mut –
das ist aber vor diesen Richtern nicht beliebt,
und das bekam ihnen nicht gut …
Kyrie eleison –!

Da haben auch manche geglaubt, eine Republik zu
schützen –
aber die hat das gar nicht gewollt.
Fritz Ebert hatte vor seinen Freunden viel mehr Angst
als vor seinen Feinden – in diesem Sinne:
Schwarz-Rot-Gold!
Kyrie eleison –!

Herrgott! Sie sitzen seit Jahren in kleinen Stuben
und sind krank, blaß und ohne Fraun;
sie werden von Herrn Aufseher Maschke schikaniert und
angebrüllt,
in den Keller geschickt und mitunter verhaun …
Kyrie eleison –!

Manche haben eine Spinne, die ist ihr Freund;
viele sind verzankt, alle verzweifelt und sehnsuchtskrank –
Ein Tag, du Gütiger, ist mitunter tausend Jahr lang!
Kyrie …

Vielleicht hast du die Freundlichkeit und guckst einmal
ins Neue Testament?
Bei uns lesen das die Pastoren, aber nur sonntags –,
in der Woche regiert das Strafgesetzbuch und der
Landgerichtspräsident.
… eleison –!

Weißt du vielleicht, lieber Gott, warum diese Siebentausend
in deutsche Gefängnisse kamen?
Ich weiß es. Aber ich sags nicht. Du kannst dirs ja denken.
Amen.

(1924)

Hitler und Goethe

Ein Schulaufsatz

Einleitung

Wenn wir das deutsche Volk und seine Geschichte überblicken, so bieten sich uns vorzugsweise zwei Helden dar, die seine Geschicke gelenkt haben, weil einer von ihnen hundert Jahre tot ist. Der andre lebt. Wie es wäre, wenn es umgekehrt wäre, soll hier nicht untersucht werden, weil wir das nicht auf haben. Daher scheint es uns wichtig und beachtenswert, wenn wir zwischen dem mausetoten Goethe und dem mauselebendigen Hitler einen Vergleich langziehn.

Erklärung

Um Goethe zu erklären, braucht man nur darauf hinzuweisen, daß derselbe kein Patriot gewesen ist. Er hat für die Nöte Napoleons niemals einen Sinn gehabt und hat gesagt, ihr werdet ihn doch nicht besiegen, dieser Mann ist euch zu groß. Das ist aber nicht wahr. Napoleon war auch nicht der größte Deutsche, der größte Deutsche ist Hitler. Um das zu erklären, braucht man nur darauf hinzuweisen, daß Hitler beinah die Schlacht von Tannenberg gewonnen hat, er war bloß nicht dabei. Hitler ist schon seit langen Monaten deutscher Spießbürger und will das Privateigentum abschaffen, weil es jüdisch ist. Das was nicht jüdisch ist, ist schaffendes Eigentum und wird nicht abgeschaffen. Die Partei Goethes war viel kleiner wie die Partei Hitlers. Goethe ist nicht knorke.

Begründung

Goethes Werke heißen der Faust, Egmont erster und zweiter Teil, Werthers Wahlverwandtschaften und die Piccolomini. Goethe ist ein Marxstein des deutschen Volkes, auf den wir stolz sein können und um welchen uns die andern beneiden. Noch mehr beneiden sie uns aber um Adolf Hitler. Hitler zerfällt in 3 Teile: in einen legalen, in einen wirklichen und in Goebbels, welcher bei ihm die Stelle u. a. des Mundes vertritt. Goethe hat niemals sein Leben aufs Spiel gesetzt; Hitler aber hat dasselbe auf dasselbe gesetzt. Goethe war ein großer Deutscher. Zeppelin war der größte Deutsche. Hitler ist überhaupt der allergrößte Deutsche.

Gegensatz

Hitler und Goethe stehen in einem gewissen Gegensatz. Während Goethe sich mehr einer schriftstellerischen Tätigkeit hingab, aber in den Freiheitskriegen im Gegensatz zu Theodor Körner versagte, hat Hitler uns gelehrt, was es heißt, Schriftsteller und zugleich Führer einer Millionenpartei zu sein, welche eine Millionenpartei ist. Goethe war Geheim, Hitler Regierungsrat. Goethes Wirken ergoß sich nicht nur auf das Dasein der Menschen, sondern erstreckte sich auch ins kosmetische. Hitler dagegen ist Gegner der materialistischen Weltordnung und wird diese bei seiner Machtübergreifung abschaffen sowie auch den verlorenen Krieg, die Arbeitslosigkeit und das schlechte Wetter. Goethe hatte mehrere Liebesverhältnisse mit Frau von Stein, Frau von Sesenheim und Charlotte Puff. Hitler dagegen trinkt nur Selterwasser und raucht außer den Zigarren, die er seinen Unterführern verpaßt, gar nicht.

Gleichnis

Zwischen Hitler und von Goethe bestehen aber auch ausgleichende Berührungspunkte. Beide haben in Weimar gewohnt, beide sind Schriftsteller und beide sind sehr um das deutsche Volk besorgt, um welches uns die andern Völker so beneiden. Auch hatten beide einen gewissen Erfolg, wenn auch der Erfolg Hitlers viel größer ist. Wenn wir zur Macht gelangen, schaffen wir Goethe ab.

Beispiel

Wie sehr Hitler Goethe überragt, soll in folgendem an einem Beispiel begründet werden. Als Hitler in unsrer Stadt war, habe ich ihn mit mehrern andern Hitlerjungens begrüßt. Der Osaf hat gesagt, ihr seid die deutsche Jugend, und er wird seine Hand auf euern Scheitel legen. Daher habe ich mir für diesen Tag einen Scheitel gemacht. Als wir in die große Halle kamen, waren alle Plätze, die besetzt waren, total ausverkauft und die Musik hat gespielt, und wir haben mit Blumen dagestanden, weil wir die deutsche Jugend sind. Und da ist plötzlich der Führer gekommen. Er hat einen Bart wie Chaplin, aber lange nicht so komisch. Uns war sehr feierlich zu Mute, und ich bin vorgetreten und habe gesagt Heil. Da haben die andern auch gesagt heil und Hitler hat uns die Hand auf jeden Scheitel gelegt und hinten hat einer gerufen stillstehn! weil es fotografiert wurde. Da haben wir ganz still gestanden und der Führer

Hitler hat während der Fotografie gelächelt. Dieses war ein unvergeßlicher Augenblick fürs ganze Leben und daher ist Hitler viel größer als von Goethe.

Beleg

Goethe war kein gesunder Mittelstand. Hitler fordert für alle SA und SS die Freiheit der Straße sowie daß alles ganz anders wird. Das bestimmen wir! Goethe als solcher ist hinreichend durch seine Werke belegt, Hitler als solcher aber schafft uns Brot und Freiheit, während Goethe höchstens lyrische Gedichte gemacht hat, die wir als Hitlerjugend ablehnen, während Hitler eine Millionenpartei ist. Als Beleg dient ferner, daß Goethe kein nordischer Mensch war, sondern egal nach Italien fuhr und seine Devisen ins Ausland verschob. Hitler aber bezieht überhaupt kein Einkommen, sondern die Industrie setzt dauernd zu.

Schluß

Wir haben also gesehn, daß zwischen Hitler und Goethe ein Vergleich sehr zu Ungunsten des letzteren ausfällt, welcher keine Millionenpartei ist. Daher machen wir Goethe nicht mit. Seine letzten Worte waren mehr Licht, aber das bestimmen wir! Ob einer größer war von Schiller oder Goethe, wird nur Hitler entscheiden und das deutsche Volk kann froh sein, daß es nicht zwei solcher Kerle hat!

Deutschlanderwachejudaverreckehitlerwirdreichspräsident
dasbestimmenwir!

Sehr gut!

(1932)

Worauf man in Europa stolz ist

Dieser Erdteil ist stolz auf sich, und er kann auch stolz auf sich sein. Man ist stolz in Europa:

Deutscher zu sein.

Franzose zu sein.

Engländer zu sein.

Kein Deutscher zu sein.

Kein Franzose zu sein.

Kein Engländer zu sein.

An der Spitze der 3. Kompanie zu stehn.

Eine deutsche Mutter zu sein. Am deutschen Rhein zu stehn. Und überhaupt.

Ein Autogramm von Otto Gebühr zu besitzen.

Eine Fahne zu haben. Ein Kriegsschiff zu sein. (»Das stolze Kriegsschiff …«)

Im Kriege Proviantamtsverwalterstellvertreter gewesen zu sein.

Bürgermeister von Eistadt a. d. Dotter zu sein.

In der französischen Akademie zu sitzen. (Schwer vorstellbar.) In der preußischen Akademie für Dichtkunst zu sitzen. (Unvorstellbar.)

Als deutscher Sozialdemokrat Schlimmeres verhütet zu haben.

Aus Bern zu stammen. Aus Basel zu stammen. Aus Zürich zu stammen. (Und so für alle Kantone der Schweiz.)

Gegen Big Tilden verloren zu haben.

Deutscher zu sein. Das hatten wir schon. Ein jüdischer Mann sagte einmal:

»Ich bin stolz darauf, Jude zu sein. Wenn ich nicht stolz bin, bin ich auch Jude – da bin ich schon lieber gleich stolz!«

(1932)

Bei uns in Europa

Ihr schickt uns aus dem Lande von Ford
einen ziemlich miesen Menschenexport:
überschwemmt sind Paris und Griechenland
von euerm mäßigen Mittelstand.
  Diese Reisenden, laut und prahlerisch,
  legen geistig die Füße auf den Tisch,
  fallen lästig an allen Orten;
  und jeder zweite Satz beginnt mit den Worten:
    »Bei uns in Amerika ...«

Bei euch in Amerika gibts zweierlei Rechte
(für Arme und Reiche) – gibt es Gute und Schlechte;
gibt es solche und solche: Lewis und Mencken,
und Dollardiener, die in Dollars denken.
  Bei euch in Amerika gibt es Republikaner
  und richtende blutige Puritaner.
  Ihr habt Kraft, Jugend und Silberlinge –
  aber ihr seid nicht das Maß aller Dinge,
    bei euch in Amerika.

Bei uns in Europa ist das Weib
keine Haremsfrau ohne Unterleib –
bei uns in Europa ist die schwarze Haut
kein Aussatz, dem man Extra-Bahnwagen baut;
  bei uns in Europa kann wer ohne Geld sein
  und dennoch, dennoch auf der Welt sein –
  bei uns in Europa kann man bestehn,
  ohne in die Sonntags-Schule zu gehn,

weil fast keiner so am Altare steht:
eine plärrende nüchterne Realität –
wie bei euch in Amerika.

Das wissen natürlich bei euch die Guten
ganz genau. Der Rest hat von Blasen und Tuten
keine Ahnung. Hört nur den Schmeichelchor
seiner news-papers; kommt sich so erstklassig vor ...
Hör nicht hin, Arbeitsmann. Laß sie ziehn,
die Eitelkeiten der Bourgeoisien.

Pässe, Fahnen und Paraden
das sind lächerliche Zementfassaden ...
Denn die wahre Grenze, zwischen Drohnen und Fronen,
läuft quer hindurch durch alle Nationen –
bei euch in Amerika.
Wie bei uns in Europa.

(1927)

Der Primus

In einer französischen Versammlung neulich in Paris, wo es übrigens sehr deutschfreundlich herging, hat einer der Redner einen ganz entzückenden Satz gesagt, den ich mir gemerkt habe. Er sprach von dem Typus des Deutschen, analysierte ihn nicht ungeschickt und sagte dann, so ganz nebenbei: »Der Deutsche gleicht unserm Primus in der Klasse.« Wenn es mir die *›Leipziger Neuesten Nachrichten‹* nicht verboten hätten, hätte ich Hurra! gerufen.

Können Sie sich noch auf unsern Klassenprimus besinnen? Kein dummer Junge, beileibe nicht. Fleißig, exakt, sauber, wußte alles und konnte alles und wurde – zur Förderung der Disziplin – vom Lehrer gar nicht gefragt, wenn ihm an der Nasenspitze anzusehen war, daß er diesmal keine Antwort wußte. Der Primus konnte alles so wie wir andern, wenn wir das Buch unter der Bank aufgeschlagen hatten und ablasen.

Meist war er nicht mal ein ekelhafter Musterknabe (das waren die Streber auf den ersten Plätzen, die gern Primus werden wollten) – er war im großen ganzen ein ganz netter Mensch, wenn auch eine leise Würde von ihm sanft ausstrahlte, die einen die letzte Kameradschaft niemals empfinden ließ. Der Primus arbeitete wirklich alles, was aufgegeben wurde, er arbeitete mit Überzeugung und Pflichtgefühl, er machte seine Arbeit um der Arbeit willen, und er machte sie musterhaft.

Schön und gut.

Da waren aber noch andre in der Klasse, die wurden niemals Primus. Das waren Jungen mit Phantasie (kein Primus hat Phantasie) – Jungen, die eine fast intuitive Auffassungsgabe hatten, aber nicht seine Leistungsfähigkeit, Jungen mit ungleicher Arbeitskraft, schwankende, ewig ein wenig suspekte Gestalten. Sie verstanden ihre Dichter oder ihre Physik oder ihr Englisch viel besser als die andern, besser als der ewig gleich arbeitsame Primus und mitunter besser als der Lehrer. Aber sie brachten es zu nichts. Sie mußten froh sein, wenn man sie überhaupt versetzte.

Es müßte einmal aufgeschrieben werden, was Primi so späterhin im Leben werden. Es ist ja nicht grade gesagt, daß nur der Ultimus ein Newton wird, und daß es schon zur Dokumentierung von Talent oder gar Genie genügte, in der Klasse schlecht mitzukommen. Aber ich glaube nicht, daß es viele Musterschüler geben wird, die es im Leben weiter als bis zu einer durchaus mittelmäßigen Stellung gebracht haben.

Der Deutsche, wie er sich in den Augen eines Romanen spiegelt, ist zu musterhaft. Pflicht – Gehorsam – Arbeit: es wimmelt nur so von solchen Worten bei uns, hinter denen sich Eitelkeit, Grausamkeit und Überheblichkeit verbergen. Das Land will seine Kinder alle zum Primus erziehen. Frankreich seine, zum Beispiel, zu Menschen, England: zu Männern. Die Tugend des deutschen Primus ist ein Laster, sein Fleiß eine unangenehme Angewohnheit, seine Artigkeit Mangel an Phantasie. In der Aula ist er eine große Nummer, und auch vor dem Herrn Direktor. Draußen zählt das alles nicht gar so sehr. Deutschland, Deutschland, über alles kann man dir hinwegsehen – aber daß du wirklich nur der Primus in der Welt bist: das ist bitter.

(1925)

Kopf ab zum Gebet!

Gebet nach dem Schlachten

Kopf ab zum Gebet!

Herrgott! Wir alten vermoderten Knochen
sind aus den Kalkgräbern noch einmal hervorgekrochen.
Wir treten zum Beten vor dich und bleiben nicht stumm.
Und fragen dich, Gott:
Warum –?

Warum haben wir unser rotes Herzblut dahingegeben?
Bei unserm Kaiser blieben alle sechs am Leben.
Wir haben einmal geglaubt … Wir waren schön dumm …!
Uns haben sie besoffen gemacht …
Warum –?

Einer hat noch sechs Monate im Lazarett geschrien.
Erst das Dörrgemüse und zwei Stabsärzte erledigten ihn.
Einer wurde blind und nahm heimlich Opium.
Drei von uns haben zusammen nur einen Arm …
Warum –?

Wir haben Glauben, Krieg, Leben und alles verloren.
Uns trieben sie hinein wie im Kino die Gladiatoren.
Wir hatten das allerbeste Publikum.
Das starb aber nicht mit …
Warum –? Warum –?

Herrgott!
Wenn du wirklich der bist, als den wir dich lernten:
Steig herunter von deinem Himmel, dem besternten!
Fahr hernieder oder schick deinen Sohn!
Reiß ab die Fahnen, die Helme, die Ordensdekoration!
Verkünde den Staaten der Erde, wie wir gelitten;
wie uns Hunger, Läuse, Schrapnells und Lügen den Leib zerschnitten!
Feldprediger haben uns in deinem Namen zu Grabe getragen.
Erkläre, daß sie gelogen haben! Läßt du dir das sagen?
Jag uns zurück in unsre Gräber, aber antworte zuvor!
Soweit wir das noch können, knien wir vor dir – aber leih uns dein Ohr!
Wenn unser Sterben nicht völlig sinnlos war,
verhüte wie 1914 ein Jahr!
Sag es den Menschen! Treib sie zur Desertion!
Wir stehen vor dir: ein Totenbataillon.
Dies blieb uns: zu dir kommen und beten!
Weggetreten!

(1924)

Zeugung

Die biochemischen Vorgänge sind bekannt.

Äußerlich sah es so aus, daß das nackte, gardinenlose Fenster erst hellgrau, dann graublau schien, schließlich wurde der Himmel weißlich. Die Frau wachte zuerst auf – in einem schmutzigen Hemd, mit zerzausten, ins Gesicht hängenden Haaren blickte sie trübe umher. Das Rumpeldurcheinander des Zimmers sah sie an. Durch die verklebten, zusammengekniffenen Augen erblickte sie: den Herd mit Töpfen und Papier, auf dem Tisch die leeren zwei Flaschen und eine halbvolle, ihren Unterrock auf einem Stuhl, seine Sachen über eine Stuhllehne geworfen, Stiefel, Körbe, Brocken, unabgewaschenes Geschirr, Zeitungsbogen, einen Hammer. Je weniger die Leute besitzen, desto voller sind ihre Stuben. Diese hatten nur eine: Küche, Eß- und Schlafzimmer zugleich. Darin hatten sie gestern das Kind gezeugt.

Daß es ein Sohn werden würde, wußte die Frau noch nicht. Sie sah auf den Mann, der schlief mit halboffenem Mund, schlecht rasiert, schwitzig um die Nase herum. Der Blick weckte ihn. »Koch Kaffee!« sagte er halblaut. Sie wollte zärtlich sein, in der Fortsetzung. Er küßte sie und schob sie, nicht unfreundlich, fort. Sie stand auf. Er sah sie vom Bett aus hantieren und mit den Töpfen klappern, der Vater.

Das Zimmer sah aus wie eine Tatbestandsaufnahme, wie die Fotografie einer Mordstube. Der Mann richtete sich hoch und langte sich das Wollunterzeug herüber. Dann schlurrte er in Pantoffeln auf den Gang, auf den Abtritt. Die künftige Mutter legte Brotkanten, ein Messer auf eine

Tischecke, setzte zwei Kaffeetöpfe daneben. Er kehrte zurück, und sie aßen. Sie sprachen nicht. Es war nichts zu sagen. Er sah kauend aus dem Fenster. Da lag die Stadt.

Er sah über die Dachschornsteine, ohne sie zu sehen. Weil der Mensch nur hinter sich sehen kann und nicht vor sich, sah er nichts. Zwei Höfe weiter stand ein Pferd, ein junges Tier, das würde ihm in zwei Jahren einen Tritt gegen den Unterleib versetzen, an dem er lange Monate krank liegen würde, arbeitslos und krank. Um die Ecke saß ein Schreiber in einem Büro, der spitzte seinen Bleistift – mit ihm würde die Frau weglaufen, einem jungen, käsig-bleichen Burschen, finnig. Hinten, weit am Horizont, wohnte der Arzt, der auch nichts für ihn tun konnte – und weiter, im Westen, sein Fabrikant, der ihn dann entließ. Vorläufig kaute er noch stumpf vor sich hin.

Das, was in der Mutter war, wurde ein Sohn, die weiße Flocke. Er verreckte bei Verdun, an demselben Tage, an dem der General Falkenhayn den Orden Pour le mérite bekam.

Die Herren Eltern erhoben sich.

(1927)

Der Graben

Mutter, wozu hast du deinen aufgezogen?
Hast dich zwanzig Jahr mit ihm gequält?
Wozu ist er dir in deinen Arm geflogen,
und du hast ihm leise was erzählt?
　Bis sie ihn dir weggenommen haben.
　Für den Graben, Mutter, für den Graben.

Junge, kannst du noch an Vater denken?
Vater nahm dich oft auf seinen Arm.
Und er wollt dir einen Groschen schenken,
und er spielte mit dir Räuber und Gendarm.
　Bis sie ihn dir weggenommen haben.
　Für den Graben, Junge, für den Graben.

Drüben die französischen Genossen
lagen dicht bei Englands Arbeitsmann.
Alle haben sie ihr Blut vergossen,
und zerschossen ruht heut Mann bei Mann.
　Alte Leute, Männer, mancher Knabe
　in dem einen großen Massengrabe.

Seid nicht stolz auf Orden und Geklunker!
Seid nicht stolz auf Narben und die Zeit!
In die Gräben schickten euch die Junker,
Staatswahn und der Fabrikantenneid.
　Ihr wart gut genug zum Fraß für Raben,
　für das Grab, Kamraden, für den Graben!

Werft die Fahnen fort!
                                        Die Militärkapellen
spielen auf zu euerm Todestanz.
Seid ihr hin: ein Kranz von Immortellen –
das ist dann der Dank des Vaterlands.

Denkt an Todesröcheln und Gestöhne.
Drüben stehen Väter, Mütter, Söhne,
schuften schwer, wie ihr, ums bißchen Leben.
Wollt ihr denen nicht die Hände geben?
Reicht die Bruderhand als schönste aller Gaben
übern Graben, Leute, übern Graben –!

(1928)

Die brennende Lampe

Wenn ein jüngerer Mann, etwa von dreiundzwanzig Jahren, an einer verlassenen Straßenecke am Boden liegt, stöhnend, weil er mit einem tödlichen Gas ringt, das eine Fliegerbombe in der Stadt verbreitet hat, er keucht, die Augen sind aus ihren Höhlen getreten, im Munde verspürt er einen widerwärtigen Geschmack, und in seinen Lungen sticht es, es ist, wie wenn er unter Wasser atmen sollte –: dann wird dieser junge Mensch mit einem verzweifelten Blick an den Häusern hinauf, zum Himmel empor, fragen:

»Warum –?«

Weil, junger Mann, zum Beispiel in einem Buchladen einmal eine sanfte grüne Lampe gebrannt hat. Sie bestrahlte, junger Mann, lauter Kriegsbücher, die man dort ausgestellt hatte; sie waren vom ersten Gehilfen fein um die sanft brennende Lampe herumdrapiert worden, und die Buchhandlung hatte für dieses ebenso geschmackvolle wie patriotische Schaufenster den ersten Preis bekommen.

Weil, junger Mann, deine Eltern und deine Großeltern auch nicht den leisesten Versuch gemacht haben, aus diesem Kriegsdreck und aus dem Nationalwahn herauszukommen. Sie hatten sich damit begnügt – bitte, stirb noch nicht, ich möchte dir das noch schnell erklären, zu helfen ist dir ohnehin nicht mehr – sie hatten sich damit begnügt, bestenfalls einen allgemeinen, gemäßigten Protest gegen den Krieg loszulassen; niemals aber gegen den, den ihr sogenanntes Vaterland geführt hat, grade führt, führen wird. Man hatte sie auf der Schule und in der Kirche, und, was noch wichtiger war, in den Kinos, auf den Universitäten und durch die Presse national vergiftet, so vergiftet, wie du heute liegst: hoffnungslos. Sie sahen nichts mehr. Sie glaubten ehrlich an diese stumpfsinnige Religion der Vaterländer, und sie wußten entweder gar nicht, wie ihr eignes Land aufrüstete: geheim oder offen, je nach den Umständen; oder aber sie wußten es, und dann fanden sies sehr schön. Sehr schön fanden sie das. Deswegen liegst du, junger Mann.

Was röchelst du da –? »Mutter?« – Ah, nicht doch. Deine Mutter war erst Weib und dann Mutter, und weil sie Weib war, liebte sie den Krieger und den Staatsmörder und die Fahnen und die Musik und den schlanken, ranken Leutnant. Schrei nicht so laut; das war so. Und weil sie ihn liebte, haßte sie alle die, die ihr die Freude an ihrer Lust verderben wollten. Und weil sie das liebte, und weil es keinen öffentlichen Erfolg ohne Frauen gibt, so beeilten sich die liberalen Zeitungsleute, die viel zu feige waren, auch nur ihren Portier zu ohrfeigen, so beeilten sie sich, sage ich dir, den Krieg zu lobpreisen, halb zu verteidigen und jenen den Mund und die Druckerschwärze zu verbieten, die den Krieg ein entehrendes Gemetzel nennen wollten; und weil deine Mutter den Krieg liebte, von dem sie nur die Fahnen kannte, so fand sich eine ganze Industrie, ihr gefällig zu sein, und viele Buchmacher waren auch dabei. Nein, nicht die von der Rennbahn; die von der Literatur. Und Verleger verlegten das. Und Buchhändler verkauften das.

Und einer hatte eben diese sanft brennende Lampe aufgebaut, sein Schaufenster war so hübsch dekoriert; da standen die Bücher, die das Lob des Tötens verkündeten, die Hymne des Mordes, die Psalmen der Gasgranaten. Deshalb, junger Mann.

Eh du die letzte Zuckung tust, junger Mann:

Man hat ja noch niemals versucht, den Krieg ernsthaft zu bekämpfen. Man hat ja noch niemals alle Schulen und alle Kirchen, alle Kinos und alle Zeitungen für die Propaganda des Krieges gesperrt. Man weiß also gar nicht, wie eine Generation aussähe, die in der Luft eines gesunden und kampfesfreudigen, aber kriegablehnenden Pazifismus aufgewachsen ist. Das weiß man nicht. Man kennt nur staatlich verhetzte Jugend. Du bist ihre Frucht; du bist einer von ihnen – so, wie dein fliegender Mörder einer von ihnen gewesen ist.

Darf ich deinen Kopf weicher betten? Oh, du bist schon tot. Ruhe in Frieden. Es ist der einzige, den sie dir gelassen haben.

(1931)

Jemand besucht etwas mit seinem Kind

»Der Bauer hat gesagt: Erst rechts und dann links bis zu dem halbhohen Haus und dann immer gradeaus … Warte mal … Hier ist die Bürgermeisterei … da ist … das war früher nicht … das hat hier nie gestanden … Ah, hier ist die Chaussee. Jetzt weiß ich weiter.

Also, paß auf, mein Junge, da drüben lagen wir: von dem kleinen Berg an bis ungefähr hierher. Nein, es hat sich mächtig verändert – das war hier alles nicht. Na, gar nichts war – gar nichts. Hier lagen wir, dann kam eine ganze Weile nichts, das war das Niemandsland – das gehörte keinem … und dann kamen die Deutschen. Da drüben lagen sie – der Horchposten lag hier, nein, warte mal, da – ja, grade da, wo jetzt der Teich ist. Ihr Graben fing da an. Jetzt erkenne ich alles wieder. Immer vier Tage hier vorn, dann drei Tage Ruhe hinten. Na, Ruhe … Und dann der Urlaub, da wurdest du geboren – und dann wieder her. Nein, die Bauern waren alle fort – es waren nur die Soldaten hier. Wir hatten aneinander vollkommen genug. Komm mal ein Stück weiter nach vorn, vielleicht kann ich dir da etwas zeigen. Bist du müde? Wir waren auch müde, manchmal. Ja, nachts auch, du Dummerchen. Grade nachts. Meinst du, da hats aufgehört? Na – man konnte schon sehen: sie haben Raketen angezündet. Ja – viele. Viele sind totgeschossen. Siehst du, da oben, die schwarzen Kreuze? Das ist der Soldatenfriedhof, da liegen sie, da liegen sie alle … Siehst du, über dieses Feld hier muß der Graben gelaufen sein, grade hier. Und da! da, wo der Baum steht, da lagen die andern. Dazwischen! Dazwischen war das leere Feld. Fünfmal sind wir da gelaufen, fünf Angriffe haben wir gemacht … und sie sind auch darüber hingelaufen, die Deutschen ... immer ist alles so geblieben, wie es war. Da drüben, aber natürlich – genau an der Stelle – da war der Offiziersunterstand, von da kamen immer nachts die Krankenträger, und hier waren die größten Einschläge. Und da, gerade da, wo ich jetzt den kleinen Stein hinwerfe, da war die Sache mit Blanchard.

Besinnst du dich auf sein Bild? Es steht bei Vater auf dem Schreibtisch. Ja, der Mann mit dem großen Bart und dem ulkigen Stock. Das war Blanchard. Junge, wenn du den gekannt hättest – so einen gab es nicht mehr. Klug und anständig und so ein Freund! So ein guter Freund wie dein Freund René. Der Blanchard – guten Tag, Madamchen, na, immer noch so rüstig auf den Beinen? Ja, sehr heiß! – der Blanchard, der lag da auf Horchposten. Das ist ein Posten, der muß horchen, wann die Feinde kommen. Und da kam ein Schrapnell geflogen, und ein Eisenstück muß ihn grade in den Bauch getroffen haben. Das war nachts um zwölf. Junge, halt doch meinen Finger nicht so fest, es tut dir ja hier keiner was! Und da hat er geschrien, drei Nächte und zwei Tage hat er noch gelebt. Nach mir hat er immer gerufen, nach mir und nach seiner Mutter. Die Stimme wurde immer leiser. Zuletzt hat er nur noch ganz leise mit seinem Verbandsfetzen gewinkt – ganz wenig. Wir konnten ihn nicht holen. Niemand durfte heraus – es wäre der sichere Tod gewesen. Damals waren die Deutschen grade furchtbar erbittert, ich glaube, sie hatten eine Schlacht verloren. Und da mußten wir ihn liegen lassen, den Blanchard, die ganze Zeit über. Ich wollte auf ihn schießen – damit er nicht so zu leiden brauchte. Aber es ging nicht, er lag in einer Mulde, und ich konnte auch nicht. Er hat so geschrien, daß sie aus dem Nebengraben zu uns gekommen sind, weil sie wissen wollten, was es da gäbe. Hier war das. Da hinten ist unser Feldwebel gefallen, da war der große Einschlag, bei dem zwei Korporalschaften draufgegangen sind … da ungefähr muß ich gestanden haben. Nein, nein! Das ist nur in deinen Lesebüchern so. Du mußt nicht glauben, was in deinen Geschichtsbüchern steht – es ist alles nicht wahr. Dies hier – das ist wahr, Junge …«

»Was hast du, Papa? Warum sagst du nichts mehr? Nimm doch die Hand von den Augen –! Papa –!«

(1925)

Vor Verdun

Längs der Bahn tauchen die ersten Haustrümmer auf – ungefähr bei Vitry fängt das an. Ruinen, dachlose Gebäude, herunterhängender Mörtel, Balken, die in die Luft ragen. Nur eine kleine Partie – dann präsentiert sich die Gegend wieder ordentlich und honett, sauber und schön aufgebaut. Viele Häuser scheinen neu. Der Zug hält. Auf dem Nebengleis steht ein Waggon. ›Fumeurs‹ steht an einer Tür. Ein Pfosten verdeckt die ersten beiden Buchstaben, man kann nur den Rest des Wortes lesen.

Verdun, eine kleine Stadt der Provinz. Hat in der neuen Zeit schon einmal daran glauben müssen: im Jahre 1870. Die Besatzung, die damals mit allen militärischen Ehren kapitulierte, zog ab, und die Stadt kam unter deutsche Verwaltung. Der deutsche Beamte, der ihr und dem Departement der Meuse vorgesetzt war, trug den Namen: von Bethmann Hollweg.

Man kann ein kleines Heft kaufen: ›*Verdun vorher und nachher*‹. Es muß eine hübsche, nette und freundliche Stadt gewesen sein, mit kleinen Häuserchen am Fluß, einer Kathedrale, dem Auf und Ab der Wege auf dem welligen Terrain. Und nach jedem Bild von damals ist ein andres eingefügt. So schlimm sieht es jetzt nicht mehr aus: vieles ist aufgebaut, manche Teile haben gar nicht gelitten, das Rathaus ist fast unversehrt geblieben. Aber es handelt sich ja nicht um Verdun, nicht um die kleine Stadt. Um Verdun herum lagen vierunddreißig Forts.

Gleich am Ausgang der Stadt die Zitadelle. Sie ist in den Fels gehauen, eine riesige Anlage mit Gängen, die in ihrer Gesamtlänge sechzehn Kilometer ausmachen. Dies und jenes darf man sich ansehen. Schlafräume der Soldaten und Offiziere, heizbar und mit elektrischem Licht. Hier, in diesem Verschlag, hat der General Pétain geschlafen. Ein kleiner Raum, mit Holzwänden, oben offen – Waschgeschirr, Eimer und das Bett stehen noch da. Daneben lagen in kleinen Kabinen zu vieren die Offiziere. In einem Saal steht ein langer Tisch. Auf dem standen in Särgen die Überreste von acht unbekannten Kadavern, und ein Militär legte einen Blumenstrauß auf den einen: das wurde der soldat inconnu, der heute unter dem Arc de Triomphe zu Paris begraben liegt. Die sieben andern ruhen in einem gemeinschaftlichen Grab auf dem Kirchhof Faubourg Pavé bei Verdun. Das Bombardement hat der Felszitadelle nichts anhaben können – außen haben sich wohl Mauersteine gelockert, innen ist alles intakt geblieben. Und dann fahren wir hinaus, ins Freie.

Es ist eine weite, hügelige Gegend, mit viel Buschwerk und gar keinem Wald. Immer, wenn man auf eine Anhöhe kommt, kann man weit ins Land hineinsehen. Hier ist eine Million Menschen gestorben.

Hier haben sie sich bewiesen, wer recht hat in einem Streit, dessen Ziel und Zweck schon nach Monaten keiner mehr erkannte. Hier haben die Konsumenten von Krupp und Schneider-Creusot die heimischen Industrien gehoben. (Und wer wen dabei beliefert hatte, ist noch gar nicht einmal sicher.)

Auf französischer Seite sind vierhunderttausend Menschen gefallen; davon sind annähernd dreihunderttausend nicht mehr auffindbar, vermißt, verschüttet, verschwunden ... Die Gegend sieht aus wie eine mit Gras bewachsene Mondlandschaft, die Felder sind fast gar nicht bebaut, überall liegen Gruben und Vertiefungen, das sind die Einschläge. An den Wegen verbogene Eisenteile, zertrümmerte Unterstände, Löcher, in denen einst Menschen gehaust haben. Menschen? Es waren kaum noch welche.

Da drüben, bei Fleury, ist ein Friedhof, in Wahrheit ein Massengrab. Zehntausend sind dort untergebracht worden – zehntausendmal ein Lebensglück zerstört, eine Hoffnung vernichtet, eine kleine Gruppe Menschen unglücklich gemacht. Hier war das Niemandsland: drüben auf der Höhe lagen die Deutschen, hüben die Franzosen – dies war unbesetzt. Lerchen haben sich in die Luft hinaufgeschraubt und singen einen unendlichen Tonwirbel. Ein dünner Fadenregen fällt.

Der Wagen hält. Diese kleine Hügelgruppe: das ist das Fort Vaux. Ein französischer Soldat führt, er hat eine Karbidlampe in der Hand. Einer raucht einen beißenden Tabak, und man wittert die Soldatenatmosphäre, die überall gleich ist auf der ganzen Welt: den Brodem von Leder, Schweiß und Heu, Essensgeruch, Tabak und Menschenausdünstung. Es geht ein paar Stufen hinunter.

Hier. Um diesen Kohlenkeller haben sich zwei Nationen vier Jahre lang geschlagen. Da war der tote Punkt, wo es nicht weiter ging, auf der einen Seite nicht und auf der andern auch nicht. Hier hat es haltgemacht. Ausgemauerte Galerien, mit Beton ausgelegt, die Wände sind feucht und nässen. In diesem Holzgang lagen einst die Deutschen, gegenüber, einen Meter von ihnen, die Franzosen. Hier mordeten sie, Mann gegen Mann, Handgranate gegen Handgranate. Im Dunkeln, bei Tag und bei Nacht. Da ist die Telefonkabine. Da ist ein kleiner Raum, in dem wurde wegen der Übergabe parlamentiert. Am 8. Juni 1916 fiel das Fort. Fiel? Die Leute mußten truppweise herausgehackt werden, mit den Bajonetten, mit Flammenwerfern, mit Handgranaten und mit Gas. Sie waren die letzten zwei Tage ohne Wasser. An einer Mauer ist noch eine deutsche Inschrift, mit schwarzer Farbe aufgemalt, schwach zu entziffern. Und dann gehen wir ins Verbandszimmer.

Es ist ein enges Loch, drei Tische mögen darin Platz gehabt haben. Einer steht noch. An den Wänden hängen kleine Schränke. Oben ist, durch eine Treppe erreichbar, der Alkoven des Arztes. Ich habe einmal die alte Synagoge in Prag besucht, halb unter der Erde, wohin sich die Juden verkrochen, wenn draußen die Steine hagelten. Die Wände haben die Gebete eingesogen, der Raum ist voll Herzensnot. Dieses hier ist viel furchtbarer. An den Wänden kleben die Schreie – hier wurde zusammengeflickt und umwickelt, hier verröchelte, erstickte, verbrüllte und krepierte, was oben zugrunde gerichtet war. Und die Helfer? Welcher doppelte Todesmut, in dieser Hölle zu arbeiten! Was konnten sie tun? Aus blutdurchnäßten Lumpen auswickeln, was noch an Leben in ihnen stak, das verbrannte und zerstampfte Fleisch der Kameraden mit irgendwelchen Salben und Tinkturen bepinseln und schneiden und trennen, losmeißeln und amputieren …

Linderung? Sie wußten ja nicht einmal, ob sie diese Stümpfe noch lebendig herausbekämen! Manchmal war alles abgeschnitten. Die Wasserholer, die Meldegänger – wohl eine der entsetzlichsten Aufgaben des Krieges, hier waren die wahren Helden, nicht im Stabsquartier! –, die Wasserholer, die sich, mit einem Blechnapf in der Hand, aufopferten, kamen in den seltensten Fällen zurück. Und der nächste trat an … Wir sehen uns in dem leeren, blankgescheuerten Raum um. Niemand spricht ein Wort. Oben an dem Blechschirm der elektrischen Lampe sind ein paar braunrote Flecke. Wahrscheinlich Rost …

Vor dem Tor hat man für einige der Gefallenen Gräber errichtet, das sind seltene Ausnahmen, sie liegen allein, und man weiß, wer sie sind. An einem hängt ein kleiner Blechkranz mit silbernen Buchstaben: *Mon mari.*

Und an einem Abhang stehen alte Knarren, die flachen, schiefgeschnittenen Feldflaschen der Franzosen, verrostet, zerbeult, löcherig. Das wurde einmal an die durstigen Lippen gehalten. Wasser floß in einen Organismus, damit er weitermorden konnte. Weiter, weiter –!

Drüben liegt das Fort Douaumont, das überraschend fiel; da die Höhe 304; da das Fort de Tavannes. Teure Namen, wie? Einem alten Soldaten, der hier gestanden hat und lebendig herausgekommen ist, muß merkwürdig zumute sein, wenn er jetzt diese Gegend wiedersieht, still, stumpf, kein Schuß. Weit da hinten am Horizont raucht das, was dem deutschen Idealismus 1914 so sehr gefehlt hat: das Erzlager von Briey. Und wir fahren weiter.

Die Sturmreihen sind in die Erde versunken, die armen Jungen, die man hier vorgetrieben hat, wenn sie hinten als Munitionsdreher ausgedient hatten. Hier vorn arbeiteten sie für die Fabrikherren viel besser und wirkungsvoller. Die Rüstungsindustrie war ihnen Vater und Mutter gewesen; Schule, Bücher, die Zeitung, die dreimal verfluchte Zeitung, die Kirche mit dem in den Landesfarben angestrichenen Herrgott – alles das war im Besitz der Industriekapitäne, verteilt und kontrolliert wie die Aktienpakete. Der Staat, das arme Luder, durfte die Nationalhymne singen und Krieg erklären. Gemacht, vorbereitet, geführt und beendet wurde er anderswo.

Und die Eltern? Dafür Söhne aufgezogen, Bettchen gedeckt, den Zeigefinger zum Lesen geführt, Erben eingesetzt? Man müßte glauben, sie sprächen: Weil ihr uns das einzige genommen habt, was wir hatten, den Sohn – dafür Vergeltung! Den Sohn, die Söhne haben sie ziemlich leicht hergegeben. Steuern zahlen sie weniger gern. Denn das Entartetste auf der Welt ist eine Mutter, die darauf noch stolz ist, das, was ihr Schoß einmal geboren, im Schlamm und Kot umsinken zu sehen. Bild und Orden unter Glas und Rahmen – »mein Arthur!« Und wenns morgen wieder angeht –?

Der Führer nennt Namen und Zahlen. Er zeigt weit über das Land: da hinten, da ganz hinten lag das Quartier des Kronprinzen. Ein bißchen fern vom Schuß – aber ich weiß: das bringt das Geschäft so mit sich. Und das war früher auch so: die Söhne hatten schon damals die Zentrale für Heimatdienst. Bäume stecken ihre hölzernen Stumpfe in die Luft, die Verse von Karl Kraus klingen auf: »Ich war ein Wald. Ich war ein Wald.« Das Buschwerk sprießt, überall zieht sich Stacheldraht zwischendurch. An einer Stelle steht ein Denkmal, ein verendeter Löwe. Das war der Punkt, bis zu dem die Deutschen vorgedrungen sind. (Übrigens findet sich nirgends auch nur die leiseste Beschimpfung des Gegners – immer und überall, in den Schilderungen, den Beschreibungen, den Aufschriften wird der Feind als ein kämpfender Soldat geachtet und niemals anders bezeichnet.) Bis hierher ging es also. Das Reich erstreckte sich damals von Berlin bis zu dieser Stelle. Abschiedsküsse auf dem Bahnhof, die Fahrt – 8 Pferde oder

40 Mann – und dann der Tod in diesen Feldern. Dies war der letzte Zipfel.

Und dahinter das Land. Da lag dieses ungeheure Heerlager, dieser Jahrmarkt der Eitelkeiten, diese Konzentration von Roheit, Stumpfsinn, Amtsverbrechen, falsch verstandener Heldenhaftigkeit; da fuhren, marschierten, rollten, telefonierten, schufteten und schossen die als Soldaten verkleideten Uhrmacher, Telegrafensekretäre, Gewerkschaftler, Oberlehrer, Bankbeamten, geführt und führend, betrügend und betrogen, mordend, ohne den Feind zu sehen, in der Kollektivität tötend, die Verantwortung immer auf den nächsten abschiebend. Es war eine Fabrik der Schlacht, eine Mechanisierung der Schlacht, überpersönlich, unpersönlich. ›Die Division‹ wurde eingesetzt, hineingeworfen – die Werfer blieben draußen –, sie wurde wieder herausgezogen. Achilles und Hektor kämpften noch miteinander; dieser Krieg wurde von der Stange gekauft. Und archaistisch war nur noch die Terminologie, mit der man ihn umlog: das blitzende Schwert, die flatternden Fahnen, die gekreuzten Klingen. Landsknechte? Fabrikarbeiter des Todes.

Der Horizont ist grau, es ist, als sei kein Leben mehr in diesem Landstrich.

Da kämpften sie, Brust an Brust: Proletarier gegen Proletarier, Klassengenossen gegen Klassengenossen, Handwerker gegen Handwerker. Da zerfleischten sich einheitlich aufgebaute ökonomische Schichten, da wütete das Volk gegen sich selbst, ein Volk, ein einziges: das der Arbeit. Hinten rieben sich welche voller Angst die Hände.

Ein Mauerwerk taucht auf, das ist das Denkmal über der Tranchée des Baïonettes. Am 11. Juni 1916 wurde hier die

Besatzung dieses Grabens – es war die zweite Linie – verschüttet. Keiner entrann. Man fand sie so, unter der Erde, nur die Bajonette ragten aus der Erde. Der Graben ist seit diesem Tag so erhalten; ein Amerikaner, Herr Georges F. Rand, hat einen großen grauen Steinbau darüber errichten lassen. Unten, auf dem zugeschütteten Graben, stehen ein paar Kreuze, liegen Kränze und ragen die Bajonette. Drei Mann müssen außerhalb des Grabens postiert gewesen sein; die Läufe ihrer Gewehre ragen ein paar Zentimeter hoch aus dem Boden, man stolpert über sie. Eine Mutter kann ihr Kind hierherführen und sagen: »Siehst du? Da unten steht Papa.«

In der Nähe ist ein ossuaire, eine kleine Holzhalle, wo man die Gebeine der Soldaten, die nicht mehr zu identifizieren waren, gesammelt hat. Sie ruhen da, bis eine große Grabkapelle für sie fertiggestellt ist. Die Überbleibsel sind nach Sektoren geordnet. (Was die Offiziere aller Länder anbetrifft, so scheinen sie sämtlich an ansteckenden Krankheiten zugrunde gegangen zu sein – denn warum hat man sie so oft von den Mannschaften abgesondert?) Stereoskope sind aufgestellt mit Bildern aus den Mordtagen. Auf einem ist unter Steintrümmern ein Bein zu sehen. Ein abgerissenes Bein, der Benagelung nach ein deutsches.

Auf einem andern Bild sieht man einen deutschen Gefangenen, einen bärtigen, schlecht genährt aussehenden Mann. Er steht bis zu den Hüften im Graben, er hat kein Koppel mehr, er wartet, was nun noch mit ihm geschehen kann. Im Vordergrund ragen ein Paar Stiefel aus dem Schlamm und ein halber Körper. Den kann man nicht mehr gefangennehmen. Die Franzosen und der Deutsche stehen da zusammen, der Betrachter muß glauben, einen Haufen

Wahnsinniger vor sich zu haben. Und das waren sie ja wohl auch.

Jetzt regnet es in dichten Strömen. Der Wagen rollt. Der Schlamm spritzt. Und immer wieder Stacheldraht, Steinbrocken, verrostetes Eisen, Wellblech.

Ist es vorbei –?

Sühne, Buße, Absolution? Gibt es eine Zeitung, die heute noch, immer wieder, ausruft: »Wir haben geirrt! Wir haben uns belügen lassen!«? Das wäre noch der mildeste Fall. Gibt es auch nur eine, die nun den Lesern jahrelang das wahre Gesicht des Krieges eingetrommelt hätte, so, wie sie ihnen jahrelang diese widerwärtige Mordbegeisterung eingebleut hat? »Wir konnten uns doch nicht beschlagnahmen lassen!« Und nachher? Als es keinen Zensor mehr gab? Was konntet ihr da nicht? Habt ihr einmal, ein einziges Mal nur, wenigstens nachher die volle, nackte, verlaust-blutige Wahrheit gezeigt? Nachrichten wollen die Zeitungen, Nachrichten wollen sie alle. Die Wahrheit will keine.

Und aus dem Grau des Himmels taucht mir eine riesige Gestalt auf, ein schlanker und ranker Offizier, mit ungeheuer langen Beinen, Wickelgamaschen, einer schnittigen Figur, den Scherben im Auge. Er feixt. Und kräht mit einer Stimme, die leicht überschnappt, mit einer Stimme, die auf den Kasernenhöfen halb Deutschland angepfiffen hat, und vor der sich eine Welt schüttelt in Entsetzen:

»Nochmal! Nochmal! Nochmal –!«

(1924)

Der Erbfeind

Wenn man durch die Straßen von Paris geht, so sieht man nicht selten ein merkwürdiges Bild:

Am Eingang eines Ladens sitzt ein Kätzchen und sonnt sich. Paris ist die Stadt der Katzen. Und zwei Schritt von ihr: ein riesiger Schlächterhund, der daliegt, die Pfoten lang vor sich hingestreckt, stolz, ruhig, im Bewußtsein seiner Kraft. Um das Kätzchen kümmert er sich gar nicht. Das Kätzchen sieht auch ihn nicht an. Manchmal gehen sie aneinander vorbei, wie eben alte Bekannte aneinander vorbeigehen. Vielleicht begrüßen sie sich leise im Tier-Esperanto – aber sie beschnuppern sich nicht einmal. Katze und Hund – friedlich leben sie nebeneinander.

Als ich das zum erstenmal sah, glaubte ich an ein Wunder der Dressur. So sehr war ich, aus Deutschland kommend, geneigt, den Zustand des ewigen Zähnefletschens, Heulens, Fauchens und Bellens als den primären anzusehen. Aber als ich immer und immer wieder beobachtete, wie Hund und Katze hier einträchtig miteinander auskommen, da schien es mir doch anders zu sein.

Man kann also bei aller Verschiedenartigkeit des Wesens so friedlich nebeneinander leben, ohne sich Löcher ins Fell zu beißen –? Aber warum geht es? Warum geht es hier?

Weil man die kleinen Katzen von Jugend an, wenn sie noch nicht sehen können, mit den Hunden zusammensperrt. Weil man die kleinen Hunde zu den Katzen trudeln läßt, wenn sie noch alle in einem Wollknäuel und in einem Milchnapf die Welt sehen. Und niemand hetzt sie aufeinander, niemand findet Gefallen daran, daß ›sein‹

Hund schneller, kräftiger und männlicher ist als die Katze des andern. Niemand gerät in einen Tobsuchtsanfall, wenn er eine Katze sieht, die doch stets mit allen Mitteln – Stöcken, Steinen und Hunden – verjagt werden muß. »Kusch!« und: »Such doch das Kätzchen! Wo ist die Katz – Katz – Katz?« Denn es ist doch zu komisch, nicht wahr?, wenn ein Köter hinter der Katz her ist, und die springt auf einen Zaun und faucht von oben gebuckelt herunter. Ja, das ist eine Freude. Denn Zwist der andern, das ist immer schön.

Wenn man aber die Lebewesen von klein auf richtig erzieht, in dem einzig möglichen Stadium abfängt: wo das Gehirn noch weich ist, wo es noch Eindrücke und Lehren empfangen kann – wenn man ihnen dann den Frieden als eine Selbstverständlichkeit aufzeigt: dann geht es auch. Es geht sogar besser. Aber freilich: die unvernünftigen Tiere haben keine Fahnen, keine Stahlhelme, keine Telefongenerale, keine Pfaffen, die zum Schlachtfest die Ware segnen, daß sie gut faule; keine Privatdozenten, die den Krieg sittlich fundieren, und keine Heldenmütter, die ihre Kinder für das Schußfeld eines M.-G. aufziehen. Das haben die Tiere alles nicht.

Die pariser Katzen und Hunde werden also mit Erfolg zum Frieden erzogen. Ein ererbter Friede. Und wann treten wir an die Menschen heran? Wenn sie reif, erwachsen, ernsthaft, hart und fast unempfänglich geworden sind – wenn sie die alten Kinderlehren fest in Fleisch und Blut haben. Und wer hat bei uns die Kinder?

Geschichtslehrer, die zum Kriege hetzen; Universitätsprofessoren, die zum Kriege hetzen; Kindergärtnerinnen, die zum Kriege hetzen; Fürsorgevorsteher, die zum Kriege hetzen. Und dann leben wir nachher mit aller Welt, und mit Frankreich insbesondere, im Streit – wie Hund und Katze. Nein, leider nicht wie diese Hunde und diese Katzen. Sondern wie Hyänen: wie Ludendorff und Léon Daudet.

(1924)

Die Kartoffeln

Ich las eines dieser patriotischen Bücher, die das deutsche Heer einer genauern Betrachtung unterziehen. Da stand auch eine historische Erinnerung, die es wert ist, daß wir sie uns aus der Nähe ansehn.

Bei der Belagerung von Paris im Jahre 1870, erzählt der Autor, haben sich die feindlichen Vorposten ganz gut gestanden. Man schoß durchaus nicht immer aufeinander, o nein! Es kam zum Beispiel vor, daß man sich mit Kartoffeln aushalf. Meistens werden es ja die Deutschen gewesen sein, die den Retter in der Not gemacht haben. Aber einmal näherte sich ein französischer Trupp von ein paar Mann, die Deutschen nahmen die Gewehre hoch, da sagte jemand auf deutsch: »Nicht schießen! Wir schießen auch nicht!« und man begann sich wegen auszutauschender Getränke zu verständigen.

Man könnte da von ›Landesverrat‹ sprechen, und tatsächlich untersagte nachher ein Armeebefehl diese Annäherungen aufs schärfste. Aber was ging hier Wichtigeres vor sich?

Doch offenbar eine Diskreditierung des Krieges. Denn es ist nicht anzunehmen, daß Pflichtvergessene beider Parteien hier böse Dinge inszenierten. Es waren sicher Familienväter, Arbeiter, Landleute, die man in einen farbigen Rock gesteckt hatte, mit der Weisung, auf andersfarbige zu schießen.

Warum schossen sie nicht? Offenbar waren doch der Nationalhaß, der Zorn, der angeblich das ganze deutsche Volk auf die Beine rief, nicht mehr groß, wie damals Unter den Linden, als es noch nicht galt, auf seine Mitmenschen zu schießen. Damals hatte mancher mitgebrüllt, weil alle brüllten, und das verpflichtete zu nichts. Aber hier waren Leute, die einen Sommer und einen Winter lang an den eigenen Leibern erfahren hatten, was das heißt: Töten, und was das heißt: Hungern. Und da verschwand der ›tief eingewurzelte Haß‹, und man aß gemeinsam Kartoffeln ... Dieselben Kartoffeln; dieselben Kapitalisten. Aber andere Röcke. Das ist der Krieg.

(Erschienen am 9. Juli 1913)

Olle Kamellen

Vor der Front ein junger Bengel.
Er moniert die Fehler, die Schlappheit, die Mängel.
Im Gliede lauter alte Leute
… Schlechter Laune der Leutnant heute …
»Das kann ich der Kompanie erklären:
Ich werde euch Kerls das Strammstehen schon lehren!
Nehmen Sie die Knochen zusammen, Sie Schwein!«
    Und das soll alles vergessen sein?

Drin im Kasino ist großer Trubel.
Gläserklingen, Hurragejubel.
Sieben Gänge, dreierlei Weine.
Der Posten draußen hat kalte Beine.
Er denkt an Muttern, an zu Haus;
die Kinder, schreibt sie, sehn elend aus.
Drin sind sie lustig und krähen und schrein –
    Und das soll alles vergessen sein?

Und das sei alles vergeben, vergessen?
Die Tritte nach unten? der Diebstahl am Essen?
Bei Gott! das sind keine alten Kamellen!
Es wimmelt noch heute von solchen Gesellen!
Eingedrillter Kadaverrespekt –
wie tief der noch heut in den Köpfen steckt!
Er riß uns in jenen Krieg hinein –
    Und das soll alles vergessen sein?

Nicht vergessen. Wir wollen das ändern.
Ein freies Land unter freien Ländern
sei Deutschland – mit freien Bewohnern drin,
ohne den knechtischen Dienersinn.
Wir wollen nicht Rache an Offizieren.
Wir wollen den deutschen Sinn reformieren.
Sei ein freier Deutscher – Bruder, schlag ein!
    Und dann soll alles vergessen sein!

(1919)

Der General im Salon

Der alte Herr da im Bratenrock, das ist der berühmte General Soundso. Er steht am Kamin, direkt vor dem Spiegel, nein, der nicht, der neben ihm – ja. Er rührt jetzt grade mit einem kleinen Löffelchen in der Mokkatasse und unterhält sich angeregt mit den Gästen des Hauses. Es ist ein sehr feines Haus, man hat lauter gute Namen eingeladen. Die Menschen sind in der Garderobe abzugeben. Die Namen haben diniert, jetzt nehmen sie den Kaffee, auch der General.

Es ist derselbe, der damals die große Offensive bei V. eingeleitet hat. »Die Truppen des Generals«, stand damals im Heeresbericht, »wurden in der Nacht von gestern auf heute zum Sturm auf die Höhen des Dorfes angesetzt.« Er ist es, der sie angesetzt hat. Seine hellblauen, etwas wässerigen Augen, die ich da sehe, lassen nichts mehr davon ahnen, daß dieser Mann einmal am Telefon gestanden, vor ihm die Karten, die Krokis, die Bleistifte, die Adjutanten, und mit erregter Stimme einen Befehl in die Muschel gebrüllt hat. »Wollen Sie dafür sorgen ...!« sagte die Stimme. Dann hängte er den Hörer ab. Am darauffolgenden Morgen fielen auf unserer Seite 8472 Mann. Sie bekamen ihr Massengrab. Der General einen Orden.

Einmal stand ich auf dem berliner Börsenstand neben einem großen Bankier, der leitete die Operationen seiner Angestellten, die hilfeflehend zu ihm kamen, wenn sie nicht weiter wußten. Er sagte ihnen rasch etwas, fast ohne nachzudenken; eilfertig liefen sie mit ihrem kleinen Zettelchen wieder davon. Siegreich stand er da, ganz ruhig, durch seinen Kopf rannen die Zahlen. Einen Fuß auf die kleine Empore gestützt, wartete er wachsam ab, was die nächste Minute bringen würde. »Huuuuu!« brüllte eine Gruppe. Der Saal begann zu brodeln, ein unermeßlicher Schrei stieg zu den ewigen Sternen. Der Bankier lächelte unmerklich. Er war es, der dieses »Hu!« entfesselt hatte.

So ungefähr denke ich mir im Kriege die Tätigkeit eines Generals, dieses Kommerzienrats der Schlachten. Gespannt am Telefon lauschend, über die Karten gebeugt, zur Seite den geschäftigen Adjutanten, so wartet er, was sich da vorn begeben wird. Nur die Heeresberichte sind falsch formuliert. Sie tragen der seit Ajaxens Zeiten etwas veränderten Situation keine Rechnung. Sie müßten anders lauten. Etwa so:

»An der Spitze seines Generals stürzte sich das heldenmütige Korps in die brausende Schlacht. Mit geschwungenem Telefonhörer setzte der unerschrockene Führer seinen Truppen nach, die er zu Paaren vor sich hertrieb. Als im Stabsgebäude das Essen serviert wurde, rief er: ›Mir nach!‹, und alles folgte seinem heldenmütigen Beispiel. Während der Kampf tobte, wankte und wich er nicht aus seinem Telefonunterstand, und erst, als der Rückzug einsetzte, war er in seinem Automobil wieder auf dem laufenden. Er war sehr beliebt – jeder Mann der Truppe kannte ihn flüchtig. Immer neue und neue Bataillone warf der Tapfere in die Einbruchsstelle, sich selber vergaß er leicht mit hineinzuwerfen. Und wenn er sich nicht den Magen an heißem Kaffee verbrüht hat, dann lebt er heute noch.«

Que voulez-vous? Ce sont les risques du métier.

(1924)

Die Flecke

In der Dorotheenstraße zu Berlin steht das Gebäude der ehemaligen Kriegsakademie. Unten, in guter Mannshöhe, läuft eine Granitlage um das Haus herum, Platte an Platte.

Diese Platten sehen seltsam aus; sie sind weißlich gefleckt, der braune Granit ist hell an vielen Stellen ... was mag das sein?

Ist er weißlich gefleckt? Aber er sollte rötlich gefleckt sein. Hier hingen, während der großen Zeit, die deutschen Verlustlisten.

Hier hingen, fast alle Tage gewechselt, die schrecklichen Zettel, die endlosen Listen mit Namen. Namen, Namen ... Ich besitze die Nr. 1 dieser Dokumente: da sind noch sorgfältig die Truppenteile angegeben, wenig Tote stehen auf der ersten Liste, sie war sehr kurz, diese Nr. 1. Ich weiß nicht, wie viele dann erschienen sind – aber sie gingen hoch hinauf, bis über die Nummer tausend. Namen an Namen – und jedesmal hieß das, daß ein Menschenleben ausgelöscht war oder ›vermißt‹, für die nächste Zukunft ausgestrichen, oder verstümmelt, leicht oder schwer.

Da hingen sie, da, wo jetzt die weißen Flecke sind. Da hingen sie, und vor ihnen drängten sich die Hunderte schweigender Menschen, die ihr Liebstes draußen hatten und die zitterten, daß sie diesen einzigen Namen unter allen den Tausenden hier läsen. Was kümmerten sie die Müllers und Schulzes und Lehmanns, die hier aushingen! Mochten Tausende und Tausende verrecken – wenn er nur nicht dabei war! Und an dieser Gesinnung ertüchtigte der Krieg.

Und an dieser Gesinnung hat es gelegen, daß es vier lange Jahre so gehen konnte. Wären wir alle für einen aufgestanden, alle wie ein Mann –: wer weiß, ob es so lange gedauert hätte. Man hat mir gesagt, ich wisse nicht, wie der deutsche Mann sterben könne. Ich weiß es wohl. Ich weiß aber auch, wie die deutsche Frau weinen kann – und ich weiß, wie sie heute weint, da sie langsam, qualvoll langsam erkennt, wofür er gestorben ist. Wofür …

Streue ich Salz in Wunden: Aber ich möchte das himmlische Feuer in Wunden brennen, ich möchte den Trauernden zurufen: Für nichts ist er gestorben, für einen Wahnsinn, für nichts, für nichts, für nichts.

Im Laufe der Jahre werden ja diese weißen Flecke allmählich vom Regen abgewaschen werden und schwinden. Aber diese andern da, die kann man nicht tilgen. In unsern Herzen sind Spuren eingekratzt, die nicht vergehen. Und jedesmal, wenn ich an der Kriegsakademie mit ihrem braunen Granit und den weißen Flecken vorbeikomme, sage ich mir im stillen: Versprich es dir. Lege ein Gelöbnis ab. Wirke. Arbeite. Sags den Leuten. Befreie sie von dem Nationalwahn, du mit deinen kleinen Kräften. Du bist es den Toten schuldig. Die Flecke schreien. Hörst du sie?

Sie rufen: Nie wieder Krieg –!

(1920)

Die Tafeln

In Enghien – ganz recht: da, wo die großen Rennen stattfinden, in diesem pariser Vorort, der fiebernd darauf wartet, daß das große Kasino am See wieder eröffnet wird, wo jetzt das Spiel gesetzlich unterdrückt ist, wo es unter der Oberfläche rastlos arbeitet, um den Sumpf wieder aufzumachen; in Enghien, in dessen Nähe das schöne Montmorency liegt – in Enghien bin ich spazierengegangen, und da ist mir etwas Merkwürdiges aufgefallen.

Sie kennen doch die Schildchen, die in den kleinen Städten bei uns die Häuser zieren, wenn sie versichert sind: ›Providentia 1897‹ und ›Assecurancia 1904‹ und so. Und auch hier in Enghien hängen an vielen Häusern Tafeln, immer wieder, da eine, hier eine, große und kleine. Sie sind bunt, auf weißem Glasgrund sieht man ein paar Verzierungsblümchen und einen Text. Da steht:

La ville d'Enghien
aux Héros de la Grande Guerre
Ici vécut le Caporal Marcel Laurent
tué pour la patrie en 1916

Was ist das –?

Das ist eine Erinnerung, ein Mahnzeichen, ein kleines Pflasterchen für die Frau und die Kinder, die der zurückgelassen hat. Und so viele –! Eine Glastafel – klack, ein trockner Gewehrschuß. Eine Glastafel – bumm – ein Volltreffer, nichts ist mehr von dem Mann übrig. Eine Glastafel – wumm – ein Paar Beine mit Stiefeln liegen unter einem Baum, wohin sie die Explosion geschleudert hat An jedem zweiten Haus hängt die Tafel – manchmal stehen mehrere Namen darauf, zwei, drei, vier … an beinah jedem Haus.

Ich gehe durch die Straßen und sehe auf einmal nur noch dies: nur noch die Tafeln und die zerschmetterten Köpfe, die auslaufenden Augen, die herausquellenden Lungen, die blutdurchtränkten schweren Reiterhosen, den Haufen Knochen, die verrostete Erkennungsmarke.

Die Tafeln sind eine Sitte wie jede andre auch, ein ehrendes Gedenkzeichen für die Toten. Aber die Tafeln lügen. Es muß nicht heißen: ›tué pour la patrie‹ – es muß heißen: ›tué par la patrie‹. Getötet durch diesen niedrigen Begriff ›Staat‹, getötet durch diesen Wahnsinn, der die Heimat, die jeder liebt, mit einem Nützlichkeitsbegriff verwechselt, der den meisten nicht einmal von Vorteil ist, sondern nur den wenigen. Stirbt man für eine Weizenagentur? Für eine Hypothekenbank? Man stirbt für und durch das Vaterland, und das kommt im wesentlichen auf dasselbe hinaus.

Tafeln, wie lange noch –? Wie lange noch lassen sich erwachsene Menschen einreden, daß eine sinnlose und anarchische Organisation zwischen den Staaten ein Recht hat, das Leben zu nehmen? Wie lange noch lassen sich Mütter die Söhne, Frauen die Geliebten, Kinder den Vater abschießen fiir eine Sache, die nicht die Kosten für den Mobilmachungsbefehl wert ist? Wie lange noch wird Mord sanktioniert, wenn der Mörder sich nur vorher eine Berufskleidung anzieht, seine Kanonen grau anstreicht, seine Gasbomben von der Kirche einsegnen läßt und sich überhaupt gebärdet wie der Statist einer Wagner-Oper?

Uns fehlen andre Tafeln. Uns fehlt diese eine:

Hier lebte ein Mann, der sich geweigert hat,
auf seine Mitmenschen zu schießen.
Ehre seinem Andenken!

(1925)

Der Telegrammblock

Vor mir liegt ein Pack Blätter, durch zwei Kartonstücke zusammengehalten und auf sonderbare Weise geheftet: statt des dünnen Heftdrahtes hat man dicken Eisendraht genommen, etwa von der Art, wie er an den Kochgeschirren der Soldaten befestigt war.

Es sind blau gedruckte Formulare: »Station … angenommen am … aufgenommen am … befördert am ….« Telegrammformulare. Telegramme der Station Neuflise, Fernsprüche vom 30.9.1918, 11.56 vormittags, bis 30.9.1918, 11.50 nachmittags.

Am 1. Oktober des Jahres 1918, nachmittags um fünf Uhr, erhielt ein französischer Offizier in der Gegend des Chemin des Dames den Befehl, zu erkunden, was sich in der Strohmiete zwischen den beiderseitigen Horchposten im Niemandslande befände. Die Horchposten lagen an dieser Stelle ungefähr dreißig Meter auseinander. Die Gräben an hundert. Es war schon dunkel, als die Patrouille ihren Weg antrat.

In der Miete stak ein deutscher Telegrafist. Er hob, als er der Fremden ansichtig wurde, den Revolver – der Franzose war schneller und schoß zuerst. »Es war ein großer, rothaariger Mensch«, sagt der Offizier, der neben mir sitzt, »er trug eine Brille und war gleich tot. Diesen Block habe ich ihm abgenommen.«

Der Block enthielt keine militärischen Geheimnisse – man hat ihn dem Franzosen als Andenken gelassen. Urlaubsgesuche, Ablehnung und Bewilligung von Urlaubsgesuchen, in der Mitte einer jener verlogenen Berichte der deutschen

Obersten Heeresleitung, die durch viereinhalb Iahre unentwegt siegte, ununterbrochen, von der Marne-Schlacht an bis zum letzten Tage: bis zur Desertion ihres obersten Kriegsherrn und seines Sohnes. »Örtliche Einbruchsstellen wurden im Gegenstoß wieder gesäubert …« Welche Reinmachefrauen –!

Dieser ganze Dienstkram ist, mit Ausnahme der mit Fernschreiber aufgenommenen Münchhauseniade des Hauptquartiers, fein säuberlich mit der Hand geschrieben.

»gefreiter brannhalter erbittet nachurlaub wegen todesfall bruder bürgermeister sprottau«, steht da zu lesen. Irgend so ein uniformiertes Stück Unglück hatte zwar das Recht, seine Familie sterben zu sehen – aber zur Beerdigung hatte er doch erst auf ein Amtszimmer zu laufen und sich alles mögliche bescheinigen zu lassen: daß es ihn gab, daß es das Amtszimmer gab, daß Tote tot sind und auch mitunter beerdigt werden … Laufende Nummer, Name, Dienstgrad – es war alles in schönster Ordnung. Der Block ist musterhaft geführt: da fehlt kein Vermerk der Aufsicht, der Vorgesetzten … Sogar der Gummistempel ist da, ohne den man heute keinen Krieg führen kann: 1. Batterie Fuß-Artl. Batl. 124. Und soweit wäre alles gut, wenn die letzte Seite nicht wäre.

Auf der letzten Seite sind noch alle Spalten genau ausgefüllt: die Zeit- und Ortsangaben, die Namen des Telefonisten, das Datum – unten steht noch: »An Absender zurück, mit Angabe, welches Wernow …« Aber da ist kein Text mehr.

An Stelle des Textes finde ich viele mißgestaltete braune Flecke, Spuren einer Flüssigkeit, die auf das Blatt gespritzt sein muß. »Was ist das?« frage ich den Offizier. Er sagt es.

Der Telegrafist muß den Block gerade in der Hand gehalten haben. Er fiel offenbar auf den Block. Da, wo der Text stehen müßte, sind nun die Flecke. Weiter hatte er an diesem Tage nichts mehr zu bemerken.

Der Mörder sitzt neben mir. Es ist ein honetter Mann, Leiter eines Textilunternehmens, ein anständiger Kaufmann von reputierlichem Äußern, ein Mann, dem niemand einen Mord zutraute. Er sich auch nicht. Er erzählt die Ereignisse des ersten Oktober durchaus nicht ruhmredig. »Es war einfach Notwehr«, sagt er. »Er oder ich – einer war geliefert. Sie hätten an meiner Stelle geradeso gehandelt.« Ja.

Es war ein anonymer Mord, ein Mord in der Kollektivität. Ein Massenmörder hat, wenn er acht Personen mordet, eine Idee – wahrscheinlich eine irrsinnige. Dies hier war die irrsinnig gewordene Ideenlosigkeit. Man kommt von der Patrouille zurück, bekommt ein Bändchen angeheftet, läßt sich entlausen und hat eine etwas trübe Erinnerung. Er oder ich.

Und wenn ich nun den Ermordeten kennte, wenn er vielleicht mein Freund gewesen wäre, so stände ich neben einem Mörder, dem ich nichts tun dürfte. Denn jetzt ist Friede – »der Mann hat seine Pflicht getan« –, und es hätte nur einer kleinen Wendung durch Gottes Fügung bedurft, so säße ich jetzt vielleicht in Sprottau neben einem rotblonden, großen Burschen mit Brille, der mir erzählte: »Also – am 1. Oktober – nachmittags – da kommen drei Franzosen in die Strohmiete ... « Und eine Frau schleppte in Paris ihr zerbrochenes Leben weiter wie jetzt eine in Sprottau.

Vor vierzehn Jahren fing es an und ist doch schon halbvergessen. Nicht ganz: denn emsig probieren auf allen Seiten die Kommis des Krieges neue Apparate und schmieren die alte Gesinnung mit dem schmutzigen Öl des Patriotismus. Paraden, Orden, Gas, Wachtmeister mit den Generalsabzeichen: gefährliche, in Freiheit lebende Irre. Und so, wie sich ein Hexengericht im tiefsten verletzt gefühlt haben mag, als Friedrich von Spee jene Blutorgien bekämpfte, damit an den Grundlagen des Staates rüttelnd, so glauben heute nicht nur die Nutznießer der Abdeckereien, sondern Philosophen, Zeitungsleute, Dichter, Kaufleute, daß das so sein muß. Und es muß so sein, weil die Geschäfte daran hängen.

Keine illustrierte Zeitung, kein großes Blatt, kein Verlag wagt, gegen die Interessenten dieser Industrien zu sprechen: was weiß die junge Generation von den Schrecken des Krieges – wer sagts ihr so oft, wies nötig ist: also immer wieder? Wunderschön ausgeklügelte Resolutionen bezeugen das taktische Verständnis der Klugschnacker – das Triviale, das Wirksam-Banale ist fast nur auf der andern Seite.

Es gibt ein geistiges Mittel, es ist das Rezept Victor Hugos: »Déshonorons la guerre!«

(*1925*)

Les Abattoirs

Ein grüngrauer, stumpfer Himmel liegt über La Villette, dem Arbeiterviertel im Nordosten der Stadt. Ein Stückchen Kanal durchschneidet quer die Straßen, von hier fahren die Kähne mit dem Fleisch durch rußige Wiesen. Es ist sieben Uhr früh.

Gegenüber dem begitterten Eingang zu den dunkeln Gebäuden des Schlachthofes hocken, sitzen, bummeln vor den Caféhäusern merkwürdige Männer und Frauen. Viele haben blutbespritzte Hosen, blutgetränkte Stiefel, ein grauer Mantel bedeckt das ein wenig. Einer ist nur in Jacke und Hose, unten ist er rot, als habe er in Blut gewatet, auf dem Kopf trägt er eine kleine, runde, rote Mütze – er sieht genau aus wie ein Gehilfe von Samson. Er raucht. Eine Uhr schlägt.

Die Massen strömen durch die große Pforte, hinten sieht man eine Hammelherde durch eine schattige Allee trappeln, mit raschen Schritten rücken die Mörder an. Ich mit.

Über den großen Vorhof, flankiert von Wärter- und Bürohäuschen, an einer Uhrsäule vorüber, hinein in die ›carrés‹. Das sind lange Hallen, nach beiden zugigen Seiten hin offen, hoch, mit Stall-Löchern an den Seiten. Hier wird geschlachtet. Als ich in die erste Halle trete, ist alles schon in vollem Gange. Blut rieselt mir entgegen.

Da liegt ein riesiger Ochs, gefesselt an allen vieren, er hat eine schwarze Binde vor den Augen. Der Schlächter holt aus und jagt ihm einen Dorn in den Kopf. Der Ochse zappelt. Der Dorn wird herausgezogen, ein neuer, längerer wird eingeführt, nun beginnt das Hinterteil des Tieres wild zu schlagen, als wehre es sich gegen diesen letzten, entsetzlichen Schmerz.

Eine Viertelminute später ist die Kehle durchschnitten, das Blut kocht heraus. Man sieht in eine dunkle, rote Höhle, in den Ochsen hinein, aus dem Hohlen kommt das Blut herausgeschossen, es kollert wie ein Strudel, der Kopf des Ochsen sieht von der Seite her zu. Dann wird er gehäutet. Der nächste.

Der nächste hat an der Stalltür angebunden gestanden mit seiner Binde. Die ist ihm jetzt abgenommen, er schnüffelt und wittert, mit geducktem Hals sieht er sich den Vorgänger an, der da hängt, und beriecht eine riesige Sache: einen Magen, der, einer Meeresqualle gleich, vor ihm auf dem Steinboden umherschwimmt.

Auf einem Bock liegen drei Kälbchen mit durchschnittenen Kehlen, noch lange zucken die Körper, werfen sich immer wieder. Rasch fließt das Blut mit Wasser durchmischt in den Rinnsalen ab. Dort hinten schlachten sie die Hammel.

Zu acht und zehn liegen sie auf langen Böcken, auf dem Rücken liegen sie, den Kopf nach unten, die Beine nach oben. Und alle diese vierzig Beine schlagen ununterbrochen die Luft, wie eine einzige Maschine sieht das aus, als arbeiteten diese braunen und grauen Glieder geschäftig an etwas. Sie nähen an ihrem Tod. In der Ecke stehen die nächsten, sie sind schon gebunden, schnell nimmt der Schlächter eins nach dem andern hoch und legt es vor sich auf den Bock. Kein Schrei.

Drüben in der nächsten Halle wird à la juive geschlachtet. Der Mann, der schächtet, ist aus dem Bilderbuch, ein Jude: ein langes, vergrämtes Gesicht mit einem Käppchen, in der Hand hat er einen riesigen Stahl, scharf wie ein Rasiermesser. Er probt die Schneide auf dem Nagel, er nimmt irgendeine religiöse Förmlichkeit mit ihr vor, seine Lippen bewegen sich. Die süddeutschen Gassenjungen übersetzten sich dies Gebet so: I schneid di nit, i metz di nit, i will di bloß mal schächte!

Hier wird das Tier nicht vorher getötet und dann zum Ausbluten gebracht, sondern durch einen Schnitt getötet, so daß es sich im Todeskampf ausblutet. Ich bin auf den Schnitt gespannt.

Der Ochse ist an den Vorderbeinen gefesselt, durch den Raum laufen über Rollen die Stricke, und zwei Kerls ziehen langsam an. Der Ochse strauchelt, schlägt mit den Beinen um sich, legt sich. Der Kopf hängt jetzt nach unten, die Gurgel strammt sich nach oben ... Der Jude ist langsam nähergekommen, den Stahl in der Hand. Aber wann hat er den Schnitt getan –? Er ist schon wieder zwei Meter fort, und dem Ochsen hängt der Kopf nur noch an einem fingerbreiten Streifen, das Blut brodelt heraus wie aus einer Wasserleitung. Das Tier bleibt so länger am Leben, unter der Rückenmuskulatur arbeitet es noch lange, fast zwei und eine halbe Minute. Ob es bei diesem System, wie behauptet wird, länger leidet, kann ich nicht beurteilen. Das Blut strömt. Erst dunkelrotes, später scharlachrotes, ein schreiendes Rot bildet seine Seen auf dem glitschrigen Boden. Nun ist das Tier still, der Augenausdruck hat sich kaum verändert. Neben ihm hat sich jetzt ein Mann auf den Boden gekniet, der das Fell mit einer Maschine ablöst. Sauber trennt der Apparat die Haut vom Fleisch, die Maschine schreit, es hört sich etwa an, wie wenn ein Metall gesägt wird, es kreischt. Dann wird dem riesigen Leib ein Schlauch ins Fleisch gestoßen, langsam schwillt er an: es wird komprimierte Luft eingepumpt. Das geschieht, wird gesagt, um die Haut leichter zu lösen. Es hat aber den Nachteil, daß diese Luft nicht rein ist, und das Fleisch scheint so schneller dem Verderben ausgesetzt zu sein. Und es hat den Vorteil, daß sich die Ware, da die Luft nicht so schnell entweicht, im Schaufenster besser präsentiert.

Karrees und wieder Karrees – der Auftrieb auf dem benachbarten Viehmarkt, der zweimal wöchentlich stattfindet, ist stark genug: gestern waren es 13 000 Tiere. Paris ist eine große Stadt, und es gibt nur noch kleinere Abattoirs, wie das an der Porte de Vaugirard, und eines nur für Pferde in Aubervilliers. Jetzt ist das Pferdefleisch annähernd so teuer wie das reguläre – der Verbrauch hat wohl etwas nachgelassen. La Villette hat das größte Abattoir – keineswegs das modernste –, mit dem in Nancy und den großen Musterschlachthöfen in Amerika und Deutschland nicht zu vergleichen.

Stallungen und Stallungen. Viele Tiere sind unruhig, viele gleichgültig. An einer Stalltür ist ein Kalb angebunden, das bewegt unablässig die Nüstern, etwas gefällt ihm hier nicht. Zehn Uhr zwanzig, da ist nichts zu machen. Ein Ochse will nicht, er wird furchtbar auf die Beine geschlagen. Sonst geht alles glatt und sauber und sachlich vor sich. An einer Tür stehen zwanzig kurz abgeschnittene Rinderfüße, pars pro toto, eine kleine Herde. Hier liegt ein Schafbock und kaut zufrieden Heu. Es ist ein gewerkschaftlicher Gelber.

Der wird an die Spitze der kleinen Hammelherden gesetzt, die da einpassieren, er führt sie in den Tod; kurz vorher verkrümelt er sich und weiß von nichts mehr, der Anreißer. Er ist ganz zahm und kommt immer wieder zu seinem Futterplatz zurück. Dafür schenkt man ihm das Leben. Das soll in den letzten Jahren schon mal vorgekommen sein.

Hier im großen Stall ist ein Pferch ganz voll von Schafen. Sie werden wohl gleich abgeholt, sie stehen so eng aufeinander, daß sie sich überhaupt nicht bewegen können, und sie stehen ganz still. Sie sehen stumm auf, kein Laut, hundertzwanzig feuchte Augen sehen dich an. Sie warten.

Durch Stallstraßen, an Eisfabriken und Konservenfabriken vorüber, zu den Schweinen. Eine idyllische Hölle, eine höllische Idylle.

In dem riesigen, runden Raum brennen in den einzelnen Kojen, die durch Bretterwände abgeteilt sind, große Strohfeuer. Die Rotunde hat Oberlicht, und die Schlächter, die Männer und Frauen, die die Kadaver sengen, sehen aus wie Angestellte der Firma Hephästos & Co. Die Schweine rummeln in den Kojen, durchsuchen das Stroh – der Schlächter mit einem großen Krockethammer tritt näher, holt, heiliger Hodler! weit aus und schlägt das Tier vor den Kopf. Meist fällt es sofort lautlos um. Zappelt es noch, gibt er einen zweiten Schlag, dann liegt es still. Keine Panik unter den Mitschweinen, kein Laut, kein Schrecken. Draußen, in den Ställen drumherum, schreien sie, wie wenn sie abgestochen werden sollen – hier drinnen kein Laut. Dem toten Schwein werden von Frauen die Borsten ausgerupft, mit denen du dich später rasierst, dann wird es ans Feuer getragen und abgesengt. Die schwarzen Kadaver, auf kleinen Wägelchen hochaufgeschichtet, fahren sie in den Nebensaal, wo man sie weiterverarbeitet. Hier, wie bei den Rindern, stehen Leute mit Gefäßen, die fangen das Blut auf. Das Blut raucht, es ist ganz schaumig, sie rühren ununterbrochen darin, damit es nicht gerinnt.

Die Schlächter stehen sich nicht schlecht: sie verdienen etwa zweihundert Franken die Woche. (Eine Umrechnung ergäbe bei den verschiedenen Lebensbedingungen ein falsches Bild; der Reallohn ist für deutsche Verhältnisse hoch: der französische Arbeiter wohnt schlechter als sein deutscher Genosse, ißt bedeutend besser, kleidet sich fast ebenso gut.)

Da an der Ecke stehen vor großen Trögen Männer und Frauen und kochen die Kalbsköpfe aus. Blutig kommen sie hinein, weiß kommen sie heraus. Auf dem Boden rollen die abgeschnittenen Köpfe mit den noch geöffneten Augen – ein Mann ergreift sie und pumpt sie gleichfalls mit der Luftpumpe auf. Jedesmal bläht sich der Kopf, jedesmal schließt das tote Kalb langsam und wie nun erst verlöschend die Augen – dann werden sie gekocht.

Das einseitige Stiergefecht dauert noch an, bis elf wirds so weitergehen. An der Uhr, vorn am Eingang, hängen die Marktnotizen.

Da ist zunächst eine große erzene Tafel, den Toten des Krieges als Erinnerung gewidmet, aufgehängt von den vereinigten Großschlächtereien der Stadt Paris. Namen, eine Jahreszahl ... Ich studiere die Markttafeln. Und beim Aufsehen bleiben mir Worte haften, ein paar Worte von der Inschrift, die die Gefallenen ehren soll. So:

La Boucherie en gros
1914–1918

Die Parallele ist vollständig.

(1925)

Denkmal am Deutschen Eck

An der Mosel ging es noch an. Wir soffen uns langsam den Fluß hinab, wir fuhren mit dem Saufbähnchen von Trier nach Bulley hinunter, und auf jeder dritten Station stiegen wir aus und sahen nach, wie es mit dem Weine wäre. Es war. Wenn wir das festgestellt hatten, stiegen wir wieder ein: der Zug führte einen Waggon mit, der sah innen aus wie ein Salonwagen, von hier aus hätte man ganz bequem Krieg führen können, so mit einem Telefon auf dem Tisch, mit dicken Zigarren und: »Seiner Majestät ist soeben der Sturmangriff gemeldet worden.« Wir führten aber keinen Krieg, sondern drückten auf die Kellnerin, und dann erschien ein Klingelknopf, oder umgekehrt, und dann konnte man auf dem langen Tisch einen naturreinen Mosel trinken und dabei Würfel spielen. Und es entstanden in diesen Bahnstunden die Spiele:

Lottchen dick
Spix ist stolz
und:
Georgine, die ordentliche Blume
sowie:
Karlchen und die Rehlein –

das letztere Spiel zur Erinnerung an Karlchen seine Liebesabenteuer im freien, frischen, frommen Walde, wo ihm einmal die kleinen Rehlein zugesehen hatten. Ich verlor auf das Grauenerregendste und mußte immer bezahlen. Aber so ist alles.

Bernkastel, Traben-Trarbach, Bulley ... dann aber setzten wir uns in einen seriösen Zug und fuhren nach Kolbenz. (Diese Aussprache wurde adoptiert, falls Jakopp ein künstliches Gebiß hätte: es spricht sich leichter aus.) In Kolbenz tranken wir der Geographie halber einen Rheinwein, und der konnte Papa und Mama sagen, wir aber nicht mehr. Am nächsten Morgen – es war ein Sonntag hell und klar – gingen wir spazieren.

Ich kannte Kolbenz nicht. Das erste, was mir auffiel, war ein breites und lautes Bürgerpublikum von Reisenden, die sich merkwürdig aufgeregt gebärdeten. So, wie schwarzhaarige Frauen, wenn sie einmal in Paris sind, dem Zauber des Wortes ›Paris‹ erliegen und sich so benehmen, wie sie es zu Hause niemals täten, so kippten hier die blonden Damen aus den Pantinen; der Rhein, Vater Rhein, der deutsche Rhein klingelte in den Gläsern, und es war ziemlich scheußlich anzusehn. Das zweite, was damals auffiel, war die ›Schmachch‹. Wir sprachen das Wort mit zwei ch, und wir meinten die Franzosen damit, von deren ›schwarzer Schmach‹ wir so viel in den bildenden Kinos gesehen hatten. Hier war nur weiße Schmachch, und wir mochten sie nicht. Und zwar nicht etwa, weil wir die Franzosen nicht mögen, sondern weil wir das Militär nicht mögen. Wir sind nur nicht so dumm wie zum Beispiel der Kolbenzer ›General-Anzeiger‹, der nun, nach dem Abzug der Schmachch, Mord und Tod hinter ihnen herschimpfte, ohne auch nur einen Augenblick lang zu untersuchen: wie sich die Deutschen in Belgien und Frankreich benommen haben, was das Militär eigentlich ist und für wen es arbeitet, und wie an diesem ganzen namenlosen Unglück, am Krieg und seinen Folgen, Europa schuld ist und seine nationale Zerfetztheit. Statt dessen krähte die Zeitung in echt kleinbürgerlicher Wut wegen der unbedingt zu verurteilenden Übergriffe nun hinter ein paar tausend Soldaten her, deren jugendliche Kraft genau so unproduktiv mißbraucht wird, wie das mit Soldaten in allen Ländern geschieht – auch in Deutschland.

Wir spazierten also am Rhein entlang, ich hatte wieder einmal meine Geographie nicht gelernt und ließ mir von Jakopp die Gegend erklären. Da war der Ehrenbreitstein; auf dem brannte zum Gaudium aller Rheinkadetten eine französische Fahne – wirklich, die Fahne brannte hoch am Fahnenstock, verglomm, leuchtete wieder auf … mich interessiert Militär nicht, und ich weiß nicht, was sie da gekokelt haben. Es ist ja auch gleichgültig, so gleichgültig wie alles, was diese uniformierten Brüder tun. Und da war der Rhein, der kitschumrauschte, und, wie bei Goethe steht, da waren große Schiffe im Begriffe, auf diesem Flusse hier zu sein … und plötzlich bekam ich den größten Schreck auf dieser Reise. Ich weiß es noch ganz genau:

Wir gingen auf der breiten, baumbestandenen Allee; vorn an der Ecke war eine Fotografenbude, sie hatten Bilder ausgestellt, die waren braun wie alte Daguerrotypien, dann standen da keine Bäume mehr, ein freier Platz, ich sah hoch … und fiel beinah um.

Da stand – Tschingbumm! – ein riesiges Denkmal Kaiser Wihelms des Ersten: ein Faustschlag aus Stein. Zunächst blieb einem der Atem weg.

Sah man näher hin, so entdeckte man, daß es ein herrliches, ein wilhelminisches, ein künstlerisches Kunstwerk war. Das Ding sah aus wie ein gigantischer Tortenaufsatz und repräsentierte jenes Deutschland, das am Kriege schuld gewesen ist – nun wollen wir sie dreschen! In Holland.

Zunächst ist an diesem Monstrum kein leerer Fleck zu entdecken. Es hat die Ornamenten-Masern.

Oben jener, auf einem Pferd, was: Pferd! auf einem Roß, was: Roß! auf einem riesigen Gefechtshengst wie aus einer Wagneroper, hoihotoho! Der alte Herr sitzt da und tut etwas, was er all seine Lebtage nicht getan hat: er dräut in die Lande, das Pferd dräut auch, und wenn ich mich recht erinnere, wallt irgend eine Frauensperson um ihn herum und beut ihm etwas dar. Aber da kann mich meine Erinnerung täuschen ... vielleicht gibt sie dem Riesen-Pferdchen nur ein Zuckerchen. Und Ornamente und sich bäumende Reptile und gewürgte Schlangen und Adler und Wappen und Schnörkel und erbrochene Lilien und was weiß ich ... es war ganz großartig. Ich schwieg erschüttert und sah Jakoppn an.

»Ja«, sagte Jakopp, »das ist das Kaiser-Wilhelm-Denkmal am Deutschen Eck.«

Richtig: da floß noch ein zweiter Fluß in den ersten Fluß, und es war, wenn man von den Fabrikschornsteinen absah, eine hübsche Gegend, viel zu hübsch für dieses steinerne Geklump, für diesen Trumm, diesen Trubas von einem Denkmal. »Was ... wie ...« stammelte ich ergriffen. Da hörte ich ein leises Stimmchen an meiner Linken, ein Knabe war mir unversehens genaht, er hatte wohl meine Ratlosigkeit bemerkt, und er sprach: »Soll ich Ihnen mal das Denkmal erklären –?« Rasches Erfassen der Kriegslage ziert den SA-Mann, und ich sprach: »Erkläre mir mal das Denkmal.«

Da sah der Knabe überall hin, nur nicht auf den Tortenaufsatz, er schlief im Stehen, seine Augen hatten den Ausdruck einer friedlich grasenden Kuh, ich hatte so etwas noch nie bei einem Menschen gesehen. Er sprach mit modulationsloser, quäkender Stimme. Und weil dieses arme Kind solches nicht allein tat, sondern vier oder fünf seiner Kollegen, wie ich später sah, den ganzen Sonntagvormittag lang gewerbsmäßig dasselbe ausübten, vor dem Denkmal und weiter unten, vor dem Hotel und überall, so habe ich das, was sich die Knaben eingepaukt hatten, mehrere Male hören können. Nach Verabreichung mehrerer Gläser guten Weines zwecks Auffrischung des Gedächtnisses läßt sich das etwa folgendermaßen an:

»Dieses Denkmal wurde gegründet im Jahre 1897; es stellt dar den berittenen Kaiser Wilhelm den Ersten sowie auch eine Siegesgöttin benebst die besiegten Feinde. Die Siegesgöttin ist nach verlorenen Kriegen ein Friedensengel und hat eine Flügelbespannung von fünf Meter in die Breite. Das Denkmal wiegt fünf Millionen Kilogramm und hat einen Flächeninhalt von 1200 Quadratmetern, daher ist es ein großes Kunstwerk. Auf dem Grundsockel erhebt sich der Sockel, auf dem das Denkmal aufgebaut ist; auf diesem Sockel steht der richtige Sockel, und auf diesem der Untersockel, worauf sich der Denkmalssockel erhebt. Die Künstler, die an dem Denkmal schuld sind, heißen Schmitz und Hundrieser. Der Spruch, der in das Denkmal eingelassen ist, besagt: ›Nimmer wird das Reich zerstöret, wenn ihr einig seid und treu.‹ Die Köpfe der Seeschlangen bedeuten Deutschlands Feinde, der Granit der Sockel ist aus dem Schwarzwald. Die Mosel fließt hinter dem Denkmal, ihre Strömung ist hier besonders schnell, weil sie an dem Denkmal vorbei muß. Das Denkmal ist in der Regierungszeit Kaiser Wilhelms des Zweiten eröffnet worden und hat daher zwei Millionen Mark gekostet. Das ist das Denkmal am Deutschen Eck.« (Große Trinkgeldpause.)

Wie ich in der Zeitung gelesen habe, sind die Reden, die sie nach dem Abzug der Schmachch gehalten haben, genau so gewesen wie das Denkmal. Aber könnt ihr euch denken, daß sich jemals eine Regierung bereit fände, einen solchen gefrorenen Mist abzukarren –? Im Gegenteil: sie werden gar bald ein neues Mal errichten: das Reichsehrenmal. Wenn es errichtet ist, werden rotzgenäste Knaben hingehn und es uns erklären: die Gastwirtschaften ringsherum werden voll sein, und in den Massengräbern zu Nordfrankreich wird sich ein Geraune erheben:

»Wofür –? Dafür.«

(1930)

Historisches

Vor einiger Zeit habe ich hier das schöne Denkmal am Deutschen Eck, in Koblenz, geschildert; der selige Kaiser Wilhelm der Erste ist dort zu Stein zusammengehauen, und ich hatte mir erlaubt, solches einen gefrorenen Mist zu nennen. Darob große Entrüstung bei den Kleinbürgern des Nationalismus. Es hagelte Proteste, ich spannte keinen Regenschirm auf, und soweit gut. Da sind übrigens manche Gruppen der jungen Nationalisten vernünftiger: die können wenigstens Barlach von jenem wilhelminischen Kram unterscheiden. Und diese, aber nur diese, fühlen, daß Wilhelm ein unglückseliges Mischding gewesen ist, wenn man genauer hinsieht, eigentlich gar nichts. Ein Mensch ohne Schicksal.

Nun war in diesem Aufsatz vom Deutschen Eck ferner beschrieben, wie die kleinen koblenzer Schuljungen dem Fremden für fünfzig Pfennig das Denkmal erklären, daß die Grammatik nur so wackelt. Die Zeit bleibt nicht stehn, die Industrie modernisiert sich, und wie ich höre, erklären sie in Koblenz jetzt nicht nur das Denkmal, sondern noch etwas ganz andres.

Früher hatten sie mich gefragt: »Soll ich Ihnen mal das Denkmal erklären?« – Jetzt fragen sie den Besucher: »Soll ich Ihnen mal das Unglück zeigen?« Und damit meinen sie die schreckliche Brückenkatastrophe, die so vielen Menschen das Leben gekostet hat, damals, als sie die Befreiung des Rheinlands von der Schwerindustrie, Vergebung, von der welschen Schmach feierten.

Und also sprechen jetzt die Knäblein am Deutschen Eck, wörtlich: »Das kleine Häuschen, wo die Pappeln stehn, was Sie da sehn, das ist das Bootshaus, dort brach die

Brücke zusammen. Bald verwandelte sich das Bootshaus in ein Lazarett und Totenhaus. Und Hindenburg hat zur Beerdigung einen Kranz geschickt und jedem Verwandten ein paar hundert Mark, und Hindenburg hat gesagt, wär ich nicht gekommen, wäre das ganze Unglück nicht passiert. Fertig!« (Fertig wird mitgesprochen.)

»Woher weißt du denn das?« fragte der Fremde den koblenzer Knaben. »Das hat mich mein Vater gelernt«, sprach jener.

Geschichte entsteht oft auf wunderbaren Wegen.

(1932)

Ja, Bauer, das ...!

Sämtliche Buchhändlerfenster sind voll
von Kriegsbüchern und Romanen.
Die Presse war schuld! Der Kaiser war toll!
Man hat uns mit allen Schikanen
belogen,
betrogen,
dumm gemacht,
ums Denken gebracht –
Großer Katzenjammer.
Natürlich hat es sich nicht gelohnt.
Natürlich hätten wir die andern geschont.
Natürlich ist alles ganz falsch gewesen.
Natürlich ist unschuldig deutsches Wesen.
Auf ein Mal
sind sie sentimental,
gefühlvoll, pathetisch und Kriegsverdammer.
Großer Katzenjammer.

Aber –:
Geht das morgen wieder los,
vertauschst du nur die Farben,
dann erleiden Millionen ein schlimmeres Los –
vergessen, wie andere starben.
Polen zum Beispiel ... der Korridor ...
Da stürmen zehntausend Freiwillige vor ...
da knattern die neuen Fahnen im Wind;
da bilden Großvater und Enkelkind
das von ihrer Zeitung befohlene Spalier!
Deutschland seis Panier!

Flaggen! Geflaggt ist jedes Haus.
  Burschen heraus!
Und du hörst im Knallen des Salamanders:
  Ja, Bauer, das ist ganz was anders –!

(1929)

Jubiläum

Seid ihr alle noch da –?
Ja –?

Immer dieselben Offiziere,
dieselben Verschwörungs-Kavaliere,
unfähig, etwas Gescheites zu werden,
ewige, ewige Landsknechte auf Erden;
dieselbe Wichtigkeit mit ›Kurieren‹,
derselbe Rummel im Organisieren …
Denn im Felde das Saufen … das gute Essen …
das können die Herren nun mal nicht vergessen.
Immer noch Ansprachen mit Hurra …

Seid ihr auch alle da –?
Ja –?

Ihr habt so viel Geld. Von Köln bis Berlin
spenden die notleidenden Industrien;
und es spendet auch voller Saft und Kraft
die arme, notleidende Landwirtschaft.
Und mit diesem Geld ist es euch gelungen:
ihr habt auch scharenweise die Jungen.
Und was für Jugend!
Die muß man sehen,
die Uniformen, die mit euch gehen:
Eine verbrüllte, verhetzte Masse,
mit der ganzen Sehnsucht zur blonden Rasse,
die nun einmal jeden entflammt,
der aus Promenadenmischungen stammt.

Die Gehirne verkleistert im achtzehnten Jahr,
Deutschland im Maul und Schuppen im Haar ...
Abschaum der Bürger vom Belt bis zum Rhein –
und das soll Deutschlands Zukunft sein –?

Euch stört doch kein republikanisches Schwein?
Nein –?

Die Republikaner sehen in Ruh
euerm klirrenden Getümmel zu.
Kein Staatsanwalt tat ein Wörtlein sagen –
er muß ja die Kommunisten jagen.
Und sie sehen nicht, was in der Reichswehr geschieht ...
Es ist immer dasselbe alte Lied:
Der Bürger hofft. Und zieht einen Flunsch.
Und hat im ganzen nur einen Wunsch:
Es soll sich nichts ändern. Die Bahnen solln gehn.
Er will ins Geschäft, um Viertel zehn ...
Das ist schon wahr. Das muß man begreifen.
Ihr habt auch schon recht, darauf zu pfeifen.
Ihr vergeßt nur: die Leute eurer Partie
sind genau dieselben Bürger wie die!
Nur lauter. Nur dümmer. Nur mit mehr Geschrei.
Und was gerne prügelt, ist auch dabei.

Seid ihr alle wieder da –?
Ja –?

Na, dann man los! Laßt die Gewehre knallen!
Die Leute werden hungern. Die Währung wird fallen.
Arbeiter werden auf dem Pflaster liegen.

Ihr werdet Waffenlose besiegen …
Sprung auf! Marsch-Marsch!
Auf zum Tag des Gerichts –!
Und gehts schief –:
Ihr riskiert ja weiter nichts.

(1930)

Nach der Schlacht

Wenns mir mal schlecht geht, wird mich keiner kennen.
Ein fremder Hunger langweilt fürchterlich.
Und mancher sagt, hört er den Namen nennen:
»Ja, ich erinnre mich …«

An allen Türen klingle ich vergebens.
Ich schlucke so, wenn ich da draußen steh.
Es bleibt als Fazit eines ganzen Lebens:
»Mein Gott, das ist passé –!«

Es kommt ein Freund aus frühern bessern Tagen,
der spricht mit mir ein gutes Männerwort
und spricht und schenkt mir einen alten Kragen
und macht rasch wieder fort.

Wenns mir mal schlecht geht, will ich mich verstecken.
Da sind ja andre noch viel schlimmer dran:
Da gibt es welche bettelnd an den Ecken.
Die stehen Mann für Mann.

Was klag denn ich, wenn ich einst nicht mehr tauge?
Den andern ward, nach blutigem Höllentanz,
mit Holzbein und mit ausgelaufnem Auge
der Dank des Vaterlands.

(1924)

Drei Minuten Gehör!

Drei Minuten Gehör will ich von euch, die ihr arbeitet –!

Von euch, die ihr den Hammer schwingt,
von euch, die ihr auf Krücken hinkt,
von euch, die ihr die Feder führt,
von euch, die ihr die Kessel schürt,
von euch, die mit den treuen Händen
dem Manne ihre Liebe spenden –
von euch, den Jungen und den Alten –:
Ihr sollt drei Minuten inne halten.
Wir sind ja nicht unter Kriegsgewinnern.
Wir wollen uns einmal erinnern.

Die erste Minute gehöre dem Mann.
Wer trat vor Jahren in Feldgrau an?
Zu Hause die Kinder – zu Hause weint Mutter …
Ihr: feldgraues Kanonenfutter –!
Ihr zogt in den lehmigen Ackergraben.
Da saht ihr keinen Fürstenknaben:
der soff sich einen in der Etappe
und ging mit den Damen in die Klappe.
Ihr wurdet geschliffen. Ihr wurdet gedrillt.
Wart ihr noch Gottes Ebenbild?
In der Kaserne – im Schilderhaus
wart ihr niedriger als die schmutzigste Laus.
Der Offizier war eine Perle,
aber ihr wart nur ›Kerle‹!
Ein elender Schieß- und Grüßautomat.
»Sie Schwein! Hände an die Hosennaht –!«

Verwundete mochten sich krümmen und biegen:
kam ein Prinz, dann hattet ihr stramm zu liegen.
Und noch im Massengrab wart ihr die Schweine:
Die Offiziere lagen alleine!
Ihr wart des Todes billige Ware ...
So ging das vier lange blutige Jahre.
Erinnert ihr euch ...?

Die zweite Minute gehöre der Frau.
Wem wurden zu Haus die Haare grau?
Wer schreckte, wenn der Tag vorbei,
in den Nächten auf mit einem Schrei?
Wer ist es vier Jahre hindurch gewesen,
der anstand in langen Polonaisen,
indessen Prinzessinnen und ihre Gatten
alles, alles, alles hatten – –?
Wem schrieben sie einen kurzen Brief,
daß wieder einer in Flandern schlief?
Dazu ein Formular mit zwei Zetteln ...
wer mußte hier um die Renten betteln?
Tränen und Krämpfe und wildes Schrein.
Er hatte Ruhe. Ihr wart allein.
Oder sie schickten ihn, hinkend am Knüppel,
euch in die Arme zurück als Krüppel.
So sah sie aus, die wunderbare
große Zeit – vier lange Jahre ...
Erinnert ihr euch –?

Die dritte Minute gehört den Jungen!
Euch haben sie nicht in die Jacken gezwungen!
Ihr wart noch frei! Ihr seid heute frei!

Sorgt dafür, daß es immer so sei!
An euch hängt die Hoffnung. An euch das Vertraun
von Millionen deutschen Männern und Fraun.
Ihr sollt nicht strammstehn. Ihr sollt nicht dienen!
Ihr sollt frei sein! Zeigt es ihnen!
Und wenn sie euch kommen und drohn mit Pistolen –:
Geht nicht! Sie sollen euch erst mal holen!
Keine Wehrpflicht! *Keine* Soldaten!
Keine Monokel-Potentaten!
Keine Orden! *Keine* Spaliere!
Keine Reserveoffiziere!
Ihr seid die Zukunft!
Euer das Land!
Schüttelt es ab, das Knechtschaftsband!
Wenn ihr nur wollt, seid ihr alle frei!
Euer Wille geschehe! Seid nicht mehr dabei!
Wenn ihr nur wollt: bei euch steht der Sieg!
– Nie wieder Krieg –!

(1923)

Blick in ferne Zukunft

... Und wenn alles vorüber ist –; wenn sich das alles totgelaufen hat: der Hordenwahnsinn, die Wonne, in Massen aufzutreten, in Massen zu brüllen und in Gruppen Fahnen zu schwenken, wenn diese Zeitkrankheit vergangen ist, die die niedrigen Eigenschaften des Menschen zu guten umlügt; wenn die Leute zwar nicht klüger, aber müde geworden sind; wenn alle Kämpfe um den Faschismus ausgekämpft und wenn die letzten freiheitlichen Emigranten dahingeschieden sind –:

dann wird es eines Tages wieder sehr modern werden, liberal zu sein.

Dann wird einer kommen, der wird eine geradezu donnernde Entdeckung machen: er wird den Einzelmenschen entdecken. Er wird sagen: Es gibt einen Organismus, Mensch geheißen, und auf den kommt es an. Und ob der glücklich ist, das ist die Frage. Daß der frei ist, das ist das Ziel. Gruppen sind etwas Sekundäres – der Staat ist etwas Sekundäres. Es kommt nicht darauf an, daß der Staat lebe – es kommt darauf an, daß der Mensch lebe.

Dieser Mann, der so spricht, wird eine große Wirkung hervorrufen. Die Leute werden seiner These zujubeln und werden sagen: »Das ist ja ganz neu! Welch ein Mut! Das haben wir noch nie gehört! Eine neue Epoche der Menschheit bricht an! Welch ein Genie haben wir unter uns! Auf, auf! Die neue Lehre –!«

Und seine Bücher werden gekauft werden oder vielmehr die seiner Nachschreiber, denn der erste ist ja immer der Dumme.

Und dann wird sich das auswirken, und hunderttausend schwarzer, brauner und roter Hemden werden in die Ecke fliegen und auf den Misthaufen. Und die Leute werden wieder Mut zu sich selber bekommen, ohne Mehrheitsbeschlüsse und ohne Angst vor dem Staat, vor dem sie gekuscht hatten wie geprügelte Hunde. Und das wird dann so gehen, bis eines Tages …

(1930)

Mit 5 PS

Kurt Tucholsky

Peter Panter • Theobold Tiger • Ignaz Wrobel •
Kaspar Hauser

haßt:	liebt:
das Militär	Knut Hamsun
die Vereinsmeierei	jeden tapferen Friedens-soldaten
Rosenkohl	schön gespitzte Bleistifte
den Mann, der immer in der Bahn die Zeitung mitliest	Kampf
Lärm und Geräusch	die Haarfarbe der Frau, die er gerade liebt
›Deutschland‹	Deutschland

(1928)

Drei Biographien

»Sie sind der ungeborene Peter Panter –?« sagte der liebe Gott und strich seinen weißlichen Bart, der stellenweise etwas angeraucht war. Ich schwamm als helle Flocke in meinem Reagenzgläschen und hüpfte bejahend auf und nieder. »Für Sie gibt es drei Möglichkeiten«, sagte der himmlische Vater und zerdrückte in unendlicher Güte eine Wanze, die ihm über das Handgelenk lief. »Drei Möglichkeiten. Wollen Sie sie bitte überprüfen und mir dann mitteilen, welche Wahl Sie getroffen haben. Es liegt uns viel daran, bei dem herrschenden Streit zwischen Deterministen und Indeterministen es mit keiner von beiden Parteien zu verderben. Suchen Sie hier oben aus, was Sie einmal werden wollen – unten können Sie nachher nichts dafür. Bitte.« Der alte Mann hielt mir einen großen Pappdeckel vor das Gläschen, auf dem stand zu lesen:

I

Peter Panter (1. Verarbeitung). Geboren am 15. April 1889, als Sohn armer, aber gut desinfizierter Eltern, zu Stettin auf der Lastadie. Vater: Quartalssäufer, das Jahr hat fünf Quartale. Mutter: Abonnentin des ›*Berliner Lokal-Anzeigers*‹. Studiert das Tierarzneiwesen in Hannover und wird 1912 städtisch approbierter Kammerjäger in Halle. Zwei Frauen: Annemarie Prellwitz, edel, Schneckenfrisur, in Flanell (1919–1924); Ottilie Mann, sorgfältig, korrekt, von großem Gebärfleiß, in Ballonleinen (1925–1937). Vier Söhne; danach Anschaffung eines deutschen Perserteppichs. 1931: Reinigung des Bartes von Hermann Bahr, Bahr kommt heil davon, P. wird katholisch. Wird im Juni 1948 nach Wien berufen, um die Wanzen, die sich in der Feuilletonredaktion der ›*Neuen Freien Presse*‹ angesammelt haben, zu vertilgen. Da die Operation selbstverständlich mißlingt, wird Kammerjäger P. trübsinnig. Hört in dieser Geistesverfassung am 20. April 1954 einen Keyserling-Vortrag. Tod: 21. April. Panter geht mit den Tröstungen der katholischen Kirche versehen dahin, nachdem er kurz zuvor mit großem Appetit ein Mazze-Gericht verzehrt hat. Beerdigungswetter: leicht bewölkt, mit schwachen, südöstlichen Winden. Grabstein (Entwurf: Paul Westheim): 100,30 Mark, Preis des Marmors: 100 Mark. Stets in Ehren gehaltenes Andenken: acht Monate.

»Nun –?« sagte der liebe Gott. »Hm –« sagte ich. Und las weiter:

II

Peter Panter (2. Verarbeitung). Geboren am 8. Mai 1891 als ältester Sohn des Oberregierungsrats Panter sowie seiner Ehefrau Gertrud, geborene Hauser. Das frühgeweckte Kind hört schon als Knabe auf dem linken Ohr so schwer, daß es für eine Justizkarriere geradezu prädestiniert erscheint. Tritt in das Korps ein, in dem ein gewisser Niedner alter Herr ist –

Der liebe Gott behakenkreuzigte sich. Ich las weiter:

– und bringt es bald zu dem verlangten korrekt-flapsigen Benehmen, das in diesen Kreisen üblich ist. 1918: Kriegsassessor, gerade zu Kaisers Geburtstag. Schwört demselben ewige Treue. 1919: Hilfsbeamter im Staatskommissariat für öffentliche Ordnung; der Staatskommissar Weismann sitzt, aus altpreußischer Schlichtheit, in keinem Fauteuil, sondern auf einer Bank und hält dieselbe Tag und Nacht. Landgerichtsrat Panter leistet der Republik die größten Dienste sowie auch ihrem Präsidenten. Schwört demselben ewige Treue. Beteiligt sich 1920 am Kapp-Putsch, berät Kapp in juristischen Fragen und schwört demselben ewige Treue. Durch das häufige Schwören wird man auf den befähigten Juristen aufmerksam und will ihn als obersten Justitiar in die Reichswehr versetzen. Inzwischen wird Rathenau ermordet, weshalb die Republik einen Staatsgerichtshof über sich verhängt, wo ohne Ansehen der Sache verhandelt wird. Dortselbsthin als Richter versetzt, verstaucht er sich im Jahre 1924 beim Unterschreiben von Zuchthausurteilen gegen Kommunisten den Arm. Eine Beerdigung entfällt, da ein deutscher Richter unabsetzbar ist und auch nach seinem Tode noch sehr wohl den Pflichten seines Amtes nachkommen kann.

»Wie kann man so tief sinken –!« sagte der liebe Gott, weil ich inzwischen auf den Boden des Reagenzgefäßes gekrochen war. Ich wackelte mit dem Schwänzchen, der liebe Gott erriet richtig »Nein!«, bedavidsternte sich und gab mir

III

zu lesen:

Peter Panter (3. Verarbeitung). Geboren am 9. Januar 1890 zu Berlin mit ungeheuern Nasenlöchern. Seine Tante Berta umsteht seine Wiege und hat es gleich gesagt. Gerät nach kurzen Versuchen, ein anständiger Mensch zu werden, in die Schlingen des Herausgebers S. J., der ihn zu mannigfaltigen Arbeiten verwendet: er darf zu Beginn der Bekanntschaft Artikel und Gedichte schreiben, bringt es aber schon nach fünfzehn Jahren zum selbständigen Briefefrankieren und andern wichtigen Büroarbeiten. Nimmt nacheinander die Pseudonyme Max Jungnickel, Agnes Günther, Waldemar Bonsels und Fritz von Unruh an. Kann aber niemand darüber hinwegtäuschen, daß hinter diesen Namen nur ein einziger Verfasser steht. Wird von Professor Liebermann in Öl gestochen und schenkt ihm als Gegenangebinde einen echten Paul Klee, den Liebermann jedoch nicht frißt. Panter stirbt, als er alles weiß und nichts mehr kann – denn so kann man nicht leben.

»Nun –?« fragte der liebe Gott. »Hm –« sagte ich wieder. »Könnte man nicht die drei Biographien kombinieren? Vielleicht so, daß ich als Sohn des Oberregierungsrats Kammerjäger bei der ›*Weltbühne*‹...«

»Beeilen Sie sich!« sagte Gottvater streng. »Ich habe nicht viel Zeit. Um zehn Uhr präsidiere ich drei Feldgottesdiensten: einem polnischen gegen die Deutschen, einem deutschen gegen die Polen und einem italienischen gegen alle andern. Da muß ich bei meinen Völkern sein. Also – wählen Sie.«

Und da habe ich dann gewählt.

(1926)

Start

Wir sind fünf Finger an einer Hand.

Der auf dem Titelblatt und:

Ignaz Wrobel. Peter Panter. Theobald Tiger. Kaspar Hauser.

Aus dem Dunkel sind diese Pseudonyme aufgetaucht, als Spiel gedacht, als Spiel erfunden – das war damals, als meine ersten Arbeiten in der ›*Weltbühne*‹ standen. Eine kleine Wochenschrift mag nicht viermal denselben Mann in einer Nummer haben, und so erstanden, zum Spaß, diese homunculi. Sie sahen sich gedruckt, noch purzelten sie alle durcheinander; schon setzten sie sich zurecht, wurden sicherer; sehr sicher, kühn – da führten sie ihr eigenes Dasein. Pseudonyme sind wie kleine Menschen; es ist gefährlich, Namen zu erfinden, sich für jemand anders auszugeben, Namen anzulegen – ein Name lebt. Und was als Spielerei begonnen, endete als heitere Schizophrenie.

Ich mag uns gern. Es war schön, sich hinter den Namen zu verkriechen und dann von Siegfried Jacobsohn solche Briefe gezeigt zu bekommen:

»Sehr geehrter Herr! Ich muß Ihnen mitteilen, daß ich Ihr geschätztes Blatt nur wegen der Arbeiten Ignaz Wrobels lese. Das ist ein Mann nach meinem Herzen. Dagegen haben Sie da in Ihrem Redaktionsstab einen offenbar alten Herrn, Peter Panter, der wohl das Gnadenbrot von Ihnen bekommt. Den würde ich an Ihrer Stelle ...«

Und es war auch nützlich, fünfmal vorhanden zu sein – denn wer glaubt in Deutschland einem politischen Schriftsteller Humor? dem Satiriker Ernst? dem Verspielten

Kenntnis des Strafgesetzbuches, dem Städteschilderer lustige Verse? Humor diskreditiert.

Wir wollten uns nicht diskreditieren lassen und taten jeder seins. Ich sah mit ihren Augen, und ich sah sie alle fünf: Wrobel, einen essigsauren, bebrillten, blaurasierten Kerl, in der Nähe eines Buckels und roter Haare; Panter, einen beweglichen, kugelrunden, kleinen Mann; Tiger sang nur Verse, waren keine da, schlief er – und nach dem Kriege schlug noch Kaspar Hauser die Augen auf, sah in die Welt und verstand sie nicht. Eine Fehde zwischen ihnen wäre durchaus möglich. Sie dauert schon siebenunddreißig Jahre.

Woher die Namen stammen –?

Die alliterierenden Geschwister sind Kinder eines juristischen Repetitors aus Berlin. Der amtierte stets vor gesteckt vollen Tischen, und wenn der pinselblonde Mann mit den kurzsichtig blinzelnden Augen und dem schweren Birnenbauch dozierte, dann erfand er für die Kasperlebühne seiner ›Fälle‹ Namen der Paradigmata.

Die Personen, an denen er das Bürgerliche Gesetzbuch und die Pfändungsbeschlüsse und die Strafprozeßordnung demonstrierte, hießen nicht A und B, nicht: Erbe und nicht Erblasser. Sie hießen Benno Büffel und Theobald Tiger; Peter Panter und Isidor Iltis und Leopold Löwe und so durchs ganze Alphabet. Seine Alliterationstiere mordeten und stahlen; sie leisteten Bürgschaft und wurden gepfändet; begingen öffentliche Ruhestörung in Idealkonkurrenz mit der Abtreibung und benahmen sich überhaupt recht ungebührlich. Zwei dieser Vorbestraften nahm ich mit nach Hause – und, statt Amtsrichter zu werden, zog ich sie auf.

Wrobel – so hieß unser Rechenbuch; und weil mir der Name Ignaz besonders häßlich erschien, kratzbürstig und ganz und gar abscheulich, beging ich diesen kleinen Akt der Selbstzerstörung und taufte so einen Bezirk meines Wesens.

Kaspar Hauser braucht nicht vorgestellt zu werden.

Da sind sie alle fünf.

Und diese fünf haben nun im Lauf der Jahre in der ›*Weltbühne*‹ gewohnt und anderswo auch. Es mögen etwa tausend Arbeiten gewesen sein, die ich durchgesehen habe, um diese daraus auszuwählen – und alles ist noch einmal vorbeigezogen … Vor allem der Vater dieser Arbeit: Siegfried Jacobsohn.

Fruchtbar kann nur sein, wer befruchtet wird. Liebe trägt Früchte, Frauen befruchten, Reisen, Bücher … in diesem Fall tat es ein kleiner Mann, den ich im Januar 1913 in seinem runden Bücherkäfig aufgesucht habe und der mich seitdem nicht mehr losgelassen hat, bis zu seinem Tode nicht. Vor mir liegen die Mappen seiner Briefe: diese Postkarten, eng bekritzelt vom obern bis zum untern Rand, mit einer winzigen, fetten Schrift, die aussah wie ein persisches Teppichmuster. Ich höre das »Ja?«, mit dem er sich am Telefon zu melden pflegte; mir ist, als klänge die Muschel noch an meinem Ohr … Was war es –?

Es war der fast einzig dastehende Fall, daß dem Gebenden ein Nehmender gegenüberstand, nicht nur ein Drukkender. Wir senden unsere Wellen aus – was ankommt, wissen wir nicht, nur selten. Hier kam alles an. Der feinste Aufnahmeapparat, den dieser Mann darstellte, feuerte zu höchster Leistung an – vormachen konnte man ihm nichts. Er merkte alles. Tadelte unerbittlich, aber man lernte etwas dabei. Ganze Sprachlehren wiegt mir das auf, was er ›ins Deutsche übersetzen‹ nannte. Einmal fand er eine Stelle, die er nicht verstand. »Was heißt das? Das ist wolkig!« sagte er. Ich begehrte auf und wußte es viel besser. »Ich wollte sagen ...« erwiderte ich – und nun setzte ich ihm genau auseinander, wie es gemeint war. »Das wollte ich sagen«, schloß ich. Und er: »Dann sags.« Daran habe ich mich seitdem gehalten. Die fast automatisch arbeitende Kontrolluhr seines Stilgefühls ließ nichts durchgehen – kein zu starkes Interpunktionszeichen, keine wilde Stilistik, kein Gedankenstrich nach einem Punkt (Todsünde!) – er war immer wach.

Und so waren unsere Beiträge eigentlich alle nur Briefe an ihn, für ihn geschrieben, im Hinblick auf ihn: auf sein Lachen, auf seine Billigung – ihm zur Freude. Er war der Empfänger, für den wir funkten.

Ein Lehrer, kein Vorgesetzter; ein Freund, kein Verlagsangestellter; ein freier Mann, kein Publikumshase. »Sie haben nur ein Recht«, pflegte er zu sagen, »mein Blatt nicht zu lesen.« Und so stand er zu uns, so hat er uns geholfen, zu uns selbst verholfen, und wir haben ihn alle lieb gehabt.

Wir beide nannten uns, nach einem revolutionären Stadtkommandanten Berlins, gegenseitig: Kalwunde.

»Kalwunde!« sagtest du, wenn du dreiunddreißig Artikel in der Schublade hattest, »Kalwunde, warum arbeitest du gar nicht mehr –?« Und dann fing ich wieder von vorne an. Und wenn das dicke Kuvert mit einem satten Plumps in den Briefkasten fiel, dann hatte der Tag einen Sinn gehabt, und ich stellte mir, in Berlin und in Paris, gleichmäßig stark vor, was du wohl für ein Gesicht machen würdest, wenn die

Sendung da wäre. Siehst du, nun habe ich das alles gesammelt … Und du kannst es nicht mehr lesen … »Mensch!« hättest du gesagt, »ick wer' doch det nich lesen! Ich habe es ja alles ins Deutsche übersetzt –!«

Das hast du.

Und so will ich mich denn mit einem Gruß an dich auf den Weg machen.

Starter, die Fahne –! Ab mit 5 PS.

(1927)

Die Reportahsche

Einmal hieß alles, was da kreucht und fleucht, ›nervös‹, dann ›fin de siècle‹, dann ›Übermensch‹, dann hatten sie es mit den ›Hemmungen‹ und heute haben sie es mit der Reportahsche, als welches Wort man immer so schreiben sollte. Lieber Egon Erwin Kisch, was haben Sie da angerichtet! Sie sind wenigstens ein Reporter und ein sehr guter dazu – aber was nennt sich heute nur alles ›Reportage‹. Es ist völlig lächerlich.

Es gibt von allen Arten.

Es gibt ›soziale Reportagen‹ und einer trägt eine ›Reportage‹ vor, und Paul Fechter, der Klopf-Fechter der ›*Deutschen Allgemeinen*‹, macht ›*Versuche einer Rollen-Reportage*‹, die denn auch so ausgefallen sind, daß man sich verwundert fragt, wie einer das schreiben kann, ohne dabei einzuschlafen. Dafür tuts denn der Leser. Und dann gibt es ›Reportagen-Romane‹, und das sind die allerschlimmsten.

Der richtige Reportage-Roman ist im Präsens geschrieben und so lang wie ein mittelkräftiger Bandwurm. Der romancierende Reporter nimmt sich ein Milljöh vor, und das bearbeitet er. Das kann man nun endlos variieren, aber es ist immer dasselbe Buch. Nicht die Spur einer Vertiefung, nichts, was man nicht schon wüßte, bevor man das Buch angeblättert hat, keine Bewegung, keine Farbe – nichts. Aber Reportage. Was einen höchst mäßigen Essay abgäbe, das gibt noch lange keinen Roman. Wie überhaupt bei uns jede kleine Geschichte gern ›Roman‹ genannt wird – die Kerle sind ja größenwahnsinnig. ›*Krieg und Frieden*‹ ist ein Roman. Das da sind keine.

Sie kommen sich so wirklichkeitsnah vor, die Affen – und dabei haben sie nichts reportiert, wenn sie nach Hause kommen. Nur ein paar Notizen, die sie auswalzen. Reportahsche … Reportahsche …

Auf dieses Wort gibt es einen Reim: deshalb schreibe ich es so.

Vor dem Kriege hat einmal die Kaffee-Firma Tengelmann ein Preisausschreiben in die Zeitungen gesetzt; sie wollte ein kurzes Gedicht für ihre Reklamen haben: die Firma sollte darin genannt sein, die Vorzüglichkeit ihrer Produkte, ihre Tee- und Kaffeeplantagen und das alles in gefälliger gereimter Form.

Der große Schauspieler Victor Arnold gewann zwar den Preis nicht – aber er hatte einen der schönsten Verse gefunden. Und der hieß so:

Mein lieber guter Tengelmann!
Was geht denn mich dein Kaffee an
und deine Teeplantage –
Ach …!

Na, dann reportiert man.

(1931)

Werbekunst

oder:
Der Text unsrer Anzeigen

»Sags ihr mit Schmus!« Henry Ford

Die hängenden Gärten der Semiramis waren ein Weltwunder. Nur ungern läßt die Dame von Welt auch heute noch ihren Büstenhalter auf dem zierlich gedeckten Frühstückstisch liegen. Sie sollte in der Tat nie versäumen, ihn anzulegen; unsachgemäße Behandlung der überaus empfindlichen Haut verstärkt einen Mangel, an dem schon manches Herzensbündnis jäh zerschellt ist. Welch ein Staunen, wenn ein Geschenk auf dem Gabentisch liegt, das mit vornehmem Takt einen geheimen Wunsch errät! Schenken Sie ›Tetons Büstenformer‹, Marke ›Eierbecher‹!

Die blaue Stunde des Harems naht heran. Vom nahen Minarett ertönt der Gesang des bärtigen Moslems, der dort Allah ehrt, und die zarten Wölkchen der Zigaretten kräuseln sich um die entschleierten Angesichter schwarzäugiger Türkinnen. Der Fachmann atmet ihren Duft ein und spürt sofort am blauen Dunst: ›Die gute Haberland-Zigarette!‹ Unsre besonders bewährten Fachleute eilen im fernen Osten von Tabakfeld zu Tabakfeld und graben selbst die zarten Tabakpflänzchen ein, ordnen die Blätter in alphabetischer Reihenfolge und überwachen ihre sachgemäße Mischung mit den guten heimischen Kräutern der Uckermark. Es ist uns gelungen, den Herstellungspreis unsrer Qualitätszigarette auf 2 Pfennig herunterzudrücken. Versuchen Sie also unsre 15-Pfennig-Zigarette ›Bilanz‹, und Sie werden eine Zigarette finden, die, edel, schnittig und rassig im Format, ein vornehmes Geschenk darstellt. Keine Qualität, nur Ausstattung!

»Was kann es nur sein?« denkt sich jener Tänzer, um den sich früher die reizvollsten Erscheinungen der großen Salons geschart haben, während er heute allein und verlassen in der Ecke sitzt. Ist es der Tabaksgeruch, den er ausströmt? Oder gar andere Charakterfehler? Nein. Der junge, elegante Mann hat leider vergessen, einen Hosenknopf zu schließen, und indigniert und beschämt sehen die Damen von Geschmack beiseite, weil ein inkonsequenter Charakter auf Frauen keinen Eindruck hervorzuzaubern versteht. Gebrauchen Sie ›Automatos‹, den selbsttätigen Reißverschluß, und Ihre Haut wird niemals spröde und rissig werden.

Ein problematisches Symbol ist für so viele die sitzende Lebensführung bei ernster Berufsarbeit im Amt und Büro. Unsre Zeit ist eine Übergangszeit, und trutzig ragt manches deutsche Standbild in die deutsche Geschichte, Erinnerung und Wahrzeichen an harte Kriegsläufte und stolze Kämpfe um städtische Freiheit. Daher sollten auch Sie nicht versäumen, ›Lissauers Stuhlzäpfchen‹ zu gebrauchen, die, rassig, edel und einfach in vornehmer Linienführung, dem Geist unsrer Zeit entsprechen.

Die Flaschen unseres Jahreskonsums aufeinandergestellt, ergeben die Höhe der Kölner Synagogenspitze. Nur eine Sektmarke international anerkannter Qualität, schnittig, edel und rassig im Geschmack, vermag sich solche Anerkennung zu erringen. Ein zarter Fichtennadelgeschmack ermöglicht es, unsern in Deutschland auf Flaschen gefüllten Sekt auch als Badezusatz zu verwenden.

Gehört diese Geste noch in unsre Zeit? So fragen wir uns, wenn wir den deutschen Ritter Götz von Berlichingen am Burgfenster stehen sehen. Der tadellos gepflegte Hauptmann, dem er seinen Gruß hinausruft, wird seiner Aufforderung wohl nicht Folge leisten; sicher ist, daß kein starres Gesetz ihm dies vorschreibt. Jedem ist dieser Ausdruck der Verehrung nach eignem Gefühl überlassen. Wenn aber das Mittelalter schon unser ›Altes Lavendel‹ gekannt hätte, wird dieses Gefühl zum Gesetz. Verlangen Sie die kreuzweise Packung.

Im Banne der Liebe ermüdet man leicht. Die Nerven sind aufs höchste angespannt; die Luft im Raum ist heiß, drükkend und schwül mit ü. In solchen Augenblicken erfrischt nichts so sehr wie eine Tasse klarer Nudelbouillon, die Sie aus ›Lubarschs Suppenwürfel‹ gewinnen können. Ein Täßchen heißer Brühe bringt Ruhe und Sicherheit, vielleicht das Glück!

Wenn Baby die Tintenflasche ausgetrunken hat, geben Sie ihm einen Bogen von Hermann Burtes Löschpapier zu essen. Dieses Mittel wird von den Kleinchen erfahrungsgemäß gern genommen, und auch durchnäßte Erwachsene profitieren häufig davon. Gepflegte Kinder in gutbürgerlichen Haushalten sollten von Zeit zu Zeit diese Kur machen – der kleine Steppke, den Sie hier im Bilde sehen, weiß seit seiner Geburt nicht, was Feuchtigkeit ist. Kein

Volk ohne Löschpapier! Hermann Burte & Hans Grimm, Löschpapier en gros.

Temperamentvolle Frauen halten sich bedeutend länger, wenn man sie nachts auf den Frigidaire legt; sie bleiben auf diese Weise schmackhaft und bekömmlich in jeder Jahreszeit. Die andauernd gleiche und trockne Atmosphäre konserviert jede Dame von Welt; unser Kühlapparat wird an gesundheitlicher Wirkung von keiner Ehe übertroffen.

Mehr als ein Souvenir – ein Zaubermittel wie vom Hexenmeister Cagliostro ist Rosens Toilettepapier. Edel, rassig und schnittig in der Linie, hat es sich rasch in die Aristokratie der Eleganz eingeschmeichelt. Vergessen Sie nicht, bevor Sie das zierlich gebundene Paketchen verschenken, die Ecken der einzelnen Blätter umzubiegen: Sie geben dadurch Ihrem Geschenk eine persönliche Note.

»Ach, wers ihr doch sagen könnte!« – so jung, so schön und schon so gemieden! Menschen mit unreinem Hauch, selbst wenn er dem Munde entströmt, sind einsam. Unter anderm sträubt sich meine Feder, mehr zu sagen: das junge Mädchen hat nicht ›Eukal‹ verwendet, und daher wagt niemand, ihr mit Anträgen zu nahen, denen doch gerade ein sportgeübtes Girl unsrer Zeit gefaßt entgegensehen könnte. Schicken Sie uns Ihre Zähne ein – Sie erhalten sie postwendend gereinigt zurück, blitzend und blendend weiß.

Wenn Sie im Kranz Ihrer Geschäftsfreunde und schöner Frauen bei wohlgepflegtem, schäumendem Sekt sitzen, während Ihr behaglicher, vornehmer und taktvoller Haushalt Sie umgibt, dann vergessen Sie nicht, unsern Luxusapparat ›Kokmès‹ bei der Hand zu haben. Die faszinierende Wirkung Ihrer festlichen Geselligkeit wird dadurch noch erhöht; keine elegante und gepflegte Frau von Welt ist ohne denselben denkbar. ›Kokmès‹ ist ohne jede schädliche Nebenwirkung, weil es überhaupt keine hat. Wir fabrizieren es nur, um die hohen Anzeigenpreise wieder hereinzubringen, und wir inserieren, um fabrizieren zu können. Und so symbolisieren wir, was uns am meisten am Herzen liegt: die deutsche Wirtschaft –!

(1927)

Ratschläge für einen schlechten Redner

Fang nie mit dem Anfang an, sondern immer drei Meilen vor dem Anfang! Etwa so:

»Meine Damen und meine Herren! Bevor ich zum Thema des heutigen Abends komme, lassen Sie mich Ihnen kurz ...«

Hier hast du schon so ziemlich alles, was einen schönen Anfang ausmacht: eine steife Anrede; der Anfang vor dem Anfang; die Ankündigung, daß und was du zu sprechen beabsichtigst, und das Wörtchen kurz. So gewinnst du im Nu die Herzen und die Ohren der Zuhörer.

Denn das hat der Zuhörer gern: daß er deine Rede wie ein schweres Schulpensum aufbekommt; daß du mit dem drohst, was du sagen wirst, sagst und schon gesagt hast. Immer schön umständlich.

Sprich nicht frei – das macht einen so unruhigen Eindruck. Am besten ist es: du liest deine Rede ab. Das ist sicher, zuverlässig, auch freut es jedermann, wenn der lesende Redner nach jedem viertel Satz mißtrauisch hochblickt, ob auch noch alle da sind.

Wenn du gar nicht hören kannst, was man dir so freundlich rät, und du willst durchaus und durchum frei sprechen ... du Laie! Du lächerlicher Cicero! Nimm dir doch ein Beispiel an unsern professionellen Rednern, an den Reichstagsabgeordneten – hast du die schon mal frei sprechen hören? Die schreiben sich sicherlich zu Hause auf, wann sie »Hört! hört!« rufen ... ja, also wenn du denn frei sprechen mußt:

Sprich, wie du schreibst. Und ich weiß, wie du schreibst.

Sprich mit langen, langen Sätzen – solchen, bei denen du, der du dich zu Hause, wo du ja die Ruhe, deren du so sehr benötigst, deiner Kinder ungeachtet, hast, vorbereitest, genau weißt, wie das Ende ist, die Nebensätze schön ineinandergeschachtelt, so daß der Hörer, ungeduldig auf seinem Sitz hin und her träumend, sich in einem Kolleg wähnend, in dem er früher so gern geschlummert hat, auf das Ende solcher Perioden wartet … nun, ich habe dir eben ein Beispiel gegeben. So mußt du sprechen.

Fang immer bei den alten Römern an und gib stets, wovon du auch sprichst, die geschichtlichen Hintergründe der Sache. Das ist nicht nur deutsch – das tun alle Brillenmenschen. Ich habe einmal in der Sorbonne einen chinesischen Studenten sprechen hören, der sprach glatt und gut französisch, aber er begann zu allgemeiner Freude so: »Lassen Sie mich Ihnen in aller Kürze die Entwicklungsgeschichte meiner chinesischen Heimat seit dem Jahre 2000 vor Christi Geburt …« Er blickte ganz erstaunt auf, weil die Leute so lachten.

So mußt du das auch machen. Du hast ganz recht: man versteht es ja sonst nicht, wer kann denn das alles verstehen, ohne die geschichtlichen Hintergründe … sehr richtig! Die Leute sind doch nicht in deinen Vortrag gekommen, um lebendiges Leben zu hören, sondern das, was sie auch in den Büchern nachschlagen können … sehr richtig! Immer gib ihm Historie, immer gib ihm.

Kümmere dich nicht darum, ob die Wellen, die von dir ins Publikum laufen, auch zurückkommen – das sind Kinkerlitzchen. Sprich unbekümmert um die Wirkung, um die Leute, um die Luft im Saale; immer sprich, mein Guter. Gott wird es dir lohnen.

Du mußt alles in die Nebensätze legen. Sag nie: »Die Steuern sind zu hoch.« Das ist zu einfach. Sag: »Ich möchte zu dem, was ich soeben gesagt habe, noch kurz bemerken, daß mir die Steuern bei weitem …« So heißt das.

Trink den Leuten ab und zu ein Glas Wasser vor – man sieht das gern.

Wenn du einen Witz machst, lach vorher, damit man weiß, wo die Pointe ist.

Eine Rede ist, wie könnte es anders sein, ein Monolog. Weil doch nur einer spricht. Du brauchst auch nach vierzehn Jahren öffentlicher Rednerei noch nicht zu wissen, daß eine Rede nicht nur ein Dialog, sondern ein Orchesterstück ist: eine stumme Masse spricht nämlich ununterbrochen mit. Und das mußt du hören. Nein, das brauchst du nicht zu hören. Sprich nur, lies nur, donnere nur, geschichtele nur.

Zu dem, was ich soeben über die Technik der Rede gesagt habe, möchte ich noch kurz bemerken, daß viel Statistik eine Rede immer sehr hebt. Das beruhigt ungemein, und da jeder imstande ist, zehn verschiedene Zahlen mühelos zu behalten, so macht das viel Spaß.

Kündige den Schluß deiner Rede lange vorher an, damit die Hörer vor Freude nicht einen Schlaganfall bekommen. (Paul Lindau hat einmal einen dieser gefürchteten Hochzeitstoaste so angefangen: »Ich komme zum Schluß.«) Kündige den Schluß an, und dann beginne deine Rede von vorn und rede noch eine halbe Stunde. Dies kann man mehrere Male wiederholen.

Du mußt dir nicht nur eine Disposition machen, du mußt sie den Leuten auch vortragen – das würzt die Rede.

Sprich nie unter anderthalb Stunden, sonst lohnt es gar nicht erst anzufangen.

Wenn einer spricht, müssen die andern zuhören – das ist deine Gelegenheit! Mißbrauche sie.

Ratschläge für einen guten Redner

Hauptsätze. Hauptsätze. Hauptsätze.

Klare Disposition im Kopf – möglichst wenig auf dem Papier.

Tatsachen, oder Appell an das Gefühl. Schleuder oder Harfe. Ein Redner sei kein Lexikon. Das haben die Leute zu Hause.

Der Ton einer einzelnen Sprechstimme ermüdet; sprich nie länger als vierzig Minuten. Suche keine Effekte zu erzielen, die nicht in deinem Wesen liegen. Ein Podium ist eine unbarmherzige Sache – da steht der Mensch nackter als im Sonnenbad.

Merk Otto Brahms Spruch: Wat gestrichen is, kann nich durchfalln.

(1930)

Konjunktur

Wenn du ein dickes Erfolgsbuch schreiben willst, so nimm zwischen Daumen und Zeigefinger der linken Hand ...:

1. Das Buch muß in der grade verwichenen Vergangenheit spielen.

2. Das Buch muß ein Ereignis behandeln, an dem möglichst viel Leute – deine Abnehmer – teilgenommen haben: Weltkrieg erwünscht, kleinere Freikorpskämpfe sind auch sehr schön.

3. Das Buch muß sein wie die amerikanischen Kriegsfilme: so rum und auch so rum. Leg dich auf keinen Standpunkt fest; verleih ihm aber kräftigen Ausdruck.

3a. Patriotisch darf es sein.

4. In dem Buch müssen einige krasse Szenen enthalten sein. Das Wort ›Scheibe‹ darf heute auf keinem Toilettentisch fehlen. Sei ein Mann! wenn nicht von vorn, dann von hinten.

5. In dem Buch müssen einige zarte Szenen enthalten sein: vergiß der Liebe nicht. Liebe ist hier aber nicht Liebe wie bei dem gottseligen Storm oder Gottfried Keller – Liebe ist zu verstehen als Miniaturmalerei allgemein erheiternder Vorgänge. Jeder Leser ist ein Stückchen Voyeur; gib ihm was zu sehen. Und sag alles, wies ist. Dein Buch muß nur mit einer Hand gelesen werden können.

6. Verwende vierzehn Tage auf die Niederschrift des Buches; zwei Monate auf die Erfindung seines Titels.

7. So wie sein Druck sei auch deine Charakterzeichnung: schwarz-weiß. Zeige die Gegner deiner von dir nicht gehabten Meinung als Schurken, Feiglinge, Lumpen, bezahlte Subjekte ... es darf kein anständiger Kerl unter ihnen sein, wie im Leben. Deine Freunde dagegen seien

8. nicht nur ritterlich, hochbegabt, feinfühlend, edel, wollüstig und kühn –, sondern sie seien auch klug, und zwar deshalb klug, weil sie deiner Meinung sind. Das schmeichelt dem Leser und bringt – schlechthin gerechnet – zwanzigtausend Stück mehr.

9. Denk stets daran, das Gute, Wahre und Schöne in deinem Buch hochzuhalten und flatternd ein Banner wehen zu lassen, das keinen Menschen verpflichtet, auch nur einen Deut anders zu leben, als er es gewohnt ist; sei ein strenger Prophet deines Volkes, aber sei ein bequemer Prophet. Verschreibe Diät – ohne Berufsstörung. Wenn die Muse dich küßt, so sieht eine Nation auf dich; die schwere sittliche Verantwortung ruht auf dir, ein Land zu bessern, an dem die Welt einst genas, rühre die Trommel und vergiß nicht,

10. mit deinem Verleger 15 % abzumachen.

(1929)

Kleine Bitte

Wenn einer und er entleiht ein Buch von einer Bibliothek, sagen wir den Marx: Was will er dann lesen? Dann will er den Marx lesen. Wen aber will er mitnichten lesen? Den Herrn Posauke will er mitnichten lesen. Was aber hat der Herr Posauke getan? Der Herr Posauke hat das Buch vollgemalt. Pfui!

Ob man seine eigenen Bücher vollschreiben soll, ist eine andere Frage. (Vgl. hierzu: ›Über das Vollschreiben von Büchern, Buchrändern sowie buchähnlichen Gegenständen‹; Inaugural-Dissertation von Dr. Peter Panter; der Universität Saarow-Pieskow vorgelegt, meinen lieben Eltern gewidmet.) Mit den eigenen Buchern also beginne man, was man mag. Aber wie verfährt man mit fremden ?

Die Preußische Staatsbibliothek, der man die Kosten für eine mittlere Infanterie-Division bewilligen sollte, auf daß sie eine moderne Bibliothek werde, sollte sich auf das schärfste gegen jene schützen, die die Unart haben, entliehene Bucher vollzugeifern, man kann das nicht anders nennen.

– »Oho!« – »Ganz falsch, siehe Volkmar Seite 564.« – »Blödian!« – »Bravo!« – »Nein, diese Theorie ist eben nicht von N. abgelehnt worden!« – »Dumme Frechheit!« – was soll denn das alles –?

Erstens einmal ist es feige, den Autor anzukrähen: er ist ja nicht dabei und kann sich nicht wehren. Zweitens stört es den nächsten Leser außerordentlich bei der Lektüre: man mag nicht oben auf einer linken Seite zu lesen beginnen, wenn unten rechts etwas angestrichen ist, was man nicht kennt; das Auge wird unruhig, schweift ab ... ja, wenn wir das selber unterstrichen hätten, dann kennen wir auch das Buch, und das ist ganz etwas anderes. Ein Bibliotheksbuch aber gehört allen, und alle sollten es sauber und anständig behandeln.

Stadtbibliotheken und Fachbibliotheken leiden unter dieser Unsitte – wir alle leiden darunter, die wir uns viele Bücher nicht kaufen können. Es ist wie: Stullenpapier im Grunewald liegen lassen.

Kleine Bitte an Bibliotheksbenutzer:

Laßt Marginalien von andern Leuten schreiben – tut es nicht! Malt nicht die Bücher voll, es ist nicht schön. Zeichnet eure Bemerkungen auf; schreibt nicht so viel in die Bücher hinein, schreibt lieber mehr aus ihnen heraus! Beschimpft den Autor nicht am Rande. Schreibt ihm einen Brief.

Herrn

Geheimbderath Göthe

Weimar.

Eine nähere Adresse ist nicht nötig; der Brief kommt schon an. Frick paßt auf.

Und malt die Bücher nicht voll. Nein? Tuts nicht mehr!

(1931)

Wo lesen wir unsere Bücher?

Wo –?

Im Fahren.

Denn in dieser Position, sitzend-bewegt, will der Mensch sich verzaubern lassen, besonders wenn er die Umgebung so genau kennt wie der Fahrgast der Linie 57 morgens um halb neun. Da liest er die Zeitung. Wenn er aber zurückfährt, dann liest er ein Buch. Das hat er in der Mappe. (Enten werden mit Schwimmhäuten geboren – manche Völkerschaften mit Mappe.) Liest der Mensch in der Untergrundbahn? Ja. Was? Bücher. Kann er dort dicke und schwere Bücher lesen? Manche können es. Wie schwere Bücher? So schwer, wie sie sie tragen können. Es geht mitunter sehr philosophisch in den Bahnen zu. Im Autobus nicht so – der ist mehr für die leichtere Lektüre eingerichtet. Manche Menschen lesen auch auf der Straße … wie die Tiere.

Die Bücher, die der Mensch nicht im Fahren liest, liest er im Bett. (Folgt eine längere Exkursion über Liebe und Bücher, Bücher und Frauen – im Bett, außerhalb des Bettes … gestrichen.) Also im Bett. Sehr ungesund. Doch – sehr ungesund, weil der schiefe Winkel, in dem die Augen auf das Buch fallen … fragen Sie Ihren Augenarzt. Fragen Sie ihn lieber nicht; er wird Ihnen die abendliche Lektüre verbieten, und Sie werden nicht davon lassen – sehr ungesund. Im Bett soll man nur leichte und unterhaltende Lektüre zu sich nehmen sowie spannende und beruhigende, ferner ganz schwere, wissenschaftliche und frivole sowie mittelschwere und jede sonstige, andere Arten aber nicht.

Dann lesen die Leute ihre Bücher nach dem Sonntagessen – man kann in etwa zwei bis zweieinhalb Stunden bequem vierhundert Seiten verschlafen.

Manche Menschen lesen Bücher in einem Boot oder auf ihrem eigenen Bauch, auf einer grünen Wiese. Besonders um diese Jahreszeit.

Manche Menschen lesen, wenn sie Knaben sind, ihre Bücher unter der Schulbank.

Manche Menschen lesen überhaupt keine Bücher, sondern kritisieren sie.

Manche Menschen lesen die Bücher am Strand, davon kommen die Bücher in die Hoffnung. Nach etwa ein bis zwei Wochen schwellen sie ganz dick an – nun werden sie wohl ein Broschürchen gebären, denkt man – aber es ist nichts damit, es ist nur der Sand, mit dem sie sich vollgesogen haben. Das raschelt so schön, wenn man umblättert …

Manche Menschen lesen ihre Bücher in … also das muß nun einmal ernsthaft besprochen werden.

Ich bin ja dagegen. Aber ich weiß, daß viele Männer es tun. Sie rauchen dabei und lesen. Das ist nicht gut. Hört auf einen alten Mann – es ist nicht gut. Erstens, weil es nicht gut ist, und dann auch nicht hygienisch, und es ist auch wider die Würde des Dichters, der das Buch geschrieben hat, und überhaupt. Gewiß kann man sich Bücher vorstellen, die man nur dort lesen sollte, ›*Völkische Beobachter*‹ und dergleichen. Denn sie sind hinterher unbrauchbar: so naß werden sie. Man soll in der Badewanne eben keine Bücher lesen. (Aufatmen des gebildeten Publikums.)

Merke: Es gibt nur sehr wenige Situationen jedes menschlichen Lebens, in denen man keine Bücher lesen kann, könnte, sollte … Wo aber werden diese Bücher hergestellt? Das ist ein anderes Kapitel.

(*1930*)

Das Persönliche

Schreib, schreib …
Schreib von der Unsterblichkeit der Seele,
vom Liebesleben der Nordsee-Makrele;
schreib von der neuen Hauszinssteuer,
vom letzten großen Schadenfeuer;
gib dir Mühe, arbeite alles gut aus,
schreib von dem alten Fuggerhaus;
von der Differenz zwischen Mann und Weib …
Schreib … schreib …

Schreib sachlich und schreib dir die Finger krumm:
kein Aas kümmert sich darum.
Aber:
schreibst du einmal zwanzig Zeilen
mit Klatsch – die brauchst du gar nicht zu feilen.
Nenn nur zwei Namen, und es kommen in Haufen
Leser und Leserinnen gelaufen.
»Wie ist das mit Fräulein Meier gewesen?«
Das haben dann alle Leute gelesen.
»Hat Herr Streuselkuchen mit Emma geschlafen?«
Das lesen Portiers, und das lesen Grafen.
»Woher bezieht Stadtrat Mulps seine Gelder?«
Das schreib – und dein Ruhm hallt durch Felder und Wälder.

Die Sache? Interessiert in Paris und in Bentschen
keinen Menschen.
Dieweil, lieber Freund, zu jeder Frist
die Hauptsache das Persönliche ist.

(1931)

An das Publikum

O hochverehrtes Publikum,
sag mal: bist du wirklich so dumm,
wie uns das an allen Tagen
alle Unternehmer sagen?
Jeder Direktor mit dickem Popo
spricht: »Das Publikum will es so!«
Jeder Filmfritze sagt: »Was soll ich machen?
Das Publikum wünscht diese zuckrigen Sachen!«
Jeder Verleger zuckt die Achseln und spricht:
»Gute Bücher gehn eben nicht!«
    Sag mal, verehrtes Publikum:
    bist du wirklich so dumm?

So dumm, daß in Zeitungen, früh und spät,
immer weniger zu lesen steht?
Aus lauter Furcht, du könntest verletzt sein;
aus lauter Angst, es soll niemand verhetzt sein;
aus lauter Besorgnis, Müller und Cohn
könnten mit Abbestellung drohn?
Aus Bangigkeit, es käme am Ende
einer der zahllosen Reichsverbände
und protestierte und denunzierte
und demonstrierte und prozessierte ...

Sag mal, verehrtes Publikum:
bist du wirklich so dumm?

Ja, dann …
Es lastet auf dieser Zeit
der Fluch der Mittelmäßigkeit.
Hast du so einen schwachen Magen?
Kannst du keine Wahrheit vertragen?
Bist also nur ein Grießbrei-Fresser –?
Ja, dann …
Ja, dann verdienst dus nicht besser.

(1931)

Junge Autoren

Was sie nur wollen –!
Da schimpfen sie auf die Ollen,
und die sind stieke
und überlassen die ganze Musike
den Jungen.
    Und die machen ein Geschrei!
Und es sind alle dabei:

Da sieht man ältere Knaben,
die schon ihre fünfzig auf dem Buckel haben,
in kurzen Hosen umeinanderlaufen;
wenn sie schnell gehen, kriegen sie das Schnaufen –
aber bloß nicht hinten bleiben!
Modern! modern müssen Sie schreiben!
Nur nicht sein Leben zu Ende leben –
jung! jung mußt du dich geben!
Bei uns haben sie sonen Bart, der von alleine steht –
oder sie kommen gar nicht raus aus der Pubertät.

Was sie nur haben –!
Hindert denn einer die jungen Knaben?
Hört doch bloß mal: Die junge Generation!
Na, da macht doch schon!
Es hält euch ja keiner. Als ob uns das nicht frommt,
wenn ein neues Talent geloffen kommt.
Neunzehn Jahre! Was ist denn das schon!
Das ist keine Qualifikation.
Ludendorff war auch mal neunzehn Jahr.
Jung sein ist gar nichts. Es fragt sich, wers war.

Es gibt alte Esel und junge Talente –
Geburtsscheine sind keine Argumente.
Und wenns nicht klappt: es liegt nicht am Paß.
Dann liegts an euch. Könnt ihr was –?

Noch nie hat man sich so um Jugend gerissen.
Direktoren. Verleger warten servil …
jeder lauert auf einen fetten Bissen –
Speelt man god. Und schreit nicht so viel.
Wer was kann, der sei willkommen.
Der Rest hat die Jugend zum Vorwand genommen;
das sind – wir wollen uns da nicht streiten –
verhinderte Talentlosigkeiten.

(1929)

Was darf die Satire

Frau Vockerat: »Aber man muß doch seine Freude haben können an der Kunst.«
Johannes: »Man kann viel mehr haben an der Kunst als seine Freude.«
Gerhart Hauptmann

Wenn einer bei uns einen guten politischen Witz macht, dann sitzt halb Deutschland auf dem Sofa und nimmt übel.

Satire scheint eine durchaus negative Sache. Sie sagt: »Nein!« Eine Satire, die zur Zeichnung einer Kriegsanleihe auffordert, ist keine. Die Satire beißt, lacht, pfeift und trommelt die große, bunte Landsknechtstrommel gegen alles, was stockt und träge ist.

Satire ist eine durchaus positive Sache. Nirgends verrät sich der Charakterlose schneller als hier, nirgends zeigt sich fixer, was ein gewissenloser Hanswurst ist, einer, der heute den angreift und morgen den.

Der Satiriker ist ein gekränkter Idealist: er will die Welt gut haben, sie ist schlecht, und nun rennt er gegen das Schlechte an.

Die Satire eines charaktervollen Künstlers, der um des Guten willen kämpft, verdient also nicht diese bürgerliche Nichtachtung und das empörte Fauchen, mit dem hierzulande diese Kunst abgetan wird.

Vor allem macht der Deutsche einen Fehler: er verwechselt das Dargestellte mit dem Darstellenden. Wenn ich die Folgen der Trunksucht aufzeigen will, also dieses Laster bekämpfe, so kann ich das nicht mit frommen Bibelsprüchen, sondern ich werde es am wirksamsten durch die packende Darstellung eines Mannes tun, der hoffnungslos betrunken ist. Ich hebe den Vorhang auf, der schonend über die Fäulnis gebreitet war, und sage: »Seht!« – In Deutschland nennt man dergleichen ›Kraßheit‹. Aber Trunksucht ist ein böses Ding, sie schädigt das Volk, und nur schonungslose Wahrheit kann da helfen. Und so ist das damals mit dem Weberelend gewesen, und mit der Prostitution ist es noch heute so.

Der Einfluß Krähwinkels hat die deutsche Satire in ihren so dürftigen Grenzen gehalten. Große Themen scheiden nahezu völlig aus. Der einzige ›*Simplicissimus*‹ hat damals, als er noch die große, rote Bulldogge rechtens im Wappen führte, an all die deutschen Heiligtümer zu rühren gewagt: an den prügelnden Unteroffizier, an den stockfleckigen Bürokraten, an den Rohrstockpauker und an das Straßenmädchen, an den fettherzigen Unternehmer und an den näselnden Offizier. Nun kann man gewiß über all diese Themen denken wie man mag, und es ist jedem unbenommen, einen Angriff für ungerechtfertigt und einen anderen für übertrieben zu halten, aber die Berechtigung eines ehrlichen Mannes, die Zeit zu peitschen, darf nicht mit dicken Worten zunichte gemacht werden.

Übertreibt die Satire? Die Satire muß übertreiben und ist ihrem tiefsten Wesen nach ungerecht. Sie bläst die Wahrheit auf, damit sie deutlicher wird, und sie kann gar nicht anders arbeiten als nach dem Bibelwort: Es leiden die Gerechten mit den Ungerechten.

Aber nun sitzt zutiefst im Deutschen die leidige Angewohnheit, nicht in Individuen, sondern in Ständen, in Korporationen zu denken und aufzutreten, und wehe, wenn du einer dieser zu nahe trittst. Warum sind unsere Witzblätter, unsere Lustspiele, unsere Komödien und unsere Filme so mager? Weil keiner wagt, dem dicken Kraken an den Leib zu gehen, der das ganze Land bedrückt und dahockt: fett, faul und lebenstötend.

Nicht einmal dem Landesfeind gegenüber hat sich die deutsche Satire herausgetraut. Wir sollten gewiß nicht den scheußlichen unter den französischen Kriegskarikaturen nacheifern, aber welche Kraft lag in denen, welch elementare Wut, welcher Wurf und welche Wirkung! Freilich: sie scheuten vor gar nichts zurück. Daneben hingen unsere bescheidenen Rechentafeln über U-Boot-Zahlen, taten niemandem etwas zuleide und wurden von keinem Menschen gelesen.

Wir sollten nicht so kleinlich sein. Wir alle – Volksschullehrer und Kaufleute und Professoren und Redakteure und Musiker und Ärzte und Beamte und Frauen und Volksbeauftragte – wir alle haben Fehler und komische Seiten und kleine und große Schwächen. Und wir müssen nun nicht immer gleich aufbegehren (›Schlächtermeister, wahret eure heiligsten Güter!‹), wenn einer wirklich einmal einen guten Witz über uns reißt. Boshaft kann er sein, aber ehrlich soll er sein. Das ist kein rechter Mann und kein rechter Stand, der nicht einen ordentlichen Puff vertragen kann. Er mag sich mit denselben Mitteln dagegen wehren, er mag widerschlagen – aber er wende nicht verletzt, empört, gekränkt das Haupt. Es wehte bei uns im öffentlichen Leben ein reinerer Wind, wenn nicht alle übel nähmen.

So aber schwillt ständischer Dünkel zum Größenwahn an. Der deutsche Satiriker tanzt zwischen Berufsständen,

Klassen, Konfessionen und Lokaleinrichtungen einen ständigen Eiertanz. Das ist gewiß recht graziös, aber auf die Dauer etwas ermüdend. Die echte Satire ist blutreinigend: und wer gesundes Blut hat, der hat auch einen reinen Teint.

Was darf die Satire?

Alles.

(1919)

Quellennachweis

Kurt Tucholsky: *Gesammelte Werke in 10 Bänden.* Hrsg. von Mary Gerold-Tucholsky und Fritz J. Raddatz. Rowohlt, Reinbek bei Hamburg 1960.

Kurt Tucholsky: *Unser ungelebtes Leben. Briefe an Mary.* Hrsg. von Fritz J. Raddatz. Rowohlt, Reinbek bei Hamburg 1982.

Kurt Tucholsky: *Jelängerjelieber. Von der Liebe, den Frauen und anderen Entzückungen.* Hrsg. von Peter Böthig. Rowohlt, Reinbek bei Hamburg 1995.

Register